94～101年

國文

統測／學測

歷屆試題詳解

應考破題技巧**大公開**

市面上，你看不到如此詳細的歷屆試題解題的書。
完整收錄、每題詳細解析──94～101年統測·學測等歷屆國文科試題。

謝純靜、張貽婷 **編著**

編輯大意

一、**編寫緣起**：在準備升學考試的過程中，考古題絕對是同學掌握考試方向的重要利器，不但可鑑往知來，看見出題方向變化的趨勢，更可藉著做考題，檢驗自己是否具有足夠的相關常識。事實上，同學寫考古題時，不該只求答案的正確，還應透過選項認識更多詩詞，藉形、音考題來練習辨別易混淆的字詞，或再重溫一遍題目中所提及經史典籍的內涵等，而這正是本書的寫作宗旨。

二、**本書特色**：

(一)所有字詞的形、音、義，均以**教育部國語辭典**的說明為準，確保解答的準確性，並針對同學易誤讀字詞加以說明。

(二)**從學生的視野出發**：多數考題詳解習慣站在「已知」的角度，未能徹底解決同學誤答時的種種疑惑，因而常有即使看過解答說明，仍茫然不知如何下手的遲疑。因此，本書從學生的視野出發，全方面的判讀考題的題型與內容，進而使同學能知其然並知其所以然。

(三)**帶領學生循序漸進的解題**：任何題目的設計，都有若干或明或暗的線索可循，本書據此帶領同學「就已知的學習經驗中，去判別未知；從線索中找答案」。這種練習，將使同學在閱讀字數日益增多、篇幅越來越長的試題時，能克服慌亂感而沉著應試。

(四)**補充詳盡的延伸資料**：同學在做考題時，除明白解題技巧，更應藉考題解答，補充相關知識、複習國學常識，讓自己在考前有再一次複習的機會。

(五)**詳實的古文翻譯**：在解說考題中，詩詞、古文的翻譯詳盡，無非是希望同學能藉此厚植常識、增廣見聞，使能從容面對豐富多樣化的考題。

三、**提醒讀者**：統一入學測驗的題型，已由原本設計較為單純轉而貼近學測，以統合性命題考驗同學閱讀理解、邏輯推理及記憶重點的能力，因此，偏記憶的準備方式，已不足以面對考試，這是同學平日讀書時應有的基本認知。

四、**編寫感言**：本書編寫過程雖頗為費心規畫，總希望能真正解惑，提供同學最大的幫助，然疏漏在所難免，尚祈諸先進不吝指正是幸。

目錄

一、統測（四技二專）（94～100年統測）

二、學測（學科能力測驗）（94～100年學測）

統測（四技二專）

（94～100年統測）

94 年統測（四技二專）

題型分析

題號類型	字音	字形	字詞義	文法修辭	成詞語	應用文	國學常識	閱讀理解
綜合測驗	1、2		3、4、16、19	15、17		20（公文）	5、21、23-24、25-27	9（古典詩詞）（現代詩） 12、13、14（文言文） 6、7、8、10、11、22（白話文） 18（白話文、文句排序）
閱讀能力測驗								28-29、30-31、32-33（白話題組） 34-35、36-38（文言題組）
語文表達能力測驗		40、41	42、43	39、46、47	45			48-50（白話文） 44（古典詩詞）

一、綜合測驗

（　　）1.下列選項「」內字的注音，何者正確？

　　(A)滿目「瘡」痍：ㄘㄤ　　　　　　(B)奸「佞」小人：ㄨㄤˋ

　　(C)引「吭」高歌：ㄎㄤˋ　　　　　　(D)跨過門「檻」：ㄎㄢˇ

（　　）2.下列選項「」內的讀音，何者兩兩相同？

　　(A)文學造「詣」／「趾」高氣昂　　　(B)不容置「喙」／「啄」食米粒

　　(C)「俎」豆之事／「詛」咒謾罵　　　(D)草「菅」人命／「鰥」寡孤獨

（　　）3.下列文句中的「焉」字，何者用來表達「疑問」的語氣？

　　(A)為機變之巧者，無所用恥「焉」

　　(B)上有好者，下必有甚「焉」者矣

　　(C)越國以鄙遠，君知其難也，「焉」用亡鄭以陪鄰

　　(D)古之聖人，其出人也遠矣，猶且從師而問「焉」

（　　）4.下列選項「」內的字義，何者兩兩相同？

　　(A)失其所與，不「知」／「知」之為知之，不知為不知，是知也

　　(B)負者歌於途，行者「休」於樹／將崇極天之峻，永保無疆之「休」

　　(C)呂公女，「乃」呂后也／此人「乃」天下負心者也，銜之十年，今始獲

　　(D)信手把筆，隨意亂「書」／夫子房受「書」於圯上之老人也，其事甚怪

(　) 5. 下列詞語，何者<u>不是</u>源自傳統戲曲的特徵？
　　(A)生旦淨末　　　　　　　　　(B)插科打諢
　　(C)龍飛鳳舞　　　　　　　　　(D)粉墨登場

(　) 6. 閱讀下詩，並推斷「它」所指的對象是：
　　它彎曲的手鉤住峭壁；緊鄰太陽於孤寂之地，青天環抱中，它挺立。紋皺的海在下匍匐蠕動；它在山垣上伺機欲攻，然後雷霆一般俯衝。
　　(A)樹　　　　　　　　　　　　(B)鷹
　　(C)飛機　　　　　　　　　　　(D)隕石

(　) 7. 閱讀下文，並判斷選項的說明何者最為精確？
　　我們與他人爭執，產生了雄辯；與自己爭執，則產生了詩。
　　(A)詩是詩人自戀的表徵
　　(B)雄辯容易使我們與他人發生爭執
　　(C)詩可以探索詩人自我的矛盾與衝突
　　(D)詩人喜歡鑽牛角尖，常和自己過不去

(　) 8. 閱讀下文，並推斷選項的說明何者正確？
　　做窗簾的師傅把我好幾處櫃子和抽屜的把手都修好了，省下我到五金行去買全套新把手的錢。木匠師傅把破舊的後陽台門換上了新的，順便把櫥具的鍊也修好了，省下我十幾萬換新櫥具的錢。
　　我不斷地對他們表示佩服，他們卻說：「你會寫文章就行啦！」
　　(A)作者以善寫文章自豪　　　　(B)師傅認為尺有所短，寸有所長
　　(C)作者勤儉持家，錙銖必較　　(D)師傅希望作者能愛惜資源，避免浪費

(　) 9. 閱讀下文，並推斷選項的說明何者正確？
　　上堂啟阿母：「兒已薄祿相，幸復得此婦。結髮同枕席，黃泉共為友。共識三二年，始爾未為久。女行無偏斜，何意致不厚？」（〈孔雀東南飛〉）
　　(A)兒子請求另娶新婦　　　　　(B)兒子請母親勿為難媳婦
　　(C)母親要兒子辭官養親　　　　(D)母親要兒子與媳婦白首偕老

(　) 10. 閱讀下文，並推斷選項的說明何者錯誤？
　　一個人沒有讀過的書永遠多於讀過的書。有些人略讀，作為精讀的妥協，許多大學者也不免如此。有些人只會略讀，因為他們沒有精讀的訓練或毅力；更有些人掠讀，只為了附庸風雅。（余光中〈開卷如開芝麻〉）
　　(A)書本數量遠超過人的閱讀負荷　　(B)大學者不可以採用略讀的方式
　　(C)一般人若採取略讀是可以諒解的　　(D)故作風雅而讀書是沽名釣譽的行為

( ) 11. 閱讀下文，並推斷下列何者描寫「弘一大師」的人格特質最為精確？

民初風流倜儻的藝術家李叔同，出家後成為眾人敬佩的弘一大師。他四處行腳，十分隨緣，世界上任何東西都好，但他的生活依然很嚴謹。所以，隨緣不是隨便，不是隨波逐流，更不必隨俗浮靡。（宋雅姿〈隨緣〉）

(A)四處行腳，唯唯諾諾　　　　　　(B)風流倜儻，生活浮靡

(C)隨波逐流，眾人敬佩　　　　　　(D)隨緣嚴謹，自在自得

( ) 12. 下列選項的文句，何者最能顯出說話者有「先見之明」？

(A)若白妞的好處，從沒有一個人能及他十分裡的一分的

(B)你這麼大年紀兒，又這麼個好模樣兒，別是個神仙託生的罷

(C)洒家在五台山智真長老處學得說因緣，便是鐵石人也勸得他轉

(D)吾料曹操於重霧中，必不敢出。吾等只顧酌酒取樂，待霧散便回

( ) 13. 下列選項「」內的文句，何者沒有採用「故意曲解詞意，以製造諧趣效果」的修辭技巧？

(A)工欲善其事，必先利其器，是「放諸四海而皆準」的道理

(B)媽媽責備弟弟老是重蹈覆轍，一錯再錯。弟弟卻說自己是「知其不可而為之」

(C)搭公車時，他總喜歡一馬當先地搶座位，還理直氣壯地說：「不患無位，患所以立。」

(D)苗條而結實的大姊，不欣賞時下纖瘦的臺灣美眉，評論她們是「苗而不秀者，有矣夫；秀而不實者，有矣夫」

( ) 14. 「愛過，方知情重」，隱含時間順序的關係——先愛過，於是才知情重。下列文句，何者沒有時間順序？

(A)朝聞道，夕死可矣

(B)光陰者，百代之過客也

(C)十年寒窗無人問，一舉成名天下知

(D)今日割五城，明日割十城，然後得一夕安寢

( ) 15. 下列選項，何者採用「以聲音凸顯景物視覺效果」的表現手法？

(A)小伙子們光閃閃的夾克，裹著各色牛仔褲

(B)他們驚慌的神色，似乎訴說著千萬般恐怖的故事

(C)街道上喊喊喳喳的日光，把往日的寂靜都沖散了

(D)野櫻依然搖擺細枝，落拓地讓葉子一片一片跌到土地上

( ) 16. 下列文句中的「蓋」字，何者做「名詞」用？

(A)有善始者實繁，能克終者「蓋」寡

(B)「蓋」文章，經國之大業，不朽之盛事

(C)風則襲裘，雨則御「蓋」，凡所以慮患之具，莫不備至

(D)苟或不然，人爭非之，以爲鄙吝，故不隨俗靡者「蓋」鮮矣

( ) 17. 下列文句，何者屬於「已預設答案的疑問句」？

(A)來日綺窗前，寒梅著花未

(B)君家在何處，妾住在橫塘

(C)誰家吹笛畫樓中，斷續聲隨斷續風

(D)安能摧眉折腰事權貴，使我不得開心顏

( ) 18. 下列是一段中間被拆散的文章，請依文意選出甲、乙、丙、丁排列順序最恰
當的選項。

加入WTO之後，臺灣企業所面對的競爭比以前更爲劇烈。

甲、企業和個人可以各自依據本身需要，學習觀念、方法、技巧等，

乙、上班族個人更得自我教育訓練，

丙、企業固然要自我蛻變爲學習企業，

丁、提升競爭力的方法，就是學習、學習、再學習，

而雙方也可以互補，達成更有效率的學習效果。

（〈加入WTO後的新年計畫與期許——學習、企業與上班族提升競爭力之
道〉）

(A)甲乙丙丁　　　　　　　　(B)乙丁丙甲

(C)丙乙甲丁　　　　　　　　(D)丁丙乙甲

( ) 19. 下列文句中「而」字的前後，何者具有「因果關係」？

(A)逡巡「而」不敢進　　　　(B)藉寇兵「而」齎盜糧

(C)侶魚蝦「而」友麋鹿　　　(D)伯牙鼓琴「而」六馬仰秣

( ) 20. 下列何者是公文程式的最新變革？

(A)採用由左而右橫式書寫　　(B)公文文字應加具標點符號

(C)得以電子文件傳送　　　　(D)一律採用主旨、說明二段敘述

( ) 21. 爲古籍設計新標題，可提高讀者的閱讀興趣。下列「」內的新標題，何者能
與古籍的內容呼應？

(A)「逍遙手冊」——《莊子》　　　(B)「帝國淪亡錄」——《楚辭》

(C)「儒家的理想國」——《韓非子》　(D)「澤畔悲歌」——《山海經》

( ) 22. 如果你想觀察清朝割讓臺灣以前，臺灣文化發展的源流，下列何者是比較不
恰當的去處？

(A)孔廟　　　　　　　　　　(B)媽祖廟

(C)卑南文物館　　　　　　　(D)和式住宅

▲下文為摘錄自以宋代歷史為背景的小說，閱讀後回答23-24題。

> 朱貴勸說：「哥哥在上，莫怪小弟多言。山寨中糧食雖少，近村遠鎮可以去借；山場水泊，木植廣有，便要蓋千間房屋卻也無妨。這位是柴大官人力舉薦來的人，如何教他別處去？抑且柴大官人自來與山上有恩，日後得知不納此人，須不好看。這位又是有本事的人，他必然來出氣力。」

(　　) 23. 依據上文，推斷何者不是朱貴贊成柴大官人舉薦之人入寨的理由？
　　　　(A)此人性烈，不能得罪　　　　(B)柴大官人有恩於山寨
　　　　(C)山寨地廣，尚能容人　　　　(D)看好此人頗有本事

(　　) 24. 依據上文，這部小說最可能是：
　　　　(A)《三國演義》　　　　　　　(B)《水滸傳》
　　　　(C)《西遊記》　　　　　　　　(D)《儒林外史》

▲閱讀下文，回答25-27題。

> 「石」字的「厂」畫的是山崖，「口」是石頭的形狀，因此，依造字法則應屬於六書中的甲。
>
> 傳說乙煉五色石以補蒼天，惟剩下頑石一塊，棄於青埂峰下。此石既無才補天，於是幻形入世，成為小說丙中膾炙人口的主角人物。

(　　) 25. 甲處最恰當的選項是：
　　　　(A)象形　　　　　　　　　　　(B)指事
　　　　(C)會意　　　　　　　　　　　(D)形聲

(　　) 26. 乙處最恰當的選項是：
　　　　(A)女媧　　　　　　　　　　　(B)黃帝
　　　　(C)蚩尤　　　　　　　　　　　(D)神農

(　　) 27. 丙處最恰當的選項是：
　　　　(A)《紅樓夢》　　　　　　　　(B)《水滸傳》
　　　　(C)《西遊記》　　　　　　　　(D)《聊齋誌異》

二、閱讀能力測驗

▲閱讀下文，回答28-29題

　　根據資料顯示，在1760至1960年工業革命最初的兩個世紀期間，大氣層中二氧化碳含量增加14.4%，但是隨著全世界礦物燃料消費量的增加，大氣層中二氧化碳含量在1960至2001年期間又增加了17%。氣溫上升帶來更強烈的熱浪、更嚴重的旱災、冰層溶解、更具破壞性的暴風雨和水災，以及海平面上升等無數自然界的改變。這些改變又將影響到糧食安全、低窪地區的可居住性，乃至各地生態系統中的物種組成。（〈全球氣溫上升，問題叢生〉）

（　　）28.依據上文，大氣層中二氧化碳含量產生怎樣的變化？
　　　　(A)近四十年急遽增加　　　　　　　　(B)逐年穩定增加
　　　　(C)近期已經獲得控制　　　　　　　　(D)工業革命初期增加最多

（　　）29.依據上文，下列選項，何者不是氣溫上升後改變的現象？
　　　　(A)小島可能因海水上升而淹沒
　　　　(B)全世界礦物燃料消費量下降
　　　　(C)旱災嚴重而使得作物收成量減少
　　　　(D)生態平衡受到破壞而影響物種組成

▲閱讀下文，回答30-31題

　　愛因斯坦居然保不住他的腦袋，這真是令人意外的奇聞！

　　愛因斯坦生前曾表示：過世後遺體要火化，並將骨灰拋灑到祕密所在。不料為他進行遺體解剖的哈維醫生，竟私自摘除他的腦子並據為己有。哈維醫生的行為雖然可恥，卻為科學家及社會所「諒解」，原因很簡單：奉科學之名！

　　時至今日，你不一定要擁有如愛因斯坦般的腦袋，才會引起醫生和商人的注意。《出賣愛因斯坦》這本書為了告訴讀者這個「好消息」，列舉許多例子說明，奉科學之名，你的血液、頭髮、唾液、精子等都有人想收購，甚至不必事前徵得你的同意，就把你的寶貝偷走，事後也不給你合理的報酬。

　　生物科技越發達，人體的商機越多。或許《出賣愛因斯坦》的主要目的在於揭發真相，所以只在尾聲略談：應透過立法來防止未經當事人許可的器官販賣。中共默許販賣死囚器官的行為，舉世譴責；但治療過程中竊取身體髮膚的黑手，未來確實可能無所不入，如何未雨綢繆，還待有心人共同努力。（改寫自張系國〈愛因斯坦的腦袋〉）

（　　）30.依據上文，下列敘述，何者正確？
　　　　(A)哈維不願將愛因斯坦的大腦據為己有
　　　　(B)《出賣愛因斯坦》一書，旨在揭露哈維的醜聞

(C)科學家諒解哈維，是因為他的行為對科學研究很有幫助

(D)《出賣愛因斯坦》一書，強調應立法保護愛因斯坦的大腦組織

(　　) 31. 依據上文，何者最接近本文作者的想法？

　　　　(A)期待早日立法，解決科技與人文的衝突

　　　　(B)主張透過立法，促成器官移植的自由化

　　　　(C)基於科學研究需要，容許私自摘取人體器官

　　　　(D)生物科技越發達，人體的商機越多，是利多好消息

▲閱讀下文，回答32-33題

> 娘，當我援筆為文論人間事，我只想到，我是你的兒，滿腔是溫柔激盪的愛人世的癡情。而此刻，當我納頭而拜，我是我父之子，來將十八年的虧疲無奈併作驚天動地的一叩首。
>
> 且將我的額血留在塔前，作一朵長紅的桃花，笑傲朝霞夕照，且將那崩然有聲的頭顱擊打大地的聲音化作永恆的暮鼓，留給法海聽，留給一駭而傾的塔聽。
>
> 人間永遠有秦火焚不盡的詩書，法缽罩不住的柔情，娘，唯將今夕的一凝目，抵十八年數不盡骨中的酸楚，血中的辣辛，娘。（張曉風〈許士林的獨白〉）

(　　) 32. 依據上文，該內容的構思來自哪一則民間故事？

　　　　(A)白蛇與許仙　　　　　　　　(B)西施與范蠡

　　　　(C)桃花女鬥周公　　　　　　　(D)梁山伯與祝英台

(　　) 33. 文中主角的「獨白」主題為何？

　　　　(A)表達飄泊異鄉的痛楚與虧疲

　　　　(B)訴說人間真情的永恆與力量

　　　　(C)感念母親為挽救蒼生所做的犧牲

　　　　(D)向母親哭訴十八年來不見容於父親的心酸

▲閱讀下文，回答34-35題

> 子曰：「篤信好學，守死善道，危邦不入，亂邦不居。天下有道則見，無道則隱。邦有道，貧且賤焉，恥也；邦無道，富且貴焉，恥也。」（《論語‧泰伯》）

(　　) 34. 「篤信好學，守死善道」的意義不包括下列何者？

　　　　(A)能言善道　　　　　　　　　(B)相信真理

　　　　(C)增長智慧　　　　　　　　　(D)終身奉行

(　　) 35. 依據上文，職場新鮮人選擇就業環境時，最應針對哪個因素慎重考慮？

　　　　(A)薪資待遇高低　　　　　　　(B)公司規模大小

　　　　(C)經營團隊優劣　　　　　　　(D)進修機會多寡

▲閱讀下文，回答36-38題

> 祿山在上前，應對敏給，雜以詼諧，上嘗戲指其腹曰：「此胡腹中何所有？其大乃爾！」對曰：「更無餘物，正有赤心耳！」上悅。又嘗命見太子，祿山不拜。左右趣（趣，促也）之拜，祿山拱立曰：「臣胡人，不習朝儀，不知太子者何官？」上曰：「此儲君也，朕千秋萬歲後，代朕君汝者也。」祿山曰：「臣愚，曏者惟知有陛下一人，不知乃更有儲君。」不得已，然後拜。上以為信然，益愛之。（《資治通鑑·唐紀三十一》）

（　　）36. 依據上文，安祿山見太子而不拜的原因是：
(A)與太子有夙怨
(B)對朝廷禮儀不熟悉
(C)製造機會諂媚皇帝
(D)生性愚魯，不知輕重

（　　）37. 玄宗「益愛之」，是因為他認為安祿山為人如何？
(A)不拘守朝廷禮儀
(B)只願效忠玄宗一人
(C)勇於承認自己的過失
(D)正義凜然，威武不屈

（　　）38. 下列關於「代朕君汝者也」與「不知乃更有儲君」句中兩個「君」字的敘述，何者正確？
(A)兩者皆為名詞
(B)兩者皆為動詞
(C)前者為名詞，後者為動詞
(D)前者為動詞，後者為名詞

三、語文表達能力測驗

（　　）39. 閱讀下文，並依序為甲、乙、丙、丁處選擇恰當的標點符號。
想要體驗不同於臺灣民宿的渡假風情，請到馬祖(甲)那裡沒有臺灣流行的歐式木屋，但亂石砌的石頭房子，卻簡單整潔。每個小小的窗子(乙)都是一個海天孤島或聚落風景的相框(丙)屋外則有潮音(丁)星子與海風相伴。選擇到北竿、南竿二島渡假，遊趣大不相同。
(A)！／；／。／──
(B)，／：／。／、
(C)！／，／，／、
(D)，／，／，／。

（　　）40. 下列選項，何者有錯別字？
(A)三顧茅廬
(B)滄海一粟
(C)負荊請罪
(D)藕斷絲連

（　　）41. 下列文句「」內的字形，何者兩兩相同？
(A)我們要以「ㄓㄢˇ」新的心情，迎接「ㄓㄢˇ」翅高飛的新生活
(B)如果機器人可以幫「ㄩㄥ」做家事，那麼生活要怎樣才能不「ㄩㄥ」俗呢

(C)最近電子股漲「ㄈㄨˊ」驚人，預期下半年電子股必定「ㄈㄨˊ」氣多多

(D)無心之過雖然罪不及「ㄓㄨ」，但是知識分子的口「ㄓㄨ」筆伐絕對是必要的

（　）42.閱讀下文，並依序推斷□內的字形，何者正確？

臺灣諺語「鴨仔聽雷」，正確的說法應是「啞子聽雷」，因為啞者多兼有耳聾，聽不到聲音，對雷鳴自然沒有□□。這句俗語可用來比喻溝通困難，有言者諄諄、聽者□□之意。

(A)反映、渺渺　　　　　　　　　(B)反映、藐藐

(C)反應、渺渺　　　　　　　　　(D)反應、藐藐

（　）43.下列文句「」內的詞語，何者使用正確？

(A)有關單位與社會大眾必須「直視」治安的惡化，共謀改善

(B)經過師長不厭其煩的「關說」，他終於回心轉意，重新開始

(C)陳曉銘在同學的反覆「教唆」之後，決定參加今年度的田徑錦標賽

(D)上課不認真聽講，課後卻花大量時間補習，這「無異」於捨本逐末

（　）44.下列文句所引用的詩句，何者使用恰當？

(A)人生就是要放寬胸懷，看淡得失，「莫聽穿林打葉聲，何妨吟嘯且徐行」才能自在過日

(B)真是冤家路窄，正當「山重水複疑無路」時，卻「柳暗花明又一村」，碰上了死對頭

(C)有道是「近水樓臺先得月，向陽花木易為春」，所以我們要立志向上，大處著眼，小處著手

(D)他被解雇之後走投無路，「揀盡寒枝不肯棲，寂寞沙洲冷」，寧可餓肚子，也不願打雜做小工

（　）45.下列選項「」內的詞語，何者恰當？

(A)幸虧老張「寬宏大量」，否則真經不起喪偶的打擊

(B)在緊要關頭時，她竟然「臨危不亂」，將球誤傳給對手

(C)他利慾薰心，監守自盜，如今身陷囹圄，真是「咎由自取」

(D)小明程度中等，父親卻讓他學習高難度的課程，真是「為虎作倀」

（　）46.下列文句，何者沒有語病？

(A)颱風正緩緩地向東北方快速移動

(B)大水淹到一樓，很多家具都付之一炬

(C)現代人要培養多元能力，才能應付各種挑戰

(D)媒體哀悼阿湯哥與妮可基嫚夫婦分居的事件

（　　）47.下文若要針對兩項敘述主題，依序在句首加上「不僅」和「並且」兩個詞語作為連結，則應加於何處？

五月中旬剛上市的MIT1.6，甲憑著新穎的設計，乙銷售量未受經濟不景氣所影響，躍居五月分同級車銷售之冠，丙獲得專業汽車雜誌對其性能的肯定，丁將其評選為年度最佳房車。

(A)甲／乙　　　　　　　　　　　(B)甲／丁

(C)乙／丙　　　　　　　　　　　(D)乙／丁

▲閱讀下文，回答48-50題

昨天收到外婆從鄉下送來的一盒醃桃子，我拿起一個，甜甜的吃了起來，不禁讓我想起小時候在外婆家果園玩耍的日子。

那兒栽種的桃樹數目繁多，(甲)樹與樹交疊著，讓外婆家圍起了厚厚的樹牆。園中還有少見的天桃果，這是一種四季(乙)不落葉也不變色的植物，(丙)春天一來它就開花，到了夏天便結出果子，看上去(丁)只見樹上的果子粉亮閃爍。

不管哪一種果子，都有甜中帶酸的好滋味；每到採果季節，我最喜歡纏著外婆，(戊)像麻雀一樣的吵個不停，要和她同去果園。受傷或賣相不佳的果子，便成了我的戰利品，不一會兒，已塞滿兩口袋，然後等待收工後歡天喜地的回家。

現在我已離開鄉下上小學了，吃著脆脆的桃兒，深深懷念那一段無憂的童年歲月。

別擔心，這一點也不難嘛！

老師在畫底線處加註了修改意見：

(甲) 改為擬人法　　(乙) 改為兩個字　　(丙) 改寫為對偶句

(丁) 請從果子數量上作誇飾形容　　(戊) 請加入擬聲詞

哆啦A夢看完便安慰大雄說：「別擔心，這一點也不難嘛！」請問：

（　　）48.依據老師的建議，下列修改何者不正確？

(A)甲處改為「樹與樹挽著手臂」

(B)乙處用「常綠」二字代替

(C)丙處改為「春天開花，夏季結果」

(D)丁處改為「樹上的果子百媚千嬌」

（　　）49.對於「戊」處，哆啦A夢最不可能教大雄填入何種擬聲詞？

(A)吱吱喳喳

(B)咿咿呀呀

(C)嘰嘰呱呱

(D)啾啾啁啁

（　　）50.如果你是大雄的老師，除了修改建議之外，還會給這篇作文什麼評語？

(A)缺乏主題

(B)首尾呼應

(C)善用映襯

(D)平淡乏味

95 年統測（四技二專）

題型分析

題號類型	字音	字形	字詞義	文法修辭	成詞語	應用文	國學常識	閱讀理解
綜合測驗	1		2、3、4、5、21	8、17、18、20		23（書信）	24、25	9、11、16、19（古典詩詞） 13、15（現代詩） 7、12、14、26（文言文） 6、10（白話文） 22（白話文，文句排序）
閱讀能力測驗				32			37	33-34、38-39（白話題組） 35-37（古典詩詞） 27-28、29-30、31-32（文言題組）
語文表達能力測驗		40、41、42		43、47、48	44、45、46	49（題辭）		50（白話文）

一、綜合測驗

（　　）1.下列選項「」內的字音，何者兩兩相同？
(A)邊「塞」的公路崎嶇難行，會車處常容易「塞」車
(B)在「背」後燈光的襯托下，這件「背」心更顯出色
(C)老農摘下「荷」塘新熟的蓮蓬，愉快的「荷」鋤歸家
(D)光「著」急是沒有用的，還是趕快「著」手進行改革吧

（　　）2.下列文句的「一」，何者有「全部」的涵義？
(A)而或長煙「一」空，皓月千里
(B)予觀夫巴陵勝狀，在洞庭「一」湖
(C)得足下前年病甚時「一」札，上報疾狀，次敘病心
(D)子房不忍忿忿之心，以匹夫之力而逞於「一」擊之間

（　　）3.下列文句的「道」，何者指「道路」？
(A)非先王之法言不敢「道」
(B)蜀「道」之難，難於上青天
(C)「道」千乘之國，敬事而信，節用而愛人
(D)師「道」之不傳也，久矣；欲人之無惑也，難矣

( ) 4.下列文句的「向」，何者指「原來的、舊的」？
(A)兼觀民情「向」背，然後可行
(B)日從海旁沒，水「向」天邊流
(C)使天下之士，退而不敢西「向」，裹足不入秦
(D)既出，得其船，便扶「向」路，處處誌之

( ) 5.「三十而立，四十而不惑」，句中「而立」、「不惑」都是年歲的代稱。下列
何者不能作為具體年歲的代稱？
(A)知命　　　　　　　　　　　(B)弱冠
(C)花甲　　　　　　　　　　　(D)白首

( ) 6.下列文句，何者沒有讚美之意？
(A)總經理行事果斷，不拖泥帶水　　(B)你的殺球技巧，真不含糊
(C)小李外表冷漠，實則古道熱腸　　(D)他做人圓滑，果真是長袖善舞

( ) 7.「與其消極逃避現實，不如勇敢迎接挑戰」，文意具有「二者相較取其一」的
特徵。下列文句的涵義，何者沒有這種特徵？
(A)寧為玉碎，不為瓦全　　　　(B)人而無信，不知其可也
(C)揚湯止沸，不如釜底抽薪　　(D)夫保全一身，孰若保全天下乎

( ) 8.下列詩句，何者具「因果關係」？
(A)不才明主棄　　　　　　　　(B)海上生明月
(C)細草微風岸　　　　　　　　(D)山隨平野盡

( ) 9.下列詩句，何者和「戰爭」有關？
甲、秦時明月漢時關，萬里長征人未還
乙、莊生曉夢迷蝴蝶，望帝春心託杜鵑
丙、同是天涯淪落人，相逢何必曾相識
丁、田園寥落干戈後，骨肉流離道路中
(A)甲、乙　　　　　　　　　　(B)甲、丁
(C)乙、丙　　　　　　　　　　(D)丙、丁

( ) 10.閱讀下文，並推斷它的要旨是什麼？
記得在華沙和一位著名的波蘭作家夜談，在他古舊的書房裡，這個曾經被共
產黨迫害過的老人說：「我覺得，自由和奴役一樣，是一種陷阱，一種危
機。解放後的東歐所面臨的正是自由的危機。」
(A)與作家夜談是一段美好的回憶　　(B)古老的書房使人興起思古幽情
(C)此作家寧願被奴役而捨棄自由　　(D)解放後的東歐又面臨新的危機

（　　）11. 閱讀下詩，並推斷下列說明，何者不正確？

門前遲行跡，一一生綠苔。苔深不能掃，落葉秋風早。八月蝴蝶來，雙飛西園草。感此傷妾心，坐愁紅顏老。

　　(A)「落葉秋風」比喻心情的淒清寂寞

　　(B)「蝴蝶雙飛」暗示昔日兩情繾綣的美好

　　(C)「綠苔深厚」是指閨中思婦無心料理家務

　　(D)「坐愁紅顏老」形容時光飛逝，青春不再。

（　　）12. 閱讀下文，並推斷它所強調的重點是什麼？

泰山不讓土壤，故能成其大；河海不擇細流，故能就其深；王者不卻眾庶，故能明其德。

　　(A)高山深河，才能鞏固王業　　　(B)風調雨順，才能深得民心

　　(C)擇善固執，才能長保基業　　　(D)廣納人才，才能成就功業。

（　　）13. 閱讀下文，並推斷何者最能說明青春的內涵？

青春不是人生的一段時光，

青春是心情的一種狀況。

青春不是柔美的膝，

朱紅的唇

粉嫩的臉龐。

青春是鮮明的情感，

豐富的想像，向上的願望，

像泉水一樣的清冽

激揚。

　　(A)朱唇紅顏　　　　　　　　　　(B)明眸皓齒

　　(C)活潑昂揚　　　　　　　　　　(D)及時行樂

（　　）14. 閱讀下文，並推斷它的要旨是什麼？

翠鳥先作高巢以避患。及生子，愛之，恐墜，稍下作巢。子長羽毛，復益愛之，又更下巢，而人遂得而取之矣。

　　(A)父母之愛無處不在　　　　　　(B)愛之適足以害之

　　(C)愛它就是好好保護它　　　　　(D)覆巢之下無完卵

（　　）15. 閱讀下詩，並推斷它的要旨是什麼？

春種一粒粟，秋成萬顆子，四海無閒田，農夫猶餓死。

　　(A)當地稻米一年一熟，無法養活農夫

　　(B)遇到乾旱，雖良田廣大，卻收成不足

(C)四處都是良田，農夫卻勞累而死

(D)雖然豐收，但遇上苛政，農夫仍會餓死

(　) 16. 李商隱〈初食筍呈座中〉：「嫩籜香苞初出林，於陵論價重如金；皇都陸海應無數，忍剪凌雲一片心。」作者借「筍」寓託個人際遇的感慨。下列有關本詩的敘述，何者不正確？

(A)首句以「嫩筍出林」喻作者初次應試

(B)次句以「價重如金」喻作者家財萬貫

(C)「皇都陸海應無數」表示朝廷應廣納人才

(D)「忍剪凌雲一片心」嘆息自己凌雲之志受挫

(　) 17.「琵琶」、「秋千」、「彷彿」是雙聲複詞。下列語詞，何者也是「雙聲複詞」？

(A)雲氣「瀰漫」　　　　　　(B)波光「激灩」

(C)波濤「洶湧」　　　　　　(D)萬馬「奔騰」

(　) 18. 下列文句，何者使用「將動詞置於名詞之後」的倒裝句法？

(A)父母惟其疾之憂　　　　　(B)約車治裝，載券契而行

(C)委肉當餓虎之蹊　　　　　(D)秦人拱手而取西河之外

(　) 19. 閱讀下詩，並依據對偶規律，為□□□□□選擇恰當的詩句：

今夜鄜州月，閨中只獨看。遙憐小兒女，未解憶長安。

香霧雲鬟濕，□□□□□。何時倚虛幌？雙照淚痕乾。

(A)清輝玉臂寒　　　　　　　(B)繁星宿故關

(C)深竹暗浮煙　　　　　　　(D)蕭疏髮已斑

(　) 20.「微風悄悄的掀開窗簾，輕拂著床上嬰兒的臉頰」，使用「擬人」的修辭技巧。下列文句，何者也使用「擬人」的修辭手法？

(A)人生而自由，卻無處不在枷鎖之中

(B)每個人身上都有太陽，但它不一定會發光

(C)悲悵是靈魂的鏽斑，遮蓋生命美好的部分

(D)心啊，請安靜坐著，讓世界找到探訪你的路

(　) 21. 下列文句的「之」字，作為「代名詞」使用的有幾個？

晉人有馮婦者，善搏虎，卒為善士。則「之」野，有眾逐虎，虎負嵎，莫「之」敢攖。望見馮婦，趨而迎「之」。馮婦攘臂下車，眾皆悅「之」。

(A) 4 個　　　　　　　　　　(B) 3 個

(C) 2 個　　　　　　　　　　(D) 1 個

（　）22. 閱讀下列對話，並依文意選出甲、乙、丙、丁排列順序最恰當的選項：
「你知道嗎？廚房出了些問題。」
甲、「還不是老問題，皮皮想參加宴會！」
乙、「他在廚房裡做了什麼？」
丙、「真的嗎？發生了什麼事？」
丁、「喔，老樣子！用大肆破壞，報復他不能參加宴會！」
(A)乙甲丙丁　　　　　　　　　　(B)乙丙丁甲
(C)丙甲乙丁　　　　　　　　　　(D)丙丁乙甲

（　）23. 信封上的「啟封詞」──「勳啟」，最適合使用在下列何種身分？
(A)導演　　　　　　　　　　　　(B)祕書
(C)老師　　　　　　　　　　　　(D)將軍

（　）24. 如果想閱讀蘇軾的作品，下列典籍，何者無法找到相關資料？
(A)《古文觀止》　　　　　　　　(B)《東坡全集》
(C)《唐詩三百首》　　　　　　　(D)《宋詞三百首》

（　）25. 請依序指出「宋江」、「周瑜」、「劉老老」、「范進」四個小說人物，分
別出現在哪些古典小說中？
(A)《紅樓夢》、《水滸傳》、《儒林外史》、《三國演義》
(B)《三國演義》、《儒林外史》、《水滸傳》、《紅樓夢》
(C)《儒林外史》、《紅樓夢》、《三國演義》、《水滸傳》
(D)《水滸傳》、《三國演義》、《紅樓夢》、《儒林外史》。

（　）26. 下列《西遊記》中的情節，與現代何種科技成果類似？
悟空見他兇猛，立即使出「身外身」法，拔一把毫毛，丟在口中嚼碎，望空
噴去，叫一聲「變」！即變做三、二百個小猴，周圍攢簇。
(A)基因改造　　　　　　　　　　(B)整容變臉
(C)記憶移植　　　　　　　　　　(D)複製動物。

二、閱讀能力測驗

▲閱讀下文，回答27至28題

> 信安郡有石室山。晉時，王質伐木。至，見童子數人棋而歌。質因聽之。童子以一
> 物與質，如棗核。質含之，不覺饑。俄頃，童子謂曰：「何不去？」質起，視斧柯爛
> 盡。既歸，無復時人。《述異記·卷上》

（　）27.根據上文，下列有關王質的敘述，何者正確？
　　　　(A)吃完棗核，不知不覺地胃口大開　　(B)曾好奇的觀看童子下棋
　　　　(C)意圖將童子之物據爲己有　　(D)離去時山中樹木皆已腐爛

（　）28.根據上文，王質回家後，發生何事？
　　　　(A)山中之事，守密不言　　(B)家人團聚，分享異聞
　　　　(C)山中片刻，人間百年　　(D)親朋好友，皆來問訊

▲閱讀下文，回答29至30題

　　沂水某秀才，課業山中。夜有二美人入，含笑不言，各以長袖拂榻，相將坐，衣軟無聲。少間，一美人起，以白綾巾展几上，上有草書三、四行，亦未嘗審其何詞。一美人置白金一鋌，可三、四兩許；秀才掇内袖中。美人取巾，握手笑出，曰：「俗不可耐！」秀才捫金，則烏有矣。（蒲松齡《聊齋誌異》）

（　）29.根據上文，秀才被批評爲「俗不可耐」的原因是什麼？
　　　　(A)好色不好德　　(B)好財不好學
　　　　(C)好財又好色　　(D)好色不好學

（　）30.下列文句，哪一句的主語是秀才？
　　　　(A)以長袖拂榻　　(B)以白綾巾展几上
　　　　(C)未嘗審其何詞　　(D)握手笑出，曰：「俗不可耐！」

▲閱讀下文，回答31 至32 題

　　甲、徐孺子年九歲，嘗月下戲，人語之曰：「若令月中無物，當極明邪！」徐曰：
　　　　「不然。譬如人眼中有瞳子，無此必不明。」
　　乙、王戎七歲，嘗與諸小兒遊，看道邊李樹多子折枝。諸兒競走取之，唯戎不動。
　　　　人問之，答曰：「樹在道邊而多子，此必苦李。」取之信然。
　　丙、康僧淵深目而鼻高，王丞相每調之。僧淵曰：「鼻者面之山，目者面之淵。山
　　　　山不高則不靈，淵不深則不清。」
　　丁、鄧艾口吃，語稱「艾艾……」。晉文王戲之曰：「卿云『艾艾』，爲是幾
　　　　艾？」對曰：「『鳳兮鳳兮』，故是一鳳。」（劉義慶《世說新語》）

（　）31.根據上文，下列何者最能說明徐孺子、王戎、康僧淵、鄧艾的共同特質？
　　　　(A)聰明機智　　(B)小時了了
　　　　(C)信口雌黄　　(D)操守高尚

（　　）32.根據上文，何者的回答，沒有採用「譬喻法」？

(A)甲　　　　　　　　　　　　　(B)乙

(C)丙　　　　　　　　　　　　　(D)丁

▲閱讀下文，回答33至34題

> 　　有隻狐狸急著要跳過籬笆，結果滑了一跤。匆忙間，牠抓住一株荊棘，可是腳卻被荊棘的刺札傷了，血流不止。狐狸痛得大叫說：「我要你幫我，沒想到你卻害我！」荊棘回答說：「老兄，你錯了！你扶我是想穩住自己，可是我本來就是見到東西就刺啊！」（《伊索寓言》）

（　　）33.荊棘回答：「我本來就是見到東西就刺啊！」的涵義是什麼？

(A)盡人事，聽天命　　　　　　　(B)以暴制暴，以牙還牙

(C)人不為己，天誅地滅　　　　　(D)物各有性，順天而已

（　　）34.根據上文，如果要對狐狸提出忠告，下列何者最恰當？

(A)法網恢恢，疏而不漏　　　　　(B)有所不得，反求諸己

(C)養兵千日，用兵一時　　　　　(D)斬草不除根，春風吹又生

▲閱讀下列二詩，回答35至37題

> 甲、鳳凰臺上鳳凰遊，鳳去臺空江自流。吳宮花草埋幽徑，晉代衣冠成古丘。三山半落青天外，二水中分白鷺洲。總為浮雲能蔽日，長安不見使人愁。（李白〈登金陵鳳凰臺〉）
>
> 乙、大江東去，浪淘盡，千古風流人物。故壘西邊，人道是三國周郎赤壁。亂石崩雲，驚濤裂岸，捲起千堆雪。江山如畫，一時多少豪傑。遙想公瑾當年，小喬初嫁了，雄姿英發。羽扇綸巾，談笑間，檣櫓灰飛煙滅。故國神遊，多情應笑我，早生華髮。人生如夢，一尊還酹江月。（蘇軾〈念奴嬌〉）

（　　）35.根據上文，何者是它們共同提及的內容？

(A)邊塞風光　　　　　　　　　　(B)忠君愛國

(C)歷史興衰　　　　　　　　　　(D)隱居閒適

（　　）36.根據上文，下列文意說明，何者正確？

(A)「晉代衣冠」指東晉王謝世家等顯貴

(B)「總為浮雲能蔽日」比喻小人為浮雲所遮蔽

(C)「雄姿英發。羽扇綸巾」此八字形容諸葛亮

(D)「檣櫓灰飛煙滅」指東吳戰船化成灰燼

（　　）37. 根據上文，下列敘述何者正確？

　　　　　(A)甲為古體詩；乙為詞

　　　　　(B)甲押仄聲韻；乙押平聲韻

　　　　　(C)甲先寫景，後抒懷；乙純寫景，未抒懷

　　　　　(D)甲用唐代流行的韻文體寫成；乙用宋代流行的韻文體寫成

▲閱讀下文，回答38至39題

　　　第四屆「JTI紅樹林生態之旅」開始囉！今年除了新增模擬彈塗魚和招潮蟹視野的「哈哈鏡」外，還有「生態小徑」、「生態藝術家走廊」等。由林務局及紅樹林保護協會主辦、傑太日煙公司贊助的「紅樹林生態之旅」，自即日起至廿八日，在紅樹林展示館到淡水捷運站後方廣場舉行，每天活動時間從上午九時卅分到下午五時卅分，大家不妨前往全球面積最大的紅樹林保護區，探訪水筆仔和潮間帶生態。

　　　民眾可自捷運紅樹林站或淡水站出發，順著指標進入活動區，先在入口處的「紅樹林哈哈鏡」，看看彈塗魚和招潮蟹是怎麼「觀賞」這個世界。接著經由全長三百六十八公尺的木棧道深入保護區，讓國家森林志工導覽紅樹林自然景觀、水筆仔生態保育與溼地物種等資訊。而依循生態法規範設置的「生態小徑」，更可以讓民眾近距離觀察各種動植物。

　　　此外，「生態藝術走廊」也有身體彩繪、氣球藝術、吸管藝術、造型鐵線等活動，全程參加的大、小朋友可免費獲贈類似大富翁的「臺灣紅樹林冒險記～勇闖天涯」益智遊戲，限量六千套，送完為止。

（　　）38. 下列有關此則新聞主旨的說明，何者正確？

　　　　　(A)介紹水筆仔多種珍貴的用途

　　　　　(B)為紅樹林爭取設立生態保護區

　　　　　(C)公告並簡介即將展開的紅樹林生態之旅

　　　　　(D)藉由「生態藝術走廊」宣導藝術設計的理念

（　　）39. 根據上文，第四屆「JTI紅樹林生態之旅」沒有包含下列哪一個項目？

　　　　　(A)探訪水筆仔和潮間帶生態　　　　(B)觀賞身體彩繪、吸管藝術

　　　　　(C)學習彈塗魚和招潮蟹的飼養方法　(D)六千套益智遊戲贈送給大、小朋友

三、語文表達能力測驗

（　　）40. 下列文句，何者沒有錯別字？

　　　　　(A)學生常報怨作業太多　　　　　(B)這件古董價質連城

　　　　　(C)新的促銷方式頗受歡迎　　　　(D)我熟稀這個地區的情況

( ) 41. 閱讀下文，並依序為□選擇正確的用字：

這山雖然不高，但□靈毓秀，壯觀的梵宇僧樓，點綴在蒼翠的林木中，引領人們走入拜訪它。春光明媚之時，草長□飛，桃李爭□；金風颯颯之際，蘆荻吐白，老圃黃花，好一派秋日風情畫。

(A)鐘／鷹／研　　　　　　(B)鐘／鷹／妍
(C)鍾／鶯／研　　　　　　(D)鍾／鶯／妍

( ) 42. 下列成語，何者有錯別字？

(A)鳶飛魚躍　　　　　　　(B)一箭雙雕
(C)蠶食鯨吞　　　　　　　(D)叛若兩人

( ) 43. 閱讀下文，並順序為＿＿＿＿選擇恰當的標點符號：

娶了紅玫瑰＿＿＿＿久而久之，紅的變成牆上的一抹蚊子血＿＿＿＿白的還是「床前明月光」＿＿＿＿娶了白玫瑰，白的便是衣服上沾的一粒飯黏子＿＿＿＿紅的卻是心口上的一顆硃砂痣。

(A)，、。。　　　　　　　(B)，，；，
(C)。、。。　　　　　　　(D)。，；，

( ) 44. 閱讀下文，並為□□□□選擇最恰當的成語：

自從葡式蛋塔熱退燒後，滿街林立的蛋塔招牌已□□□□，取而代之的是日式拉麵的布簾。

(A)消聲匿跡　　　　　　　(B)情何以堪
(C)聞風不動　　　　　　　(D)清淺如許

( ) 45. 閱讀下文，並依序為□□□□選擇最恰當的成語：

下棋不能無爭，爭的範圍有大有小：有人□□□□，因而以小失大；有人不拘小節，故能眼觀全局；有人短兵相接，作生死鬥；有人□□□□，一步不讓。最不幸的是爭的範圍超出棋盤，拳腳相加。

(A)斤斤計較／趕盡殺絕　　(B)老謀深算／心猿意馬
(C)居心叵測／俛首係頸　　(D)坐收漁利／好勇鬥狠。

( ) 46. 閱讀下文，並依序為「」處選出可替換的成語：

(甲) 諸葛孔明舌戰群儒，引古論今，「理直氣壯，從容不迫」
(乙) 父親是演員，母親是聲樂家，「無形中受到影響」，他也愛好表演藝術
(丙) 「空虛不實的想法」，轉眼就會消失，不如踏實努力，享受收穫

(A)滔滔不絕／耳濡目染／寅吃卯糧
(B)滔滔不絕／耳濡目染／亦步亦趨
(C)侃侃而談／潛移默化／空中樓閣
(D)侃侃而談／耳濡目染／進退維谷

（　）47.下列契約文句應刪去哪個詞，可使文句最通順？

甲方將「坐落」於「地點」臺北縣林口鄉中華路5號兩層「樓房」乙幢租與「乙方」。

(A)坐落　　　　　　　　　　(B)地點

(C)樓房　　　　　　　　　　(D)乙方

（　）48.下列文句，何者沒有多餘的字詞？

(A)佳佳她小時候熱愛音樂，來自童年長期一直的薰陶

(B)善用瑣碎的零碎時間，可以讓時間的運用更有效率

(C)東西再便宜，也不可亂買，才能避免不必要的多餘浪費

(D)借書給別人，一則為找到同好而喜，一則又怕有去無回，實在是憂喜相參

（　）49.閱讀下文，並推斷□□□□應填何者最恰當？

近日黃先生搬新家，大夥湊了些錢，祝賀他□□□□。

(A)鶯遷喬木　　　　　　　　(B)宜室宜家

(C)入於幽谷　　　　　　　　(D)弄瓦之喜

（　）50.閱讀下文，並為它接續最恰當、合理的句子：

在美國影壇中，優質的影片未必賣座，賣座的影片也未必優質，＿＿＿＿＿。

(A)但是，〈美麗人生〉獲得奧斯卡獎，可證明它既賣座又優質

(B)所以，獲得奧斯卡獎的〈美麗人生〉，被公推為最賣座的影片

(C)但是，影評界卻公認，獲得奧斯卡獎的〈美麗人生〉，二者兼備

(D)所以，影評界認為，獲得奧斯卡獎的〈美麗人生〉是賣座甚好的優質影片

96 年統測（四技二專）

題型分析

題號類型	字音	字形	字詞義	文法修辭	成詞語	應用文	國學常識	閱讀理解
綜合測驗	1		2、3、19	8、9、18、21、22		（書信）（題辭）	23、25、26	10、11、16、24（古典詩詞曲） 12、13、14、15、20（文言文） 4、5、6、7、17（白話文）
閱讀能力測驗			29				31	36-37、38-40（白話題組） 34-35（現代詩題組） 30（古典詩詞） 27-28、32-33（文言題組）
語文表達能力測驗		41、42、43		48、49	44、47			45（現代詩，文句排序） 46（白話文） 50（白話文，文句排序）

一、綜合測驗

（　　）1.下列各組「」內的讀音，何者兩兩相同？
(A)「懾」人心魄／「躡」手躡腳　　(B)滋味甘「醇」／「諄」諄教誨
(C)疏「浚」河道／如期「竣」工　　(D)「稗」官野史／「裨」益良多

（　　）2.下列詞語，何者與陶淵明〈桃花源記〉：「乃不知有漢，無論魏晉」的「無論」意義相同？
(A)不論
(B)不管
(C)遑論
(D)無關

（　　）3.下列文句「」內詞義的解釋，何者正確？
(A)諸葛亮〈出師表〉：斟酌損益，進盡忠言；「斟酌」意謂權衡考慮
(B)丘遲〈與陳伯之書〉：聞鳴鏑而股戰，對穹廬以屈膝；「戰」意謂戰鬥
(C)司馬遷〈鴻門之宴〉：今入關，財物無所取，婦女無所「幸」；「幸」意謂獲得幸福
(D)蘇軾〈留侯論〉：太史公疑子房以為魁梧奇偉，而其狀貌乃如婦人女子，「不稱」其志氣；「不稱」意謂不稱許

( ) 4. 閱讀下文，並推斷科學家以何者分析事物？

科學家用天平和精密的法碼分析事物。

(A)樂觀進取的精神　　　　　(B)客觀嚴謹的態度

(C)寬容尊重的修養　　　　　(D)權宜變通的想法

( ) 5. 閱讀下文，並推斷何者是哈佛最希望學生養成的學習方式？

哈佛不提倡死讀書，而提倡無壓力狀態的學習方法。哈佛的教學方式是啓發式的，老師講完了，就是學生自己的事了。

(A)熟能生巧　　　　　　　　(B)舉一反三

(C)循序漸進　　　　　　　　(D)以逸待勞

( ) 6. 閱讀下文，並推斷何者是它的主旨？

別人說他好，那是有條件的，把那些條件去掉，他未必好；別人說他壞，也是有條件的，把那些條件去掉，他也未必壞。（王鼎鈞《人生試金石・小張的遭遇》）

(A)廣結善緣才能左右逢源　　(B)論人是非有失君子風度

(C)讚美是溝通人情的橋梁　　(D)評論人物往往以偏概全

( ) 7. 閱讀下文，並推斷何者與作者所描述的「文學」特質最不相關？

文學像湖中倒影的白楊，像迷宮中遠眺的星空，又像沙漠中開放的玫瑰。（龍應台《百年思索・在迷宮中仰望星斗》）

(A)興發美感　　　　　　　　(B)引起遐想

(C)慰藉心靈　　　　　　　　(D)建構知識

( ) 8. 下列文句，何者不具有「因果關係」的說明？

(A)竭誠則胡越爲一體，傲物則骨肉爲行路

(B)人之不廉而至於悖禮犯義，其原皆生於無恥也

(C)鋤其直，遏其生氣，以求重價，而江、浙之梅皆病

(D)無道人之短，無說己之長；施人慎勿念，受施慎勿忘

( ) 9. 下列文句，何者沒有「反問」的語氣？

(A)必不得已而去，於斯三者何先

(B)四海之內，皆兄弟也，君子何患乎無兄弟也

(C)此四君者，皆以客之功，由此觀之，客何負於秦哉

(D)我亦欲正人心，息邪說，距詖行，以承三聖者，豈好辯哉

( ) 10. 下列詩句，何者旨在抒發「朋友相聚的情誼」？

(A)嶺外音書絕，經冬復歷春。近鄉情更怯，不敢問來人

(B)主稱會面難，一舉累十觴。十觴亦不醉，感子故意長

(C)故人西辭黃鶴樓，煙花三月下揚州。孤帆遠影碧空盡，惟見長江天際流

(D)丞相祠堂何處尋？錦官城外柏森森。映階碧草自春色，隔葉黃鸝空好音

（　　）11. 蘇轍〈黃州快哉亭記〉：「士生於世，使其中不自得，將何往而非病？」下列散曲，何者最清楚地展現作者「其中不自得」的處境？

(A)雲霞，我愛山無價。看時行踏，雲山也愛咱

(B)鶴立花邊玉，鶯啼樹杪弦，喜沙鷗也解相留戀

(C)晚來盡灘頭聚。笑語相呼。魚有剩，和煙旋煮。酒無多，帶月須沽

(D)砧聲催動一天霜。過雁聲嘹亮。叫起離情，敲殘愁況。夢家山身異鄉

（　　）12. 閱讀下文，並推論何者是它「隱含的要旨」？

西方有木焉，名曰「射干」，莖長四寸，生於高山之上，而臨百仞之淵。木莖非能長也，所立者然也。（《荀子·勸學》）

(A)真知灼見，才能引領風騷　　　　(B)虛懷若谷，才可日進有功

(C)立身高潔，方能洞悉真相　　　　(D)從師問學，方可提升視野

（　　）13. 閱讀下文，並推斷何者是它的主旨？

近塞上之人有善術者，馬無故亡而入胡，人皆弔（弔，安慰）之。獨其父曰：「此何遽不為福乎？」居數月，其馬果將（將，帶領）胡駿而歸。（《淮南子·人間訓》）

(A)老馬識途，何患之有　　　　　　(B)塞翁失馬，焉知非福

(C)心猿意馬，易失良駒　　　　　　(D)盲人瞎馬，歪打正著

（　　）14. 閱讀下文，並推斷其文意說明何者正確？

僕自少至今，從事於往還朋友間，一十七年矣，日月不為不久；所與交往相識者千百人，非不多；其相與如骨肉兄弟者，亦且不少。（韓愈〈與崔群書〉）

(A)交友時間短，結識的朋友少，情如兄弟的也很少

(B)交友時間短，結識的朋友多，情如兄弟的也很多

(C)交友時間長，結識的朋友少，情如兄弟的也不多

(D)交友時間長，結識的朋友多，情如兄弟的也不少

（　　）15. 閱讀下文，並推斷何者是它的主旨？

相見甚有奇緣，似恨其晚；然使前十年相見，恐識力各有未堅透處，心目不能如是之相發也。（鍾惺〈與陳眉公〉）

(A)志氣相投，相見恨晚　　　　　　(B)適時相遇，才性深契

(C)忘年之交，惺惺相惜　　　　　　(D)交淺言深，徒留遺憾

（　　）16. 閱讀下列古歌謠，並推斷何者是它的主旨？

君乘車

我戴笠

他日相逢下車揖

君擔簦（簦：有柄的笠，好像現代的傘）

我騎馬

他日相逢為君下

(A)舟車勞頓之苦　　　　　　　　(B)富貴成空之苦

(C)夫妻新婚之樂　　　　　　　　(D)友情真摯之樂

（　　）17. 閱讀下文，並推斷「」內文句的涵義是什麼？

曾幾何時，「一分鐘九十字的效率，取代紙上耕耘的筆跡」，過目即忘的冷漠，取代永誌於心的感動。（李欣頻《誠品副作用》）

(A)電子新聞取代報紙　　　　　　(B)電話通訊取代書信

(C)電腦打字取代手寫　　　　　　(D)電動字幕取代海報

（　　）18. 下列詩句，何者沒有動詞？

(A)北斗七星高　　　　　　　　　(B)哥舒夜帶刀

(C)至今窺牧馬　　　　　　　　　(D)不敢過臨洮

（　　）19. 下列文句的「使」，何者具有「派遣」的涵義？

(A)「使」民敬忠以勸，如之何

(B)「使」君有婦，羅敷有夫

(C)若「使」燭之武見秦君，師必退

(D)不宜偏私，「使」內外異法也

（　　）20. 下列文句，何者沒有「倘若……，則……」的涵義？

(A)四維不張，國乃滅亡

(B)不憤，不啟；不悱，不發

(C)德之不修，學之不講，聞義不能徙，不善不能改

(D)君子三年不為禮，禮必壞；三年不為樂，樂必崩

（　　）21. 下列文句，何者沒有使用「譬喻」的修辭技巧？

(A)你的瘦骨宛如長河落日，我的浮思則如大漠孤煙

(B)下午剛下過一陣雨，日頭已斜西，夏雲還連袂遊蕩未肯散

(C)雨點貫串做絲，無數麻瘰似的水渦，隨生隨滅，息息不停

(D)過去的日子如輕煙，被微風吹散了；如薄霧，被初陽蒸融了

（　　）22. 下列文句，何者使用「以具體事物比擬具體事物」的修辭技巧？

(A)大清早，妻就拿著菜籃子撿拾滿滿一籃子蟬聲回來

(B)鄉農額角上疊疊的深皺，像極了海岸上那層層疊疊的沖積岩層

(C)在火車上這樣張望，心裡正有一種歲月悠悠沉鬱，壓在那裡，不由分說

(D)我們渾樸的天眞是像含羞草似的嬌柔，一經同伴的牴觸，他就捲了起來

（　　）23. 下列關於先秦諸子學說的敘述，何者不正確？

(A)韓非思想以「法」爲重，是法家集大成者

(B)孔子雖身處亂世，卻始終懷抱仁民愛物的理想

(C)莊子認爲必須擺脫名利的束縛，才能獲得精神的自由

(D)孟子師事於孔子，莊子受業於老子，韓非從學於荀子

（　　）24. 閱讀下文，並推斷何者爲其歌詠的人物？

不肯過江東，玉帳匆匆，至今草木懷英雄，唱著虞兮當日曲，便舞東風。

（辛棄疾〈浪淘沙〉）

(A)周瑜　　　　　　　　　　　(B)宋江

(C)項羽　　　　　　　　　　　(D)諸葛亮

（　　）25. 閱讀下文，並推斷□□內應該是哪一本小說？

唐代文學家韓愈記敘自己苦讀的情形是焚膏油以繼晷，這種夜以繼日的勤奮精神，我是無法學習的，因爲深夜讀書一想起□□中的鬼狐世界，就覺得氣氛詭異，擔心冷不防從背後的木櫃，伸出一隻手來。

(A)《紅樓夢》　　　　　　　　(B)《聊齋誌異》

(C)《三國演義》　　　　　　　(D)《儒林外史》

（　　）26. 閱讀下文，並依序爲「甲」、「乙」選擇恰當的詩人。

唐代是詩歌的盛世，不僅作詩成爲自天子以至庶人的全民運動，詩壇更是名家輩出。「甲」以寫田園景色、隱逸生活爲主，但因仕途不順，時抒發懷才不遇之感，是盛唐田園詩的重要作家。「乙」早年懷抱以詩歌改革政治的理想，以新樂府寫諷諭詩，是中唐社會寫實詩的健將。

(A)孟浩然／白居易　　　　　　(B)孟浩然／杜甫

(C)王維／白居易　　　　　　　(D)王維／杜甫

二、閱讀測驗

▲閱讀下文，回答27-28題

　　蘇東坡、黃山谷、佛印三人在杭州，日日飲食徵逐，惟佛印食量之大，尚過於魯智深，酒餚輒爲所先盡，坡、谷苦之。一日相與謀曰：「我們何不瞞著這老禿，樂一天

呢？」乃悄蹴一舟，背佛印，備小酌以遊西湖。不料佛印神通廣大，早偵知之，瞯二人之未登舟也，先登而自匿於船板下，囑舟子勿洩焉。既而坡、谷至，泛舟容與，放乎中流。時月夕也，坡謂谷曰：「老禿不在座，使人整暇，我輩何不淺斟緩酌，行一雅令，以消永夕？」谷沉吟一晌曰：「浮萍撥開，游魚出來；得其所哉！得其所哉！」坡擊節嘆賞，旋應令曰：「浮雲撥開，明月出來；天何言哉！天何言哉！」谷方欲擊節，詎料佛印已搔著心癢，按捺不住，即在艙下，一面開口，一面昂頭，大聲喊道：「浮板撥開，佛印出來；人焉廋哉！人焉廋哉！」遂據觴奪箸，頃刻之間，盤盂四大皆空。（改寫自梁啟超《飲冰室文集‧雜著‧笑林》）

（　　）27. 依據上文，下列詞語何者最適合形容佛印？
(A)慧黠幽默　　　　　　　(B)慈悲為懷
(C)逆來順受　　　　　　　(D)發憤忘食

（　　）28. 蘇軾、黃庭堅、佛印三人所吟的四言短詩，「天何言哉」、「得其所哉」、「人焉廋哉」均引用古代經典的文句。下列關於他們用典的敘述，何者正確？
(A)黃庭堅引用「得其所哉」，意在形容漁獲豐富，人民安居樂業
(B)蘇軾引用「天何言哉」，意在感慨去日苦多，只能無語對蒼天
(C)佛印引用「人焉廋哉」，意在譏諷蘇、黃欺瞞朋友，隱匿佳餚
(D)蘇、黃用典強調美景重於美食，佛印用典則強調美食重於美景

▲閱讀下文，回答29-31題

國破山河在，城春草木深。感時花濺淚，恨別鳥驚心。烽火連三月，家書抵萬金。白頭搔更短，渾欲不勝簪。（杜甫〈春望〉）

（　　）29. 依據此詩，下列詩句「　」內詞義的解釋，何者不正確？
(A)城春草木「深」；「深」意謂沉落
(B)「烽火」連三月；「烽火」意謂戰爭
(C)「國破」山河在；「國破」意謂長安淪陷
(D)「感時」花濺淚；「感時」意謂感嘆時局

（　　）30. 依據此詩，「白頭搔更短，渾欲不勝簪」隱含作者心中最深沉的憂慮是什麼？
(A)家國動盪，百姓流離　　　(B)時運不濟，前途茫然
(C)官場失意，升遷無望　　　(D)田園荒蕪，生活貧困

（　　）31. 下列關於此詩「格律、風格、文體」的敘述，何者正確？
(A)屬於五言古詩　　　　　　(B)沒有對仗句法
(C)風格浪漫飄逸　　　　　　(D)深、心、金、簪押韻

▲閱讀下文，回答32-33題

> 四言敝而有楚辭，楚辭敝而有五言，五言敝而有七言，古詩敝而有律絕，律絕敝而有詞。蓋文體通行既久，染指遂多，自成習套。豪傑之士，亦難於其中自出新意，故遁而作他體，以自解脫。一切文體所以始盛終衰者，皆由於此。（王國維《人間詞話》）

（　　）32.依據上文，下列韻文，何者產生最晚？
　　　　(A)楚辭　　　　　　　　　(B)五言絕句
　　　　(C)五言古詩　　　　　　　(D)七言律詩

（　　）33.依據上文，何者是「一切文體所以由盛轉衰」的原因？
　　　　(A)作家缺乏危機意識　　　(B)豪傑之士江郎才盡
　　　　(C)舊體習套難以突破　　　(D)格律鬆散流於空洞

▲閱讀下文，回答34-35題

> 我乃曠野裡獨來獨往的一匹狼。
> 不是先知，沒有半個字的嘆息。
> 而恆以數聲悽厲已極之長嗥，
> 搖撼彼空無一物之天地，
> 使天地戰慄如同發了瘧疾；
> 並刮起涼風颯颯的，颯颯颯颯的：
> 這就是一種過癮。（紀弦〈狼之獨步〉）

（　　）34.下列關於此詩主旨的敘述，何者正確？
　　　　(A)抒發悲天憫人的胸懷　　　(B)呈顯寂寞空虛的心靈
　　　　(C)表現自信狂傲的性格　　　(D)展露少不經事的稚氣

（　　）35.下列關於此詩寫作技巧的敘述，何者正確？
　　　　(A)以「長嗥」代指恆常的嘆息
　　　　(B)藉「涼風颯颯」表達內心的空虛
　　　　(C)以「天地戰慄」襯托狼嗥的氣勢
　　　　(D)藉「先知」形容「獨來獨往」的個性

▲閱讀下文，回答36-37題

> 我熱愛鄉村的冬天。我無法理解富翁們在一年當中最不適於舉行舞會、講究穿著和奢侈揮霍的季節，將巴黎當作狂歡的場所。大自然在冬天邀請我們到火爐邊，享受天倫之樂；而且正是在鄉村，才能領略這個季節罕見的明朗陽光。在我國的大都市裡，臭氣熏天的爛泥，幾乎永無乾燥之日；但在鄉下，一片陽光或者刮幾小時風，就能使空氣清新，地面乾爽。可憐的城市工人對此十分瞭解，他們滯留在這個垃圾場裡，實在是由於

無可奈何；但我們的富翁們卻過著人爲的、悖謬的生活，違背大自然的安排。英國人比較明智，他們到鄉下別墅裡過冬。（喬治‧桑〈冬天之美〉；喬治‧桑，法國十九世紀女作家）

（　　）36. 依據上文，作者特別舉出哪一個例子，證明其他人也喜愛鄉村生活？
　　　　(A)鄉民喜愛冬天的陽光與空氣　　　(B)城市工人無奈的滯留都市
　　　　(C)家人在火爐邊享受天倫之樂　　　(D)富翁享受鄉村奢侈的樂趣

（　　）37. 依據上文，作者主要運用何種寫作技巧，支持冬天應住鄉村的論點？
　　　　(A)鮮明對比　　　　　　　　　　　(B)生動譬喻
　　　　(C)感性抒情　　　　　　　　　　　(D)明褒暗貶

▲閱讀下文，回答38-40題

　　大腦的語言區主要位於左腦，大約在耳朵上方，主要分爲三區：第一是威尼基區，使我們可以了解語言；第二是布羅卡區，負責將語言說出來；第三是角迴。

　　閱讀和寫字時，除了語言區的活化，也需要視覺皮質將書本的訊息送進腦裡來，再加上運動皮質活化肌肉以便寫字。倘若訊息無法在這些區域自由流動，甚至中斷聯繫，就會有某種「失讀症」的產生。

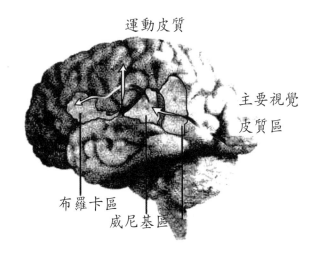

運動皮質

主要視覺
皮質區

布羅卡區

威尼基區

　　「讀」和「寫」需要用到大腦的視覺（如果是盲人點字則用觸覺）區域，加上細緻的手指控制以運用各種書寫工具。在大腦威尼基區的後上方，有一個地方叫作「角迴」，它位於枕葉、頂葉、顳葉三者交會處，是將視覺文字辨識結果送往語言區的要衝；若這個地方受傷，會嚴重影響讀寫能力；假如只是附近地方受傷，病人或許仍可以寫，但不能默讀自己所寫的東西。有一位病人J.O.可以聽寫，卻無法默讀自己所寫的字，然而當她大聲唸出來，她聽到字音之後，便知道字的意思了。她說：「我看到字，但意義沒有跟著出現。」這是因爲＿＿＿＿＿受損，所以字的視覺訊息無法對應到它的意義上去。（改寫自Rita Carter著，洪蘭譯，《大腦的祕密檔案》第六章，〈跨越演化的鴻溝〉）

（　）38.上文以圖、文並置的方式，主要是為了使讀者了解：

(A)人類左腦語言區的演化過程

(B)人類左腦語言區的各種失調病症

(C)「失讀症」肇因於大腦訊息傳遞障礙

(D)「失讀症」肇因於發聲部位的功能失常

（　）39.依據上引圖、文，下列關於人類「左腦語言區」的敘述，何者正確？

(A)主要分為三區：枕葉、頂葉、顳葉

(B)威尼基區受傷，會使視覺皮質的功能產生障礙

(C)角迴的功能是將「理解的語言」轉換成「說出來的語言」

(D)閱讀和寫字時，語言區必須和視覺皮質、運動皮質相配合

（　）40.綜合上引圖、文的說明，病人J.O.的症狀，主要係肇因於左腦某個部分功能受損，則文中處應填入的是：

(A)視覺皮質 　　　　　　　　(B)視覺皮質到角迴間的神經通路

(C)威尼基區 　　　　　　　　(D)布羅卡區到運動皮質間的神經通路

三、語文表達能力測驗

（　）41.下列各組「」內的字形，何者兩字皆正確？

(A)「勞」師動眾／「勞」騷滿腹

(B)「截」長補短／「截」止日期

(C)星火「燎」原／窮愁「燎」倒

(D)「觸」類旁通／相形見「觸」

（　）42.下列文句，何者沒有錯別字？

(A)這家公司的營業額在同行中手屈一指

(B)法官不假思索地駁斥了他的不實指控

(C)這部影片，獲得「最佳導演」獎的題名

(D)唯有力行不綴，持之以恆，才能獲得最後的成功

（　）43.下列各組「」內的注音若寫成國字，何者兩兩相同？

(A)裝「ㄑㄧㄤ」作勢／滿「ㄑㄧㄤ」熱血

(B)一「ㄒㄧㄣ」耳目／「ㄒㄧㄣ」照不宣

(C)前途「ㄐㄧㄢ」困／意志「ㄐㄧㄢ」定

(D)勢「ㄌㄧˋ」相當／眼光銳「ㄌㄧˋ」

（　　）44.下列文句「」內詞語的使用，何者最恰當？
　　　　(A)憲法保障人民集會、結社的「權力」
　　　　(B)他在街頭「煽動」路人響應冬令救濟
　　　　(C)被霹靂小組層層包圍後，搶匪仍「執著」抵抗
　　　　(D)駱駝特殊的生理構造，使牠具有耐旱、耐熱和吃苦等「特質」

（　　）45.閱讀下文，並為甲、乙、丙、丁選擇最恰當的排列順序。
　　　　每一個孩子都有夢，
　　　　甲、都應該有機會實現
　　　　乙、所要展現給世人的目的
　　　　丙、而這也正是孩子們來這個世界
　　　　丁、這些夢想在孩子心中（黃明堅《為自己活‧未來是受夢想牽引》）
　　　　(A)甲丁乙丙　　　　　　　　　(B)乙丙丁甲
　　　　(C)丙甲乙丁　　　　　　　　　(D)丁甲丙乙

（　　）46.閱讀下文，並為□□□選擇最恰當的詞語。
　　　　有人說：書跟□□□一樣，打開才有用；□□□不打開，可能傷及生命。書
　　　　不打開，是不是也會傷及自己的未來？
　　　　(A)記憶體　　　　　　　　　　(B)降落傘
　　　　(C)隨身聽　　　　　　　　　　(D)計時器

（　　）47.閱讀下文，並判斷「」內的詞語使用，何者最正確？
　　　　小陳和老李合作多年，默契十足，事情交給他們「上下其手」，包準穩當。
　　　　這對「一丘之貉」的最佳拍檔，案子多到「應接不暇」，只好「另請高
　　　　明」，尋找助理分擔工作。
　　　　(A)上下其手　　　　　　　　　(B)一丘之貉
　　　　(C)應接不暇　　　　　　　　　(D)另請高明

（　　）48.閱讀下文，並推斷畫線處何者是贅詞？
　　　　理想的下午，屬於願意享受擁有(A)下午的人。這類人樂意(B)暫時擱下手邊工
　　　　作，走出舒適的廳房，關掉(C)柔美的音樂，闔上津津有味(D)的書籍，套上鞋
　　　　往外而去。（舒國治《理想的下午》）

（　　）49.下列文句，何者有「語病」？
　　　　(A)我們愈談愈投機，彼此看法大相逕庭
　　　　(B)市府廣場的演唱會，萬人空巷，盛況空前
　　　　(C)為人處世既不要妄自菲薄，也不可夜郎自大
　　　　(D)皮雕展的作品，每一件都栩栩如生，維妙維肖

（　　）50. 下列文句甲、乙為一組，丙、丁為一組，兩組內詞序排列能正確表達文意的
句子分別是：

甲、你不但要去，而且我也要去。丙、不僅你要去，還得早點去。

乙、不但你要去，而且我也要去。丁、你不僅要去，還得早點去。

(A)甲、丙　　　　　　　　　　　　(B)甲、丁

(C)乙、丙　　　　　　　　　　　　(D)乙、丁

97 年統測（四技二專）

題型分析

題號類型	字音	字形	字詞義	文法修辭	成詞語	應用文	國學常識	閱讀理解
綜合測驗	1		2、3、14	9、15、16、17、19、20		23（書信）、24（題辭）	22	7（古典詩詞）10（現代詩）4、5、21（文言文）6、8、11、12、13（白話文）18（白話文，文句排序）
閱讀能力測驗								25-26、27-29、39-40（白話題組）30-31（古典詩詞）32-35、36-38（文言題組）
語文表達能力測驗		41、42	43、44	47、48、49、50	45、46			

一、綜合測驗

（　　）1. 下列選項「」內的字音，何者兩兩相同？
　　(A)內「餡」／誤入「陷」阱
　　(B)傳「遞」／「褫」奪公權
　　(C)「狙」擊／困難險「阻」
　　(D)「睥」睨／「稗」官野史

（　　）2. 下列敘述，何者不正確？
　　(A)蒐集各國郵票；「蒐」意同於「搜」
　　(B)「近」水樓台先得月；「近」意同於「進」
　　(C)外舉不避親，內舉不避讎；「讎」意同於「仇」
　　(D)天然純淨，萃取植物菁華；「菁」意同於「精」

（　　）3. 下列文句的「而」，何者表示語意轉折，相當於「但是」之意？
　　(A)簡能「而」任之，擇善而從之
　　(B)道之以政，齊之以刑，民免「而」無恥
　　(C)女娃游于東海，溺「而」不返，故爲精衛
　　(D)樹林陰翳，鳴聲上下，遊人去「而」禽鳥樂也

（　　）4. 下列文句，何者有「懷疑」的語氣？
　　(A)子謂子貢曰：女與回也孰愈
　　(B)子貢曰：必不得已而去，於斯三者何先

(C)子曰：孰謂微生高直？或乞醯焉，乞諸其鄰而與之

(D)子曰：若聖與仁，則吾豈敢？抑為之不厭，誨人不倦

（　）5.下列詩句，何者以「具體描繪眼前的景物」為主？

(A)三顧頻繁天下計，兩朝開濟老臣心

(B)升堂坐階新雨足，芭蕉葉大梔子肥

(C)在天願作比翼鳥，在地願為連理枝

(D)十三學得琵琶成，名屬教坊第一部

（　）6.閱讀下文，並推斷文中「詩人」主要的特質是什麼？

文字對詩人說：「我其實是空洞的。」

詩人回答：「我的工作便是將空洞排成豐沛。」（林文月〈有所思—擬《漂鳥集》〉）

(A)把文字排列成整齊的文句

(B)清楚文字演變的來龍去脈

(C)依循文字的本義，寫出明白顯豁的文句

(D)實驗文字的可塑性，以之表現世界萬象

（　）7.閱讀下詩，並推斷選項的詩義，何者與該詩的寓意最接近？

天上有多少星光，城裡有多少姑娘；但人間只有一個你，天上只有一個月亮。

(A)十年一覺揚州夢，贏得青樓薄倖名

(B)欲寄君衣君不還，不寄君衣君又寒

(C)春色滿園關不住，一枝紅杏出牆來

(D)曾經滄海難為水，除卻巫山不是雲

（　）8.閱讀下文，並推斷作者認為報紙評論應當避免何種缺失？

在報紙上，幾乎天天都會看到以「值得觀察」為結尾的評論或特稿，這四個字怎麼看都是廢詞——既然用了那麼多的篇幅來分析或論述，給讀者的資訊與觀點事實上已相當足夠，其餘的原來就是留給讀者咀嚼、感受、自行判斷，何須再強調「值得觀察」呢？

(A)襲取別人說過的言論　　　　　　(B)贅加不需使用的詞句

(C)強迫讀者自行感受與判斷　　　　(D)欠缺個人觀點及事實分析

（　）9.下列詞語，何者沒有使用「句中對」的修辭技巧？

(A)鳩占鵲巢　　　　　　　　　　　(B)獐頭鼠目

(C)虎嘯猿啼　　　　　　　　　　　(D)龍飛鳳舞

（　　）10.閱讀下詩，並推斷選項對於詩的詮釋，何者不正確？

我是一粒米／當你夾取木筷，在飯中翻攪／請讀一讀我的身世／當勞動的農人／以含淚的收割／抵不過股票指數上升／糧價低迷／那緊蹙的眉頭／化為珍貴的淚滴／請珍惜我（張國治〈一顆米如是說〉）

(A)採取第一人稱的敘述觀點

(B)詩人關切目前經濟狀況中的農業問題

(C)旨在強調國產米品種優良，應多食用

(D)詩以「米的身世」代指農人的辛苦與無奈

（　　）11.閱讀下文，並推斷其要旨為何？

十五世紀之後，比羊皮紙便宜許多的紙張，大量供應，廣泛使用，為印刷術的出現做好準備工作。此外，在西元1429年之前，羅馬字體已在佛羅倫斯發展成熟，為日後手抄本及印刷字體奠下基礎。至西元1455年，古騰堡發展出活字印刷術，宗教改革以及文藝復興接踵而來，各民族使用自己的語言從事文學創作，也使印刷術成為一種新潮流。

(A)印刷術興起的背景　　　　　　(B)羅馬字體的重要性

(C)活字印刷術的演進　　　　　　(D)歐洲的文明與發展

（　　）12.關於新詩與格律的關係，聞一多曾經表示：「越有魄力的作家，越是要帶著腳鐐跳舞才跳得痛快、跳得好」。聞一多的看法應是：

(A)作家必須經歷苦難，才能創作出好作品

(B)唯有突破格律的限制，才稱得上是好作品

(C)優秀的作家，善於藉格律的限制翻新出奇

(D)受到的限制越少，越能展現優秀作家的才情

（　　）13.閱讀下文，並推斷「令人意外」的調查結果為何？

夫妻間希望能談些什麼？做丈夫的想談些什麼？調查的結果令人大感意外。雖說太太抱怨丈夫懶於開口早已不是新聞，但我們的調查顯示，做丈夫的除了愛談體育、財經，其實還渴望談些切身相關的事，只是不知如何啟齒。

(A)男人總是懶得開口與太太說話

(B)男人愛談的話題不外乎體育、財經

(C)男人其實想和太太談些切身相關的事

(D)男人不知如何與太太討論體育、財經新聞

（　　）14.閱讀下文，並推斷「」內的詞語，何者不是動詞？

「使」人「言」於項羽曰：沛公欲「王」關中，使子嬰為「相」，珍寶盡有之。

(A)使　　　　　　　　　　　　　　(B)言

(C)王　　　　　　　　　　　　　　(D)相

（　）15. 下列「不……不……」的句子，何者有「假如不……，就不……」的涵義？
(A)不見不散
(B)不知不覺
(C)不屈不撓
(D)不倫不類

（　）16. 下列文句的「者」，何者是「句尾語助詞」？
(A)食馬「者」，不知其能千里而食也
(B)其平居無罪夷滅「者」，不可勝數
(C)師「者」，所以傳道、受業、解惑也
(D)為人君「者」，但當退小人之偽朋，用君子之真朋

（　）17. 下列文句，何者使用「將人比喻為物」的修辭法？
(A)沙鷗翔集，錦鱗游泳，岸芷汀蘭，郁郁青青
(B)那河畔的金柳，是夕陽中的新娘，波光裡的豔影，在我的心頭蕩漾
(C)今夜封書在何處？廬山庵裡曉燈前。籠鳥檻猿俱未死，人間相見是何年
(D)大絃嘈嘈如急雨，小絃切切如私語，嘈嘈切切錯雜彈，大珠小珠落玉盤

（　）18. 下列是一段現代散文，請依文意選出排列順序最恰當的選項：
蟬聲亦有甜美溫柔如夜的語言的時候，
甲、而蟬聲的急促，在最高漲的音符處突地戛然而止，
乙、那該是情歌吧，
丙、更像一篇錦繡文章被猛然撕裂，
丁、總是一句三疊，像那傾吐不盡的纏綿，
戊、散落一地的鏗鏘字句，擲地如金石聲，
而後寂寂寥寥成了斷簡殘篇，徒留給人們一些悵惘、一些感傷。（簡媜〈夏之絕句〉）
(A)甲丁丙戊乙
(B)乙丁甲丙戊
(C)丁甲乙丙戊
(D)戊丁乙甲丙

（　）19. 下列文句「」內的詞語，何者使用「借代」的修辭法？
(A)陽光正好暖和，絕不過暖；風息也是「溫馴」的
(B)「空氣」總是明淨的，近谷內不生煙，遠山上不起靄
(C)你不妨搖曳著一頭的「蓬草」，不妨縱容你滿腮的苔蘚
(D)作客山中的妙處，尤在你永不須躊躇你的服色與「體態」

（　）20. 「紅杏枝頭春意鬧」一句，其修辭方式係運用人們的感覺可以互通、類比的特性，將「聽覺」上的「鬧」，移來形容「視覺」上的「枝頭開滿紅色杏花」。下列四則房屋廣告標題，何者也使用相同的修辭方式？
(A)大都市新天地讓你住東區也像在國外

(B)獨享4000坪花園媲美一座美式足球場

(C)站前唯美公園尊邸天天都像在聆賞韋瓦第的四季

(D)連Discovery攝影團隊都要讚歎的世界級海景風光

(　　) 21.下列文句，何者採用「以歷史爲殷鑑」的說服技巧？

(A)沛公不先破關中，公豈敢入乎？今人有大功而擊之，不義也，不如因善遇之

(B)今沛公先破秦，入咸陽，毫毛不敢有所近，封閉宮室，還軍霸上，以待大王來

(C)沛公居山東時，貪於財貨，好美姬。今入關，財物無所取，婦女無所幸，此其志不在小

(D)勞苦而功高如此，未有封侯之賞；而聽細說，欲誅有功之人，此亡秦之續耳！竊爲大王不取也

(　　) 22.下列取自《三國演義》回目的文句，文句本身涉及《三國演義》中的主要人物，試推斷選項中的人物，哪一位不包含在內？

美髯公千里走單騎／定三分隆中決策／傳遺命奸雄數終／雪弟恨先主興兵

(A)劉備　　　　　　　　　　(B)諸葛亮

(C)關羽　　　　　　　　　　(D)司馬懿

(　　) 23.書信開頭如寫「仰望 慈暉，孺慕彌切」，則收信人應爲何人？

(A)老師　　　　　　　　　　(B)直屬長官

(C)哥哥或姐姐　　　　　　　(D)母親或祖母

(　　) 24.閱讀下列 (甲)、(乙)二圖，選出依序最適用的題辭：

(A)天錫遐齡／眾欣有託　　　(B)春滿瑤池／造福桑梓

(C)福壽全歸／忠勤足式　　　(D)弄瓦徵祥／德必有鄰

圖 (甲)

圖 (乙)

二、閱讀能力測驗

▲閱讀下文，回答第25-26題

（一）

　　根據行政院主計處統計，臺灣十五歲以上的人，一個禮拜裡完全未閱讀書籍的人，占全國人口的68%；每天都讀書的只有3%。若按地區來分，每週休閒時間從未閱讀的比例以東部地區的78%最高，其次為中部地區75%、南部地區72%、北部地區60%；整體言之，「甲」。（改寫自主計處統計資料）

（二）

　　愛爾蘭人愛好文學、藝術，重視教育，用創造良好的生活品質，為近年來的經濟發展奠定基礎。雖然比臺灣的國民所得高兩倍，但愛爾蘭沒有精品滿樓的「101」；雖然法國、英國近在咫尺，卻很難買到路易威登（Louis Vuitton），或者Burberry。愛爾蘭有為自己驕傲的理由，二十世紀的諾貝爾文學獎得主有四位出自愛爾蘭，分別是詩人葉慈、劇作家蕭伯納、小說家貝克特、詩人悉尼。愛爾蘭對文字工作者非常尊重，不論任何國籍的作家，在愛爾蘭都不必繳稅。首都都柏林甚至成立作家博物館，展出愛爾蘭各年代名家的生平、手稿、書籍及紀念物。根據瑞士國家競爭力報告，愛爾蘭十五歲以上人口的識字率（指能讀、寫普通文字），占世界第一；火車上，耆宿黃髫大多人手一卷，而且樂在其中。（改寫自《天下雜誌》，〈邊緣鬥士·愛爾蘭〉）

（　　）25.上文「甲」處，應填何者最恰當？
　　　　(A)臺灣的閱讀人口偏低　　　　　　(B)臺灣人熱中休閒活動
　　　　(C)北部的閱讀習慣最差　　　　　　(D)東部的閱讀風氣最盛

（　　）26.下列關於臺灣與愛爾蘭的比較，何者正確？
　　　　(A)愛爾蘭人比臺灣人更能享受閱讀所帶來的樂趣
　　　　(B)就十五歲以上的人口而言，臺灣的識字率高於愛爾蘭
　　　　(C)臺灣的閱讀人口比愛爾蘭低，但國民所得比愛爾蘭高
　　　　(D)愛爾蘭經濟落後，因此精品店及名牌服飾銷售量不佳

▲閱讀下文，回答第27-29題

　　清晨七點，八十五歲的陳老先生起個大早，坐著電動輪椅到了國父紀念館前的麥當勞。從前路邊的停車格，現在已改成輪椅停放區。他把輪椅停好，進入麥當勞，點一份老人餐。幫他服務的是一位七十幾歲的老服務生。走到用餐區，一些老朋友們都在這裡吃早餐。陳老先生這一代年輕時，人人都不想生孩子，或者只生一個，現在情況更糟，每年全臺灣只生下六萬個嬰兒，與幾十年前每年出生四十萬個嬰兒相較，實在少得可憐。在人口銳減的情況下，臺灣只剩下一千七百萬人。（改寫自《今周刊》，〈500萬人消失，十二項產業日漸萎縮〉）

（　　）27.文中描述的「現在」，最可能的時間是：

(A)西元1955年　　　　　　　　　　(B)西元1980年

(C)西元2005年　　　　　　　　　　(D)西元2050年

（　　）28.依據上文，下列何者不是臺灣社會將出現的現象？

(A)嬰兒的死亡率增加　　　　　　　(B)人口老化情形嚴重

(C)老年人仍需工作維生　　　　　　(D)路邊輪椅停放區擴增

（　　）29.依據上文，市場上哪些行業的需求會大幅降低？

甲、觀光旅遊　乙、婦產科醫生　丙、復健科醫生　丁、兒童用品製造商

戊、抗衰老用品製造商　己、大鍵盤手機製造商　庚、托兒所、安親班

(A)甲丙戊　　　　　　　　　　　　(B)乙丁庚

(C)丙丁己　　　　　　　　　　　　(D)戊己庚

▲閱讀下文，回答第30-31題

> 自從別歡後，歎音不絕響。黃蘗向春生，苦心隨日長。（子夜四時歌‧春歌）
>
> 田蠶事已畢，思婦猶苦身。當暑理絺服，持寄與行人。（子夜四時歌‧夏歌）
>
> 秋風入窗裡，羅帳起飄颺。仰頭看明月，寄情千里光。（子夜四時歌‧秋歌）
>
> 淵冰厚三尺，素雪覆千里。我心如松柏，君情復何似。（子夜四時歌‧冬歌）

（　　）30.上引四詩的共同主題爲何？

(A)描寫景色　　　　　　　　　　　(B)歌頌人生

(C)反映戰亂　　　　　　　　　　　(D)抒寫相思

（　　）31.下列關於上引四詩的詮釋，何者不正確？

(A)以「黃蘗向春生」暗喻內心悲苦

(B)以「仰頭看明月」寄寓對團圓的想望

(C)以「田蠶事已畢，思婦猶苦身」描寫生計貧窮艱困

(D)以「淵冰厚三尺，素雪覆千里」象徵令人絕望的情境

▲閱讀下文，回答第32-35題

> 　自曾子而下，篤實無若子夏，而其言仁也，則曰：「博學而篤志，切問而近思」。今之君子則不然，聚賓客門人之學者數十百人，「譬諸草木，區以別矣」，而一皆與之言心言性，舍多學而識，以求一貫之方，置四海之困窮不言，而終日講危微精一之說，是必其道之高於夫子，而其門弟子之賢於子貢，祧東魯而直接二帝之心傳者也，我弗敢知也。（顧炎武〈與友人論學書〉）

祧：繼承
二帝：指堯、舜。

（　　）32.依據上文，作者對「今之君子」的描述，何者正確？

(A)學問廣博，道行超越古代聖賢

(B)秉持君子的懷抱，以天下興亡為己任

(C)唯講心性之學，標榜上承堯舜心傳

(D)為學能一以貫之，心性與知識能相貫通

（　　）33.依據上文，下列敘述何者最符合作者的主張？

(A)只要把心性工夫做好，其他知識並不重要

(B)具有廣博的學問，才能實現經世濟民的理想

(C)因為子貢博學多聞，故子貢的心性工夫高於孔子

(D)先講求心性的提升，心性提升，自然具備博學的能力

（　　）34.「跳東魯而直接二帝」，其中「東魯」指的是：

(A)孔子　　　　　　　　　　(B)荀子

(C)莊子　　　　　　　　　　(D)韓非子

（　　）35.文末作者云：「我弗敢知也。」隱含怎樣的心態？

(A)不以為然　　　　　　　　(B)茫然無措

(C)虛心求教　　　　　　　　(D)崇仰敬佩

▲閱讀下文，回答第36-38題

　　康熙七年六月十七日戌刻，地大震。余適客稷下，方與表兄李篤之對燭飲。忽聞有聲如雷，自東南來，向西北去。駭異，不解其故。俄而几案擺簸，酒杯傾覆；屋梁椽柱，錯折有聲。相顧失色。久之，方知地震。各疾趨出，見樓閣房舍，仆而復起；牆傾屋塌之聲，與兒啼女號，喧如鼎沸。人眩暈不能立，坐地上，隨地轉側。河水傾潑丈餘，鴨鳴犬吠滿城中。逾一時許，始稍定。視街上，則男女裸聚，競相告語，並忘其未衣也。有邑人婦，夜起溲溺，回則狼銜其子，婦急與狼爭。狼一緩頰，婦奪兒出，攜抱中。狼蹲不去。婦大號，鄰人奔集，狼乃去。婦驚定作喜，指天畫地，述狼銜兒狀，已奪兒狀。良久，忽悟一身未著寸縷，乃奔。此與地震時男婦兩忘者，同一情狀也。

（《聊齋誌異·地震》）

（　　）36.下列文句，何者不是描寫人物的驚恐情狀？

(A)相顧失色　　　　　　　　(B)各疾趨出

(C)兒啼女號　　　　　　　　(D)隨地轉側

（　　）37.依據上文，何者描述地震前的異象？

(A)有聲如雷，自東南來，向西北去

(B)河水傾潑丈餘，鴨鳴犬吠滿城中

　　　　　　(C)人眩暈不能立，坐地上，隨地轉側

　　　　　　(D)几案擺簸，酒杯傾覆；屋梁椽柱，錯折有聲

（　　）38.文末用「邑人婦」之事，目的是要表達什麼？

　　　　　　(A)說明驚慌失措，人之常情　　　　(B)強調守望相助，防患未然

　　　　　　(C)提醒狼性兇殘，謹慎為上　　　　(D)讚美女子柔弱，為母則強

▲閱讀下文，回答第39-40題

> 　　艾略特說我們看過不少流行一時的文學作品，固守著取悅蒼生的風貌，在一有限的時代裡澎湃喧騰，彷彿是灼石鑠金的不朽之作，終於迅速地埋沒在時間的河床裡，涓滴不餘為泥沙所滅。其實這正是說永恆的作品，第一不能以它面世當時短暫裡所接受的采聲，或在我們今天的社會，不能依照銷售量的多寡而定，因為那印刷數目的流程雖然湍急如current，其實絕不可靠，而且第二，正因為文學的傳承是長遠的，建立於不朽古典的銜接輝映之中，更因為在這持續的傳承過程裡，隨時自備著文學真理的檢驗，所以衝不過那些檢驗的作品，縱使它短暫一時被人們所傳誦，勢必就在那過濾方式中被淘汰，消失在泥沙堆裡。（楊牧〈歷史意識〉）

（　　）39.依據上文，「終於迅速地埋沒在時間的河床裡，涓滴不餘為泥沙所滅」的意義為何？

　　　　　　(A)光陰似水，一去不回　　　　　(B)著作經不起時間的考驗

　　　　　　(C)時間使作家變得一文不值　　　(D)書籍如江河，能載舟亦能覆舟

（　　）40.依據上文，下列敘述何者符合作者的觀點？

　　　　　　(A)文學真理的諸般檢驗，銷售量是其中之一

　　　　　　(B)流行一時的文學作品，必然無法成為永恆的作品

　　　　　　(C)優秀的文學作品，在文學史上具有承先啟後的地位

　　　　　　(D)優秀的文學作品，注定無法受到蒼生青睞而被埋沒

三、語文表達能力測驗

（　　）41.閱讀下文，並判斷選項關於錯別字修改的敘述，何者不正確？

　　　　　經過幾年人情冷暖的淘洗，我從不暗世事的黛玉，變成通達事故的寶釵。這段脫胎換骨的修煉，成為我人生轉淚點的重要註腳。

　　　　　　(A)「淘洗」應改為「掏洗」

　　　　　　(B)「不暗世事」應改為「不諳世事」

　　　　　　(C)「通達事故」應改為「通達世故」

　　　　　　(D)「轉淚點」應改為「轉捩點」

（　　）42. 下列文句，何者用字完全正確？
(A)阿腴奉承無法流露內心的真誠
(B)滿天星斗將夜空點綴得更加美麗
(C)這家的牛肉麵，以湯清肉嫩名聞暇邇
(D)高速公路超速，罰鍰新臺幣六千元

（　　）43. 閱讀下文，並依序為□□選擇最恰當的詞語？
所謂養貓千日，用貓□□；養得太久，居然不堪一用。這貓除了不捉鼠，其
貪睡貪懶的程度，也是□□。除非肚裡唱空城計，被諸葛亮的男高音喚醒，
否則牠是□□滯留夢鄉，了無歸意。
(A)一時／一絕／一逕　　　　　(B)一時／一例／一逕
(C)一刻／一絕／一晌　　　　　(D)一刻／一例／一晌

（　　）44. 閱讀下列文句，並判斷「」內的詞語，何者使用最恰當？
(A)王董不過「花甲」之年，便已功成名就，真是少年得志
(B)只要精心妝扮，即使是「及笄」老婦，也彷若天仙下凡
(C)小強年屆「而立」之年，還是游手好閒，家人都為他感到憂心
(D)「不惑」小兒總是天真看待事情，就算遍嘗人情冷暖也覺得充滿趣味

（　　）45. 下列文句，何者措辭最恰當？
(A)新加坡鞭辟入裡的嚴刑峻法，對維護治安，頗具成效
(B)立法院袞袞諸公應當潔身自愛，才能贏得民眾的信賴
(C)老王生性恬淡，終身藏諸名山，與紅塵、名利保持距離
(D)小傑眼光獨到，對任何難題，都能見異思遷，對症下藥

（　　）46. 閱讀下列短句，並依序為□□□□選擇最恰當的成語：
甲、他模仿鄧麗君的唱腔，真是□□□□。
乙、小張□□□□地講起當年從軍的靈異故事，讓大夥聽得如癡如醉。
丙、小王扮演主角，將主角的個性詮釋得□□□□，使觀眾的喝采聲久久不
息。
(A)巧奪天工／絲絲入扣／入木三分
(B)巧奪天工／繪聲繪影／呼之欲出
(C)維妙維肖／繪聲繪影／入木三分
(D)維妙維肖／絲絲入扣／呼之欲出

（　　）47. 下列文句，何者文意清晰，沒有語病？
(A)昨天是限時優惠的截止日，許多顧客陸續蜂湧搶購
(B)昨天是限時優惠的截止日，許多顧客蜂湧趕來搶購

(C)昨天是優惠截止日的最後一天，許多顧客陸續蜂湧搶購

(D)昨天是優惠截止日的最後一天，許多顧客蜂湧趕來搶購

( ) 48.下列含有「被」字的文句，何者文意清晰，沒有語病？

(A)學校取消了畢業旅行，被我們感到失望

(B)小周辛酸的少年經歷，讓我被感動不已

(C)在大家的努力之下，這項困難終於被克服了

(D)弟弟不守規矩，爸爸發現了被狠狠修理了一頓

▲閱讀下文，回答第49-50題

> 　　根據行政院公布的調查統計資料推估，未來十年的人口比率，五十歲以上的人口，將占全國人口數的三分之一強。高齡長輩的居家安全，是購屋者列入重要考量的必要條件。為防止家中老人發生意外，居家內部的監控系統，將是未來「數位家庭」的標準配備。

( ) 49.上文劃線處的文句，應如何修改才能清晰通順？

(A)未來十年，五十歲臺灣人口，將占全國三分之一強

(B)未來十年，臺灣五十歲以上，將占全國比率的三分之一強

(C)未來十年，臺灣五十歲以上的人口，將占全國總人口的三分之一強

(D)未來十年，五十歲的臺灣人口數，將占全國人口三分之一強的比率

( ) 50.「是購屋者列入重要考量的必要條件」一句，應如何修改，才能使文句通順合理？

(A)逐漸成為購屋者的必要考量　　　(B)成為購屋者逐漸的必要考量

(C)逐漸考量購屋者的必要條件　　　(D)必要逐漸考量購屋者的條件

98 年統測（四技二專）

題型分析

題號類型	字音	字形	字詞義	文法修辭	成詞語	應用文	國學常識	閱讀理解
綜合測驗	1		2、4	12、13、15	3	11（對聯）	5、16、17、18	10（古典詩詞） 14（文言文、文句排序） 8、9（文言文） 6、7（白話文）
篇章閱讀測驗								19-20、21-23、24-26、27-29（白話題組） 30-32、33-35、36-37（文言題組）
語文表達能力測驗	38、39、40、41	42、44	47、48、50	43、45、46				49（白話文）

一、綜合測驗

（　　）1.下列各組文字的讀音，何者完全相同？

(A)固／涸　　　　　　　　　(B)巽／選

(C)盍／闔　　　　　　　　　(D)寺／峙

（　　）2.「書」與「筆」兩個字中的「聿」，不僅字形相同，「聿」的意義也是相同。
下列各組文字中字形相同的部分，何者意義也是相同？

(A)「旦」與「昏」中的「日」　　(B)「肥」與「明」中的「月」

(C)「然」與「魚」中的「灬」　　(D)「旺」與「瑤」中的「王」

（　　）3.下列各組成語，何者意義相近？

(A)自投羅網／捉襟見肘　　　(B)金碧輝煌／室如懸磬

(C)高瞻遠矚／目光如炬　　　(D)緣木求魚／探囊取物

（　　）4.下列文句的「方」字，何者意指「當……之時」？

(A)「方」其破荊州，下江陵

(B)能近取譬，可謂仁之「方」也已

(C)父母在，不遠遊，遊必有「方」

(D)廡下一生，伏案臥，文「方」成草

（　　）5. 古人的「名」與「字」之間，有時取其義相近，有時取其義相反。下列人物的
　　　　　「名」與「字」，何者取其義相反？
　　　　　(A)曾鞏，字子固　　　　　　　　　(B)杜甫，字子美
　　　　　(C)朱熹，字元晦　　　　　　　　　(D)歐陽脩，字永叔

（　　）6. 閱讀下文，並推斷畫底線處的意義為何？
　　　　　我願意再說一次，我愛你們的名字，名字是天底下父母親滿懷熱望的刻痕，在
　　　　　萬千中國文字中，他們所找到的是一兩個最美麗最醇厚的字眼——世間<u>每一個</u>
　　　　　<u>名字都是一篇簡短質樸的祈禱</u>。（張曉風〈唸你們的名字〉）
　　　　　(A)華人的名字大多一個字或兩個字
　　　　　(B)名字通常藉由祝禱祈福儀式取得
　　　　　(C)父母總是千辛萬苦撫育子女成長
　　　　　(D)子女的名字往往含藏父母的祝願

（　　）7. 閱讀下文，並推斷其對「毛爺爺」的描述重點為何？
　　　　　坐在騎樓角落，一盞黃色燈光，小心翼翼將剛補好的鞋底琢磨到最完美，一旁
　　　　　還有好幾雙受損的舊鞋，等著八十四歲的毛爺爺修理。親手調製的強力膠特別
　　　　　牢靠，細心地黏上鞋底後，還得替鞋子上鞋油，用刷子反覆擦拭四遍，才把鞋
　　　　　子交到客人手中。就是這份堅持感動了顧客，因此有臺商每次回臺灣就得先找
　　　　　他修鞋。最近碰上不景氣，不只修鞋的人變多了，還有人找他修皮包。
　　　　　(A)勤儉刻苦，戰勝貧窮　　　　　　(B)努力不懈，東山再起
　　　　　(C)謹慎誠懇，不負所託　　　　　　(D)手藝精湛，技壓群倫

（　　）8. 閱讀下文，並推斷何者是作者最可能贊成的休閒活動？
　　　　　物之飛者，以天空為樂；潛者，以淵深為樂；走者，以長林豐草為樂。各樂其
　　　　　所樂，與人無與也，而人必欲奪其所樂，以為己樂；自以為樂，而不知其甚
　　　　　苦。（李光庭《鄉言解頤》）
　　　　　(A)賞花　　　　　　　　　　　　　(B)養鳥
　　　　　(C)釣魚　　　　　　　　　　　　　(D)狩獵

（　　）9. 閱讀下文，並推斷虞訥的缺點為何？
　　　　　張率多屬文，虞訥見而詆之。率更為詩以示，託名「沈約」，訥便句句嗟稱，
　　　　　無字不善。率曰：「此吾作也。」訥慚而退。（金埴《不下帶編》）
　　　　　(A)倚老賣老　　　　　　　　　　　(B)東施效顰
　　　　　(C)口蜜腹劍　　　　　　　　　　　(D)迷信名聲
　　　　　　　　　　　　　　　　　　　　　　　　　　　　 | 張率、虞訥、沈
　　　　　　　　　　　　　　　　　　　　　　　　　　　　 | 約，皆梁朝人。

（　）10. 閱讀下列詩句，推斷詩意與哪一則廣告標語最接近？

愛好由來下筆難，一詩千改始心安。阿婆猶是初笄女，頭未梳成不許看。

（袁枚〈遣興〉）

> 笄，髮簪。
> 初笄，剛開始學習簪髮打扮。

(A)慈母心，豆腐心

(B)專注完美，近乎苛求

(C)世事難料，對人要更好

(D)萬事皆可達，唯有情無價

（　）11. 有些商家喜歡懸掛與其營業內容相應的對聯，以增文采風趣。下列行業及其搭配的對聯，何者無法相應？

(A)銀樓／寶鈿叢中藏翡翠，金釵隊裡並鴛鴦

(B)旅館／相留燕趙齊梁客，借寓東西南北人

(C)中藥行／陸羽閒情常品茗，元龍豪氣快登樓

(D)鐘錶行／刻刻催人資警醒，聲聲勸爾惜光陰

（　）12. 成語「空中樓閣」由前後兩半構成，中心詞是後半的「樓閣」，前半的「空中」則用來形容「樓閣」。下列成語，何者不屬於這種構詞方式？

(A)傾盆大雨　　　　　　　　　　(B)豐衣足食

(C)開山祖師　　　　　　　　　　(D)萬家燈火

（　）13. 歐陽脩〈醉翁亭記〉：「風霜高潔」，理解時可將第二字的「霜」與第三字的「高」互換次序，形成「風高霜潔」，使文意更清晰。下列詞語，何者也適合運用相同的方式進行文意理解？

(A)性行淑均　　　　　　　　　　(B)紅榴白蓮

(C)錦衣玉食　　　　　　　　　　(D)喋血山河

（　）14. 下列是一節中間拆散的現代詩，請依文意選出排列順序最恰當的選項：

昨夜我沿著河岸

甲、潦是潦草了些

乙、而我的心意／則明亮亦如你窗前的燭光

丙、漫步到／蘆葦彎腰喝水的地方

丁、順便請煙囪／在天空為我寫一封長長的信

稍有曖昧之處／勢所難免／因為風的緣故（洛夫〈因為風的緣故〉）

(A)丙甲丁乙　　　　　　　　　　(B)丙丁甲乙

(C)丁甲乙丙　　　　　　　　　　(D)丁乙甲丙

（　　）15.「長亭阿姆短亭翁，探借桃花作面紅」句中的「長亭阿姆短亭翁」，可將原本拆置的「長亭」和「短亭」、「姆」和「翁」以互補結合的方式解釋，理解為「長亭和短亭的老婦和老翁」。下列「」內的詩句，何者也可以相同的方式理解？
(A)「少小離家老大回」，鄉音無改鬢毛衰
(B)「秦時明月漢時關」，萬里長征人未還
(C)「月落烏啼霜滿天」，江楓漁火對愁眠
(D)「渭城朝雨浥輕塵」，客舍青青柳色新

（　　）16.閱讀下詩，若詩中的「鐐銬」借指「詩的格律」，「我們」代表作者，則下列敘述何者正確？
讓那些裹過小腳的／去「戴著鐐銬跳舞」吧／為了討好十九世紀的貴族／和農業社會的士大夫階級／瞧他們表演得多可憐　而在這廣袤的田徑場上／我們跑，我們跳，好高，好快／但憑這一雙健康的天足／而金牌、金杯、錦旗和銀盾／本來就沒他們的份（紀弦〈舞者與選手〉）
(A)「我們」的主張與徐志摩相同　　(B)詩中嘲諷的「他們」暗指胡適
(C)作者認為擺脫格律才能寫就好詩　(D)作者認為古人寫詩皆為了討好貴族

（　　）17.「編年體」是一種依照年、月、日之順序記載歷史的體裁。下列史書，何者屬於「編年體」？
(A)《史記》　　　　　　　　　　(B)《漢書》
(C)《戰國策》　　　　　　　　　(D)《資治通鑑》

（　　）18.閱讀下列現代詩，並推斷詩句所吟詠的人物，其作品可見於哪一部典籍？
悲苦時高歌一節離騷／千古的志士淚湧如潮／那淺淺的一灣汨羅江水／灌溉著天下詩人的驕傲
(A)《楚辭》　　　　　　　　　　(B)《尚書》
(C)《樂府詩集》　　　　　　　　(D)《文心雕龍》

二、篇章閱讀能力測驗

▲閱讀下文，回答第19-20題

　　一個老師大費周章準備二十三個紙袋，確認每個紙袋都裝齊了東西，開學第一天，送給每個孩子，還寫了信，充滿濃厚的人文氣息與溫暖情懷。沒有一件提醒作業考試測驗卷評量練習簿，也沒提醒安靜守秩序準時處罰，卻提醒「你是有價值而且特殊的」，提醒「挑出別人的長處」，提醒「記得幫別人擦乾臉上的眼淚」。（簡媜《老師的十二樣見面禮》）

（　　）19.老師所準備的十二樣見面禮，如表(一)，依序最適合表達「挑出別人的長處」、「記得幫別人擦乾臉上的眼淚」的意義的物品為何？

(A)牙籤、面紙　　　　　　　　　　(B)銅板、面紙

(C)牙籤、OK繃　　　　　　　　　　(D)銅板、OK繃

表(一)

牙籤	橡皮筋	OK繃
鉛筆	棉花球	橡皮擦
巧克力	口香糖	面紙
金線	銅板	救生圈

（　　）20.依據上文，老師送給學生十二樣見面禮的原因為何？

(A)鼓勵學生轉贈貧困，傳遞愛心　　　(B)鼓勵學生交換禮物，熟悉彼此

(C)勉勵學生發揮所長，超越老師　　　(D)勉勵學生珍視自我，推己及人

▲閱讀下文，回答第21-23題

　　皇室貴族對科學家或數學家的贊助，是文藝復興時期支持學術研究的一股重要力量；而運用禮物交換贊助的機會，或藉此取得社會地位更高的工作，則是文藝復興時期的科學家或數學家經常使用的方法。送禮對一位尋求贊助的人，是最好的投資，因為贊助者會根據自己的地位（不是送禮者的地位）來回禮。這裡所說的禮物，通常是一些創新的發明或發現。西元1610年，伽利略（1564～1642）用他改良的望遠鏡發現了木星的四顆衛星，並將它們以「麥第奇之星」之名，獻給當時已繼任托斯卡尼大公的科西莫‧麥第奇與他的三個兄弟，讓他們的名字與希臘羅馬神話中的神祇，同樣永恆地高掛天空，這是一項無價的禮物。而麥第奇大公爵回饋給伽利略的禮物，則是讓他從錢少、事多、離家遠的帕度亞大學數學教師，搖身一變成為錢多、事少、離家近的麥第奇宮廷數學家與自然哲學家。由於伽利略擁有自然哲學家的頭銜，為他提供了探討自然哲學的社會性合法身分，才使他後來推動哥白尼（1473～1543）的「日心說」。（改寫自英家銘、蘇意雯〈數學與「禮物交換」〉）

（　　）21.上文的主旨為何？

(A)陳述伽利略在天文史上的重要貢獻

(B)揭露伽利略巴結貴族以謀求私利的內幕

(C)說明皇室貴族基於維持地位，熱中科學研究與文藝活動

(D)指出科學研究的進展、專家地位的形成，有其政治社會因素

（　　）22.下列敘述，何者不是由上文所獲得的推論？

(A)個人資質的優劣影響專業能見度

(B)社會地位的高低影響專業可信度

(C)研發成果會影響社會地位的取得

(D)工作處所的資源會影響研發成果

(　　) 23. 依據上文，下列關於「伽利略」的敘述，何者正確？

　　　　(A)師承哥白尼，提出「日心說」

　　　　(B)成為宮廷數學家之後，其專業權威始獲肯定

　　　　(C)發現太陽系中的木星，取名為「麥第奇之星」

　　　　(D)用金錢賄賂麥第奇公爵，換取地位較高的工作

▲閱讀下文，回答第24-26題

> 　　臺北市植物園有一區荷花塘，盛夏時荷葉搖曳生姿、亭亭如蓋，荷花凝聚精神、朵朵含輝。我曾為它寫下「記得瀟瀟池上雨，八方會奏佳音，黃羅傘下契談心，荷花相品鑑，妙語共低吟」的句子；我也曾在歷史博物館的樓上，憑欄而望，感受到它「滿塘光彩飛臨」和「瑞氣駐園林」的亮麗和喜悅。然而時值秋冬，則枯枝敗葉，零落雜陳，池水為之無波而混濁，真是蕭條異常，淒涼無限，不禁使我想到「何時盛年去，懽愛永相忘」，因而惆悵萬端。直到一天晚上，藝術館的表演散場後，我踏著月又去憑弔這曾經「榮耀」一時的荷塘，在朦朧的光影下，更是不忍卒睹；但也在這最黯然的一刻，心中忽地豁朗，因為我悟得了「春蘭秋菊，功成者去」的道理。荷花榮耀於盛夏，就和春蘭秋菊冬梅一樣，方其當令之時，則煥發華采，為大地造就許多欣欣然的氣息；而方其委運零落，豈不正是它功成身退之時？我們如果能賞其煥發時的「華采」，又焉能不敬其零落時的「功成」？如此一來，煥發之時固足喜，而零落之際亦不足悲了。畢竟生命的光熱是曾經適時的迸發散播過的。（曾永義〈春蘭秋菊〉）

(　　) 24. 下列關於上文寫作方式的敘述，何者錯誤？

　　　　(A)善於運用古典詩句摹景抒情

　　　　(B)先摹景抒情，再說明體悟的道理

　　　　(C)先寫夏日的荷塘，再寫秋冬的荷塘

　　　　(D)先寫陽光下荷花的燦爛，再寫月光下荷花的豔麗

(　　) 25. 下列敘述，何者最能表達作者「心中忽地豁朗」時的想法？

　　　　(A)萬物皆空，淡然看待，不必計較

　　　　(B)天道無常，禍福難測，不必惶恐

　　　　(C)天地無情，終歸寂滅，不須眷戀

　　　　(D)道法自然，興替有常，不須感傷

(　　) 26. 下列詩句，何者最能與上文作者的體悟相應？

　　　　(A)人生無根蒂，飄如陌上塵

　　　　(B)常恐秋節至，焜黃華葉衰

　　　　(C)萬物靜觀皆自得，四時佳興與人同

　　　　(D)人生愁恨何能免，銷魂獨我情何限

▲閱讀下文，回答第27-29題

　　西元十七世紀初，鬱金香在荷蘭庭園已成為頂級寵兒。當時雖然部分鬱金香感染了mosaic病毒，但因病毒不會致命，反而會讓花瓣出現對比強烈的條紋或火燄般的紋路，因此，荷蘭人對鬱金香的熱愛不僅絲毫未減，更想擁有染病的花朵。染病的鬱金香球莖價格於是扶搖直上，引發了「鬱金香狂熱」。

　　花商們先是預測來年流行的色款，然後大量囤貨，坐待價格上揚。鬱金香球莖的價格飆得越高，視之為明智投資的人就越多，他們甚至不惜拿珠寶、土地來換球莖。貴族與販夫走卒都相信：世界各地的買家將湧入荷蘭，競出天價搶購鬱金香。有些原本對此抱持懷疑的人，看見親戚朋友個個一夕致富，無不懊惱後悔。這股熱潮從1634年持續到1637年，甚至出現了助長投機的金融工具——以鬱金香球莖市價的20%購買「買進選擇權」。例如一顆市價100元的鬱金香球莖，買方可用20元買一個「權利」；若球莖漲到 200元時，買方決定執行當初以100元買進的權利，同時又以200元賣出，便等於用20元賺到80元，資金瞬間翻為四倍，這比直接購買球莖只能賺一倍好太多了。

上漲前後的價差100元－權利費用20元＝80元

　　據說有一名水手，誤把名貴的鬱金香球莖當成「洋蔥」給吃了——它的身價足以養全船的人吃一年！球莖的主人控告這名水手，讓他被關了好幾個月！

　　難以想像的飛漲，總會有人居高思危，著手獲利了結；之後，其他投資者信心鬆動，也跟著賣出。1637年1月，鬱金香球莖還暴漲二十倍，但到了2月，球莖的價格卻一瀉千里，甚至不如一顆洋蔥！（改寫自墨基爾著，楊美齡、林麗冠譯，《漫步華爾街》，〈鬱金香狂熱〉）

（　　）27.金融市場常言：「行情總在絕望中誕生，在半信半疑中成長，在憧憬中苗壯，在充滿希望中破滅」。上文敘述的鬱金香價格漲跌經過，沒有上述行情演變的哪一個階段？
　　　　(A)在絕望中誕生　　　　　　　　(B)在半信半疑中成長
　　　　(C)在憧憬中苗壯　　　　　　　　(D)在充滿希望中破滅

（　　）28.下列關於「鬱金香狂熱」的敘述，何者正確？
　　　　(A)由於民間大量栽種，供過於求的結果導致鬱金香價格暴跌
　　　　(B)鬱金香因感染病毒而產量銳減，物以稀為貴的結果致使價格不斷飆升
　　　　(C)購買「買進選擇權」因資金門檻低，可吸引更多群眾投入市場以小搏大
　　　　(D)荷蘭花商因能培育各種色款的鬱金香，故能吸引世界各地買家到荷蘭搶購

（　　）29.「鬱金香狂熱」堪稱是歷史上著名的「金融泡沫」事件之一。請依據上文推
測，下列何者是「金融泡沫」未戳破之前會有的現象？
(A)商品價格不斷下跌　　　　　　(B)投機炒作氣息濃厚
(C)民眾投資心態保守　　　　　　(D)恐慌拋售投資標的

▲閱讀下文，回答第30-32題

公治水江南，至昆山，寓千墩寺。公所居，不陳儀從，如常人。有鄉民數人來寺游
觀，雜坐其旁，既而問僧：「夏尚書何在？」僧曰：「觀書者是也。」民惶懼奔走，公
殊不為意。治水夫日役五十餘萬，公布衣徒行，盛暑揮蓋去，曰：「眾赤體暴日中，吾
何忍張蓋？」或問：「量可學乎？」公曰：「某幼時，有犯者未嘗不怒，始忍於色，中
忍於心，久則自然。」（張怡《玉光劍氣集》）

公：指明人夏原吉，時任戶部尚書。
暴：同曝。

（　　）30.上文敘寫夏公「治水」的幾件瑣事，意在凸顯夏公：
(A)親民愛民　　　　　　　　　　(B)防患未然
(C)見賢思齊　　　　　　　　　　(D)量入為出

（　　）31.下列文句中的「蓋」，何者與「盛暑揮蓋去」、「吾何忍張蓋」的「蓋」意
義相同？
(A)功「蓋」三分國，名成八陣圖
(B)出則乘輿，風則襲裘，雨則御「蓋」
(C)文惠君曰：嘻！善哉！技「蓋」至此乎
(D)「蓋」不廉則無所不取，不恥則無所不為

（　　）32.依據上文，可知夏公之「量」是如何培養成的？
(A)注重克己功夫　　　　　　　　(B)衷心成人之美
(C)時時博施於民　　　　　　　　(D)秉持有教無類

▲閱讀下文，回答第33-35題

中書侍郎同平章事陸贄以上知待之厚，事有不可，常力爭之。所親或規其太銳，贄
曰：「吾上不負天子，下不負所學，他無所恤。」裴延齡日短贄於上。趙憬之入相也，
贄實引之，既而有憾於贄，密以贄所譏彈延齡事告延齡，故延齡益得以為計，上由是信
延齡而不直贄。贄與憬約至上前極論延齡姦邪，上怒形於色，憬默而無言。壬戌，贄罷
為太子賓客。（司馬光《資治通鑑・唐紀》）

上：指唐德宗。

（　　）33.依據上文，下列關於陸贄與裴延齡的敘述，何者正確？
(A)裴延齡經常勸諫陸贄　　　　　(B)裴延齡與陸贄相處不睦
(C)陸贄引薦裴延齡成為宰相　　　(D)陸贄認為裴延齡對他有知遇之恩

（　）34. 下列關於上文人物的敘述，何者正確？

(A)陸贄功高震主 　　　　　　　(B)趙憬挾怨棄義

(C)裴延齡橫徵暴斂 　　　　　　(D)唐德宗明察秋毫

（　）35. 下列何者最適於形容「裴延齡日短贄於上」的言語行為？

(A)直言讜議 　　　　　　　　　(B)道聽塗說

(C)求全之毀 　　　　　　　　　(D)浸潤之譖

▲閱讀下文，回答第36-37題

> 　戴晉生弊衣冠而往見梁王。梁王曰：「前日寡人以上大夫之祿要先生，先生不留，今過寡人邪？」戴晉生欣然而笑，仰而永嘆曰：「嗟乎！由此觀之，君曾不足與遊也！君不見大澤中雉乎？五步一啄，終日乃飽。羽毛悅澤，光照於日月。奮翼爭鳴，聲響於陵澤者，何也？彼樂其志也。援置之囷倉中，常啄粱粟，不旦時而飽，然猶羽毛憔悴，志氣益下，低頭不鳴。夫食豈不善哉？彼不得其志故也。今臣不遠千里而從君遊者，豈食不足？竊慕君之道耳。臣始以君為好士，天下無雙，乃今見君不好士明矣！」辭而去，終不復往。（《韓詩外傳》）

（　）36. 戴晉生以「雉」為喻答覆梁王，其目的為何？

(A)以囷倉之雉自比，希望未來能像大澤之雉般一鳴驚人

(B)以囷倉之雉喻梁王，期勉梁王未來能像大澤之雉般大展鴻圖

(C)以大澤之雉自比，以囷倉之雉比梁王，嘲諷梁王見識不如自己

(D)以大澤之雉、囷倉之雉作為人生境遇的對比，說明士之樂無關利祿

（　）37. 依據戴晉生兩度往見梁王來看，戴晉生的志向為何？

(A)才情受賞，實現抱負 　　　　(B)退隱山林，逍遙物外

(C)弊衣簞食，貧賤終身 　　　　(D)統率群雄，天下無雙

三、語文表達能力測驗

（　）38. 下列文句，何者有錯別字？

(A)怎麼不吃些青菜？胃口不好嗎

(B)沒什麼，只是青菜不合我的口味罷了

(C)這幾道開胃小菜，味道都很好

(D)私房菜更是美味，包你吃得津津有胃

（　）39. 下列四則賣場廣告「」內的詞語，何者有錯別字？

(A)「圖書禮券」，知識無限 　　(B)「金門高梁」，香醇渾厚

(C)「藍白拖鞋」，輕便耐穿 　　(D)「豆豉辣椒」，佐餐佳品

（　　）40.下列各組□內若皆填入字音爲「ㄑㄧㄥ」的字，何組兩字的字形相同？
(A)□黃不接／雲淡風□
(B)□家蕩產／人微言□
(C)□描淡寫／濟弱扶□
(D)□心寡欲／旁觀者□

（　　）41.下列詞語，何者有錯別字？
甲、通宵達旦　乙、全神灌注　丙、最後通諜
丁、異想天開　戊、熱淚盈框　己、趨炎附勢
(A)甲丁己
(B)乙丙戊
(C)甲乙丁己
(D)乙丙丁己

（　　）42.閱讀下文，並爲□□選擇最恰當的詞語：
任何眞正的詩人都不願喋喋不休地講解自己的作品，除了極少數的詩人不憚其
煩地爲自己作品寫註外，一般作者都寧可保持□□。（余光中《掌上雨》）
(A)耐心
(B)距離
(C)緘默
(D)冷僻

（　　）43.閱讀下文，並爲□□□□選擇最恰當的成語：
一定是先有千千百百個人在做□□□□、一絲不苟的事情，細心固執連半截
螺絲釘上的紋路都不甘願放過，然後才可能會有所謂悠閒的瑞士生活。（龍
應台《人在歐洲》）
(A)一應俱全
(B)一板一眼
(C)一視同仁
(D)一勞永逸

（　　）44.閱讀下文，並選出依序最適合填入□內的詞：
春柳的柔條上暗□著無數叫作「青眼」的葉蕾，那些眼隨興一□，便□出幾
脈綠葉，不幾天，所有穀粒般的青眼都□開了。（張曉風〈詠物篇〉）
(A)噴／藏／拆／張
(B)藏／張／噴／拆
(C)張／拆／藏／噴
(D)拆／噴／藏／張

（　　）45.閱讀下文，並爲□□□□選擇依序最適合填入的詞語：
便佞，指的就是□□□□、夸夸其談的人，就是老百姓說的「光會耍嘴皮
子」的人。這種人生就一副□□□□，沒有他不知道的事，沒有他不懂得的
道理；說起話來，□□□□，氣勢逼人，不由得人不相信。可實際上呢，除
了一張好嘴，別的什麼也沒有。（《于丹論語心得》）
(A)尖酸刻薄／伶牙俐齒／人云亦云
(B)尖酸刻薄／危言聳聽／滔滔不絕
(C)言過其實／危言聳聽／人云亦云
(D)言過其實／伶牙俐齒／滔滔不絕

（　）46.下列文句「」內成語的使用，何者最恰當？

(A)聽到父親不幸身亡的惡耗，李叔叔「如雷貫耳」般地跌坐在地上

(B)社會善心人士的「傾囊相助」，使這對姐妹的破碎家庭得以重建

(C)凡事皆能秉公處理，無愧於心，自然不必以「疾言厲色」遷就他人

(D)顏淵身居陋巷，「人窮志短」地貧困生活，卻仍然樂觀進取，努力向學

（　）47.下列文句，何者明顯有語病？

(A)李警官為人剛正清廉，對於不法之事深惡痛絕

(B)與他人互動時，若能將心比心，自能體會對方的難處

(C)莎士比亞的戲劇具有引人入勝的故事情節，讓人留下深刻的印象

(D)協調會上不能心平氣和，就事論事，只是彼此互捧，喧囂不已，於事何補

（　）48.「發現敵人的哨兵」一句，可能表示「觀察到敵軍哨兵的行蹤」，也可能指「某位搜索到敵軍行蹤的哨兵」，句意不夠明確。下列句子，何者句意明確，沒有歧義？

(A)找到竊賊的狗　　　　　　　　(B)院子裡的一棵樹

(C)看見孩子的媽媽　　　　　　　(D)三個朋友送的麵包

（　）49.閱讀下文，並判斷＿＿＿＿內應填入哪個句子，可使段落文意完整通順？

2007年，羅素教授成功地將「皺紋」推銷給世人，＿＿＿＿＿＿。羅素教授的做法出乎意外的簡單：首先讓薄膜漂於水面，接著將一小水滴放在薄膜正中央，此時薄膜會產生放射狀的皺紋，我們只要數數有幾條皺紋，即可計算出準確的厚度。

(A)使世人明白臉上產生皺紋的原因

(B)他將皺紋應用在測定奈米薄膜的厚度

(C)一群科學家開始研究計算皺紋的方式

(D)測定奈米薄膜厚度需要昂貴的光學儀器

（　）50.閱讀下文，並推斷其中哪些詞語是冗贅的，刪去後可使文章更簡潔通順？

當我還年輕的時候，(甲)意氣風發地認為一切就該繞著我(乙)夙夜匪懈地轉，只想著如何在這世上(丙)信手拈來地成功立業，得到我所想要的。後來，你們進入了我的世界，帶來(丁)繽紛美麗的色彩，你們的好奇、淘氣和歡笑，總能(戊)接踵而至地溫暖我的心，照亮我的日子。（改寫自歐巴馬給女兒的信〈我們一家的大冒險〉）

(A)甲戊　　　　　　　　　　　　(B)乙丁

(C)乙丙戊　　　　　　　　　　　(D)甲丙丁

99 年統測（四技二專）

題型分析

題號 類型	字音	字形	字詞義	文法 修辭	成詞語	應用文	國學 常識	閱讀理解
綜合 測驗	2	1	3、4、 9、16	6、7、 8、17	5	(書信)	19、20、	(古典詩詞) 18（現代詩） 15（白話文、文句排序） 10、11、12、13、14（文言文）（白話題組）
篇章 閱讀 測驗								21-23、24-26、27-29、30-32（白話題組） 33-35、36-38（文言題組）

一、選擇題

(一)綜合測驗

(　　) 1. 下列文句「」內的字，何者是錯別字？
    (A)妄自「匪」薄，引喻失義
    (B)鍥而不舍，金石可「鏤」
    (C)觥「籌」交錯，眾賓懽也
    (D)心曠神怡，寵辱「偕」忘

(　　) 2. 下列文句「」內字的讀音，何者正確？
    (A)鼓「枻」而去：一ˋ
    (B)「愀」然變色：ㄐㄧㄡ
    (C)奉「檄」守禦：ㄐㄧㄠˇ
    (D)夕「舂」未下：ㄓㄨㄤ

(　　) 3. 下列文句中的「一」，何者意義與其他三者不同？
    (A)林盡水源，便得「一」山
    (B)李紈端了「一」碗放在賈母桌上
    (C)縱「一」葦之所如，凌萬頃之茫然
    (D)百事俱作，綱舉目張，而臺灣氣象「一」新矣

(　　) 4. 下列文句「」內的兩個詞，何者不屬於可代換的近義詞？
    (A)他是個瀟灑「不羈／不受拘束」的俠士
    (B)店主的作為真是令人「不齒／羞與為伍」
    (C)請遵守安全指示，以免發生「不測／意外變故」
    (D)山下土地貧瘠，是一片「不毛／人煙稀少」之地

( ) 5.閱讀下文，推斷最適合填入□□□□中的詞語依序為何？

甲、春天忽然就在我□□□□之間，像針頭一般細小的新葉已布滿樣枒。

乙、莎士比亞對人性的智識，和佛洛伊德的分析精神病人心理的結果，竟有□□□□之處。

(A)不遑多讓／不謀而合 　　(B)不遑多讓／不藥而癒

(C)不遑省識／不謀而合 　　(D)不遑省識／不藥而癒

( ) 6.下列文句，何者明顯有詞語冗贅的情形？

(A)風和日麗的週末最適合到郊外踏青

(B)他對工作一向秉持兢兢業業的態度

(C)很高興能獲請受邀參加這個重大盛會

(D)生日餐會上的美味烤雞令人食指大動

( ) 7.新聞報導除講求精確客觀外，措詞亦應妥切得體。下列報導，何者最符合上述的要求？

(A)在土石流的衝擊下，該倒的房子都倒了，現在請大家來看看這明星災區劫後餘生的畫面

(B)強烈大陸冷氣團南下，威力持續增強，中央氣象局上午已發布低溫特報，農漁養殖業應嚴防寒害

(C)高速公路發生連環車禍，救難人員正從撞得稀爛的車內救出罹難者，很慶幸只有三個人死亡，其餘兩人只受皮肉傷

(D)警察在中正路實施臨檢時，歹徒突然開車衝撞，受傷嚴重的鄭姓員警在送醫急救後，暫時沒有生命危險，真是福大命大，有驚無險

( ) 8.閱讀下文，推斷「因為害怕影響選情，」一句應填入何處，可使全文最為通順？

為了爭取選票，甲各個候選人無不強調改革，乙以塑造清新正派的形象。少數被指與黑金掛鉤的候選人，丙連忙召開記者會替自己辯白，丁但事實勝於雄辯，恐難取信於社會大眾。

(A)甲 　　(B)乙

(C)丙 　　(D)丁

( ) 9.下列文句「」內的解釋，何者不正確？

(A)君子生非異也，「善假於物」也：善於利用外在的事物

(B)夫晉何厭之有？既東封鄭，又欲「肆其西封」：擴展晉國西方的疆土

(C)宮中府中，俱為一體，「陟罰臧否」，不宜異同：將貪贓枉法者貶謫斥逐

(D)平生衣取蔽寒，食取充腹，亦不敢服垢弊以「矯俗干名」：故意違反常俗以獲取名聲

（　　）10.閱讀下文，推斷「謀閉而不興，盜竊亂賊而不作」的主要原因為何？

貨惡其棄於地也，不必藏於己；力惡其不出於身也，不必為己。是故謀閉而不興，盜竊亂賊而不作。（《禮記・禮運》）

(A)人們樂意共享資源，沒有私心　　　(B)人們擁有個人土地，自給自足

(C)人們厭惡徒勞費力，安於現狀　　　(D)人們拋棄物質享受，回歸純樸

（　　）11.閱讀下文，推斷蘇軾所述生活上的改變，不包括下列何者？

予自錢塘移守膠西，釋舟楫之安，而服車馬之勞；去雕墻之美，而庇采椽之居；背湖山之觀，而行桑麻之野。（蘇軾〈超然臺記〉）錢塘、膠西，地名。

(A)交通　　　　　　　　　　　　　　(B)服飾

(C)景觀　　　　　　　　　　　　　　(D)住屋

（　　）12.閱讀下文，推斷郭偃認為「欲使治國成為易事」的關鍵為何？

（晉）文公問於郭偃曰：「始也，吾以治國為易，今也難。」對曰：「君以為易，其難也將至矣；君以為難，其易也將至焉。」（《國語・晉語》）

(A)正直公平　　　　　　　　　　　　(B)臨深履薄

(C)知易行難　　　　　　　　　　　　(D)人饑己饑

（　　）13.羅丹說：「美，到處都有，對於我們的眼睛，不是缺少美，而是缺少發現。」下列文句，何者描述「發現美」的經過？

(A)已而夕陽在山，人影散亂，太守歸而賓客從也

(B)過江諸人，每至美日，輒相邀新亭，藉卉飲宴。周侯中坐而歎曰：「風景不殊，正自有山河之異！」

(C)（漁人）既出，得其船，便扶向路，處處誌之。及郡下，詣太守，說如此，太守即遣人隨其往，尋向所誌，遂迷不復得路

(D)（柳宗元）以為凡是州之山水有異態者，皆我有也，而未始知西山之怪特。今年九月二十八日，因坐法華西亭，望西山，始指異之

（　　）14.閱讀下文，推斷最適合填入_____內的文句為何？

一個從來不入廚房的人，留學在外，居然燒得一手好菜，因環境逼。一個登山者，跳過一條他平時絕不敢跳的深溝，因為有隻野獸逼。所幸世界上有「逼」這件事，我們才能超越自己，完成超出自己能力的事。於是，你該瞭解《孟子》那段話的道理了：_____。（劉墉〈逼你成功〉）

(A)老吾老，以及人之老；幼吾幼，以及人之幼；天下可運於掌

(B)魚，我所欲也；熊掌，亦我所欲也；二者不可得兼，舍魚而取熊掌者也

(C)惻隱之心，人皆有之；羞惡之心，人皆有之；恭敬之心，人皆有之；是非之心，人皆有之

(D)故天將降大任於斯人也，必先苦其心志，勞其筋骨，餓其體膚，空乏其身，行拂亂其所為，所以動心忍性，增益其所不能

（　）15.下列是一篇中間拆散的短文，請依文意選出排列順序最恰當的選項：

他們成為男女朋友後，很坦誠地說出了心裡的話。

甲、這天他們在路上巧遇，他們聊起近況時，她新交的男友來接她了。

乙、她說那時她對他也有好感，才會那麼熱心地為他帶路。

丙、後來他們分手了。

丁、他說他們認識那天，他是假意跟她問路接近她。

「他是誰？」他走後，新男友問。

「問路的。」她說。（晶晶〈問路〉）

(A)甲丁乙丙　　　　　　　　　　　(B)乙丁甲丙

(C)丙甲丁乙　　　　　　　　　　　(D)丁乙丙甲

（　）16.下列「」內的文句，何者沒有謙敬的語氣？

(A)臣聞吏議逐客，「竊以為過矣」

(B)「願陛下矜愍愚誠」，聽臣微志

(C)若亡鄭而有益於君，「敢以煩執事」

(D)「余嘉其能行古道」，作〈師說〉以貽之

（　）17.〈馮諼客孟嘗君〉：「使吏召諸民當償者，悉來合券。」句中「諸民當償者」意謂「該還債的民眾」，原可寫為「當償之諸民」，但修飾「諸民」的「當償」，卻移到「諸民」的後面。下列文句「」內何者也有相同的造句方式？

(A)君慮周行果，「非久於布衣者」

(B)「彼闒然媚於世者」，能無愧哉

(C)（史可法）手長鑱，「為除不潔者」

(D)「荊州之民附（曹）操者」，逼兵勢耳，非心服也

（　）18.閱讀下詩，推斷其所歌詠的歷史場景與人物為何？

看他，無助地獨靠著銅柱／血從傷口大口地噴出／此生，咳，已不能再回燕市／和屠狗的兄弟們醉裡悲歌／只留下，發光的一個名字／痛六國志士的嘴唇

(A)刺殺秦王的荊軻　　　　　　　　(B)烏江自刎的項羽

(C)赤壁之戰的曹操　　　　　　　　(D)完璧歸趙的藺相如

（　）19.如果想請先秦諸子就其主張的學說進行專題演講，下列哪一個邀請構想最不恰當？

(A)請老子講「柔弱勝剛強」　　　　(B)請荀子講「良知與敬天」

(C)請韓非講「領導統御術」　　　　(D)請墨子講「大愛與和平」

（　　）20. 閱讀下文，選出＿＿＿＿內應填入的作家：

＿＿＿＿將西洋現代文學的寫作技巧融入中國傳統的表現方式中，描寫新舊交替時代人物的故事，富於歷史興衰和人世滄桑感；著有短篇小說集《寂寞的十七歲》、《台北人》、長篇小說《孽子》等。

(A)林語堂　　　　　　　　　(B)白先勇

(C)余光中　　　　　　　　　(D)鄭愁予

㈡篇章閱讀測驗

▲閱讀下文，回答第21-23題

> 一個早晨，紐森走到果園，打開第一個蜂箱，很納悶為什麼只有一些蜜蜂在家；再打開下一個，一隻蜜蜂也沒有。他養蜂二十五年，從沒發生過這種事──難道蜜蜂全體動員採蜜去了？半路什麼事耽擱了？還是迷路了回不來？紐森的遭遇並非特例。美國境內2007年約有八十萬個、2008年則有約一百萬個蜂群神祕失蹤；而且不只在美國，南美、歐洲、亞洲都有大群蜜蜂消失不見。這現象被名為「蜂群衰竭失調症」，它的起因，有研究指向是某種農藥損害了蜜蜂的記憶和溝通能力；也有昆蟲學家認為，可能是一種突變後的病毒使蜜蜂的免疫系統崩潰；還有學者懷疑蜂農管理不善、蜂群奔波過勞才是元兇。除上述較可信的解釋之外，手機電磁波干擾蜜蜂的導航系統、恐怖組織想要摧毀美國農業等，也都是曾出現的離奇之說。如果世界再也沒有蜜蜂，多數人的第一個反應可能是：「真可惜！土司沒有蜂蜜可塗了」、「真好！少了一種會叮我的蟲子」。然而，沒有蜜蜂為牛和豬吃的農作物授粉，餐桌上將沒有牛排、培根、乳酪、牛奶；早餐只有一成不變的清粥白飯、麥片，沒有新鮮果汁，也沒有豆漿；超市裡的蔬菜只剩下幾種，海鮮應該還在，但由於蛋白質來源剩沒幾種，水裡可吃的恐怕被劫掠一空。此外，我們可能也得改變穿著的選擇，因為棉花產量大減，棉製衣服將貴得不像話。（改寫自 Alison Benjamin、Brian McCallum《蜜蜂消失後的世界》）

（　　）21. 有人假託愛因斯坦說：「如果蜜蜂從地球上消失，人類只能再活四年。」依據上文，此說所以成立的原因為何？

(A)蜂蜜提供人類必需的營養

(B)蜂蜜提供人類防治病毒的物質

(C)蜜蜂能為人類消滅致命的害蟲

(D)蜜蜂能使人類食物供應鏈不致中斷

（　　）22. 依據上文，下列關於「蜂群衰竭失調症」的敘述，何者正確？

(A)是指蜜蜂集體自殺的現象

(B)可能肇因於農藥或病毒的侵害

(C)患失調症的蜜蜂需蜂群特別照顧

(D)因手機電磁波損傷蜜蜂翅膀機能所致

(　) 23. 依據上文第三段的敘述，下列哪一種農作物可不需藉由蜜蜂授粉？

(A)稻子　　　　　　　　　　　(B)大豆

(C)棉花　　　　　　　　　　　(D)蘋果

▲閱讀下文，回答第24-26題

　　美洲早期的大疫疾中，天花是最嚴重的一種。天花通常經由空氣傳染，流行之地，必定奪命無數。舊世界的人帶著他們的病菌來到新世界，首當其衝的是大安地列斯群島的阿拉瓦克族。美洲早期的歷史學者奧維耶多，估計1492年哥倫布初抵聖多明哥（今大安地列斯群島島國多明尼加首都）時，此地的印第安人約有百萬左右。他寫道：「這些百萬之眾，到如今也就是1548年之際，他們的後代，相信已經不足五百名了。」新世界被發現之際，由歐赴美的航程歷時數週，若某個海員在登船出發那天染上天花，等船抵達聖多明哥，他不是已經死了，就是已經擺脫病毒。但若有人在航行中途感染天花，且能倖存登岸，他皮疹上所結的痂還是有病毒，不小心將落痂包進一綑布裡，天花就可能被一路帶進新世界。1518年底或1519年初，聖多明哥印第安人出現疫情，經認定是天花，這場疫疾只感染了少許西班牙人，印第安人卻災情慘重。天花在聖多明哥出現後不到幾天，旋即傳到波多黎各，很快地，大安地列斯眾島上的阿拉瓦克人紛紛死去，他們為西班牙征服者進襲新世界的大陸區，提供了生物武器。1520年到1521年間，天花在阿茲特克帝國首都特諾茲提朗城肆虐，使原本遭阿茲特克人驅逐的西班牙軍人科爾蒂斯及其部屬有機會反攻──圍城持續75晝夜，直到城內餓死、病死，被迫投降。（改寫自Alfred W. Crosby《哥倫布大交換》）

(　) 24. 依據上文，下列關於美洲天花疫情的敘述，何者正確？

(A)美洲原沒有天花病毒，係因歐洲人進入，美洲人才感染天花

(B)美洲天花病毒因與歐洲天花病毒結合而變異，造成慘重疫情

(C)天花病毒原本傳染力不強，但會因戰爭造成死傷而快速蔓延

(D)天花病毒是歐洲人蓄意製作，用來對付美洲印第安人的戰劑

（　）25.依據上文，下列關於美洲原住民遭逢西班牙人的敘述，何者正確？

　　(A)阿拉瓦克人因遭西班牙人屠殺而幾乎滅絕

　　(B)阿拉瓦克人會製造生物武器對付西班牙人

　　(C)阿茲特克因天花流行失去戰力而被西班牙人所滅

　　(D)阿茲特克曾因西班牙軍隊感染天花而戰勝西班牙

（　）26.依據上文推斷，《哥倫布大交換》應是從何種角度來觀察美洲的歷史？

　　(A)氣候變化　　　　　　　　　(B)生物遷徙

　　(C)武器發展　　　　　　　　　(D)舟船製造

▲閱讀下文，回答第27-29題

> 　　十六歲，他到美國作交換生一年，我送他到機場。告別時，照例擁抱，我的頭只能貼到他的胸口，好像抱住了長頸鹿的腳，他很明顯地在勉強忍受母親的深情。他在長長的行列裡，等候護照檢驗，我就站在外面，用眼睛跟著他的背影一寸一寸往前挪。終於輪到他，在海關窗口停留片刻，然後拿回護照，閃入一扇門，倏忽不見。我一直在等候，等候他消失前的回頭一瞥，但是他沒有，一次都沒有。現在他二十一歲，上的大學，正好是我教課的大學。但即使是同路，他也不願搭我的車。即使同車，他戴上耳機——只有一個人能聽的音樂，是一扇緊閉的門。有時他在對街等候公車，我從高樓的窗口往下看，一個高高瘦瘦的青年，眼睛望向灰色的海，我只能想像，他的內在世界和我的一樣波濤深邃，但是，我進不去。一會兒公車來了，擋住了他的身影，車子開走，一條空蕩蕩的街，只立著一只郵筒。我慢慢地、慢慢地瞭解到，所謂父女母子一場，只不過意味著，你和他的緣分就是今生今世不斷地在目送他的背影漸行漸遠。你站立在小路的這一端，看著他逐漸消失在小路轉彎的地方，而且，他用背影默默告訴你：不必追。
>
> （龍應台〈目送〉）

（　）27.上文的主旨在敘寫什麼？

　　(A)兒子的叛逆令母親失望　　　(B)母親對親子之情的體悟

　　(C)母親對遠行兒子的思念　　　(D)親子之間的誤會與衝突

（　）28.依據上文，「一條空蕩蕩的街，只立著一只郵筒」最可能的象徵意義為何？

　　(A)兒子有著過人的身高　　　　(B)信件傳遞的速度太慢

　　(C)在疏離中期待兒子的回應　　(D)望子成龍的心願全然落空

（　）29.下列關於上文敘寫方式的敘述，何者不正確？

　　(A)先說事件，再說思考體會

　　(B)事件中凸顯了母親、兒子的心態對比

　　(C)透過「母親望著兒子」的描寫，寓託母親的關愛

　　(D)藉由母子的對話，呈現親情因代溝而產生的轉變

▲閱讀下文，回答第30-32題

　　世界上的屋子全有門，而不開窗的屋子我們還看得到。這指示出：＿＿＿＿＿。門是住屋子者的需要，窗多少是一種奢侈，屋子的本意，只像鳥窠獸窟，準備人回來過夜的，把門關上，算是保護。但是牆上開了窗子，收入光明和空氣，使我們白天不必到戶外去，關了門也可生活。屋子在人生裡因此增添了意義，不只是避風雨、過夜的地方，並且有了陳設，掛著書畫，是我們從早到晚思想、工作、娛樂、演出人生悲喜劇的場子。門是人的進出口，窗可以說是天的進出口。屋子本是人造了為躲避自然的脅害，而向四垛牆、一個屋頂裡，窗引誘了一角天進來，馴服了它，給人利用，好比我們籠絡野馬，變為家畜一樣。從此我們在屋子裡就能和自然接觸，不必去找光明，換空氣，光明和空氣會來找到我們。所以，人對於自然的勝利，窗也是一個。不過，這種勝利，有如女人對於男子的勝利，表面上看來好像是讓步—人開了窗讓風和日光進來占領，誰知道來占領這個地方的就給這個地方占領去了！（錢鍾書〈窗〉）

（　　）30.依作者之意，窗在屋子中最重要的功能為何？
　　　　(A)使屋子的外觀得到奢侈的裝飾
　　　　(B)抵禦危險入侵，維護住屋者的安全
　　　　(C)讓屋子在朝天空的方向有一個行動出入口
　　　　(D)使屋子從維持生存的所在，變成可生活的空間

（　　）31.依據前後文意推敲，文中＿＿＿＿＿內最適合填入的句子為何？
　　　　(A)窗是富家豪宅的象徵
　　　　(B)門是富家豪宅的象徵
　　　　(C)窗比門代表更高的人類進化階段
　　　　(D)門比窗代表更高的人類進化階段

（　　）32.作者云：人對於自然是「表面上看似讓步的勝利」，是從何處所獲得的推斷？
　　　　(A)住屋者雖然開了窗，仍無法占領風與日光
　　　　(B)當風與日光想占領屋子，住屋者也無力抵擋
　　　　(C)風與日光看似占領屋子，其實是被住屋者所享有
　　　　(D)風與日光看似被人們享有，其實從不屬於任何人

▲閱讀下文，回答第33-35題

　　鹿畏貙，貙畏虎，虎畏羆。羆之狀，被髮人立，絕有力而甚害人焉。楚之南有獵者，能吹竹為百獸之音。寂寂持弓矢罌火，而即之山，為鹿鳴以感其類，伺其至，發火而射之。貙聞其鹿也，趨而至。其人恐，因為虎而駭之。貙走而虎至，愈恐，則又為羆，虎亦亡去。羆聞而求其類，至，則人也，捽搏挽裂而食之。（柳宗元〈羆說〉）

> 貙，彳ㄨ，毛紋似貍的野獸。
> 羆，ㄆㄧˊ，一種大熊。

（　　）33.上文中「為鹿鳴以感其類」的意義為何？
　　　　(A)自扮成鹿來接近鹿群　　　　(B)放出小鹿來誘捕母鹿
　　　　(C)發出噪音將鹿趕入陷阱　　　(D)製造鹿的叫聲將鹿引來

（　　）34.上文故事的結局為何？
　　　　(A)獵人被羆吃了
　　　　(B)獵人與羆搏鬥，成功除害
　　　　(C)貙吃鹿，虎吃貙，羆又吃虎
　　　　(D)鹿、貙、虎、羆互殘，獵人擒得四獸

（　　）35.上文給讀者最主要的啟示為何？
　　　　(A)鷸蚌相爭，漁翁得利
　　　　(B)若想成功，必須勇於冒險
　　　　(C)玩手段只能僥倖一時，不能久恃
　　　　(D)善用一物剋一物，有助於保全自己

▲閱讀下文，回答第36-38題

　　陳康肅公堯咨善射，當世無雙，公亦以此自矜。嘗射於家圃，有賣油翁釋擔而立，睨之，久而不去，見其發矢十中八、九，但微頷之。康肅問曰：「汝亦知射乎？吾射不亦精乎？」翁曰：「無他，但手熟爾。」康肅忿然曰：「爾安敢輕吾射？」翁曰：「以我酌油知之。」乃取一葫蘆置於地，以錢覆其口，徐以勺酌油瀝之，自錢孔入，而錢不濕，因曰：「我亦無他，但手熟爾。」康肅笑而遣之。（歐陽脩〈賣油翁〉）

（　　）36.下列文句的「之」，何者指「陳康肅公」？
　　　　(A)睨「之」　　　　　　　　　(B)以我酌油知「之」
　　　　(C)徐以勺酌油瀝「之」　　　　(D)康肅笑而遣「之」

（　　）37.賣油翁的「但微頷之」，若以漫畫表現，其加註的內心想法應是：

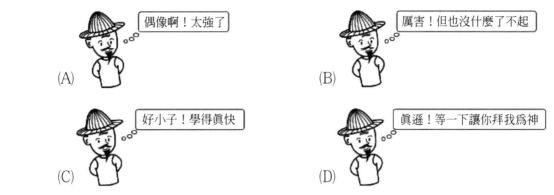

（A）偶像啊！太強了
（B）厲害！但也沒什麼了不起
（C）好小子！學得真快
（D）真遜！等一下讓你拜我為神

（　　）38.文末「康肅笑而遣之」，其「笑」中所包含的心態，最不可能是：

(A)自負依然　　　　　　　　(B)略帶尷尬

(C)感謝指點　　　　　　　　(D)相敬相惜

二、寫作測驗

閱讀下列故事，從故事全貌推想它的啟示，再依框線內的指示進行寫作。

有一個小男孩，不知道為什麼自己在學校不得人緣，因此悶悶不樂。星期天，同學們沒有人想約他出去玩，他只好待在家。

「既然如此，一起去爬山吧！」小男孩的父親說，小男孩卻搖搖頭。

「你確定不去嗎？真可惜！那山谷住了一個『友誼精靈』，凡是和祂說過話的人，都能交到很多朋友！」

「真的嗎？」小男孩的眼睛亮了起來，開心的跟著爸爸出門。

快到山頂時，小男孩不小心跌了一跤，他生氣的大吼：「討厭！」接著他大吃一驚，因為山谷傳來一個聲音，大聲罵他：「討厭！」

小男孩更加憤怒：「你是誰？」「你是誰？」山谷又傳來相同的回應，小男孩氣炸了：「不要學我說話！」「不要學我說話！」山谷傳來的聲音還是照學不誤。

爸爸拍拍小男孩的肩，神祕的說：「那就是『友誼精靈』，你注意聽……」接著，爸爸對著山谷大喊：「你真棒！」

「你真棒！」友誼精靈這樣回覆。小男孩也學爸爸朝山谷大喊：「我想跟你做朋友！」

友誼精靈也對他說：「我想跟你做朋友！」

小男孩恍然大悟，開心的笑了。

將故事所給予的啟示，結合你的生活體驗，寫成一篇完整的文章，文章不必訂題目。

100年統測（四技二專）

題型分析

題號類型	字音	字形	字詞義	文法修辭	成詞語	應用文	國學常識	閱讀理解
綜合測驗	1	2	3、4	7（贅詞） 8（語意）	5、6		19（歷史人物）、20	（古典詩詞） 13（現代詩） 14（白話文，文句排序） 9、10、11、15、16、18（文言文）（文言題組） 12、17（白話文）
篇章閱讀測驗			29	32				21-23、24-26、27-29（白話題組） 30-32、33-35、36-38（文言文題組）

選擇題

一、綜合測驗

（　　）1.下列各組「」內的字，何者讀音相同？

　　　(A)「觥」籌交錯／曲「肱」而枕之

　　　(B)一碗紅「麴」酒／「掬」全國之至誠

　　　(C)寄「蜉」蝣於天地／民有飢色，野有餓「莩」

　　　(D)倦於事，「憒」於憂／不積「蹞」步，無以至千里

（　　）2.下列文句，何者沒有錯別字？

　　　(A)凡為實利或成見所束搏，不能把日常生活咀嚼玩味的，都是與藝術無緣的人們

　　　(B)沿著荷塘，是一條曲折的小煤屑路。這是一條幽闢的路，白天也少人走，夜晚更加寂寞

　　　(C)柳是愈來愈少了，我每次看到一棵柳都會神經緊張得屏息凝視──我怕我有一天會忘記柳

　　　(D)在這樸實可愛的傳說裡，說故事的人巧妙地運用摧眠的魔術迷住推理，而把全體的關鍵輕輕帶過

（　　）3.「有下象棋者，久而無聲響，排闥視之，闃不見人」，句中「闃」的意義，與下列何句「」內的詞義最接近？
（A）「靜」夜四無鄰
（B）蒼「茫」雲海間
（C）月「黑」雁飛高
（D）低頭向「暗」壁

（　　）4.下列各組文句「」內的詞，何者意義相同？
（A）於是梁王虛「上」位，以故相爲上將軍／日與其徒「上」高山，入深林，窮迴谿
（B）廡「下」，一生伏案臥，文方成草／武仲以能屬文爲蘭臺令史，「下」筆不能自休
（C）使老狙率以之山「中」，求草木之實／停數日，辭去。此「中」人語云：不足爲外人道也
（D）交戟之衛士欲止不「內」，樊噲側其盾以撞／近日士大夫家，酒非「內」法，果肴非遠方珍異

（　　）5.閱讀下文，推斷可用來概括這些人士行事作風的成語□□□□，最適合的是：
環顧今日社會上居高位重之士、譽高無毀之人，盡多□□□□，了無擔當。處事講究周延、協調，工於揣摩，細於察觀，能夠先把事情緩下來、壓下來最好。
（A）八面玲瓏
（B）狐假虎威
（C）越俎代庖
（D）吹毛求疵

（　　）6.閱讀下文，推斷□□□□內最適合填入的詞語依序爲何？
隨著蘋果電腦即將推出最新機種，相關訊息也從各方□□□□。上市頭一天，各大賣場□□□□，人潮不斷，消費者爲了搶得優惠，□□□□。
（A）如火如荼／趨之若鶩／熙熙攘攘
（B）如火如荼／熙熙攘攘／趨之若鶩
（C）紛至沓來／趨之若鶩／熙熙攘攘
（D）紛至沓來／熙熙攘攘／趨之若鶩

（　　）7.下文畫底線處，何者是明顯的贅詞？
我沒想到有(A)那麼多困難，我(B)始終從不知道成家有那麼多瑣碎的事。但至終我們(C)總算找到一棟小小的屋子了。有著(D)窄窄的前庭，以及矮矮的榕樹。
（A）A
（B）B
（C）C
（D）D

（　　）8.下列文句，何者沒有語意矛盾的情形？
（A）他凡事要求完美，沒有一件事是馬虎不得的
（B）一個以無恥爲恥辱的人，應該不會做出無恥的事情
（C）平時就該養成珍惜水資源的習慣，切莫有水當思無水之苦
（D）這項措施突破原來所沒有的限制，讓外校同學也可以報名參加

（　）9. 閱讀下文，推斷下列選項何者最接近其要旨？

干雲蔽日之木，起於蔥青。禁微則易，救末者難，人莫不忽於微細，以致其大。（《後漢書‧丁鴻列傳》）

(A)泰山不讓土壤，故能成其大

(B)大行不顧細謹，大禮不辭小讓

(C)聖人不凝滯於物，而能與世推移

(D)天下之事，常發於至微，而終為大患

（　）10. 閱讀下文，推斷晏子車夫之妻表明求去的原因為何？

晏子出，其御之妻闚其夫擁大蓋，策駟馬，意氣揚揚，甚自得也。既而歸，其妻請去，曰：「晏子長不滿六尺，身相齊國，名顯諸侯。今者妾觀其出，志念深矣，常有以自下者。今子長八尺，乃為人僕御，然子之意以為足，妾是以求去也。」（節錄自《史記‧管晏列傳》）

(A)晏子聲名顯赫　　　　　　　　(B)晏子深謀遠慮

(C)丈夫官卑祿薄　　　　　　　　(D)丈夫器小易滿

（　）11. 閱讀下文，推斷「太守之樂」所以與他人不同，其原因為何？

已而夕陽在山，人影散亂，太守歸而賓客從也。樹林陰翳，鳴聲上下，遊人去而禽鳥樂也。然而禽鳥知山林之樂，而不知人之樂；人知從太守遊而樂，而不知太守之樂其樂也。（歐陽脩〈醉翁亭記〉）

(A)太守以眾人和樂為樂　　　　　(B)太守以知人善任為樂

(C)太守能感應禽鳥之樂　　　　　(D)太守能領悟歸隱之樂

（　）12. 閱讀下文，推斷下列選項何者最符合那時「我」的心境？

「我帶妳去看海！」那是初夏，陽光溫和，夏天之大，大得只能容納兩個人，並且允許他們去做他們想做的事。我告別《史記》，那時伯夷叔齊正當餓死首陽，但是，我不想去拯救。而且，毓老師的《四書》應該會講到〈梁惠王篇第一〉：「叟！不遠千里而來，亦將有以利吾國乎？」這問題問得多蠢啊！（簡媜〈水經〉）

(A)感慨青春消逝　　　　　　　　(B)畏懼古籍課程

(C)羨慕他人曉課　　　　　　　　(D)勇於投入愛情

（　）13. 閱讀下詩，推斷下列敘述何者不正確？

用那樣蠻不講理的姿態／翹向南部明媚的青空一口又一口，肆無忌憚／對著原是純潔的風景／像一個流氓對著女童／噴吐你肚子不堪的髒話／你破壞朝霞和晚雲的名譽／把太陽擋在毛玻璃的外邊（余光中〈控訴一枝煙囪〉）

(A)以「蠻不講理的流氓」比喻煙囪

(B)以「不堪的髒話」比喻城市的噪音

(C)以「毛玻璃」比喻天空灰濛濛的一片

(D)以「破壞朝霞和晚雲的名譽」比喻污染環境

( ) 14. 閱讀下文，推斷其中錯散文句的排列順序，何者最恰當？

在歌曲進行之中，

甲、行迅速的吸息，

乙、倘沒有休止符，

丙、這方法最要迅速敏捷，

丁、不可因吸息而延長拍子，

戊、宜在樂句交替地方的音符中借用歷時的幾分，

又不可因急速的吸息而在唇間發出吵音。（豐子愷〈唱歌法〉）

(A)乙丁戊丙甲   (B)乙戊甲丙丁

(C)戊甲丁丙乙   (D)戊丁甲乙丙

( ) 15. 下列何者屬於「詢問原因」的問句？

(A)客亦知夫水與月乎   (B)爾何故異昨日之言邪

(C)若不闕秦，將焉取之   (D)人非生而知之者，孰能無惑

( ) 16. 下列文句，何者沒有使用「假如□□那就□□」的表意方式？

(A)浩浩湯湯，橫無際涯，朝暉夕陰，氣象萬千，此則岳陽樓之大觀也

(B)然及今為之，尚非甚難，若再經十年、二十年而後修之，則真有難為者

(C)客何負於秦哉？向使四君卻客而不內，疏士而不用，是使國無富利之實，
而秦無疆大之名也

(D)食非多品，器皿非滿案，不敢會親友，常數月營聚，然後敢發書；苟或不
然，人爭非之，以為鄙吝

( ) 17. 下列五則廣告金句——「天生超人氣，不該遭人棄」、「不在辦公室，也能
辦公事」、「管他什麼垢，一瓶就夠」、「一把抵兩把，何需瑪麗亞」、
「好身體，沒人敢惹你」，它們共同的語言修飾特色為何？

(A)使用對偶   (B)正話反說

(C)刻意押韻   (D)層層遞進

( ) 18. 下列何者是孟子所說的「四端」？

(A)毋意、毋必、毋固、毋我

(B)志於道、據於德、依於仁、游於藝

(C)惻隱之心、羞惡之心、辭讓之心、是非之心

(D)聖之清者、聖之任者、聖之和者、聖之時者

( ) 19. 閱讀下詩，推斷其所吟詠的歷史人物為何？

鳥盡良弓勢必藏，千秋青史費評章。區區一飯猶圖報，爭肯為臣負漢王。

(A)項羽　　　　　　　　　(B)韓信

(C)曹操　　　　　　　　　(D)諸葛亮

( ) 20. 歐陽脩所撰的《新五代史》，內容分為「本紀」、「十國世家」、「十國世家年譜」、「列傳」等，據此可知，該書屬於何種史書？

(A)政書　　　　　　　　　(B)編年體

(C)紀傳體　　　　　　　　(D)紀事本末體

二、篇章閱讀測驗

▲閱讀下文，回答第21～23題

> 　　像河流一樣在海洋中流動的潮流體系，因為行經近海，以致常被認為對潮間帶動物的影響很小，但事實上，它們影響深遠。因為它們把熱帶溫暖的水朝北輸送，把極地寒冷的水傳到赤道，這些水分在數千、數萬哩的旅程中，仍保持著原先的溫度，可說是平衡高低緯度海岸溫差、調節地球氣候的重要因素。
>
> 　　海洋中許多動物都有其適合存活的水溫，突然的溫度變化就會使牠們致命；居住在海岸邊，於海水退潮時會暴露在空氣中的動物，則必須要強健一些。但就算是這些生物，也都有牠們能夠適應的冷熱溫度，一旦超過這個範圍，牠們就很少涉足。
>
> 　　大部分的熱帶動物對溫度的變化比極地動物敏感，這是因為牠們所居住的水域，終年也不過改變幾度。有些熱帶的海膽、笠貝和陽燧足，當水溫升到攝氏37度時就會死亡。但極地的霞水母卻非常強健，傘體的一半遭到冰封仍可繼續活動，甚至在結凍數小時後仍然能夠復生。
>
> 　　大部分的海濱動物都能容忍溫帶海岸的季節變遷，有些則必須逃避冬季的酷寒，例如鬼蟹在沙裡挖掘非常深的洞穴，藏在洞裡冬眠。又一些海濱動物則像植物世界中一年生草本一樣，例如白水母，在夏日是海濱水域的常客，但當最後一抹秋風止息時卻都已死去，而依附於潮下岩石的下一代，也同時孕生。（改寫自Rachel Carson《海之濱》）

( ) 21. 依據上文，作者認為潮流對潮間帶動物影響深遠，係著眼於潮流：

(A)能使潮間帶動物變得強健　　(B)能帶著潮間帶動物南北遷徙

(C)能維持赤道和極地原本的溫度　(D)能調節海洋整體生存環境的溫度

( ) 22. 依據上文，作者認為：「退潮時會暴露在空氣中的潮間帶動物必須強健一點」，主要是因為牠們會面臨何種挑戰？

(A)暫時無法藉著潮流在海洋中移動

(B)在空氣中與在海水中溫度大不同

(C)與空氣接觸時必須改變呼吸習性

(D)人類容易在海水退潮時接近捕捉

(　　) 23. 依據上文，下列關於海濱動物的敘述，何者正確？

(A)溫帶海濱動物的壽命，都不超過一年

(B)熱帶海濱動物不怕溫度升高，只怕溫度降低

(C)熱帶海濱動物的體質，都比極地海濱動物強健

(D)溫帶海濱動物適應低溫的能力，比熱帶海濱動物強

▲閱讀下文，回答第24～26題

唐代駱賓王的〈在獄詠蟬〉是出名的作品，但是我不喜歡。「露重飛難進，風多響易沉」，說小人讒言的蔽障忠貞，義理甚明，但是，獄中的駱賓王，寄託了太多個人的憤怨不平，蟬倒是無辜的了。比較起來，晚唐的李商隱還是真能聽見蟬聲的人：「五更疏欲斷，一樹碧無情」；那夏日高樹的蟬嘶，無止無休，持續的高音，最後變成一種聽覺上的空白，天荒地老，悽楚惻屬到了極至，而天地依然，只是無動於衷的初始的天地啊！

曹植的〈蟬賦〉，洋洋灑灑，通篇詠蟬：「在盛陽之仲夏兮，始遊豫乎芳林；實淡泊而寡慾兮，獨怡樂而長吟；聲噭噭而彌厲兮，似貞士之介心；內含和而弗食兮，與眾物而無求。」……多年來，蟬在中國，被孤傲情重的詩人牽連附會，變成了林中懷抱非凡的孤獨者，每到夏日，便以悽楚激烈的高音，重複著牠不可解的寂寞與堅持，千古不絕。

蟬蛹蛻解的殼，每到夏初，大度山遍地皆是，和蟬形不十分相似，傴僂彎曲，有點醜怪。學生們對這殼十分感興趣，撿來做精密素描的對象，並且在畫完的蛹殼邊寫下這樣的句子：「蟬蛹在土中數年，一旦解蛻，成蟬之後，長鳴數日即死。」似乎，這蟬的故事使他們驚詫、感傷，在他們年少青春的生命中已感覺著那微小身體中隱含著不可解的生命的莊重與辛苦吧。（節錄自蔣勳〈蟬〉）

(　　) 24. 依據上文，作者不喜歡駱賓王〈在獄詠蟬〉的原因為何？

(A)駱賓王僅以蟬自況，個人情緒掩過蟬鳴

(B)駱賓王以小人喻蟬，使蟬一直不被認同

(C)駱賓王對蟬無動於衷，不如李商隱懂蟬

(D)駱賓王在詩中直抒怨憤，完全沒提到蟬

(　　) 25. 依據上文，下列何者不是曹植對蟬之性格的想像？

(A)淡薄寡慾　　　　　　　　　(B)怡然自得

(C)耿介守正　　　　　　　　　(D)宵衣旰食

（　　）26.上文末段，學生因爲素描蟬蛹蛻解的殼而驚詫、感傷，實爲文學形成過程中的一種心理經驗。下列敘述，何者最能概括此一經驗？

(A)觸物起情　　　　　　　　(B)苦思竭慮

(C)積學博覽　　　　　　　　(D)摹形寫貌

▲閱讀下文，回答第27～29題

　　在沒有椅子那樣的高型坐具、室內生活以地面爲中心的「跪坐時代」，兩膝著地、臀部壓在腳後跟上的「跪坐」是正統坐姿，在正式場合採用其他坐姿，就會被認爲失禮。而爲了表示敬意或歉意，跪坐的人伸腰、臀部離開後腳跟，就形成「跪」；若伏背前俯，則形成「拜」；這兩種禮儀都從跪坐自然發展，就像現代人坐在椅子上欠身致意一樣，是以坐姿爲基礎的禮儀。

　　跪時若挺直腰桿，大腿與地面呈90度直角，則形成「跽」；「跽，長跪也」。當樊噲闖入鴻門宴，項羽是這樣的：「按劍而跽」，曰：「客何爲者？」原本跪坐的項羽採用長跪，一則表達主人的敬意；但萬一樊噲是恐怖份子，長跪也爲站立起身預做準備。

　　椅子隨佛教僧侶傳入中國後，直到唐代中期才流行起來。在椅子上垂足而坐，背部有所倚靠，這種舒適感使跪坐相形見絀，漸漸在勇於接受外來文化、富裕足以享樂的唐朝掀起坐姿革命。敦煌445窟壁畫《樂舞圖》繪於唐朝中期，圖中凡坐在高型坐具上的人都是垂足坐；繪於南唐李後主時的《韓熙載夜宴圖》，畫中已經沒有人跪坐了。

　　椅子在北宋時取得正統坐具的地位。人們雖然放棄跪坐，但因跪坐而形成的禮儀卻被保留。在跪坐時代，雖然位卑者向位尊者行跪禮，但位尊者是跪坐，也是兩膝著地，雙方可說近似平等。然而當人們坐在椅子上，兩膝著地變成一種非常規的姿態，便使位卑者向位尊者行跪禮產生巨大的不平等。臣民日復一日向君主行著卑賤的禮儀，自尊心不斷被摧毀，也越發奴顏卑膝起來。（改寫自澹臺卓爾《椅子改變中國》）

（　　）27.下列敘述，何者符合上文所提出的觀點？

(A)椅子改變了古代中國的傳統坐姿，從而加深了君權至上的觀念

(B)跪禮形成於「跪坐時代」，足見君主專制思想在中國源遠流長

(C)「跪坐時代」的君臣關係是平等的，因而產生可貴的民本思想

(D)隨椅子傳入中國的佛教禮儀，改變了因跪坐而形成的傳統儀節

（　　）28.上文述及《樂舞圖》和《韓熙載夜宴圖》，目的是爲了說明：

(A)椅子出現於古代中國，首見於唐代

(B)唐代椅子尚未普及，跪坐仍是主流坐姿

(C)唐代中期以後，垂足坐在椅子上成為主流坐姿

(D)唐代平時多採跪坐，宴會則喜歡垂足坐在椅子上

（　）29.依據上文所敘述的坐姿演變，下列文句的「坐」，按句中人物所處時代推斷，坐姿屬於「跪坐」的是：

甲、子路、曾皙、冉有、公西華侍「坐」

乙、項王即日因留沛公與飲，項王、項伯東嚮「坐」

丙、劉老老入了「坐」，拿起箸來，沉甸甸的不伏手

丁、魯肅領了周瑜言語，逕來舟中相探孔明，孔明接入小舟對「坐」

戊、三個來到酒店裡，宋江上首「坐」了；武松倚了哨棒，下席坐了

(A)甲乙丙

(B)甲乙丁

(C)乙丁戊

(D)丙丁戊

▲閱讀下文，回答第30～32題

> 陳述古密直知建州浦城縣日，有人失物，捕得莫知的為盜者。述古乃紿之曰：「某廟有一鐘，能辨盜，至靈。」使人迎置後閣，祠之，引群囚立鐘前，自陳：「不為盜者摸之則無聲，為盜者摸之則有聲。」述古自率同職，禱鐘甚肅。祭訖，以帷圍之，乃陰使人以墨塗鐘。良久，引囚逐一令引手入帷摸之。出乃驗其手，皆有墨；唯有一囚無墨，訊之，遂承為盜。蓋恐鐘有聲，不敢摸也。（沈括《夢溪筆談》）
>
> 的：確實。

（　）30.依據上文，陳述古祭鐘後「以帷圍之」的目的為何？

(A)使鐘不發出聲響

(B)使鐘更能發揮靈力

(C)不讓嫌犯看到鐘已塗墨

(D)不讓嫌犯發現陳述古躲藏其中

（　）31.陳述古能偵破竊案，係因掌握竊賊的何種心理？

(A)心猿意馬

(B)膽怯心虛

(C)財迷心竅

(D)師心自用

（　）32.「使人迎置後閣，祠之，引群囚立鐘前，自陳」，各句皆省略主語「陳述古」，避免寫為「陳述古使人迎置後閣，陳述古祠之，陳述古引群囚立鐘前，陳述古自陳」，以求簡潔。下列文句，何者也有「省略主語」的情形？

(A)禮、義、廉、恥，國之四維

(B)花態柳情，山容水意，別是一種趣味

(C)侍中、尚書、長史、參軍，此悉貞亮死節之臣也

(D)公閱畢，即解貂覆生，為掩戶，叩之寺僧，則史公可法也

▲閱讀下文，回答第33～35題

> 孔子謂子路曰：「汝何好？」子路曰：「好長劍。」孔子曰：「非此之問也，請以汝之所能，加之以學，豈可及哉！」子路曰：「學亦有益乎？」孔子曰：「夫人君無諫臣，則失政；士無教交，則失德。狂馬不釋其策，操弓不反於檠；木受繩則直，人受諫則聖。受學重問，孰不順成？毀仁惡士，且近於刑！君子不可以不學！」子路曰：「南山有竹，弗揉自直，斬而射之，通於犀革，又何學為乎？」孔子曰：「括而羽之，鏃而砥礪之，其入不益深乎？」子路拜曰：「敬受教哉！」（劉向《說苑》）
>
> 檠，輔正弓弩的器具。

（　　）33. 下列敘述，何者符合上文中孔子的觀點？
　　　　(A)學射箭比學擊劍有益心性　　　　(B)天分加上學習磨練，更能成材
　　　　(C)學馭馬、操弓無益於修身　　　　(D)人性好鬥，需受學以提升品格

（　　）34. 上文與孔子對答者，為何是子路而非其他弟子？如果此故事為後人所編，可推知子路被設定為故事角色，應緣於他的何種性格？
　　　　(A)好勇力，性剛直　　　　　　　　(B)不遷怒，不貳過
　　　　(C)有辯才，善經商　　　　　　　　(D)入則孝，出則弟

（　　）35. 上文孔子藉「括而羽之，鏃而砥礪之，其入不益深乎」所說明的道理，與下列何者最接近？
　　　　(A)載舟覆舟，所宜深慎；奔車朽索，其可忽乎
　　　　(B)君子之德，風；小人之德，草；草上之風，必偃
　　　　(C)為長者折枝，語人曰：「我不能」，是不為也，非不能也
　　　　(D)假舟楫者，非能水也，而絕江河。君子生非異也，善假於物也

▲閱讀下文，回答第36～38題

> 茶者，南方之嘉木也。……其地：上者生爛石，中者生櫟壤，下者生黃土。凡藝而不實，植而罕茂。法如種瓜，三歲可採。野者上，園者次；陽崖陰林，紫者上，綠者次；筍者上，牙者次；葉卷上，葉舒次。陰山坡谷者，不堪採掇，性凝滯，結瘕疾。茶之為用，味至寒；為飲，最宜精行儉德之人。若熱渴凝悶、腦疼目澀、四肢煩、百節不舒，聊四五啜，與醍醐、甘露抗衡也。採不時，造不精，雜以卉莽，飲之成疾。茶為累也，亦猶人參。上者生上黨，中者生百濟、新羅，下者生高麗。有生澤州、易州、幽州、檀州者，為藥無效，況非此者。設服薺苨，使六疾不瘳。知人參為累，則茶累盡矣。（陸羽《茶經》）
>
> 薺苨：又名杏葉菜，根可供藥用。

（　　）36. 下列敘述，何者符合上文作者的觀點？

(A)精行儉德之人尤其適合喝茶

(B)熱渴凝悶、腦疼目澀之人不宜喝茶

(C)茶併其他花草合飲，甘美且具多重療效

(D)爲去除寒性而加工精巧的茶，喝了容易傷身

（　　）37. 依據上文，下列關於茶葉優劣的敘述，何者正確？

(A)葉片平展者優於葉片捲曲者　　　(B)生在黃土者優於生在爛石者

(C)野生山崖者優於人工栽培者　　　(D)產自上黨者優於產自高麗者

（　　）38. 上文後半提及「人參」，目的是爲了說明：

(A)茶的療效與人參療效相似　　　(B)選茶不當猶如選人參不當

(C)茶的產區與人參的產區相同　　　(D)茶的副作用小於人參的副作用

三、寫作測驗

善意，發自內心，但在給予他人之前，你有什麼考慮——是喜歡公開給人幫助？還是只想默默付出？是直覺應該時時的、毫不吝嗇的給？還是認爲應該視狀況、看時機來給？又或者，你曾握著善意，卻遲遲沒給出去——可能擔心，給了，和別人的一比顯得卑微；可能操心，給了，未必是對方眞正的需求；也可能憂心，給了，反而造成對方的尷尬、或誤會……

請以「善意，在手中」爲題，寫一篇完整的文章，述說你的相關經驗、感想或看法。

94～100年統測（四技二專）解答

94年統測（四技二專）解答

題號	1	2	3	4	5	6	7	8	9	10	11	12	13	14	15	16	17	18	19	20
答案	A	C	C	C	C	B	C	B	B	B	D	D	A	B	C	C	D	D	D	A
題號	21	22	23	24	25	26	27	28	29	30	31	32	33	34	35	36	37	38	39	40
答案	A	D	A	B	A	A	A	A	B	C	A	A	B	A	C	C	C	B	D	C
題號	41	42	43	44	45	46	47	48	49	50										
答案	D	D	D	A	C	C	C	D	B	B										

95年統測（四技二專）解答

題號	1	2	3	4	5	6	7	8	9	10	11	12	13	14	15	16	17	18	19	20
答案	B	A	B	D	D	D	B	A	B	D	C	D	C	B	D	B	A	A	A	D
題號	21	22	23	24	25	26	27	28	29	30	31	32	33	34	35	36	37	38	39	40
答案	B	C	D	C	D	B	C	B	C	C	A	B	D	B	C	A	D	C	C	C
題號	41	42	43	44	45	46	47	48	49	50										
答案	D	D	B	A	A	C	B	D	A	C										

96年統測（四技二專）解答

題號	1	2	3	4	5	6	7	8	9	10	11	12	13	14	15	16	17	18	19	20
答案	C	C	A	B	B	D	D	D	A	B	D	D	B	D	B	D	C	A	C	C
題號	21	22	23	24	25	26	27	28	29	30	31	32	33	34	35	36	37	38	39	40
答案	B	B	D	C	B	A	A	C	A	A	D	D	C	C	C	B	A	C	D	B
題號	41	42	43	44	45	46	47	48	49	50										
答案	B	B	A	D	D	B	C	A	A	D										

97年統測（四技二專）解答

題號	1	2	3	4	5	6	7	8	9	10	11	12	13	14	15	16	17	18	19	20
答案	A	B	B	C	B	D	D	B	A	C	A	C	C	D	A	C	C	B	#	C
題號	21	22	23	24	25	26	27	28	29	30	31	32	33	34	35	36	37	38	39	40
答案	D	D	D	A	A	A	D	A	B	D	C	C	B	A	A	D	A	A	B	C
題號	41	42	43	44	45	46	47	48	49	50										
答案	A	B	A	C	B	C	B	C	C	A										

備註：第19題「送分」。

98年統測（四技二專）解答

題號	1	2	3	4	5	6	7	8	9	10	11	12	13	14	15	16	17	18	19	20
答案	C	A	C	A	C	D	C	A	D	B	C	B	A	B	B	C	D	A	A	D
題號	21	22	23	24	25	26	27	28	29	30	31	32	33	34	35	36	37	38	39	40
答案	D	A	B	D	D	C	A	C	B	A	B	A	B	B	D	D	A	D	C	D
題號	41	42	43	44	45	46	47	48	49	50										
答案	B	C	B	B	D	B	D	B	B	C										

99年統測（四技二專）解答

題號	1	2	3	4	5	6	7	8	9	10	11	12	13	14	15	16	17	18	19	20
答案	A	A	D	D	C	C	B	C	C	A	B	B	D	D	D	D	D	A	B	B
題號	21	22	23	24	25	26	27	28	29	30	31	32	33	34	35	36	37	38		
答案	D	B	A	A	C	B	B	C	D	D	C	C	D	A	C	A	B	A		

100年統測（四技二專）解答

題號	1	2	3	4	5	6	7	8	9	10	11	12	13	14	15	16	17	18	19	20
答案	A	C	A	C	A	D	B	B	D	D	A	D	B	B	B	A	C	C	B	C
題號	21	22	23	24	25	26	27	28	29	30	31	32	33	34	35	36	37	38		
答案	D	B	D	A	D	A	A	C	B	C	B	D	B	A	D	A	C	B		

94～100統測（四技二專）詳解

94年統測（四技二專）

一、綜合測驗

1. (A)ㄔㄨㄤ。(B)ㄋㄧㄥˋ。(C)ㄏㄤˊ（「吭」讀音有二：(1)ㄏㄤˊ，咽喉、喉嚨；如：「引吭高歌」。(2)ㄎㄥ，發出聲音；如：「吭氣」、「悶不吭聲」。）

2. (A)ㄧˋ／ㄓˋ　(B)ㄏㄨㄟ／ㄓㄨㄛˊ　(C)ㄕㄨˋ　(D)ㄐㄧㄢ／ㄍㄨㄢ。
請注意「啄、喙」兩字在使用時的分別：
(1)啄：啄食、啄木鳥、一飲一啄、蠹啄剖梁柱。
(2)喙（鳥獸動物等尖長形的嘴，或泛指人嘴）：鳥喙、不容置喙、百喙莫辯。

3. 「焉」字的字義有數種，略整理如下。特別要提醒同學以下整理不需要背誦，只需平日閱讀課文時能通盤了解文意，揣摩說者說話的情境、作者寫作時的心情，自能了解用何種解釋代入時，文意最為恰當。
(1)代名詞：①指示代名詞，表「之、彼、這裡」，如：「心不在焉」。②疑問代名詞。
(2)副詞，表「豈、如何」。如：「塞翁失馬，焉知非福。」《論語‧先進》：「未能事人，焉能事鬼。」
(3)介詞，相當於「於」。
(4)連詞，承接上文，以表示後果，相當於「乃」、「就」。
(5)助詞：語氣詞。
　　①置句末：(A)表示肯定。相當於「也」、「矣」。(B)表示疑問。相當於「耶」、「呢」。(C)表示感嘆。相當於「啊」。
　　②表示狀態，用於形容詞或副詞詞尾。相當於「然」、「樣子」。如：「與我心有戚戚焉。」
(A)助詞，「無所用恥焉」即「無用恥之所焉」，「所」表地方。顧炎武〈廉恥〉（引用自《孟子‧盡心》上）：對於善長賣弄心機詭詐手段的人，羞恥心對他是用不到的啊（即：他是沒有羞恥心的）。
(B)代名詞，代指「他」。《孟子‧滕文公》上：居上位者喜歡某種東西，在下位的平民百姓就必定喜好的程度超過他（指在上位者）。孟子接著以孔子之語「君子之德風也，小人之德草也；草上之風必偃」，來說明「上有好者，下必有甚焉」的道理。
(C)副詞，為何。《左傳‧燭之武退秦師》：（燭之武遊說秦王不要攻打鄭國，否則打下鄭國後）必須越過晉國而領有鄭國這遠地的邊邑，您也知道這是不容易的事。您為何要以滅亡鄭國來增加鄰國（晉國）的土地呢？
(D)代詞，指老師。韓愈〈師說〉：古代的聖人，他們(的智識)超過一般常人很多，卻仍然要向老師請教、學習。

4. (A)知，ㄓˋ，通「智」。《左傳‧燭之武退秦師》：（我若去攻打他們，會）失去了親善的盟國，這是不智的行為。／知，ㄓ，知道。《論語‧為政》：（對於學問，自己）知道的事情就說知道，自己不知道的事情就說不知道，這樣才算是真正的知道啊！
(B)「休」，休息。歐陽脩〈醉翁亭記〉：（至於）背物挑擔的人，在路上邊走邊唱；行人走累了，就在樹下歇息。／休，美善。魏徵〈諫太宗十思疏〉：「人君當神器之重，居域中之大，將崇極天之峻，永保無疆之休。」翻譯：君王居於最重要的皇帝之位，是天下權力最大

的人，地位將與天齊高，保有無窮的美好福祉。

(C)「乃」，是。《史記・高祖本紀》：呂公的女兒，就是呂后。／「乃」，是。杜光庭〈虬髯客傳〉：這個人是天底下最沒有良心的人，我懷恨在心已經十年了，今天才找到他（並親手殺了他）。

(D)「書」，動詞，寫。白居易〈與元微之書〉：隨手拿起筆，任意地寫著。／書，名詞，書本。蘇軾〈留侯論〉：張良接受橋上老人贈送《太公兵法》一書，這件事情十分地奇怪。

5. (A)明傳奇中的角色名稱。「生」是劇中主要男性人物，如老生、小生、武生等；「旦」是女性的角色，有花旦、老旦、武旦等；「淨」多扮演勇猛剛強、正直或奸險等性格，俗稱「花臉」；「末」則扮演中年或中年以上男子。另有「丑」所扮演滑稽可笑人物的喜劇角色；「外」多扮演老年男子，亦稱為「老外」；「貼」則是戲劇角色中，正旦以外的次要旦角。（此段文字請予刪除）

   (B)插科（國劇中的動作舉止）打諢（ㄏㄨㄣˋ，戲謔逗趣的言詞）：本指戲劇表演時，以滑稽的動作或言語引人發笑；後泛指引人發笑的舉動或言談。

   (C)龍飛鳳舞：形容山勢蜿蜒起伏，氣勢磅礴，或形容筆勢生動活潑。因詞義與傳統戲曲的特徵完全無關，故選(C)選項。

   (D)指化裝登臺演戲，今引申為上臺。

6. 文中以「彎曲的手鉤住峭壁」寫「鷹爪」；以「緊鄰太陽於孤寂之地，青天環抱中，它挺立。紋皺的海在下匍匐蠕動」，寫鷹盤旋高空，不同於一般跳躍振翅於林梢的鳥類；以「在山垣上伺機欲攻」、「雷霆一般俯衝」，寫鷹捕獵時的動作。

7. 詩是最精練的語言，是自我情感的呈現，是以精粹而富節奏的語言文字來表現美感、抒發情緒的藝術性作品。人的內心會有陰暗負面與陽光正面的並存，天人交戰正是內心矛盾掙扎的展現，化為文字便是詩；因此詩可以成為探索詩人自我矛盾與衝突的最佳利器，故正確答案為(C)。

8. 文中作者完全沒有自豪吹噓自己擅寫文章，因此(A)選項有誤；其次，作者在文中提出省下的錢數主要並非出於錙銖必較地計算，而是藉此反襯出十分感激師傅舉手之勞的貼心與善意，因此(C)選項有誤。(B)選項中「尺有所短，寸有所長」一句意為：尺比寸長，但和比尺更長的東西相比，就顯得短了；寸比尺短，但和比寸更短的東西相比，就顯得長了。比喻人各有長處和短處，因此各有所適，各有所取，故(B)選項為正確答案。文中完全未提及師傅認為作者節省或浪費，因此(D)選項有誤。

9. 題幹翻譯

   （焦仲卿）到堂上去稟告母親：「我已經是沒有做高官（享厚祿）的命相，幸虧還能娶到這個妻子。結為夫妻後相親相愛地生活，約定死後也要相依為伴。（我們）相處才二、三年，婚後至今生活也才開始沒多久。她的行為舉止並沒有什麼差錯，為何母親會不滿意她呢？」

10. (A)由首句「一個人沒有讀過的書永遠多於讀過的書」可知。

    (B)由「略讀，作為精讀的妥協」可知作者認為略讀也是一種不得不的方法或手段，從「許多大學者也不免如此」一句，可知實際上作者並不反對不得不「略讀」的行為。

    (C)由「有些人只會略讀，因為他們沒有精讀的訓練或毅力」，可知作者認為一般人若採取略讀是可以被諒解的。

    (D)附庸風雅，指缺乏文化修養的人，裝腔作勢地從事文化活動。由「有些人掠（掠奪之意）讀，只為了附庸風雅」兩句，可知故作風雅而讀書是沽名釣譽的行為。

11.(A)唯唯諾諾，指順從而無所違逆，意義不同於「十分隨緣」的自在自適。

　　(B)風流倜儻（ㄊㄧˋ ㄊㄤˇ）：英俊瀟灑，不拘禮法。「生活浮靡」一詞，與「他的生活依然很嚴謹」的敘述不符。

　　(C)隨波逐流：比喻人沒有確定的方向和目標，只依從環境、潮流而行動。文中雖說明了弘一大師隨緣的性格，但也指出「隨緣不是隨便，不是隨波逐流，更不必隨俗浮靡」。

　　(D)由文中「他四處行腳，十分隨緣……但他的生活依然很嚴謹」一句，可知既有隨緣自在，也有嚴謹規範，所以(D)選項最符合題中所述文意。

12.(A)在《老殘遊記・明湖居聽書》中，作者以「從沒有一個人能及他十分裡的一分的」，也就是以別人都不到她十分之一的好，來描述白妞的精彩說書技巧。

　　(B)在《紅樓夢・劉姥姥進大觀園》中，劉姥姥以誇張的猜測惜春是「神仙託生」（神仙轉世），來讚美惜春的好。

　　(C)在《水滸傳・花和尚大鬧桃花村》中，魯智深以自己會說佛法勸人悔改為由，而自告奮勇想出面幫劉太公解決桃花山強盜強娶劉太公女兒的麻煩事。

　　(D)在《三國演義・孔明借箭》中，諸葛亮邀魯肅同行取箭，在夜間派出船隻二十艘靠近曹操水軍營寨，並擂鼓吶喊，魯肅大驚怕曹軍出擊，諸葛亮安慰他說：「我料想濃霧中曹軍必不敢出兵，我們只管飲酒作樂，霧散便回。」諸葛亮的沉穩正來自於他的神機妙算，料事如神，有先見之明。

13.(A)《禮記・祭義》中「放諸四海而皆準」一詞，比喻具有普遍性的真理到處都適用。選項中的句意正確，並沒有故意曲解詞意。

　　(B)《論語・憲問》中「知其不可而為之」一句，指明知道不可行卻仍要積極去做，是描述孔子積極任事的精神。選項中敘述弟弟「老是重蹈覆轍，一錯再錯」的做錯事，卻偏執地故意曲解成如孔子積極任事的精神，正是「故意曲解詞意，以製造諧趣效果」的修辭技巧。

　　(C)《論語・里仁》中「不患無位，患所以立」之意為：不擔心得不到職位，只擔心自己沒有足以擔任這項職位的才德。這是孔子勉勵人當以充實自我為先。選項中搶位子的他，故意將「職位」曲解成「座位」，正是「故意曲解詞意，以製造諧趣效果」的修辭技巧。

　　(D)《論語・子罕》中「苗而不秀者，有矣夫；秀而不實者，有矣夫」一段，其意是：（人就像稻禾一樣）稻禾長高後，也有「不開花」的啊；開了花後而「不結穗」的情形，也是會有的啊。這是孔子勉勵人要不斷精進方能有成，否則會前功盡棄。選項中的大姊卻故意曲解，認為時下纖瘦的臺灣美眉為「不秀氣」、「沒內涵」，正是「故意曲解詞意，以製造諧趣效果」的修辭技巧。

14.(A)先「早上」後「晚上」，有明顯的時間順序。《論語・里仁》中，孔子以「朝聞道，夕死可矣」一句，表達出對真理或目標的追求，非常熱切。

　　(B)李白〈春夜宴從弟桃花園序〉：光陰，對永恆百世而言，如匆匆過客。在此只是單純以譬喻句說明人生短暫，文句中並沒有時間順序。

　　(C)「十年寒窗無人問，一舉成名天下知」一句，是先經過十年寒窗的長期閉門苦讀，然後才獲得成名天下的結果，文句中有明顯的時間順序。

　　(D)先經過「今日割城」、「明日割城」，然後才換得「一晚安眠」，文句中有明顯的時序。蘇洵〈六國論〉中以此說明六國滅亡的原因，正在賂秦。

15.(A)只是單純的視覺摹寫。「光閃閃的」、「各色的」等形容詞，在形容名詞「夾克」、「牛仔褲」的光鮮多彩，與聲音完全無關。

　　(B)只是單純的視覺摹寫。以「千萬般恐怖的故事」來凸顯「神色」驚慌的程度，與聲音完全無關。

(C)「日光耀眼」的視覺，用「喊喊喳喳」的狀聲詞，把抽象的「寂靜」給「沖散了」。採用的正是「以聲音凸顯景物視覺效果」的表現手法。

(D)只是單純的視覺摹寫。用「搖擺」、「跌到」的擬人手法，生動地表現出野櫻在風中的搖晃與葉落，與聲音完全無關。

16.(A)副詞，實在是。選項翻譯為：在開始時做得好的人實在很多，能一直堅持到最後的實在是很少；出自魏徵〈諫太宗十思疏〉。

(B)發語詞，無義。選項翻譯為：文章，是治理國家的重要事業，是可以立言不朽的美事；出自曹丕〈典論論文〉。

(C)名詞，傘。選項翻譯為：（常人一碰上）颱風就披上皮襖，下雨就撐起雨傘，凡是可用來預防災患的用具，沒有不準備周到的；出自蘇軾〈教戰守策〉。

(D)副詞，大概、實在是。選項翻譯為：如果不這樣（精心策劃營聚之後再請客）做，大家就爭相批評他，認為他太吝嗇，所以不跟著時俗奢靡的人實在是很少啊；出自司馬光〈訓儉示康〉。

17.「設問」的修辭法，可以使文章產生變化，增加效果。略分三種：

(1)疑問：心中有所疑，但不知答案。

(2)提問：有問也有答。

(3)激問：是內心已有定見；答案在問題的反面。

題目既問「何者屬於『已預設答案的疑問句』」，可見本題在測驗同學生對於「激問」（已預設答案）的認知。

(A)疑問。王維〈雜詩〉：「君自故鄉來，應知故鄉事。來日綺窗前，寒梅著花未。」翻譯：你來自故鄉，應該知道故鄉的事。不知道你動身前來時，我家窗前的那株梅花開花了沒？

(B)提問。崔顥〈長干行〉：「君家在何處，妾住在橫塘。停船暫借問，或恐是同鄉。」翻譯：你家住在什麼地方？我家住在橫塘。暫且停船請問一下，或許我們是同鄉呢！

(C)疑問。趙嘏〈聞笛〉：「誰家吹笛畫樓中，斷續聲隨斷續風。響過行雲橫碧落，清和冷月到簾櫳。興來三弄有桓子，賦就一篇懷馬融。曲罷不知人在否？餘音嘹喨尚飄空。」翻譯：是誰家有人在這華美的樓閣中吹笛，斷斷續續的笛聲隨著陣陣清風傳來。笛音響亮高妙，能讓流雲駐足橫飄於青天，笛音清脆悠揚，和清冷的月光一起來到窗邊。東晉時桓伊興致來時吹弄三調，懷念東漢馬融所寫的〈長笛賦〉。樂曲終了不知吹笛的人還在嗎？清脆響亮的笛音仍餘韻無窮地迴盪在空中。

(D)激問。李白〈夢遊天姥吟留別〉：「……別君去兮何時還？且放白鹿青崖間，須行即騎訪名山，安能摧眉折腰事權貴，使我不得開心顏？」翻譯：現在我辭別各位，不知何時能再回來？且把白鹿放到青崖上吧，假如我要遠行便可騎著牠去尋訪名山，哪裡能低頭彎腰地去侍奉權貴，讓我整天不能開心歡笑呢？（言下之意是我根本不要做低頭彎腰去侍奉權貴的事）

18.在考文句重組的試題中，必然有前後邏輯性或因果關係，故可根據上下文中關鍵字、連接詞或文意口氣等線索加以判斷。下列將相關字詞以「」標記，並簡要說明句意於後，請仔細體會上下文意的連貫性。

加入WTO之後，臺灣企業所面對的競爭比以前更為劇烈。

丁、提升競爭力的方法，就是學習、學習、再學習，→題幹句提到現在的社會狀況是「競爭比以前更為劇烈」，（丁）即提出「提升競爭力的方法」，在文意上的承接順暢，所以（丁）即位於題幹句之後，以消去法可刪去(A)(B)(C)。

丙、企業固然要自我蛻變為學習企業，

乙、上班族個人更得自我教育訓練，→由「固然要……更要」的語氣，得知（丙）、（乙）為一

組，以消去法可刪去(A)(B)。

甲、企業和個人可以各自依據本身需要，學習觀念、方法、技巧等，→這一句講「企業和個人」「可以各自」，結論句講「而雙方」「也可以」，可見結論句在文意上，是承 (甲) 之後，以消去法可刪去(A)(C)。

而雙方也可以互補，達成更有效率的學習效果。

19. 「而」字的詞性，除了動詞、名詞、代名詞之外，還有介詞、副詞、連詞、助詞等數種，但是這一題目的不在考這麼細微瑣碎的詞性，而是測試同學是否記得選項中這些重要課目的內容，因此備考還是應自理解文意為先。

(A)助詞，無義。賈誼〈過秦論〉：（六國百萬之眾的大軍，叩關而攻秦。秦人開關延敵，但六國大軍卻）疑懼退卻不敢前進。

(B)助詞，無義。李斯〈諫逐客書〉：（逐客政策，使天下賢士裹足不敢來秦國，轉而去幫助其他諸侯國成就功業，這就好像是）把兵器借給敵寇，把糧食送給盜賊。

(C)連接詞，並且。蘇軾〈赤壁賦〉：和魚蝦為伴、麋鹿為友。

(D)連詞，則、就。荀子〈勸學〉：因為伯牙彈奏的琴音十分美妙，讓正在吃草的馬匹也感動得昂首聆聽。有前因後果的關係。

20. 原本公文的書寫是：中文字體、自右至左直行書寫、加標點符號以求文意明晰、以紙張為書寫媒材。後行政院鑑於電腦普及，為順應潮流、環保方便、精簡人事，便於民國九十四年進行「公文橫式書寫」的施行。最新的變革便是因以電腦打字、傳送，故採用由左而右橫式書寫，至於內容則維持仍以主旨、說明、辦法三段（後兩項可予斟酌）。

21. (A)莊子著〈逍遙遊〉，以「逍遙遊」對精神自由的追尋，點出了人類生命最終追求的境界目標。故以「逍遙手冊」的標題，正足以凸顯出《莊子》一書的特色。茲簡介莊子如下：

莊子，名周，戰國時宋人，約與梁惠王及孟子同時。曾為漆園吏。

思想上：主張逍遙任化，一死生，齊萬物，達觀順天以養生，求忘我，使任我隨物而化；以寓言故事來表達哲理。

政治上：主張治天下不用禮法，宜歸真返璞，復於自然。

著作《莊子》（又稱《南華真經》、《南華經》）一書，旨在發揮老子順任自然，虛靜無為的思想，以追求心靈的閒適自由。

(B)《楚辭》是以屈原為主的詩人情志的展現，與帝國淪亡、朝代興替無關，故選項內容不正確。茲簡介《楚辭》一書如下：

編者：西漢劉向取屈原、宋玉、景差、賈誼、淮南小山、東方朔、嚴忌、王褒……及劉向自作〈九歎〉，集成一書，定名曰《楚辭》。

特色：多個人情志幻想，風格浪漫神祕、熱烈奔放，充滿象徵與自我抒情風格，是富於想像力的純文學。

價值：〈離騷〉為《楚辭》中最重要的一篇，亦為我國辭賦之祖；金聖歎評為六才子書之一。集部總集之祖（《隋書‧經籍志》以《楚辭》為集部之首），辭賦之祖（或說〈離騷〉為辭賦之祖），開漢賦之先河，戰國時代南方文學的代表，南方詩歌的總集。

(C)韓非為法家人物，不符標題「儒家的理想國」，故選項內容不正確。茲簡介韓非子如下：

學派：韓非子之學出於儒家荀子，但後來成為法家，喜刑名法術之學。

著作：著《孤憤》、《五蠹》等，為秦王賞識：「寡人得見此人，與之遊，死不恨。」後受李斯猜忌而被害死。

主張：為法家集大成者。主張勢、術、法，三者兼顧不可偏廢。

(D)《山海經》是目前已知的中國最早的地理博物志；其中〈穆天子傳〉更為我國最早之神話小

説。大家熟知行吟澤畔與漁父對話以表明心跡的是屈原，故選項內容不正確。

22. 題幹敘述的關鍵時間點在「清朝割讓臺灣以前」，所以臺灣有原住民的卑南文化、有中國的孔廟、有民間信仰的媽祖。至於「和式住宅」是指日本式建築，要到日本人占領臺灣並引進日式文化才有，所以不恰當的選項是(D)。

23. (B)「柴大官人自來與山上有恩」、(C)「山場水泊，木植廣有，便要蓋千間房屋卻也無妨」、(D)「這位又是有本事的人，他必然來出氣力」，各選項皆在文中有所本，只有(A)選項未見提及，故答案為選(A)。

24. 由文中的「朱貴」、「柴大官人」（柴進）是《水滸傳》中人物；「山寨」、「山場水泊」等字詞，是《水滸傳》中梁山泊的場景，可知這部小說最可能是(B)《水滸傳》。
   (A)《三國演義》內容：演述自東漢末年黃巾賊亂起，至西晉武帝統一全國止，凡九十七年間三國紛爭的故事。
   (B)《水滸傳》內容：寫北宋淮安大盜宋江為首的一百零八人，由被迫落草嘯聚梁山泊殺人搶劫，直至受到朝廷招安，東征西討的故事。
   (C)《西遊記》內容：記唐玄奘赴西域取經書的經歷，書中充滿神怪的色彩，藉由「神魔皆有情，精魅亦通世故」，表現出懲惡揚善的主題。
   (D)《儒林外史》內容：作者對當時讀書人欣羨且視為唯一榮身之路的八股取士科舉制度，極為厭惡，故書中對此類庸俗齷齪人物，痛予譴責。

25. 文中已提示「畫的是……」、「是……的形狀」，故知為畫成其物，與本形相去不遠的（　）象形。
   以下為對六書的簡介：
   (A)象形：畫成其物，隨體詰詘，日月是也。
   (B)指事：視而可識，察而見意，上下是也。
   (C)會意：比類合誼，以見指撝，武信是也。
   (D)形聲：以事為名，取譬相成，江河是也。
   另有「轉注」：建類一首，同意相授，考老是也；「假借」：本無其字，依聲託事，令長是也。

26. 煉五色石以補蒼天的主角是(A)女媧。「女媧造人」：女媧是傳說中的人類始祖。「女媧補天」：根據《史記》中記載，水神共工被火神祝融打敗了，氣得撞倒支柱天地的不周山，導致天塌水患。女媧不忍人類受苦，於是煉五色石補好天空的破洞，平息了災禍，使人類得以安居。至於在《山海經》、《封神演義》、《紅樓夢》等小說中，也都有女媧的身影，因此這類文化常識題，同學平日宜多留意。

27. 《紅樓夢》開章第一回就引用了「女媧補天」這個傳說。女媧為了補天，煉了三萬六千五百零一塊石頭，但是使用了三萬六千五百塊，「惟剩下頑石一塊，棄於青埂峰下。此石既無才補天，於是幻形入世」，自然就成為選項(A)《紅樓夢》中膾炙人口的主角人物賈寶玉。

二、閱讀能力測驗

28. 「1760至1960年……二氧化碳含量增加14.4%」，平均一年增加0.072%；「1960至2001年……又增加了17%」，可見這四十是平均每一年增加0.425%。再看文章題目〈全球氣溫上升，問題叢生〉，可知大氣層中二氧化碳含量，在這近四十年間急遽增加。

29.(B)選項敘述與文中「全世界礦物燃料消費量的增加」一句不符。

30.(A)由文中「哈維醫生，竟私自摘除他（愛因斯坦）的腦子並據為己有」一句，可知選項敘述有誤。

　　(B)和(D)中論《出賣愛因斯坦》一書，「主要目的在於揭發真相」，真相是：「你的血液、頭髮、唾液、精子等都有人想收購，甚至不必事前徵得你的同意，就把你的寶貝偷走，事後也不給你合理的報酬」，而不是「旨在揭露哈維的醜聞」。

　　(C)由「哈維醫生的行為雖然可恥，卻為科學家及社會所『諒解』，原因很簡單：奉科學之名」一句，可知選項敘述符合題意。

31.文末寫到《出賣愛因斯坦》一書認為「應透過立法來防止未經當事人許可的器官販賣」，作者並呼籲「如何未雨綢繆，還待有心人共同努力」，可見作者期待早日立法，以解決科技與人文的衝突。

32.由文中的「法海」（法海和尚）、「法缽」（法海和尚的法器）、「許士林」（許仙之子）、「塔」（雷峰塔）等詞，可知是中國四大民間傳說之一的「白蛇傳」──白蛇與許仙的故事。

33.許仙與白蛇（白素真）之子許士林，長大中狀元後，到塔前祭母（後將母親救出，全家團聚）。由「滿腔是溫柔激盪的愛人世的癡情」，向母親訴說人間真情的永恆與力量。

　　(A)許士林在文中並沒有提到飄泊異鄉一事。

　　(C)「白蛇傳」中白素真並沒有做什麼挽救蒼生的事，甚至跟法海鬥法時，不惜引西湖之水漫金山寺，而傷害了其他生靈。

　　(D)許士林在文中並沒有提到不見容於父親一事。

> 　　子曰：「篤信好學，守死善道，危邦不入，亂邦不居。天下有道則見，無道則隱。邦有道，貧且賤焉，恥也；邦無道，富且貴焉，恥也。」（《論語‧泰伯》）

翻譯

篤信不疑便能至死堅守，勤奮好學自能明白真理（蓋守死者篤信之效，善道者好學之功）。不要進入一個危難的國家，不居留在一個綱紀紊亂的國家。政治清明就出來做事，政治昏亂就隱居不仕。國家政治清明時如果貧賤，則是恥辱；國家政治昏亂時仍然富貴，便是恥辱（表示自身行為未能守節）。

34..「篤信好學，守死善道」亦可翻譯為：誠篤地相信真理，勤奮地學習，終身奉行好的道理。

　　(A)文中未論及「能言善道」的意涵。

　　(B)「篤信」即相信真理之意。

　　(C)「好學」即增長智慧之意。

　　(D)「守死」即終身奉行之意。

35.由文中「危邦不入，亂邦不居」之句，可知環境的好壞很重要；再者「邦有道」才有大展身手的機會，此時若「貧且賤焉」，就是自身努力不夠了，故應選(C)經營團隊的優劣。

> 　　祿山在上前，應對敏給，雜以詼諧，上嘗戲指其腹曰：「此胡腹中何所有？其大乃爾！」對曰：「更無餘物，正有赤心耳！」上悅。又嘗命見太子，祿山不拜。左右趣（趣，促也）之拜，祿山拱立曰：「臣胡人，不習朝儀，不知太子者何官？」上曰：「此儲君也，朕千秋萬歲後，代朕君汝者也。」祿山曰：「臣愚，曏者惟知有陛下一人，不知乃更有儲君。」不得已，然後拜。上以爲信然，益愛之。（《資治通鑑·唐紀三十一》）

翻譯

安祿山在皇上面前，應答機敏又風趣，皇上曾開玩笑地指著安祿山的肚子說：「這個胡人肚中有什麼東西？怎會這麼大！」安祿山回答說：「也沒什麼，只是（裝滿）忠心罷了！」皇上聽了非常高興。皇上又曾經命他去晉見太子，安祿山見到太子卻不跪拜行禮，大臣催促他跪拜行禮，安祿山卻站著拱手，說：「我是胡人，不熟悉朝廷禮儀，不知道『太子』是什麼樣的官職？」皇上說：「（太子）就是預備當國君的人，等我死後，是代替我當你的國君的人。」安祿山說：「我很笨，以前心中只知道皇上您一人而已，不知道竟然還有儲君。」不得已，才向太子跪拜行禮。皇上相信這一切（安祿山十分忠心），便更加寵愛他。

36. (A)安祿山之前沒見過太子，且文中亦未提及曾與太子有嫌隙，故選項有誤。
　　(B)「臣胡人，不習朝儀」只是安祿山的託詞，是要爲他接下來的說詞鋪陳。
　　(D)若安祿山眞「生性愚魯，不知輕重」，皇上也不會更加寵愛他了。

37. 從文中「曏者惟知有陛下一人，不知乃更有儲君」一語，及皇上說明之後仍「不得已，然後拜」，更加讓皇上相信安祿山的心中只有皇上一人。

38. 「此儲君（名詞，君王）也，朕千秋萬歲後，代朕君（動詞，當……國君）汝者也。」同學要注意的是：題目將原句順序顛倒，所以粗心的同學若根據原文順序（前爲名詞，後爲動詞）回答，便會失分。

三、語文表達能力測驗

39. (甲) 表現出讚嘆之情，故應選用驚嘆號；驚嘆號之後開始進一步說明，所以後面的句子都在說明馬祖的特色。
　　(乙)、(丙) 則是連貫的文意，因此應以逗號作爲區隔。
　　(丁) 同學應該知道「A、B和C」的句式，這種並列式宜以頓號爲區隔，屋外有「潮音」(丁)「星子與海風」，所以應填入頓號。

40. (B)滄海一「栗」→「粟」。
　　請注意「栗、粟」兩字在使用時的分別：
　　(1)栗，ㄌㄧˋ：板栗、栗鼠、栗子、栗色、醋栗、股栗、苗栗縣、雞皮栗子、栗栗不安、糖炒栗子、不寒而栗。
　　(2)粟，ㄙㄨˋ：廩粟、菽粟、粟帛、粟米、粟飯、千鍾粟、罌粟花、滄海一粟、論貴粟疏、屬兵粟馬、太倉一粟、斗粟尺布、布帛菽粟、不食周粟。

41. (A)蘄／展。(B)傭／庸。(C)幅／福。(D)誅／誅。
　　請注意「傭、庸」兩字在使用時的分別：
　　(1)傭（人部，指僕役，受僱做事的人）：幫傭、女傭、催傭、傭保、傭兵、傭工、傭人、傭

作。

(2)庸：平庸、凡庸、庸才、昏庸、酬庸、庸俗、庸醫、庸人自擾、無庸諱言、毋庸置疑、樗櫟庸材、中庸之道、庸庸碌碌、附庸風雅。

42.(A)反映：意為(1)倒反映現(2)由某事物的一定狀態和關係而產生和它相符的現象稱之(3)各種設施和作風，所得到下級或民間的意見。／渺渺：遼闊而蒼茫的樣子。

(B)藐藐：不經意、留心的樣子。「言者諄諄，聽者藐藐」是形容白費脣舌，徒勞無功。

(C)反應：由刺激所引起的一切活動稱之。

各空格填答方法解析如下：

第一個空格：「耳聾，聽不到聲音，對雷鳴自然沒有□□」，指的是無法根據外界刺激而引起活動，故選填「反應」，可刪去(A)(B)。

第二個空格：「溝通困難，有言者諄諄、聽者□□之意」，說者諄諄、聽者沒入耳，應選填「藐藐」，故可刪去(A)(C)。

43.(A)「直視」是指凝神注視。對於治安惡化問題，大家需「重視」或「正視」（不逃避敷衍，以認真、嚴肅的態度對待），用詞方為恰當。

(B)「關說」是指由人代為請託遊說。師長對學生的勸說，以「勸導」或「開導」的用詞較恰當。

(C)「教唆」是指使他人做不正當的事。參加田徑錦標賽並不是做不正當的事，故用詞不當。

(D)「無異」即「沒有不同」，也就是「相同、等於」的意思，故選(D)。

44.(A)選項中引用的詞句，正是表現出瀟灑自在看待人生路上的風雨挫折，故使用恰當。蘇軾〈定風波〉：「莫聽穿林打葉聲，何妨吟嘯且徐行。竹杖芒鞋輕勝馬，誰怕？一蓑煙雨任平生。料峭春風吹酒醒，微冷，山頭斜照卻相迎。回首向來蕭瑟處，歸去，也無風雨也無晴。」翻譯：別聽那穿透林梢、打在葉上的雨聲！我們不如一邊從容行路，一邊長嘯歌吟。手挂竹杖，腳登草鞋，步履輕鬆地勝過騎馬。怕什麼呢？就披件蓑衣迎著風雨，任憑風雨吹打吧！微寒的春風吹醒了我的酒意，還真有些涼寒，抬頭迎面的是山頭上的夕陽餘暉。回頭看看剛才走過的那風雨交加的地方，回家吧，無風無雨也沒有豔陽了。

(B)選項中引用的詩句，表現出絕處逢生所展露的新希望，不符合冤家死敵碰面的情境。陸遊〈遊西山村〉：「莫笑農家臘酒渾，豐年留客足雞豚。山重水複疑無路，柳暗花明又一村。簫鼓響隨春社近，衣冠簡樸古風存。從今若許閒乘月，挂杖無時夜叩門。」翻譯：不要嘲笑農家在臘月裡自釀的酒渾濁（但卻風味醇美），豐收年景，主人以雞豬等豐盛菜餚熱情待客。在山巒重迭、流水縈繞的山村徐行，彷彿已前無去路，卻忽然（眼睛一亮）見到座落於繁花似錦春日美景中的村舍。村裡不斷的吹簫打鼓聲，迎接著即將到來的春社日，人們穿戴簡樸，這裡依然保存著古老的風俗。今後若有機會乘月夜外出閒遊時，我會挂著拐杖，隨時輕叩柴扉（和村人暢談）。

(C)選項中引用的詩句，意指占地利之便，和立志向上無關，故使用不恰當。蘇麟〈斷句〉：「近水樓臺先得月，向陽花木易為春。」因范仲淹身邊的兵官都得到范仲淹的推薦，只有蘇麟沒有，所以蘇麟獻詩，暗示自己未獲重視，范仲淹閱後即推薦他。

(D)選項中引用的詩句，表現出不願同流合汙、苟安高位的傲骨，不符合被解雇後也不願做打雜小事的高傲心態情境。蘇軾〈卜運算元〉：「缺月掛疏桐，漏斷人初靜。誰見幽人獨往來，縹緲孤鴻影。驚起卻回頭，有恨無人省，揀盡寒枝不肯棲，寂寞沙洲冷。」翻譯：殘月高掛在稀疏的梧桐樹梢上，夜深了，滴漏聲停人聲安靜。誰能看見幽居的我在獨自漫步徘徊？只有那縹緲高飛的孤雁身影。它突然驚醒匆匆回首，心裡有恨卻無人能理解。它選遍了所有的高枝樹梢都不肯棲息，卻高傲地躲到空寂清冷的沙洲上受苦。

45. (A)「寬宏大量」指度量寬大。「經喪偶打擊」需要的是想得開、放寬心，而不是度量大。

(B)「臨危不亂」是面對危難能鎮定地不亂陣腳。「將球誤傳給對手」的表現已是失常、臨危已自亂陣腳，故用詞不當。

(C)「咎由自取」，指所有的責難、災禍都是自己找來的。有「自作自受」、「罪有應得」之意。

(D)「為虎作倀」喻助人為虐、助紂為虐。父親讓小明去學習和本身能力不符的課程，和做壞事一點關係也沒有，故用詞不當。

46. (A)颱風「緩緩」又「快速」的移動，前後矛盾。

(B)炬，火把。「付之一炬」指焚燬，不符水災的情境。

(D)對於「死亡」才用「哀悼」一詞，選項中只說「夫妻分居」，故用詞不當。

47. 連詞是連接兩個或兩個以上的詞、語或句，以表示其相互連絡關係的詞。因此將「不僅……並且」代入，從「不僅未受影響……並且獲得肯定」的文意、語氣上，可判斷是選項(C)。

48. 「百媚千嬌」：形容美好的容貌和體態。可用來形容女孩子或花朵，但不適合用來形容水果。故選項(D)不正確。

49. (A)吱吱喳喳(C)嘰嘰呱呱（ㄗㄚ）(D)啾啾唧唧，都是摹寫鳥聲的狀聲詞；(B)咿咿呀呀，是形容動物的叫聲，故不適合表現麻雀叫聲的是選項(B)。

50. (A)全文主題明確，由事懷人，自兒時在外婆家果園採果玩耍的回憶，今日見果子便想起外婆。

(B)第一段從收到醃桃子「不禁讓我想起小時候在外婆家果園玩耍的日子」的回憶兒時情景說起，末段以吃著脆桃，「深深懷念那一段無憂的童年歲月」的懷念童年歲月作結，屬首尾呼應。

(C)文中未見有善用映襯之處。

(D)第二段對果樹的觀察描寫、第三段果園摘果的事件敘述，敘述層次清晰，不至於平淡乏味。

95年統測（四技二專）

一、綜合測驗

1. (A)ㄙㄞˋ／ㄙㄞ。
   (B)ㄅㄟˋ。
   (C)ㄏㄜˊ／ㄏㄜˋ（「荷」字讀音有二：(1)ㄏㄜˊ，植物名。睡蓮科蓮屬，地下莖稱爲「藕」，果實稱爲「蓮子」；亦稱爲「蓮」、「芙蕖」。(2)ㄏㄜˋ，①用肩膀扛著，如：「荷鋤」、「荷槍」②承當、擔負，如：「不勝負荷」③蒙受。今多用書信中，表謝意。如：「感荷」、「爲荷」。）
   (D)ㄓㄠ／ㄓㄨㄛˊ。

2. (A)全部。選項原文出自范仲淹〈岳陽樓記〉：有時候洞庭湖上煙霧水氣全都消散，明月普照千里。
   (B)實數「一」。選項原文出自范仲淹〈岳陽樓記〉：我觀看這巴陵郡的美景，就在這一個洞庭湖區。
   (C)實數「一」。選項原文出自白居易〈與元微之書〉：我收到你前年病重時寫來的一封信，信上先說明病情，其次敘述病中的心境。
   (D)實數「一」。選項原文出自蘇軾〈留侯論〉：張良因爲不能忍下對秦王的氣憤不平之氣，以小小的個人力量逞強在（招募大力士）以一錘擊斃（秦王）的刺殺行動中。

3. (A)說。選項原文出自《孝經》：不是先代聖明君王所說合乎禮法的言語，則不敢說。
   (B)道路。選項原文出自李白〈蜀道難〉：蜀地棧道艱險難走，簡直比登天還難！
   (C)治理。選項原文出自《論語・學而》，子曰：「道（ㄉㄠˇ）千乘之國，敬事而信，節用而愛人，使民以時。」翻譯：孔子說：「治理諸侯國應該處事認眞且講誠信，節約儉樸且關心人民，用民服勞務需在適當的時機。」
   (D)風氣。選項原文出自韓愈〈師說〉：從師問學的風氣沒有流傳已經很久了，想要人沒有疑惑也很困難。

4. (A)擁護、贊成。選項原文出自《魏書・列傳・楊播》：順便觀察民情是擁戴或反對，然後再行軍。
   (B)朝向、往。選項原文出自李白〈贈崔郎中宗之〉：太陽西沉隱沒在海平面下，滔滔江水流向遙遠的天邊。
   (C)朝向、面向、往。選項原文出自李斯〈諫逐客書〉：（秦王您的逐客政策，會）讓天下的賢士，卻步而不敢西進，停下腳步而不敢進入秦國。
   (D)先前、原來的、舊的。選項原文出自陶淵明〈桃花源記〉：（漁夫離開桃花源）出來以後，找到（之前停泊的）船隻，便沿著先前來時的路，處處做上記號。

5. 解析
   題幹原文出自於《論語・爲政》，子曰：「吾十有五而志於學，三十而立，四十而不惑，五十而知天命，六十而耳順，七十而從心所欲，不踰矩。」
   翻譯
   我十五歲時立志求學，三十歲的時候可自立於世，四十歲的時候遇到事情能不感到疑惑，五十歲的時候懂得認清天命，六十歲的時候能聽取不同的意見，七十歲的時候可隨心所欲卻不踰越（超出）規矩的範疇。

說明

由此衍生出的年歲代稱有：志學之年（十五歲）、而立之年（三十歲）、不惑之年（四十歲）、知命之年（五十歲）、耳順之年（六十歲）、從心之年（七十歲）。另外常見的尚有：周晬（ㄗㄨㄟˋ）（小孩子滿一歲）、及笄之年（女子十五歲）、破瓜之年（女子十六歲）、弱冠之年（男子二十歲）、強仕之年（男子四十歲）、花甲之年（六十歲）、古稀之年（七十歲）、耄耋（指八、九十歲）、期頤之年（指百歲）。

(A)知命：五十歲　(B)弱冠：二十歲　(C)花甲：六十歲　(D)白首：頭髮花白，指老年人，非具體年歲的代稱。

6. (A)行事果斷：指做事果敢決斷，毫不猶豫。拖泥帶水：指做事不乾脆俐落，或說話、寫文章不夠簡潔。

(B)不含糊：不馬虎、不隨便，含有真實而美好的意思。

(C)冷漠：冷淡、不親熱、不關心。古道熱腸：形容待人仁厚、熱心。

(D)圓滑：做事或言談，能面面周到，不得罪人。長袖善舞：比喻有所憑藉，則易於成功；或喻人行事的手腕高明，善於經營人際關係。這兩個語詞多屬於負面用詞，所以沒有讚美之意。

7. (A)文句涵義是「寧願為……不為……」，意即寧願「玉碎」，不為「瓦全」。寧願做珍貴的玉器而被打碎，也不願當低賤的瓦片而得以保全。比喻人寧願保全節操而死，也不苟且求活；亦可比喻人為了堅持某種信念而不計犧牲，奮鬥到底。

(B)文意只在說明講信用方足以立身，不具有「二者相較取其一」的特徵。出自於《論語‧為政》，子曰：「人而無信，不知其可也。大車無輗，小車無軏，其何以行之哉？」翻譯：孔子說：「一個人不講信用，不知他將怎樣立身處世。就像大車沒有輗，小車沒有軏一樣，它們靠什麼行走呢？」車轅前端和車衡相連接的插銷，大車的是輗（ㄋㄧˊ），小車的是軏（ㄩㄝˋ）。車子沒有輗或軏，則無法前行，比喻若言而無信，則無法取信於人，難以在社會上立足。

(C)文句涵義是「與其……不如……」，意即要達到「停止沸騰」，其最佳方法是與其「揚湯」，不如「釜（鍋）底抽薪（柴火）」更好。出自於《三國志‧卷二十一‧魏書‧劉廙傳》，比喻必須從根本和癥結所在去解決問題。翻譯：當滿鍋沸騰的時候，要想不讓鍋裡的水漫溢出來，與其舀起鍋中沸水再倒回去以止住沸騰（喻暫時舒解危急的困境），不如抽出鍋底的柴火停止燒煮（一勞永逸的解決問題）。

(D)文句涵義是「與其……孰若（哪裡比得上）……」，意即與其「保全一身」，哪裡比得上（寧願）「保全天下」。「孰若」是疑問語氣詞，是詢問「二者相比，何者優劣」時的用詞。翻譯：請問保全一個人，哪裡比得上保全天下百姓？，出自《後漢書‧逸民傳‧龐公》。

8. (A)「不才」為因，「明主棄」為果；意即因為我沒有什麼才能，所以被英明的皇上捨棄（未受重用）。選項原文出自孟浩然〈歲暮歸南山〉：「北闕休上書，南山歸敝廬。不才明主棄，多病故人疏。白髮催年老，青陽逼歲除。永懷愁不寐，松月夜窗虛。」翻譯：不要再向朝廷上奏書了，還是回到終南山的破舊屋舍中。我因沒有才能而被英明的皇上捨棄，身體多病以致老友日益疏離。滿頭白髮催促著年華老去，即將到來的春天逼走了歲暮。我滿懷愁緒難以入睡，只見松林間明月映照入窗一片清幽。

(B)沒有因果關係，只是單純寫明月從海上升起之景。選項原文出自張九齡〈望月懷遠〉：「海上生明月，天涯共此時。情人怨遙夜，竟夕起相思。滅燭憐光滿，披衣覺露滋。不堪盈手贈，還寢夢佳期。」翻譯：明月從海上升起，我和遠在天涯的你，此時此刻共同仰首瞻望明月。深情的人埋怨這漫漫長夜，竟被相思所困不得入睡。月色是如此可愛，我吹滅蠟燭以便

欣賞，披衣至戶外感覺露水愈來愈重。這迷人的月色是無法用雙手捧起送給你，只能回房就寢以期在夢中同你相聚。

(C)沒有因果關係，只是單純寫深夜微風輕拂著江岸上細草的景致。選項原文出自杜甫〈旅夜書懷〉：「細草微風岸，危檣獨夜舟。星垂平野闊，月湧大江流。名豈文章著？官應老病休。飄飄何所似，天地一沙鷗。」翻譯：深夜微風輕拂著江岸上的細草，江邊泊舟的桅杆高聳入夜空。星光垂照，平野顯得分外開闊空曠，月光傾瀉在滔滔奔流的江面上。我難道是因詩文美妙而博得聲名？如今衰老多病也應辭官退休了。我到處漂泊，就像隻盤旋淒清夜空的沙鷗。

(D)沒有因果關係，只單純寫崇山隨著平野高低開展之景。選項原文出自李白〈渡荊門送別〉：「渡遠荊門外，來從楚國遊。山隨平野盡，江入大荒流。月下飛天鏡，雲生結海樓。仍憐故鄉水，萬里送行舟。」翻譯：我們同舟來到這遠地的荊門山，這是古代的楚地。崇山隨著平野高低開展，江水向著廣漠的原野奔流。月影倒映江中像從鏡中飛天而過，雲彩結構變幻如海市蜃樓。你應該憐愛這來自故鄉的江流，它流過千山萬水此刻來為你送行。

9. 一般而言，此種依詩句判斷文意的題型，文句中多半具有可供直接判讀的關鍵詞語。此題 (甲) 選項中「關」字指「關隘、邊防要塞」，而「長征」則指因戰爭而遠征；(丁) 選項中「干戈」則指「武器，在此代指戰爭」。故答案選(B)。各選項詳細解析如下：

(甲) 選項原文出自王昌齡〈出塞曲〉：「秦時明月漢時關，萬里長征人未還。但使龍城飛將在，不教胡馬度陰山。」翻譯：秦朝和漢朝時的明月與關城都還在，但是戰爭自秦漢以來卻沒有間斷過，離家出征到萬里外的戰士們都還沒有回家鄉。要是當年鎮守龍城的飛將軍李廣仍然健在，就不會讓胡人的騎兵越過陰山南下侵略中原。

(乙) 選項原文出自李商隱〈錦瑟〉：「錦瑟無端五十絃，一絃一柱思華年。莊生曉夢迷蝴蝶，望帝春心託杜鵑。滄海月明珠有淚，藍田日暖玉生煙。此情可待成追憶，只是當時已惘然。」翻譯：錦瑟剛好擁有五十條琴絃，每一根絃與絃柱都讓我想起了過往的青春歲月。我的一生就如莊周夢蝶一般似真似幻，我也曾有過像望帝化作杜鵑鳥喚住春天一樣，期望青春永駐的情感（但春天畢竟遠離，青春終究消逝）。回憶往事使我悲從中來而愴然淚下，在這滄海月明之下，點點晶瑩的是珠光還是淚影呢？回憶舊時歡樂，就如同藍田日暖時玉氣生煙般，抑不住滿懷喜氣洋洋。但這些往昔或悲或歡的情感只能成為回憶，只是當時為什麼卻只充滿著茫然若失為情所困的心境。

(丙) 選項原文出自白居易〈琵琶行〉：「同是天涯淪落人，相逢何必曾相識……」翻譯：我們都是淪落天涯漂泊異地的人，既然碰面了又何必一定要過去認識呢！（因為遭遇相同，就算以前不認識，此刻見面也能了解彼此心中的感受！）

(丁) 選項原文出自白居易〈自河南經亂，關內阻飢，兄弟離散，各在一處。因望月有感，聊書所懷，寄上浮梁大兄、於潛七兄、烏江十五兄，兼示符離及下邽弟妹〉：「時難年荒世業空，弟兄羈旅各西東。田園寥落干戈後，骨肉流離道路中。弔影分為千里雁，辭根散作九秋蓬。共看明月應垂淚，一夜鄉心五處同。」翻譯：戰亂頻繁又碰上連年饑荒，使得祖傳的產業完全荒廢，兄弟們離開家鄉，作客在外，東西相隔。經過戰亂以致田園荒蕪，連骨肉至親也都流落在異鄉的道路上。我顧影自憐，好像是失群千里外的孤雁，又像秋風中失了根的蓬草四處飄盪。今夜，當我們望著天上同一輪明月，想必都會流下眼淚，因為我們雖分散在五處地方，但思念家鄉的心情卻絲毫無異。

10. 本題要旨在老人語重心長的最後一句：「解放後的東歐所面臨的正是自由的危機」，和過往被奴役的問題不同，解放後的東歐顯然面臨一場全新的挑戰，因此答案為(D)。

11. 解析

題幹文句出自李白〈長干行〉：「妾髮初覆額，折花門前劇；郎騎竹馬來，繞床弄青梅。同居長干里，兩小無嫌猜。十四為君婦，羞顏未嘗開；低頭向暗壁，千喚不一回。十五始展眉，願同塵與灰；常存抱柱信，豈上望夫臺？十六君遠行，瞿塘灧澦堆；五月不可觸，猿鳴天上哀。門前遲行跡，一一生綠苔；苔深不能掃，落葉秋風早。八月蝴蝶來，雙飛西園草。感此傷妾心，坐愁紅顏老。早晚下三巴，預將書報家；相迎不道遠，直至長風沙。」

翻譯

當我的頭髮才剛蓋住額頭，年紀很小的時候，常在門前折花嬉戲。你騎著竹馬來，我們兩人繞著井欄玩耍，手裡把玩著青梅。你我同住在長干里，感情融洽地沒有猜嫌。十四歲的時候，我嫁給你為妻，因羞澀故容顏始終不曾舒展一笑。低垂著頭面向暗壁，任你喚我千萬遍也不肯回頭應答。十五歲的時候才展眉而笑，希望彼此能如塵與灰般，永不分離。我們的心中存有尾生抱柱般的信約，所以我（對你有信心）又何必上望夫臺？十六歲時，你遠行至蜀地經商，要經過瞿塘峽的灧澦堆；（此地水流湍急險惡）在五月水位高漲、水流湍急的季節，千萬小心不要撞上暗礁，峽谷裡兩岸高聳的崖壁上傳來淒厲的猿猴叫聲（彷彿是家中我對你的呼喚啊）。門前等待的足跡，因不忍掃去如今已長滿了綠苔；現在綠苔已厚到（就像我內心深厚的思念）無法掃除，今年的秋天來得特別早現已是滿地落葉。八月裡蝴蝶雙飛在西園的草叢間。這一切景象都讓我內心感傷，時光飛逝，我美麗的容顏一天天漸漸衰老。你何時離開蜀地，請事先寫信回家告知，我將不論路途的遙遠，會一直走到長風沙去接你。

(C)「綠苔深厚」是暗示閨中思婦內心深厚的思念與日俱增，而不是無心料理家務。

12. 題幹出自李斯〈諫逐客書〉，翻譯如下：泰山不捨棄細小的泥土，才能成就它的竣偉高大；江河大海不捨棄細小的涓流，才能造成它的深廣無邊；君王不排拒所有的人民，才能彰顯其容人的美德。

(A)因題幹原文中高山深河為借用來形容廣納人才之意，與實景無關，故(A)選項有誤。

(B)原文中並未提及「風調雨順」對得民心的影響，故(B)選項有誤。

(C)原文中以「不讓土壤」、「不擇細流」、「不卻眾庶」來借指明君應從善如流、廣納賢士。「擇善固執」一詞語出《禮記》，指應堅持選擇正確的事去做，和(D)選項相較，並沒有直接說明題幹原文的重點。

(D)李斯向秦王分析逐客的弊端，並以秦之先王任用各國賢士，而為秦國奠下強大基業的事實，說明王者須「有容乃大」，才能成就不凡的事業。

13. 詩中指陳出青春不是「柔美的膝」、「朱紅的唇」、「粉嫩的臉龐」等外在的美好，所以(A)(B)選項有誤；「及時行樂」是一種把握當下的生活態度（詩中並未提及），而不是題幹所問「青春的內涵」，所以(D)選項亦要刪去。青春是「心情的一種狀況」、「鮮明的情感」、「豐富的想像」、「向上的願望」，可判斷(C)為「青春的內涵」。

14. 出自於馮夢龍《寓林折枝》中「翠鳥移巢」的故事，在說明「愛之適足以害之」的道理。

題幹翻譯如下：翠鳥起初在高處築巢以躲避禍患。等到生子後，因愛護牠，怕牠墜落，就稍微降低高度來築巢。等小鳥長了羽毛後，又因更加疼愛牠，再把鳥巢高度往下降，人類於是就可以抓走牠了。

15. 題幹翻譯

春天種下一粒粟，秋天就有千萬棵粟的收成（可見風調雨順收成好），天底下沒有農田荒廢（指農民皆勤奮務農），但是農夫仍然餓死。

文意中既已強調大自然是風調雨順，可見(A)、(B)選項有誤；文句中已明確說明農民是餓死，而非(C)選項中的累死，因此(C)選項有誤。若風調雨順且農民辛勤，但仍餓死，此狀況必定和(D)苛

政的「人禍」有關。

16. 題幹翻譯

幼嫩的筍尖剛從竹林間採收，它在於陵所受到的評價是像黃金般貴重；其實京城已經擁有了無數的山珍海味，爲何忍心剪下原本可長成高聳凌雲的修竹嫩筍呢？

各選項解析如下：籜，ㄊㄨㄛˋ，竹皮、筍殼；在此是指國家的青年。(B)「價重如金」表面寫嫩筍的貴重，故價如金，實則喻青年是國家最可貴的人才，具有如金的價值，因此「喻作者家財萬貫」的說明有誤。再者，若同學不懂詩意，亦可反向藉著選項中的說明：「作者初次應試」、「作者家財萬貫」、「朝廷應廣納人才」、「嘆息自己凌雲之志受挫」，觀察到(A)(C)(D)皆與自身不得志有關，只有(B)與其他選項均無關係。把喻意代回詩句中，即可確認(B)選項有誤。

17. 複詞：由兩個或兩個以上的字構成，代表一個意義的語言成分，或稱爲「複合詞」、「複音詞」，如葡萄、身體等。又分成1.衍聲複詞、2.合義複詞兩大類。

(1)衍聲複詞：由於聲音關係衍生而成的複詞。如：「蟋蟀」、「糊塗」等。

(2)合義複詞：文法上指由於意義關係合成的複詞。如「身體」、「保養」、「得失」、「火車」、「大門」、「小人」、「懸壺」、「方寸」、「鞠躬」等。

題幹考「雙聲複詞」，指的是「雙聲＋複詞」，即「聲符相同＋複詞結構」。同學可以先檢測是否雙聲（這部分較容易），以消去法後，再檢測剩下的少部分選項是否爲複詞。這是較爲容易、又不易混淆的解題方法。

琵琶：ㄆㄧˊ ㄆㄚˊ，聲部都是「ㄆ」，屬於聲符相同的「雙聲」。

秋千：ㄑㄧㄡ ㄑㄧㄢ，聲部都是「ㄑ」，屬於聲符相同的「雙聲」。

彷彿：ㄈㄤˇ ㄈㄨˊ，聲部都是「ㄈ」，屬於聲符相同的「雙聲」。

(A)瀰漫：ㄇㄧˊ ㄇㄢˋ，聲部都是「ㄇ」，屬於聲符相同的「雙聲」。

(B)激盪：ㄐㄧㄣ ㄧㄢˋ，聲部分別是「ㄐ」、「ㄧ」，不屬於聲符相同的「雙聲」；韻部都爲「ㄢ」韻，屬疊韻。

(C)洶湧：ㄒㄩㄥ ㄩㄥˇ，聲部分別是「ㄒ」、「ㄩ」，不屬於聲符相同的「雙聲」；韻部都爲「ㄥ」韻，屬疊韻。

(D)奔騰：ㄅㄣ ㄊㄥˊ，聲部分別是「ㄅ」、「ㄊ」，不屬於聲符相同的「雙聲」；韻部各爲「ㄣ」、「ㄥ」，也不屬於疊韻。

18. (A)「父母惟其疾之憂」（是「父母惟憂其疾」的倒裝用法），「憂」是動詞，「其疾」是名詞。本句是將動詞置於名詞之後。選項原文出自於《論語・爲政》，孟武伯問孝。子曰：「父母唯其疾之憂。」翻譯：孟武伯問孔子如何才算是孝順。孔子回答說：「父母只擔心孩子生病。」

(B)（馮諼）準備車輛，治理行裝，載著契約出發。「約」、「治」、「載」都是動詞，分別放置在名詞「車」、「裝」、「券契」之前；並未使用倒裝句法。選項原文出自於《戰國策・馮諼客孟嘗君》。

(C)把肉拋丟在餓虎經過的小路上（委肉虎蹊：比喻處境危險，災禍即將到來）。「委」是動詞，「肉」是名詞，本句是將動詞置於名詞之前。選項原文出自於《史記・荊軻傳》。

(D)「取」是動詞，「西河以外」是名詞，本句是將動詞置於名詞之前。選項原文翻譯爲：秦國人輕易地取得了黃河以西的土地，出自於賈誼〈過秦論〉。

19. 解析

本詩杜甫〈月夜〉解題分爲三個步驟：

(1)詩句爲八句，先判斷爲律詩。

(2)再依偶數句必須押韻的原則，找出韻腳相符者（這個檢查最簡單可先做，以消去不正確者）。

(3)最後再依律詩中間兩聯（頷聯、頸聯）必須對仗的原則，找出詞性相同或平仄相反者。

説明

從平仄觀察出：香霧（｜）雲鬟（一）濕，可知後句括弧中的平仄應相對應於前句：□□（一）□□（｜）□，由此可知(C)選項不合平仄。原詩中香霧（形容詞＋名詞）雲鬟（形容詞＋名詞）濕（動詞），句意是：霧氣沾溼了頭髮。次句必定需在意境與語意上和上句相接應，解析各選項如下：

(A)清輝（形容詞＋名詞）玉臂（形容詞＋名詞）寒（動詞），句意是：手臂裸露在月光下，應覺得寒冷，和原詩上句句意、詞性皆相互接應。

(B)繁星（形容詞＋名詞）宿（動詞）故關（形容詞＋名詞），句意是：繁星之夜我依然歇宿於舊時的關塞，和原詩上句詞性並無相互接應。選項出自司空曙〈賊平後送人北歸〉：「世亂同南去，時清獨北還。他鄉生白髮，舊國見青山。曉月過殘壘，繁星宿故關。寒禽與衰草，處處伴愁顏。」翻譯：世局混亂時你我一同流落南方，現在時局安定後卻只有你獨自北返。漂泊他鄉的歲月裡我已生白髮，你回故鄉後所見依舊是當年的青山。曉月照見的盡是殘壘舊景，繁星之夜我依然歇宿於舊時的關塞。只有寒禽和萋萋衰草，陪伴著我的愁顏。

(C)深竹（形容詞＋名詞）暗（副詞）浮煙（形容詞＋名詞），句意是：深暗的竹林籠罩著暗暗浮動的煙霧，和原詩上句詞性並無相互接應。選項出自司空曙〈雲陽館與韓紳宿別〉：「故人江海別，幾度隔山川。乍見翻疑夢，相悲各問年。孤燈寒照雨，深竹暗浮煙。更有明朝恨，離杯惜共傳。」翻譯：自從與老友你江海一別後，幾次想見面都因遠隔萬水千山而見不到面。現在突然相逢，反而不相信的以為是在夢中，感歎別後遭遇並互相詢問對方的歲數。客舍中，孤燈照著窗外迷濛的夜雨，深暗的竹林籠罩著暗暗浮動的煙霧。想到明朝即將與你告別的離愁別恨，彼此珍惜這杯別酒，頻頻舉杯痛快共飲吧！

(D)蕭疏（形容詞）髮（名詞）已斑（副詞＋名詞），句意是：兩鬢的髮絲已稀疏斑白，和原詩上句詞性並無相互接應。選項出自韋應物〈淮上喜會梁川故人〉：「江漢曾為客，相逢每醉還。浮雲一別後，流水十年間。歡笑情如舊，蕭疏鬢已斑。何因北歸去？淮上對秋山。」翻譯：我倆曾一同客居在江漢，每次見面總要喝酒暢談直到酣醉方回。自從離別後，你四處漂遊，行蹤如浮雲，轉眼間就過了十年。今日聚首，我們執手歡笑友情如舊，但我們兩鬢的髮絲已稀疏斑白。你為何又要北歸呢？使我在淮水上徒然地對著秋山。

20. 題幹中「掀開（窗簾）」、「輕拂（臉頰）」，都是「擬人」的修辭技巧。

(A)誇飾（無處不在枷鎖之中，即「人處處時時都在枷鎖中」）、映襯（生而自由vs身在枷鎖）。

(B)譬喻（每個人身上都會散發出像太陽一樣的光芒）。

(C)譬喻（悲悵就像是靈魂的鏽斑）。

(D)擬人（「安靜坐著」、「探訪的路」，都是「擬人」的修辭技巧）。

21. 解析

(1)則「之」野：動詞，到、往。

(2)莫「之」敢攖：即「莫敢攖之」的倒裝句。代名詞，指老虎。

(3)趨而迎「之」：代名詞，指馮婦。

(4)眾皆悅「之」：代名詞，指馮婦攘臂下車幫忙打虎這件事。

題幹文字出自於《孟子・盡心》下，後來以「重作馮婦」這個成語，比喻重操舊業。

翻譯

春秋時晉國人有個勇士叫作馮婦，最拿手的是赤手空拳與老虎搏鬥，後改做了一位從善行的士人（指其不再打虎）。有一次他到野外去，見著許多人追趕一隻老虎，老虎蹲在山曲的高處頑抗，沒有人敢觸犯牠。大家望見馮婦來了，就向前迎接他。於是馮婦振臂下車，大家都非常高興。

22. 在考文句重組的試題中，必然有前後邏輯性或因果關係，故可根據上下文中關鍵字、連接詞或文意口氣等線索加以判斷。本題明顯處在一問一答，請仔細體會上下文意的連貫性。
「你知道嗎？廚房出了些問題。」一句之後顯然需接一詢問句：丙、「真的嗎？發生了什麼事？」，故可刪去(A)、(B)；其後須連接一回答句：甲、「還不是老問題，皮皮想參加宴會！」。
乙、「他在廚房裡做了什麼？」提問後需接答案，(甲)、(丁)都是答案，但是(甲)未據(乙)回答，(丁)「喔，老樣子！用大肆破壞，報復他不能參加宴會！」則較適切。以消去法，可以刪去(A)(B)(D)。

23. (C)老師可用「道啟」(D)勛，指軍界，故可用於將軍。

24. (A)《古文觀止》，是清康熙年間由吳楚材、吳調候所選的古文集，上自先秦，下至明代，每篇皆有簡要的評註。
(B)《東坡全集》，蘇軾著；另有《東坡樂府》詞集行世。
(C)蘇軾為北宋人，其作品自不可能收錄於唐朝的書籍中。《唐詩三百首》，清蘅塘退士孫洙所編，六卷，三百十一首詩。收錄唐詩中較淺顯明白又膾炙人口的作品，流行甚廣。
(D)《宋詞三百首》，民國初年朱祖謀所編，共收宋代詞人八十八家，以周邦彥、姜夔、吳文英的作品為多。

25. 《水滸傳》中梁山泊的首腦人物是宋江，課本中的選文是〈魯智深大鬧桃花村〉、〈林沖夜奔〉。
《三國演義》中吳國大督都是周瑜，課本中的選文是〈用奇謀孔明借箭〉。
《紅樓夢》中的甘草人物是劉老老，課本中的選文是〈劉姥姥〉。
《儒林外史》中熱中功名者是范進，課本中的選文是〈范進中舉〉。

26. (D)由文中「拔一把毫毛……，叫一聲『變』！即變做三、二百個小猴」，可知與目前由一生二、生三，這種不斷複製的技術雷同。

二、閱讀能力測驗

> 信安郡有石室山。晉時，王質伐木。至，見童子數人棋而歌。質因聽之。童子以一物與質，如棗核。質含之，不覺饑。俄頃，童子謂曰：「何不去？」質起，視斧柯爛盡。既歸，無復時人。《述異記・卷上》

翻譯

信安郡有一座石室山。晉朝時，王質到山上砍樹。到山上時，看到幾位童子在下棋、唱歌。王質於是在旁聆聽欣賞。其中一童子拿了一樣東西給王質，像棗核般大小。王質含在口中，就沒有了飢餓的感覺。不久，童子對王質說：「你為何還不離開？」王質起身離開，看到斧頭柄已全爛了。回到家中，已見不到與他同時期的人了。

27.(A)吃完棗核是「不覺饑」，而非胃口大開。

　(C)文中未提及此意。

　(D)離去時「斧柯（斧頭柄）爛盡」，而非山中樹木皆已腐爛

28. 因為在山中只看了場下棋，「既歸，無復時人」，曾經與他同時期的人都不復在，可見已悠悠過了幾十上百年，所以選(C)山中片刻，人間百年。

> 　　沂水某秀才，課業山中。夜有二美人入，含笑不言，各以長袖拂榻，相將坐，衣軟無聲。少間，一美人起，以白綾巾展几上，上有草書三、四行，亦未嘗審其何詞。一美人置白金一鋌，可三、四兩許；秀才掇內袖中。美人取巾，握手笑出，曰：「俗不可耐！」秀才捫金，則烏有矣。（蒲松齡《聊齋誌異》）

翻譯

沂水有位秀才，在山中讀書。晚上，有兩位美人進入書齋中，面帶微笑卻不發一語，各自以長袖拂拭床榻，再並肩坐下，衣服質地柔軟，坐下行動間沒有發出任何聲音。一會兒，一位美人站起，將白綾布展開放在桌上，上面寫有三、四行草書字，秀才也沒有仔細察看綾上寫些什麼內容。另一位美人（在桌上）放置一鋌（ㄉㄧㄥˋ、金銀鎔鑄成一定的形式；通「錠」）白金，大約三、四兩重；秀才拿起白金放入自己的袖中。美人拿回白綾，握著手笑說：「俗不可耐！」秀才摸摸袖中的白金，則發現已經化為烏有了。

29. 因為「美人置白金一鋌」，秀才直接「掇內袖中」，所以美人批評秀才「俗不可耐」，因此最直接的答案是「好財」；再者，比起美人在白綾上所書之字，秀才明顯更關心白金，甚至忘卻書中習得「君子愛財，取之有道」的道理，實屬「不好學」。

30.(A)（美人）以長袖拂榻　(B)（美人）以白綾巾展几上　(C)（秀才）未嘗審其何詞　(D)（美人）握手笑出，曰：「俗不可耐！」

> 　　甲、徐孺子年九歲，嘗月下戲，人語之曰：「若令月中無物，當極明邪！」徐曰：「不然。譬如人眼中有瞳子，無此必不明。」
>
> 　　乙、王戎七歲，嘗與諸小兒遊，看道邊李樹多子折枝。諸兒競走取之，唯戎不動。人問之，答曰：「樹在道邊而多子，此必苦李。」取之信然。
>
> 　　丙、康僧淵深目而鼻高，王丞相每調之。僧淵曰：「鼻者面之山，目者面之淵。山山不高則不靈，淵不深則不清。」
>
> 　　丁、鄧艾口吃，語稱「艾艾……」。晉文王戲之曰：「卿云『艾艾』，為是幾艾？」對曰：「『鳳兮鳳兮』，故是一鳳。」（劉義慶《世說新語》）

翻譯

(甲) 徐孺子九歲時，曾在月下玩耍，有人告訴他說：「假如月中沒有東西，應該會非常明亮！」徐孺子說：「不是這樣。這好比是人的眼中有瞳孔，沒有瞳孔就無法看清東西。」

(乙) 王戎七歲時，曾與很多小朋友一起玩耍，看到路旁李樹上的李子結實累累至壓彎了枝條。這些小孩爭相彎折枝條摘取李子，只有王戎留在原地沒有行動。別人問王戎為何不動，王戎回答說：「樹在路邊又多果實，這李子一定是苦的。」有人拿起試吃，果真如此。

(丙) 康僧淵的長相是眼眶深凹、鼻子高挺，王丞相常常嘲笑他。僧淵說：「鼻子就像是臉上的

山，眼睛就像是臉上的深潭。山不高大則沒有靈氣，水潭不深則不夠清澈。」

（丁）鄧艾口吃（ㄐㄧˊ，說話結巴），說話常會「艾艾……」。晉文王開他玩笑地說：「你每次說『艾艾』，到底是幾個艾呀？」鄧艾回答說：「這就像是說『鳳呀鳳呀』，其實只有一隻鳳。」

31.(B)小時了了，大未必佳：人在幼年時聰敏捷，表現優良，長大之後未必能有所成就。
　　(C)信口雌黃：比喻不顧事情真相，隨意批評。
　　(D)此四人的表現與「操守高尚」完全無關。

32.(A)甲採用譬喻法：「譬如人眼中有瞳子，無此必不明。」
　　(C)丙採用譬喻法：「鼻者面之山，目者面之淵。」
　　(D)丁採用譬喻法：「『鳳兮鳳兮』，故是一鳳。」

33.「我本來就是」是本性的陳述，荊棘的本性正是「見到東西就刺」，因此荊棘刺傷狐狸腳，正是本性順應自然的展現。

34.(A)比喻犯罪者難能永久逍遙法外，終究必受法律制裁。
　　(B)意指凡是行為得不到預期的結果，都應該反過來檢討自己（以求改過）。出自於《孟子‧離婁》，孟子曰：「愛人不親，反其仁；治人不治，反其智；禮人不答，反其敬——行有不得者皆反求諸己，其身正而天下歸之。詩云：『永言配命，自求多福。』」翻譯：孟子說：「愛別人卻得不到別人的親近，那就應反問自己的是否不夠仁愛；管理別人卻不能夠管理好，那就應反問自己是否才智不夠；禮貌待人卻得不到別人相應的禮貌，那用應反問自己是否不夠敬意——凡是行為得不到預期的結果，都應該反過來檢討自己（以求改過），自身行為端正了則天下人自然都會歸服。《詩經》說：『長久地與天命相配合，則能為自己尋求更多的福祉。』」
　　(C)長期培訓軍隊，以備一時用兵之需。
　　(D)（諺語）比喻處理問題要從根本著手，徹底解決，否則經過一段時間，又會再次成為問題。

甲、鳳凰臺上鳳凰遊，鳳去臺空江自流。吳宮花草埋幽徑，晉代衣冠成古丘。三山半落青天外，二水中分白鷺洲。總為浮雲能蔽日，長安不見使人愁。（李白〈登金陵鳳凰臺〉）

乙、大江東去，浪淘盡，千古風流人物。故壘西邊，人道是三國周郎赤壁。亂石崩雲，驚濤裂岸，捲起千堆雪。江山如畫，一時多少豪傑。遙想公瑾當年，小喬初嫁了，雄姿英發。羽扇綸巾，談笑間，檣櫓灰飛煙滅。故國神遊，多情應笑我，早生華髮。人生如夢，一尊還酹江月。（蘇軾〈念奴嬌〉）

翻譯

（甲）鳳凰臺上從前有鳳凰翔集，自鳳凰飛走後，如今只剩下這座空臺，只有長江水仍舊不斷東流。當年吳宮中的花草，如今早已埋沒在荒幽的小徑中；過去東晉時的顯貴們，如今也變成了座座荒墳。遠處的三座山峰已綿延聳立到青天之外，橫亙江中的白鷺洲，將江水分成兩條水路。太陽總是能被浮雲遮蔽，望不見遠方的長安，不禁使我無限愁悶。

（乙）長江滾滾向東流，浪濤洗淨了千百年來多少瀟灑豪邁的英雄人物。在舊時軍營堡壘的西邊，有人說這就是三國時周瑜大敗曹軍的赤壁。陡峭散亂的山崖巨石，高聳像要崩裂浮雲，洶湧的濤浪像要沖裂江岸，濺捲起千疊如雪的浪花。河山壯麗如畫，當時在此不知聚

集了多少英雄豪傑。遙想當年的周公瑾，剛與小喬成婚，英姿雄偉。風雅灑脫地手揮羽扇，頭戴青絲巾，談笑自如間便大敗曹軍，將其戰艦燒成灰燼。神遊三國英雄人物，內心無限嚮往，只是人們大概會笑我早生白髮，卻自作多情。人生彷彿一場夢，不如舉杯灑酒江中，祭奠江中的明月吧！

35. (甲)提到「吳宮花草埋幽徑，晉代衣冠成古丘」，(乙)提到「遙想公瑾當年，小喬初嫁了，雄姿英發。羽扇綸巾，談笑間，檣櫓灰飛煙滅」。兩詩不僅皆提及歷史，更論及其「花草」、「衣冠」、「公瑾當年，小喬初嫁了，雄姿英發。羽扇綸巾，談笑間，檣櫓灰飛煙滅」的興，以及「幽徑」、「古丘」、「浪淘盡，千古風流人物」的衰，所以(C)選項為正確。

36. (B)「浮雲」喻小人、「日」喻君王，「浮雲蔽日」比喻小人蒙蔽了君王。
　　(C)「小喬初嫁了，雄姿英發。羽扇綸巾，談笑間，檣櫓灰飛煙滅」數句，都在描寫主詞「公瑾」當年所發生的事，所以「雄姿英發。羽扇綸巾」，正是形容周瑜的雄姿英發、風雅灑脫。
　　(D)指東吳以火燒連環船之計，將曹軍戰船以大火燒得灰飛煙滅。

37. (A)甲為近體詩七言律詩，乙為宋詞。
　　(B)甲押「流」、「丘」、「洲」、「愁」的平聲韻；乙押仄聲韻。
　　(C)甲先寫景「鳳凰臺上鳳凰遊，鳳去臺空江自流」，再抒懷「吳宮花草埋幽徑，晉代衣冠成古丘」；然後再寫景「三山半落青天外，二水中分白鷺洲」，接著再抒懷「總為浮雲能蔽日，長安不見使人愁」。乙也先寫景「大江東去，浪淘盡，千古風流人物。故壘西邊，人道是三國周郎赤壁。亂石崩雲，驚濤裂岸，捲起千堆雪」，再抒懷「故國神遊，多情應笑我，早生華髮。人生如夢，一尊還酹江月」。
　　(D)甲為唐詩，乙為宋詞；詩、詞，皆屬韻文。

38. 新聞寫作的特色和一般寫作文的表達方式不一樣，新聞是將重點主旨放在第一段，後續各段是詳細說明此主旨下的細節，因此首句「第四屆『JTI紅樹林生態之旅』開始囉！」便是公告即將展開的紅樹林生態之旅；後續文字則為簡介有關紅樹林生態之旅的種種訊息。

39. 由文中「讓國家森林志工導覽紅樹林自然景觀、水筆仔生態保育與溼地物種等資訊」、「也有身體彩繪、氣球藝術、吸管藝術、造型鐵線等活動」、「可免費獲贈類似大富翁的『臺灣紅樹林冒險記～勇闖天涯』益智遊戲，限量六千套」各句，得知未包含「學習彈塗魚和招潮蟹的飼養方法」這一項目。

三、語文表達能力測驗

40. (A)報→抱　(B)質→值　(D)稀→悉。
　　請注意「質、值」兩字在使用時的分別：
　　(1)質：本質、變質、性質、品質、面質、特質、體質、劣質、流質、鈣質、氣質、腐植質、琺瑯質、蛋白質、地質學、電解質、礦物質、角質層、細胞質、金相玉質、虎皮羊質、空氣品質、骨質疏鬆、蘭質蕙心、天生麗質、當面對質、大腦皮質、樸質無華、文質彬彬、高畫質電視。
　　(2)值：保值、比值、幣值、貶值、面值、輪值、淨值、期望值、絕對值、不值錢、不值得、平均值、年產值、近似值、價值連城、價值判斷、加值網路、公告現值、土地增值、等值價格、附加價值、不值一文、報值掛號、加值型營業稅。

41. 鍾靈毓秀：形容能造育傑出人才的環境。
　　草長鶯飛：形容暮春三月的景色。出自於丘遲〈與陳伯之書〉：「暮春三月，江南草長，雜花

　　　　生樹，群鶯亂飛。」

　　桃李爭妍：桃花和李花競相開放，形容春天明媚美麗。

42.(A)鳶飛魚躍：指鷹在天空飛翔，魚在水中騰躍；比喻萬物任其天性而動，各得其所。鳶，老鷹。

(B)一箭雙鵰：一箭同時射中兩隻大鵰，指做一件事卻得到兩種效果；意近「一舉兩得」。

(C)蠶食鯨吞：像蠶吃桑葉般的緩慢，或像鯨吞食物般的急猛；比喻不同的侵略併吞方式。

(D)「叛」若兩人→「判」若兩人：形容一個人的行為態度，前後截然不同。

43.依文意判斷，凡文意尚未完結者用「逗號」，故第一、二、四格均使用逗號。

　　第三格是「娶了紅玫瑰」和「娶了白玫瑰」中間的分野，凡是同一主題「娶」，下分兩種不同的子題分別加以敘述，即以「分號」為區隔，故用分號。

44.|解析|

(A)消聲匿（ㄋㄧˋ）跡：隱藏形蹤，不為別人知道。

(B)情何以堪：在情感上哪能加以忍受；表示事已違異常情，那種境況讓人如何能忍受？含有感慨或體諒的語氣。堪，勝任、承受。

(C)聞風不動：不因外來事物的影響，而做出任何改變。

(D)清淺如許：水流像這樣地清澄而不深，或事情像這樣地清楚淺白。如許，如此、這樣。

　|說明|

「取而代之」，表取代他人的地位，意即後者的「日式拉麵的布簾」（已漸漸增多、到處都是），取代了前者「葡式蛋塔的招牌」（逐日漸少、不見了）。選項(A)有隱藏不見之意，所以最為恰當。

45.|解析|

(A)斤斤計較：比喻在意於得失或瑣細的事物上。／趕盡殺絕：全部消滅；比喻手段狠毒，欺人太甚。

(B)老謀深算：形容人思慮周詳，不草率行動；後多形容人精明老練，心思深沉。／心猿意馬：形容心意不定，無法自持。

(C)居心叵測：心存險詐，難以預測。／俛首係頸：頭和脖子都被繩子綑綁，比喻被俘擄。

(D)坐收漁利：利用別人彼此間的衝突矛盾而獲利。／好勇鬥狠：喜歡逞現勇武，與人鬥力比狠。

　|說明|

(1)「爭的範圍有大有小：有人□□□□，因而以小失大」，「因而」表示因此、所以，在此之前「□□□□」是因，其後「以小失大」是果，所以(A)「斤斤計較」表著眼小處之意的成語最適切。

(2)「爭的範圍有大有小：有人□□□□，一步不讓」，從後句「一步不讓」的行為上，知前一句的態度必表現出全部消滅的決心，所以(A)「趕盡殺絕」最適切。

46.|解析|

(A)滔滔不絕：形容說話連續而不間斷。／耳濡目染：因聽熟、看慣了，而深受影響。／寅（ㄧㄣˊ）吃卯（ㄇㄠˇ）糧：寅年就吃掉了卯年的食糧。比喻入不敷出，預支以後的用項。

(B)亦步亦趨：本指學生跟隨老師的腳步，後用以形容事事仿傚或追隨別人。

(C)侃侃而談：指說話從容不迫的樣子；意近「滔滔不絕」。／潛移默化：人的思想、性格或習慣，受到環境或他人的影響，而在不知不覺中起了變化。／空中樓閣：於空中所見的樓臺觀閣；比喻脫離現實的幻想，不能實現，沒有意義。

(D)進退維谷：形容處於進退兩難的境地（谷，比喻困境）。

說明

（甲）符合「理直氣壯，從容不迫」之意的成語是「滔滔不絕」和「侃侃而談」，所以四個選項都正確。

（乙）符合「無形中受到影響」之意的成語是「耳濡目染」和「潛移默化」，所以四個選項都正確。

（丙）符合「空虛不實的想法」之意的成語只有「空中樓閣」，所以刪除(A)(B)(D)三個選項。

47. 「坐落」：山川、房地等的位置方向。前面既已使用了表位置方向的詞彙「坐落」，後面的「地點」一詞便屬贅詞，故應刪去。

48. (A)既有「小時候」一詞，就不必「童年」的贅詞，造成語意重複；再者有「長期」，就不必「一直」的贅詞。

(B)「瑣碎」、「零碎」同義，二者擇一即可，重複者亦為贅詞。

(C)「不必要」與「多餘」同義，二者擇一即可，重複者亦為贅詞。

49. 「題詞」是屬於應用文的範圍，為出題率極高的常識題，同學平日宜多留意。

(A)用於搬家遷移。

(B)出自於《詩經‧桃夭》：「之子于歸，宜其室家。」表示新嫁娘會帶給夫家和諧美滿的生活，今多用為女子出嫁時的祝賀語。

(C)幽谷，幽暗的深谷，有向下之意，故具貶意，不適合用來表祝賀意。

(D)弄瓦之喜：賀生女。弄璋之喜：賀生男。

50. ⑴「未必賣座」、「也未必優質」這兩個負面用語，需有一轉折詞「但是」，才能接續下句對獲得奧斯卡獎〈美麗人生〉的正面描述，所以可先排除(B)、(D)，在(A)和(C)兩者中進一步判讀。

⑵在(A)(C)兩個選項中，(C)因沒有與題幹重複的「賣座又優質」贅詞，顯然較(A)更適切。

96年統測（四技二專）

一、綜合測驗

1. (A)ㄓㄤˊ／ㄋㄧㄝˋ。　(B)ㄔㄨㄣˊ／ㄓㄨㄣ。　(C)ㄐㄩㄣˋ／ㄐㄩㄣˋ。　(D)ㄅㄞˋ／ㄅㄧˋ。

2. 〈桃花源記〉中描寫漁夫進入桃花源中，驚訝地發現其中居民因避秦亂，入內後不再外出，「竟然不知道（秦之後）有漢朝，『更不用說』後來的魏朝和晉朝了」。選項中(A)、(B)意同為「不用管」；(C)遑論：意即「何論、更不用說」，符合題意。

3. (A)斟酌，以酒適量注入杯中，謂權衡考慮。翻譯：估量權衡事理而予以興革，竭心進獻忠誠的建言。
   (B)戰：打顫、發抖。翻譯：聽到敵人的響箭就兩腿發抖，對著北魏朝廷便下跪稱臣。
   (C)幸：受君王的親近、寵愛，即寵幸。范增曰：「沛公居山東時，貪於財貨，好美姬。今入關，財物無所取，婦女無所幸，此其志不在小。」翻譯：（范增遊說項羽一定要攻擊劉邦，）他說：「沛公居山東時，貪圖財貨，愛好美女。如今進入關中，竟然不取任何財物，也沒有寵幸任何美女，可見他的志向不在小處。」
   (D)不稱（ㄔㄣˋ）：不相當、不相稱、不相配。翻譯：太史公猜測張良（做大事者）必是身材高大長相奇偉，可是他的體態容貌竟然如婦人女子，和他的志氣頗不相稱。

4. 「天平」有公平、客觀之意，「精密的法碼」代表嚴謹，法碼愈精密，天平才能愈趨精準平衡；所以「天平和精密的法碼」正是一種客觀嚴謹的態度。

5. 選項中成語均用來說明學習的種種，茲說明如下：
   (A)「熟能生巧」是反覆機械式訓練的結果。
   (B)「舉一反三」是老師講完了，就需學生自己領悟並進而活用了。由文中「不提倡死讀書」、「啟發式的」、「老師講完了，就是學生自己的事了」等詞語可知。
   (C)「循序漸進」則指或教或學，都是按照一定的步驟，由淺入深、由易至難。
   (D)「以逸待勞」是老師辛苦地教，學生則一切都等老師歸納好結果、整理好講義，屬於被動式的學習。

6. (D)「以偏概全」，指以少數的例證或特殊的情形，強行概括整體。文中所敘述的那人或好或壞，都是在有條件的情形下被評定，也就是所有的讚美與批評，並不是客觀地展現原貌，而是符合主觀性、統一性的「條件」，自然易「以偏概全」。

7. 文學像「湖中倒影的白楊」，可慰藉心靈；文學像「迷宮中遠眺的星空」，可以予人無限遐想；文學像「沙漠中開放的玫瑰」，可興發令人驚異的美感。

8. (A)因為「竭誠」，所以後果是「胡越為一體」；因為「傲物」，所以後果是「骨肉為行路」。選項引文出自魏徵〈諫太宗十思疏〉，翻譯如下：如果真誠待人，則即使如北胡南越般的疏遠，也將天下一家；如果驕傲待人，則即使如骨肉般的至親，也將如行路之人漠不相關。
   (B)因為「無恥」，所以後果是「不廉」、「悖禮犯義」。選項引文出自顧炎武〈廉恥〉，翻譯如下：一個人因為不廉潔，以至於違背禮節、道義，其根源都是因為沒有羞恥心。
   (C)因為「鋤其直，過其生氣」，所以後果是「江、浙之梅皆病」。選項引文出自龔自珍〈病梅館記〉，翻譯如下：（有人把文人畫士喜歡病梅的癖好，明確地告訴種梅的花農，要他們）鋤掉那些筆直的梅枝，壓抑了梅樹的生機，以求得高價；於是，江蘇、浙江一帶的梅花都有病態了。
   (D)沒有因果關係。選項引文出自崔瑗〈座右銘〉：「無道人之短，無說己之長。施人慎勿念，

受施慎勿忘。世譽不足慕，惟仁為紀綱。隱心而後動，謗議庸何傷？無使名過實，守愚聖所藏。在涅貴不緇，曖曖內含光。柔弱生之徒，老氏誡剛強。行行鄙夫志，悠悠故難量。慎言節飲食，知足勝不祥。行之苟有恆，久久自芬芳。」翻譯如下：千萬不要議論別人的缺點，不要誇耀自己的優點。施恩惠給別人，千萬不要記在心裡；接受別人的恩惠，千萬不可忘記。世俗的虛名不值得羨慕，只有「仁」才是做人的法則。先心裡覺得安適再去做事情，別人的毀謗中傷有什麼妨害呢？不要使虛名超過實質，不賣弄聰明才是聖人所稱道的。處在污濁的環境中，最可貴的在不被污染；有才德的人光芒內斂，只求實在。柔弱者因為具有韌性而適於生存，老子以為剛強易折毀而為戒。見識淺薄的人總想表現出剛強的樣子，惟有閒靜不與人爭的人，其成功才是不可限量。說話謹慎，飲食節制，一個人知道滿足而不貪求無厭，就可避免不吉利的事情發生。如果照著這個座右銘持之以恆地去實踐，久了，才德自然會如花香般四處散播，為大家所親近。

9. 「設問」修辭法，是說話或寫作文章時，為引起讀者注意，將本來平敘的語氣，改為詢問的語氣。可分為疑問、提問、反問三種。「反問」，亦即「激問」，是為了加強語氣，雖然答案沒有寫出來，但往往已在問句裡表示了答案，而且答案是在問題的反面。

(A)表疑問。選項引文出自《論語·顏淵》：子貢問政。子曰：「足食，足兵，民信之矣。」子貢曰：「必不得已而去，於斯三者何先？」曰：「去兵。」子貢曰：「必不得已而去，於斯二者何先？」曰：「去食。自古皆有死，民無信不立。」翻譯如下：子貢問施政。孔子說：「要做到確保人民能豐衣足食、軍力強大、獲得人民信任。」子貢說：「如果（不能同時做到）不得已，要先去除以上三項中的哪一項？」孔子說：「去除軍隊。」子貢說：「如果還是不得已，剩下兩項中哪項可以先去掉？」孔子說：「去除豐衣足食。自古以來人都會死亡，但是缺少了人民的信任，國家就會滅亡。」

(B)表反問。選項引文出自《論語·顏淵》：司馬牛憂曰：「人皆有兄弟，我獨無。」子夏曰：「商聞之矣：『死生有命，富貴在天。』君子敬而無失，與人恭而有禮。四海之內，皆兄弟也。君子何患乎無兄弟也？」翻譯如下：司馬牛憂愁地說：「別人都有兄弟，只有我沒有。」子夏說：「我聽說：『生死自有命運主宰，富貴全在天意掌握。』君子言行敬慎而沒有過失，待人謙恭有禮，那麼天下的人都可以成為兄弟。君子何必擔心沒有兄弟呢？」（言下之意君子根本不必擔心有無兄弟之事）

(C)表反問。李斯〈諫逐客書〉中分別敘述四位君王起用客卿後，對秦國的重大貢獻：
(1)「昔穆公求士，西取由余於戎，東得百里奚於宛，迎蹇叔於宋，求丕豹、公孫支於晉。此五子者，不產於秦，而穆公用之，并國二十，遂霸西戎。」
(2)「孝公用商鞅之法，移風易俗，民以殷盛，國以富彊，百姓樂用，諸侯親服獲楚、魏之師，舉地千里，至今治強。」
(3)「惠王用張儀之計，拔三川之地，西并巴蜀，北收上郡，南取漢中。包九夷，制鄢郢，東據成皋之險，割膏腴之壤，遂散六國之從，使之西面事秦，功施到今。」
(4)「昭王得范雎，廢穰侯，逐華陽，強公室，杜私門，蠶食諸侯，使秦成帝業。」
李斯最後對客卿的價值，作了個結論：「此四君者，皆以客之功。由此觀之，客何負於秦哉！向使四君卻客而不內，疏士而不用，是使國無富利之實，而秦無強大之名也。」
翻譯：這四位國君，都是靠著客卿的功勞（而有所成就）。由這看來，客卿哪裡對不起秦國呢！（意即是「沒有對不起秦國」）假使這四位國君拒絕客卿而不予接納，疏遠客卿而不任用，將使秦國沒有富強樂利的事實，而秦國也將沒有強大的威名了。

(D)表反問。選項引文出自《孟子·滕文公》下，公都子曰：「外人皆稱夫子好辯，敢問何也？」孟子曰：「予豈好辯哉？予不得已也。天下之生久矣，一治一亂。……昔者禹抑洪水，而天下平；周公兼夷狄，驅猛獸，而百姓寧；孔子成《春秋》，而亂臣賊子懼。詩云：

『戎狄是膺，荊舒是懲，則莫我敢承。』無父無君，是周公所膺也。我亦欲正人心，息邪說，距詖行，放淫辭，以承三聖者。豈好辯哉？予不得已也。能言距楊、墨者，聖人之徒也。」翻譯如下：公都子問孟子：「大家都說你喜歡論辯，請問為何如此？」孟子說：「我哪裡是喜歡論辯？（意即「我也不喜歡辯論啊」）我是不得已的。天下自有人民以來已經很久了，一代平治一代亂世交替循環著……從前夏禹平治了洪水，天下便得到太平；周公兼併了夷狄，驅走了猛獸，百姓才得以安寧過日；孔子寫成《春秋》，違叛國君或父命的不忠不孝之人因此戒懼。《詩經》：『打擊戎狄，懲戒荊國和舒國，則沒人敢抵擋。』周公要打擊的，是心中沒有父母、君王的人。我也想端正天下的人心，撲滅奸邪的學說思想，排斥抵抗不正的行為，排斥放蕩的言論，以繼承夏禹、周公、孔子這三位聖人的志業。我哪裡是喜歡論辯？我是不得已的。凡是能在學說上排斥楊朱、墨翟學說的，都是聖人的信徒。」

10. (A)此為近鄉情怯，不知家中情形怎樣，家人是否安好的忐忑心情寫照。選項引文出自唐朝李頻〈渡漢江〉：「嶺外音書絕，經冬復歷春。近鄉情更怯，不敢問來人。」翻譯如下：我客居在離家很遠的嶺外，已經過了個冬天又過了春天（意即時間已經很久了），其間從來沒有接到過家裡寫來的書信。現在我就快要回到家鄉了，但是離故鄉越近，卻反而心感畏怯，遇到從家鄉來的人，也不敢上前探問故鄉的情形（就怕聽到什麼壞消息啊！）。

(B)此詩為抒發與朋友相聚的情誼。選項引文出自杜甫〈贈衛八處士〉：「人生不相見，動如參與商。今夕復何夕？共此燈燭光。少壯能幾時？鬢髮各已蒼。訪舊半為鬼，驚呼熱中腸。焉知二十載，重上君子堂。昔別君未婚，兒女忽成行。怡然敬父執，問我來何方。問答乃未已，驅兒羅酒漿。夜雨剪春韭，新炊間黃粱。主稱會面難，一舉累十觴。十觴亦不醉，感子故意長。明日隔山岳，世事兩茫茫。」翻譯如下：人生就如參星與商星，一沈一現無法相遇般難得相見。今天是什麼日子呢？我們竟然再度重逢對坐一室。年輕時光究竟能有多久？如今我倆都已白髮蒼蒼。探訪老友訊息但大都已過世，使我內心驚訝又悲傷。誰知闊別二十年後，還能再次來到府上。從前我倆分手時，你還沒結婚，如今已是兒女滿堂。他們都很愉快地來問候我這父輩的朋友，問我從哪來的？問答尚未完，你催促著孩子去打酒。夜裡屋外下著雨，你摘來春韭為菜，廚房中傳來陣陣黃粱飯的香氣。你感嘆見面的不容易，舉杯一口氣就喝了十大杯。十杯也沒醉，我感受到老朋友你的情意深長。明天我又得出發離開，世事的變遷、彼此的消息，又將渺茫不可知了！

(C)抒發送別友人時的不捨之情。選項引文出自李白〈送孟浩然之廣陵〉：「故人西辭黃鶴樓，煙花三月下揚州。孤帆遠影碧空盡，惟見長江天際流。」翻譯如下：老朋友在黃鶴樓與我告別要遠行去了。在煙霧迷濛、春花燦爛的暮春三月，老友乘船東下（因為黃鶴樓在揚州之西，所以說「西辭」，暗寓東行）去揚州。目送著故人的乘船漸行漸遠，只見一片孤帆一點一點地消失在碧水藍天的遠方，最後只看到滔滔的長江水流奔向天邊。

(D)抒發感物思人的懷古情懷。選項引文出自杜甫〈蜀相〉：「丞相祠堂何處尋？錦官城外柏森森。映階碧草自春色，隔葉黃鸝空好音。三顧頻煩天下計，兩朝開濟老臣心。出師未捷身先死，長使英雄淚滿襟。」翻譯如下：武侯諸葛亮的祠堂在哪裡可以找到呢？就在成都城外柏樹繁茂的林中。綠草照映著臺階呈現一片自然春色，黃鸝隔著枝葉兀自在那婉轉鳴唱。先主曾三顧茅廬拜訪，兩朝開國與繼業，全靠老臣滿腔忠誠的輔佐。可惜出師（伐魏）尚未成功便病死軍中，使歷代英雄們對此感嘆的涕淚滿衣裳！

11. 題幹翻譯

人生在世，假使他的內心不快樂，那麼到什麼地方才能不憂傷呢？（意指若是心中不快樂，則到哪裡都會很憂傷。）

(A)曲中描寫雲海與山景的秀美風光，抒發作者對大自然的熱愛。選項引文出自張養浩〈雙調‧

雁兒落兼得勝令・退隱〉：「雲來山更佳，雲去山如畫，山因雲晦明，雲共山高下。倚杖立雲沙，回首見山家。野鹿眠山草，山猿戲野花。雲霞，我愛山無價。看時行踏，雲山也愛咱。」翻譯如下：白雲飄來使山景更美，白雲飄去則又山色晴明如畫，山因雲的來去而或暗或明，雲因山勢的高低而忽上忽下。我倚著手杖站立在高山雲海中，回頭看見了山那邊有野鹿在草叢中安眠，山猿在野花中玩耍。這變幻迷人的雲霞，讓我更愛這極其珍貴的秀麗山景。我漫遊觀看，那雲山對我也充滿愛意。

(B)寫眼前景物，抒發閒適的生活情趣。選項引文出自張養浩〈雙調・慶東原・無題〉：「鶴立花邊玉，鶯啼樹杪弦，喜沙鷗也解相留戀。一個沖開錦川，一個啼殘翠煙，一個飛上青天。詩句欲成時，滿地雲撩亂。」翻譯如下：白鶴立在鮮花旁如潔白的美玉，黃鶯在樹梢啼鳴有如美妙的琴弦聲，逗人喜愛的沙鷗也懂得與人眷戀（盤旋在我左右）。鶴衝開錦川，鶯鳴啼林間，鷗飛上青天。當詩句將寫成時，只見滿地繚亂的雲煙。

(C)描寫市井小民純樸生活的快樂。選項引文出自姚燧〈滿庭芳〉：「帆收釣浦，煙籠淺沙。水滿平湖，晚來盡灘頭聚。笑語相呼。魚有剩，和煙旋煮。酒無多，帶月須沽。盤中物，山肴野蔌，且盡葫蘆。」翻譯如下：夜幕漸垂魚帆歸航，水面上霧氣漸漸升起漫至沙岸邊。湖面碧澄水滿，大家都聚集到水岸邊。此起彼落以歡聲笑語相招呼。魚有剩，立刻燒煮起來；酒不夠，趕快踏月去買。盤中裝滿山野鮮蔬的家常粗菜，且讓我們盡情乾杯喝酒。

(D)借秋夜的月光、桂香、砧聲、雁聲等意象，抒寫秋夜遊子思鄉的情懷。選項引文出自周德清〈朝天子秋夜懷客〉：「月光，桂香，趁著風飄蕩。砧聲催動一天霜。過雁聲嘹亮。叫起離情，敲殘愁況。夢家山身異鄉，夜涼，枕涼，不許愁人強。」翻譯如下：月光下的桂香隨風飄蕩。砧聲開啟了秋的到來，雁鳴嘹亮劃空南飛，引起我思鄉的愁緒，敲殘那離緒愁苦。夢回家鄉，卻身在異鄉。在秋夜淒清寒涼的夜晚，離愁別恨湧上心頭，（感情脆弱，淚溼枕巾，讓我）無法偽裝堅強。

12. 題幹強調後天學習環境的重要。翻譯如下：西方有一種草，名叫射干，莖長四寸，生長在高山之上，面臨幾百丈深的深潭。射干的莖並沒有加長，而是生長的環境使它（看起來顯得）高大。

各選項解析如下：(A)有明確的見解，才能帶領潮流。(B)心胸寬廣如山谷能容納萬物（形容為人謙虛，能接納他人的意見），才能夠一天比一天進步。(C)為人行事品格高尚清廉，才能對事情的原委了解透徹。以上選項都不符合題幹「學習」的要旨，所以正確的選項是(D)。

13. 題幹翻譯

在邊塞上有位善養馬的老翁，有一天他的馬無緣無故地跑到北方胡地去了，大家都安慰他。只有他的父親說：「怎麼知道這不是件好事呢？」過了幾個月，這匹馬果然帶著一匹好馬回來了。亦作「北叟失馬」。

各選項解析如下：

(A)「老馬識途，何患之有」，指有經歷豐富的人帶領，還有什麼好擔心的。「老馬識途」，稱經歷豐富練達的人；亦作「識途老馬」。典出《韓非子・說林上》：戰國時齊相管仲，隨桓公出征，在回程時迷路，於是讓老馬走在前頭，其餘人馬跟隨在後，終於找到原路。

(B)「塞翁失馬，焉知非福」，指一時的損失、災禍，哪裡知道不是件好事呢？比喻禍福時常互轉，不能以一時論定。

(C)佛教以猿馬性情上喜外馳，來形容眾生的心不能安住，喜攀緣外境。後用來形容心意不定，不能自持。

(D)「盲人瞎馬」，盲人騎著瞎馬，比喻極為危險。「歪打正著（ㄓㄠˊ）」，指本無意去做或方法不當，卻僥倖得到好的結果。

14. 題幹翻譯

我從年少到現在，與交往的朋友互動相處已十七年了，時間上不算是不久（時間上算是蠻久的）；而所交往結識的人也有成千上百位，人數上並不是不多（人數上也蠻多的）；其中往來情如親兄弟的人，也不算少。

15. 題幹翻譯

我們的相見（認識）是奇特的因緣，似乎時機上有些恨晚；但如果是十年前就相見認識，恐怕彼此識人的能力各自都尚不足以清楚認識對方，心眼不能如現在般相互了解欣賞。

(A)題幹前兩句雖說相見恨晚，但重點在後三句的文意：若十年前相交相識，恐怕因閱歷不夠、識人不深，而無法像今日般投契，因此(B)「適時相遇，才性深契」，才是主旨。

(C)「忘年之交」，不拘年歲行輩而結交為友；「惺惺相惜」，聰明才智相當的人彼此相互憐惜。

(D)「交淺言深」，指與相交不深的人談話親密，指人說話不得體。

16. 《風土記》中記載著這首漢朝的百越民謠，是朋友盟誓之詞，表示對待朋友，不因彼此地位不同而轉變，表現出真摯的友情，因此答案為(D)友情真摯之樂。翻譯如下：您坐車（富貴時），我戴斗笠（為鄉野平民），有一天在路上相遇，您下車向我拱手行禮；您背著簦（為鄉野平民），我騎著馬（富貴時），有一天在路上相逢，我下車向您打招呼。

17. 「一分鐘九十字的效率」，是指在電腦上打字的速度，而非(A)電子新聞、(B)電話通訊、(D)電動字幕；而「紙上耕耘的筆跡」，句中「紙上的筆跡」是指手寫，而非(A)報紙、(B)書信、(D)海報。

18. 西鄙人〈哥舒歌〉：「北斗七星高，哥舒夜帶刀。至今窺牧馬，不敢過臨洮。」翻譯如下：北斗七星高掛夜空，唐名將哥舒翰夜裡仍帶著刀準備打仗。由於哥舒翰力守邊陲，使得敵騎只能藉牧馬的名義在邊境窺伺，不敢貿然進犯臨洮周圍的唐朝疆土。

各選項解析如下：

(A)北斗七星：名詞，指北斗星。高：形容詞，高掛的。

(B)帶：動詞，攜帶。

(C)至：動詞，到。窺：動詞，窺探。

(D)不敢：副詞，沒有膽識。過：動詞，越過。

19. 「使」作動詞，有(1)命令、派遣，(2)讓、以致於，(3)役用、役使，(4)可、行、做，(5)用，(6)放縱，(7)出使等義，另有作名詞（指奉命到外國執行任務或留駐的外交長官）、連詞（表假設、如果）使用。各選項解析如下：

(A)讓。選項引文出自《論語‧為政》，季康子問：「使民敬忠以勸，如之何？」子曰：「臨之以莊，則敬；孝慈，則忠；舉善而教不能，則勸。」翻譯如下：季康子問：「如何使人民做到恭敬長上、盡己之心以及相互勸勉行善？」孔子回答說：「在位者言行能以莊重主敬的態度，人民自然會敬重長上；（在位者）教導人民父慈子孝，人民便知盡忠職守；（在位者）選出善人任職（推動教化）以教導不善的人，人民就能相互勸勉向善！」

(B)官員。使君，對官吏、長官的尊稱。選項引文出自《樂府詩集‧陌上桑》，翻譯如下：太守您已有夫人，羅敷我也已有丈夫。後「使君有婦」比喻男子已娶；「羅敷有夫」本為秦氏女羅敷峻拒使君的答詞，表示與丈夫感情堅深不移。後指婦女已婚。

(C)派遣。選項引文出自《左傳‧燭之武退秦師》：（佚之狐向鄭文公建議說）如果派遣燭之武謁見秦君，敵軍一定會退兵。

(D)讓、以至於。選項引文出自諸葛亮〈出師表〉，翻譯如下：（後主您）不可以偏袒，存有私

心，以致於內（宮中）外（丞相府）法令制度不同。

20. (A)選項引文出自顧炎武〈廉恥〉，翻譯如下：倘若禮義廉恥這四種立國的綱紀沒有伸張，則國家就會滅亡。

(B)選項引文出自《論語・述而》，翻譯如下：一個人倘若沒有盡全力去了解事理卻仍想不透，則我是不會去開導啟發他的（也就是：若他盡了全力去了解事理卻仍想不透，則我才會去開導啟發他）；一個人倘若沒有盡全力想要表達內心想法卻無法表達，則我是不會去開導啟發他的（也就是：若他盡了全力想要表達內心想法卻無法表達，則我才會去開導啟發他）。

(C)選項引文出自《論語・述而》：子曰：「德之不修，學之不講，聞義不能徙（ㄒㄧˇ，遷移、移轉），不善不能改，是吾憂也。」翻譯如下：孔子說：「不修養品德，不講求學問，聽到道義的事不能去學習，做了不善的事不能改正，這些都是我所憂慮的事情。」

(D)選項引文出自《論語・陽貨》：宰我問：「三年之喪，期已久矣！君子三年不為禮，禮必壞；三年不為樂，樂必崩。舊穀既沒，新穀既升；鑽燧改火，期可已矣。」子曰：「食夫稻，衣夫錦，於女安乎？」曰：「安！」子曰：「女安，則為之！夫君子之居喪，食旨不甘，聞樂不樂，居處不安，故不為也。今女安，則為之！」宰我出，子曰：「予之不仁也！子生三年，然後免於父母之懷。夫三年之喪，天下之通喪也；予也，有三年之愛於其父母乎？」，翻譯如下：宰我問：「要為父母守喪三年，其實一年就夠久了（言下之意三年的時間太長了）！倘若君子三年不習禮，則禮制一定敗壞；倘若三年不興樂，則樂一定崩頹。舊的穀子已經吃完，新的穀子已經登場，鑽木取火的木頭也都換了，所以守喪一年也就可以結束了。」孔子說：「服喪期間吃好吃的米飯，穿織錦美衣，你心安嗎？」宰我說：「心安！」孔子說：「你能心安，那就做吧！君子守喪時，吃到好吃的東西也不覺得甘美，聽到好聽的音樂也不覺得快樂，生活起居中也不能心安，所以不願這麼做。現在你既然能心安，就去做吧！」宰我離開後，孔子說：「宰我真是不仁啊！兒女生下來三年後，才離開父母的懷抱。三年的守喪禮制，是天下通行的喪制。宰我這個人對父母是否有三年時間的愛心來追憶緬懷呢？」

21. 「譬喻」修辭是在語文中，用彼物比喻此物的一種技巧，可略分為明喻、隱喻、略喻、借喻等數種。

(A)明喻，判斷的依據是：喻詞「如」。

(B)轉化（擬人），判斷依據是「連袂遊蕩」的擬人動作。

(C)明喻，判斷的依據是：喻詞「似」（麻瘰似的水渦→似麻瘰的水渦）。

(D)明喻，判斷的依據是：喻詞「如」。

22. (A)以具體事物（拿著菜籃子撿拾）比喻抽象事物（滿滿一籃子蟬聲）。

(B)以具體事物（海岸上那層層疊疊的沖積岩層）比喻具體事物（額角上疊疊的深皺）。

(C)選項中文句只在描述內心抽象的情感，並沒有使用「以具體事物比擬具體事物」的修辭技巧。楊牧〈十一月的白芒花〉：「我閒關還鄉，一路上看白色的芒草開花。在火車上這樣張望，心裡正有一種歲月悠悠的沉鬱，壓在那裡，不由分說。從前也有過這種感覺，這種類似的情緒吧，又彷彿未必……」文中第一段寫在返回故鄉花蓮的車途上，作者以車窗外綿延不絕的白芒花起興，探索心中莫名的憂鬱情緒。

(D)以具體事物（嬌柔的含羞草）比喻抽象事物（渾樸的天真）。

23. (D)孔子→孔鯉（孔子的兒子）→孔伋（字子思，孔子的孫子），孟子師承子思，所以並沒有師事於孔子。莊子與老子沒有師生關係；而韓非（法家）則確實從學於荀子（儒家）。

24. 「不肯過江東」一句，出自於司馬遷《史記・項羽本紀》中描寫項羽敗逃至烏江邊時，說：

「天之亡我，我何渡爲！且籍與江東子弟八千人渡江而西，今無一人還；縱江東父兄憐而王我，我何面目見之？縱彼不言，籍獨不愧於心乎？」而千古絕唱的項羽〈垓下歌〉：「力拔山兮氣蓋世，時不利兮騅不逝，騅不逝兮可奈何，虞兮虞兮奈若何！」亦深刻的將一代悲劇英雄項羽的形象刻畫在炎黃子孫的心中。

史上對項羽此一人物行爲進行品評的詩作極多，杜牧〈題烏江亭〉：「勝敗兵家事不期，包羞忍辱是男兒。江東子弟多才俊，捲土重來未可知。」以及李清照〈夏日絕句〉：「生當作人傑，死亦爲鬼雄。至今思項羽，不肯過江東。」。

由辛棄疾〈浪淘沙〉（賦虞美人草）此詩中「江東」、「虞兮」等詞，可知此詩應指項羽。全詩如下：「不肯過江東。玉帳匆匆。至今草木懷英雄。唱著虞兮當日曲，便舞春風。兒女此情同。往事朦朧。湘娥竹上淚痕濃。舜蓋重瞳堪痛恨，羽又重瞳。」

25. (A)《紅樓夢》：由賈府上下生活之腐與悲，諷王道之將衰、嘆賈寶玉、林黛玉及薛寶釵之情。

(B)《聊齋誌異》：王士禎爲《聊齋志異》題詩：「姑妄言之姑聽之，豆棚瓜架雨如絲。料應厭作人間語，愛聽秋墳鬼唱詩。」故由題幹中「鬼狐世界」一詞，推斷爲《聊齋誌異》。

(C)《三國演義》：以東漢末年的歷史背景，以劉關張三兄弟、諸葛亮、東漢、曹魏、蜀漢及東吳等英雄人物爲中心，講述東漢末年黃巾起義至三國鼎立，到西晉統一爲止。

(D)《儒林外史》：書中描述出科舉制度的腐朽黑暗，假名士的庸俗令人生厭，貪官污吏的卑鄙刻薄荼毒蒼生。

26. 「甲」中提到的「盛唐田園詩的重要作家」有兩位：

(1) 王維（詩佛），寫田園似陶淵明，寫山水似謝朓。詩格高妙，五七言古風律體絕句，靡不超臻上乘。

(2) 孟浩然（詩隱）：寫田園似陶淵明，寫山水似謝靈運。其詩風格明朗，語言清澈；以五言爲勝，短篇爲佳。與王維均以淡遠閒靜取勝。

選擇(A)孟浩然，乃因孟浩然「因仕途不順，時抒發懷才不遇之感」；王維則甚至做官至尚書右丞，故世稱「王右丞」，且晚年居藍田輞川，過著亦官亦隱的優遊生活，並不如題幹所述「因仕途不順，時抒發懷才不遇之感」。

「乙」中提到「中唐社會寫實詩的健將」有兩位：元稹、白居易。

二、閱讀測驗

27. 由佛印「先登而自匿於船板下，囑舟子勿洩焉」，欲與老友開個玩笑；到「搔著心癢，按捺不住」的開口接詩；最後「據觴奪箸，頃刻之間，盤盂四大皆空」，可得知佛印慧黠幽默的性情。

28. (A)「浮萍撥開，遊魚出來；得其所哉！得其所哉！」指魚兒悠遊自在於浮萍綠水間，適得其所。

(B)「浮雲撥開，明月出來；天何言哉！天何言哉！」意在指浮雲明月的美景自然呈現。「天何言哉」出自於《論語‧陽貨》，子曰：「予欲無言。」子貢曰：「子如不言，則小子何述焉？」子曰：「天何言哉？四時行焉，百物生焉，天何言哉？」翻譯：孔子說：「我不想再說了。」子貢說：「您如不說話，則學生們如何記錄呢？」孔子說：「老天何時說過話？但是四季依序更迭，萬物蓬勃滋生，老天又說了什麼呢？（言下之意：老天需要說話嗎？）」這是孔子在強調實踐的意義大於言語，言傳不如身教。

(C)出自於《論語‧爲政》，子曰：「視其所以，觀其所由，察其所安，人焉廋哉！人焉廋哉！」翻譯：孔子說：「先查看他做的事是善或惡；進一步詳察他做這件事的原由；再進

一步細察他做了這件事後是否心安。用這三個步驟去觀察人，則人（的善惡）如何能隱藏！」，佛印引用此句，意在藉由孔子觀察人言行的語句，譏諷蘇、黃欺瞞朋友，隱匿佳餚。

(D)蘇、黃以用典「浮萍撥開，遊魚出來」、「浮雲撥開，明月出來」，來強調美景，佛印則強調欺瞞仍會被識破。

29. 題幹翻譯

國家遭遇戰火的摧殘，但山川依舊，長安城裡春來草木依然盎然滋長著。我感傷時事，連看到盛開的花朵也忍不住掉淚；我離家的怨愁，讓聽到鳥兒的歡唱也不禁心驚神傷。戰爭已連續幾個月了，此刻若能收到一封家裡的來信，真可以抵上萬金啊！我頭上的白髮已是愈抓愈少了，簡直快要插不上髮簪了。

(A)「深」指春來時的草木長得十分茂盛。

30. 「白頭搔更短，渾欲不勝簪」，隱含作者為「烽火連三月」的動盪國事而憂煩，因此答案為

(A)家國動盪，百姓流離。

31. (A)格律上屬於五言律詩。

(B)律詩的中間兩聯（頷聯、頸聯）需要對仗，因此「感時花濺淚，恨別鳥驚心」和「烽火連三月，家書抵萬金」兩聯，有對仗。

(C)風格上屬於社會寫實。

> 四言敝而有楚辭，楚辭敝而有五言，五言敝而有七言，古詩敝而有律絕，律絕敝而有詞。蓋文體通行既久，染指遂多，自成習套。豪傑之士，亦難於其中自出新意，故遁而作他體，以自解脫。一切文體所以始盛終衰者，皆由於此。（王國維《人間詞話》）

解析

本段大意寫出韻文演進的過程是：《詩經》（多四言，北方文學）→《楚辭》（南方文學）→樂府詩（多五言）→古詩→唐詩（五、七言）→宋詞。

32. 由「五言敝而有七言，古詩敝而有律絕」之句，可知(D)七言律詩在產生的時間上最晚。

33. 解析

文中以「蓋文體通行既久，染指遂多，自成習套。豪傑之士，亦難於其中自出新意，故遁而作他體，以自解脫」，為「一切文體所以始盛終衰（譯：所有的文體由興盛而沒落）」的原因，故選(C)。

翻譯

某種文體盛行一段長久的時間後，參與寫作的人就愈來愈多，而自成一種大家習用的方式。即使是豪傑之士，也很難從舊有（現有）的寫作方式中再有創新，所以改而創作其他文體，才能發抒自身胸懷情感。

34. 既是「獨來獨往」，又是非群體性活動的「狼」，這裡已點出狂傲自信的性格。再加上對自己「數聲悽厲已極之長嗥」，足以「使天地戰慄」且視為「一種過癮」，足見其自信至極的狂傲性格。

35. (A)「長嗥」展現的是豪放的氣勢。

(B)「涼風颯颯」是狼嗥讓天地顫慄的氣勢。

(D)「先知」的孤獨是一種通曉過往、預知未來，思想上超越常人的的苦痛孤獨。詩人說自己（狼）「不是先知」，正因對狼而言，孤獨出於獨來獨往的本性，既純粹又過癮，沒有苦痛的成分。

36. 由「可憐的城市工人對此（指冬日鄉下，陽光明朗、空氣清新、地面乾爽）十分瞭解，他們滯留在這個垃圾場裡，實在是由於無可奈何」，可知城市工人也喜愛鄉村生活，只是迫於無奈地滯留都市以求生存。

37. 文中以對比的技巧表現的論點如下：
(1)「在鄉村，才能領略這個季節（冬天）罕見的明朗陽光」。
(2)「在我國的大都市裡，臭氣薰天的爛泥，幾乎永無乾燥之日」與「在鄉下，一片陽光或者刮幾小時風，就能使空氣清新，地面乾爽」為對比，並以「城市工人也喜愛鄉村生活，只是迫於無奈的滯留都市以求生存」為佐證。
(3)文中以我們的富翁們在一年當中最不適於舉行舞會等活動的季節，在城市巴黎過著違背大自然安排的生活，與「英國人比較明智，他們到鄉下別墅裡過冬」為對比。

38. 整段文字都在說明「若這個地方受傷，會嚴重影響讀寫能力」，並舉一病人為例，可見本文圖、文並置，主要是為使讀者了解「失讀症」肇因於大腦訊息傳遞障礙。

39.(A)文中敘述「大腦的語言區主要位於左腦……主要分為三區：第一是威尼基區……第二是布羅卡區……第三是角迴」。
(B)「視覺皮質將書本的訊息送進腦裡來」→「威尼基區，使我們可以了解語言」，威尼基區受傷，會使大腦無法了解接受到的語言。
(C)布羅卡區負責將語言說出來；「『角迴』……是將視覺文字辨識結果送往語言區的要衝；若這個地方受傷，會嚴重影響讀寫能力」，而不是負責自理解轉換成說出來的語言。

40. 腦部功能中，從讀到說的過程是：自視覺皮質→角迴→語言區。病人J.O.「無法默讀自己所寫的字」且「看到字，但意義沒有跟著出現」，正是自看到字的「視覺皮質」轉換成說出來語言的「語言區」之間的功能受損。

三、語文表達能力測驗

41.(A)「勞」騷滿腹→「牢」騷滿腹。
(C)窮愁「燎」倒→窮愁「潦」倒。
(D)相形見「觸」→相形見「絀（ㄔㄨˋ）」。

42.(A)手屈一指→「首」屈一指。
(C)題名→「提」名。
(D)力行不綴→力行不「輟」。

43.(A)腔。(B)新／心。(C)艱／堅。(D)力／利。
請注意「艱、堅」兩字在使用上的區別：
(1)艱：丁艱、艱辛、艱困、艱鉅、艱澀、創業維艱、艱苦卓絕、艱難險阻、共體時艱、國困民艱、歷盡艱險、步履維艱、涉艱履危。
(2)堅：堅稱、堅守、堅韌、堅信、堅強、堅決、堅牢、堅固、攻堅戰、老而彌堅、履霜堅冰、堅白同異、堅壁清野、堅定不移、堅苦卓絕、堅甲利兵、堅貞不屈、堅持不懈、堅城深池、堅忍不拔。

44. 在詞語的使用上，雖然意近，但因使用的習慣會有約定成俗的特定意涵，因此同學平日用字措

辭即應精準，以免產生下列選項中貽笑大方的情事。

(A)權力→權利。權力：具有控制、指揮等影響的力量。權利：人民依法律規定所應享有的利益。

(B)煽動→呼籲。「煽動」是負面用詞，勸人響應冬令救濟，宜用「呼籲」的正面用詞較佳。煽動：慫恿生事；意近於：鼓動、鼓勵、鼓舞、煽惑、策動、唆使、慫恿、熒惑。呼籲：向社會大眾大聲疾呼，請求援助與支持。

(C)執著→頑強。「執著」一詞多用於正面，但是描述「搶匪」應以負面用詞「頑強」較佳。執著：泛指堅持某一觀點而不改變。頑強：堅強固執；意近於：剛強、固執、堅定、堅決、堅強、倔強、頑固。

45. 在考文句重組的試題中，必然有前後邏輯性或因果關係，故可根據上下文中關鍵字、連接詞或文意口氣等線索加以判斷；請仔細體會句子後的說明。

　　每一個孩子都有夢，

丁、這些夢想在孩子心中→「……都有夢」接續至「這些夢……」，所以在題幹句後的只有丁，以消去法淘汰選項(A)(B)(C)。

甲、都應該有機會實現。

丙、而這也正是孩子們來這個世界→「這也正是……的目的」，所以丙乙是一組，以消去法淘汰選項(A)(B)(C)。

乙、所要展現給世人的目的 。

46. 根據文中「打開才有用／不打開，可能傷及生命」的關鍵句，「降落傘」可開可合併藉此保護生命的形象，實為最佳的答案。

47. (A)上下其手：比喻玩弄手段，暗中作弊。這是負面用詞，和下一句「包準穩當」的褒獎相互矛盾。

(B)一丘之貉：指同一山丘上的貉；比喻彼此同樣低劣，並無差異。這也是負面用詞，和上一句「包準穩當」的褒獎相互矛盾。

(C)應接不暇：比喻人事物繁多紛至，令人窮於應付。此用詞說明「案子多」的狀況，符合句中描述的情形。

(D)另請高明：指另外尋求能力強的人協助；也就是自己不做了，另去找人來做。但是文中描述只是忙不過來找個幫手而已，故用詞不當。

48. (A)「享受」與「擁有」重複，刪除「擁有」較為恰當。

(B)「樂意」，是一種享受的態度；「暫時」說明擱下的時間長短，「手邊」說明工作的性質。

(C)「關掉柔美的音樂」，「柔美的」是形容、說明「音樂」的特性。

(D)「津津有味（形容興味濃厚）的」是形容、說明「書籍」帶給閱讀者的感受。

49. (A)大相逕庭：兩者截然不同，相去甚遠。既然談得投機，看法就不會相去甚遠。

(B)萬人空巷：形容擁擠又熱鬧的盛況。

(C)妄自菲薄：過於自卑而不知自重。夜郎自大：喻人不自量力，妄自尊大。

(D)栩栩如生：形容神貌逼真，彷彿具生命力。維妙維肖：模仿得十分精細巧妙，逼真傳神。

50. 乙：「不但＋主語……而且＋主語」，合於語法邏輯。

丁：主語＋「不僅……還得」，合於中文文法。

97年統測（四技二專）

一、綜合測驗

1. (A)ㄒㄧㄢˋ。(B)ㄅㄧˋ／ㄔˊ。(C)ㄐㄩ／ㄗㄨˇ。(D)ㄅㄧˋ／ㄅㄞˋ。

2. (B)「近水樓臺」的「近」爲「靠近、接近」之意；「進」字多用以指「向前移動」之意。
   請注意「近、進」兩字，在使用上的差異性：
   (1)近：貼近、附近、逼近、迫近、拉近、鄰近、靠近、近視、接近、就近、漸近、近代、近年、近來、近視眼、近體詩、不近情理、鞭辟近裡、平易近民、短視近利、能近取譬、年近古稀、貴遠鄙近、急功近利。
   (2)進：進口、上進、長進、冒進、奮進、挺進、躍進、軋進、改進、跟進、拱進、激進、冗進、進行曲、推進器、大進擊、大躍進、力圖上進、加官進祿、揮軍進擊、裹足不進、累進稅率、冬令進補、得寸進尺、冒險進取、突飛猛進、匍匐前進、漂母進食、不知進退、更進一步、並肩前進、不櫛進士、結婚進行曲、劉姥姥進大觀園。

3. (A)「而」表示「並且」之義。選項引文出自魏徵〈諫太宗十思疏〉，翻譯如下：選擇有能力的人並且重用他，選擇好的意見並且聽從這意見。
   (B)相當於「但是」之意，表轉折語氣。選項引文出自《論語‧爲政》，翻譯如下：以法制政令去教導人民，以刑罰來整治約束人民，人民爲免於犯罪受懲（而不犯法），但是內心並不是真有羞恥心。
   (C)就，連詞。選項引文出自《山海經‧北山經》：「炎帝之少女名曰女娃。女娃游於東海，溺而不返，故爲精衛，常銜西山之木石，以堙於東海。」炎帝幼女溺死東海，化爲精衛鳥，銜木石以塡東海的故事，便是「精衛塡海」成語的出處。今用作比喻心懷冤憤，立志報仇；亦比喻意志堅定，不懼艱苦。
   (D)「而」字無義。選項引文出自歐陽脩〈醉翁亭記〉，翻譯如下：樹林枝茂葉密成蔭，鳥鳴聲四下喧鬧，是遊人離開山林，眾鳥歡樂。

4. (A)本句是詢問的語氣。選項引文出自《論語‧公冶長》：子謂子貢曰：「女與回也孰愈？」對曰：「賜也何敢望回。回也聞一以知十，賜也聞一以知二。」子曰：「弗如也！吾與女弗如也。」翻譯如下：孔子問子貢說：「你和顏回比，哪一個較好些？」子貢說：「我怎能和他比！他能聞一知十，我只能聞一知二。」孔子說：「你是不如他，我同意『你不如他』的這個看法。」
   (B)本句是詢問的語氣。選項引文出自《論語‧顏淵》：子貢問政。子曰：「足食，足兵，民信之矣。」子貢曰：「必不得已而去，於斯三者何先？」曰：「去兵。」子貢曰：「必不得已而去，於斯二者何先？」曰：「去食。自古皆有死，民無信不立。」翻譯如下：子貢問施政。孔子說：「要做到確保人民能豐衣足食、軍力強大、獲得人民信任。」子貢說：「如果（不能同時做到）不得已，要先去除以上三項中的哪一項？」孔子說：「去除軍隊。」子貢說：「如果還是不得已，剩下兩項中哪項可以先去掉？」孔子說：「去除豐衣足食。自古以來人都會死亡，但是缺少了人民的信任，國家就會滅亡。」
   (C)本句表懷疑語氣。選項引文出自《論語‧公冶長》，翻譯如下：孔子說：「誰說微生高是正直的人？有人向他要一點醋，他沒有（卻不直說），卻轉向鄰居要來，再拿給這要醋的人。」
   (D)本句是自謙語氣。選項引文出自《論語‧述而》：子曰：「若聖與仁，則吾豈敢？抑爲之不厭，誨人不倦，則可謂云爾已矣。」公西華曰：「正唯弟子不能學也。」翻譯如下：孔子說：「如果說是聖人和仁人，我怎麼敢當？我只不過是學習時努力不懈，不會感到厭煩，教

誨別人時不會感到疲倦罷了。」公西華說：「這（不厭不倦）正是我們弟子學不到的。」

5. 解析

⑷詩句內容是抽象的描繪歷史事件。選項引文出自杜甫〈蜀相〉：「丞相祠堂何處尋？錦官城外柏森森。映階碧草自春色，隔葉黃鸝空好音。三顧頻繁天下計，兩朝開濟老臣心。出師未捷身先死，長使英雄淚滿襟。」翻譯如下：哪裡可以找到丞相祠堂呢？就在成都城外長青的柏樹林中。綠草映著臺階一片春色，黃鸝鳥隔著枝葉婉轉啼唱。當年劉備三顧茅廬，屢次和武侯商議定天下的大計，開國與輔佐兩代君王，全靠著武侯的一片忠心。可惜出兵北伐壯志未酬卻先死了，使得千古以來的英雄豪傑們都為其感慨落淚。

說明

蜀相，即諸葛亮，三國時蜀漢丞相。扶助劉備建立蜀漢，被封為武鄉侯，因稱武侯。詩中仔細地描述了四川成都的武侯祠所在周圍景物，並讚頌諸葛亮卓越的才能和忠心赤忱。

⑻詩句內容具體描繪眼前的景物。選項引文出自韓愈〈山石〉：「山石犖确行徑微，黃昏到寺蝙蝠飛。升堂坐階新雨足，芭蕉葉大梔子肥。僧言古壁佛畫好，以火來照所見稀。鋪床拂席置羹飯，疏糲亦足飽我飢。夜深靜臥百蟲絕，清月出嶺光入扉。天明獨去無道路，出入高下窮煙霏。山紅澗碧紛爛漫，時見松櫪皆十圍。當流赤足蹋澗石，水聲激激風吹衣。人生如此自可樂，豈必局束為人鞿！嗟哉吾黨二三子，安得至老不更歸！」翻譯如下：山石險峻山路狹窄，黃昏時分幽山暗寺的蝙蝠紛飛。進入堂屋坐在台階上觀看細雨紛飛，雨中芭蕉、梔子更顯枝葉青綠。僧人說壁上古畫佛像造型非常好，舉火細看依稀可見。主人鋪床掃席又準備飯菜，雖是粗茶淡飯亦十分飽足。夜深靜臥四下無聲，萬籟俱寂，明月自山巔升起，清光普照入門扉。天明時獨自出行，晨霧迷茫中辨不清道路，從高處向低行直到迷途走盡，晨霧漸散。山花爛漫紅豔、澗水蕩漾碧綠，一片豔麗春光，時常看到古松翠櫟參天，粗壯約有十圍。面對溪流潺潺，赤足涉水踏過澗石，水聲淙淙、清風徐拂衣衫。人生若此可謂樂無窮，何必要不自由地被人驅使控制呢？唉，我那幾個志同道合的好友啊，怎能到老還忘世不歸呢？

說明

這首山水遊記詩，透過對春山古寺爛漫景色和清幽環境的描寫，表達了對閒適寧靜生活的嚮往和不願浮沉官宦受人左右的願望。

⑹抽象描寫情感深厚，永不分離。白居易〈長恨歌〉：在天上願像比翼鳥一樣雙宿同飛，在地上願結為連理枝永不分離。

⑺具體描寫自己的成就。白居易〈琵琶行〉：我（琵琶女）十三歲時就學會彈琵琶，名字還隸屬宮中表演隊伍中的第一隊。

6. 從空洞的文字→經過詩人淬煉，賦予思想、生命→豐沛的詩篇，可知「豐沛的詩篇」⑷既不等於「排列成整齊的文句」，也不是在討論⑻文字演變的來龍去脈，更不必然是⑹明白顯豁的文句。所以從空洞的文字→豐沛的詩篇，是在⑼實驗文字的可塑性，以之表現世界萬象。

7. 從「天上有多少星光」到「天上只有一個月亮」，從「城裡有多少姑娘」到「但人間只有一個你」之句，可看出詩人的鍾情專一。各選項解析如下：

⑷是追憶、是悵惘，感傷過往虛度的歲月。選項引文出自杜牧〈遣懷〉：「落魄江湖載酒行，楚腰纖細掌中輕。十年一覺揚州夢，贏得青樓薄倖名。」翻譯：潦倒江湖，以酒相伴；秦樓楚館，美女嬌娃，就這樣日日過著沉湎酒色、放浪形骸又寄人籬下的生活。揚州十年縱情聲色的生活，好像一場夢，醒悟回頭，什麼都沒得到，感傷只在青樓女子中落得一個薄情的名聲。

⑻表現思婦矛盾掙扎的心理。選項引文出自姚燧〈寄征衣〉：「欲寄君衣君不還，不寄君衣君

又寒。寄與不寄間，妾身千萬難。」翻譯：想給你寄上冬衣，但怕你有了冬衣就不回來；不寄冬衣給你，又怕你衣服單薄會受風寒；是寄還是不寄，叫我實在千難又萬難。

(C)這兩句是極寫春日風光的綺旎豔麗。選項引文出自宋朝葉紹翁〈遊園不值〉：「應嫌屐齒印蒼苔，十叩柴扉九不開。春色滿園關不住，一枝紅杏出牆來。」翻譯：去拜訪朋友，大概是園主愛惜園內青苔，怕我的屐齒留下踐踏的痕跡而柴門緊閉不開（此為詩人幽默風趣的猜想）。但是春到人間，花開滿園的綺旎春色是關不住的，一枝鮮紅的杏花，枝枒伸展到牆頭外面，宣告著春天的來臨。（後來「紅杏出牆」成語，比喻婦女不守婦道。）

(D)比喻夫妻間的情感如滄海之水、巫山之雲般無可比擬，因此詩人除了妻子，再也不會對其他女子動情，表現出詩人對愛情的專一。選項引文出自唐代詩人元稹〈離思〉：「曾經滄海難為水，除卻巫山不是雲。取次花叢懶回顧，半緣修道半緣君。」翻譯：曾經見識過滄海的深廣，別處的水便相形見絀，很難再稱為是水；除去巫山上神女所幻化的雲彩，再也沒有如此雲蒸霞蔚的奇美雲霞了。自己信步經過花叢卻懶於顧視，或許多是因尊佛奉道或修身治學，但多半是因為你的緣故。

詩作的背景介紹如下：元稹寫作此詩的背景是：「元稹初娶京兆韋氏，字蕙叢，官未達而若貧……韋蕙叢逝，不勝其悲，為詩悼之……」故此詩為悼念亡妻之作。詩人讚美了夫妻間的恩愛，更表達了對亡妻的忠貞與懷念之情。

今人以「曾經滄海難為水，除卻巫山不是雲」兩句，或比喻感情方面曾經擁有美好經驗，如今不能或不願再面對新的對象；或比喻見識廣博，經驗豐富，眼界開闊，對平常事物便覺得微渺不足為奇。

另有類似句見《孟子‧盡心》：「觀於海者難為水，遊於聖人之門者難為言。」翻譯：曾經見過大海無際波浪濤天，就會覺得其他的水域很難說是水了；受教聽過聖人的言論思想，就很難再被其他言論吸引。

8. 從文中「以『值得觀察』為結尾……這四個字怎麼看都是廢詞──既然用了那麼多的篇幅來分析或論述……何須再強調『值得觀察』」之句，判斷作者認為報紙評論應當避免贅加不需使用的詞句。

9. 對偶：上下兩句，或一句中的兩個詞語，字數相等、句法相似、平仄相對稱之。其作用在使文章形式整齊，音調和諧。對偶的分類，有句中對、單句對、雙句對和長對。
   (A)名詞＋動詞＋形容詞＋名詞。鳩霸占住鵲鳥的窩巢。
   (B)形容詞＋名詞＋形容詞＋名詞。獐頭小而尖，鼠目小而凸出；形容人相貌鄙陋，令人生厭。
   (C)名詞＋動詞＋名詞＋動詞。范仲淹〈岳陽樓記〉中，以耳邊聽到的是老虎的長嘯、猿猴淒厲的啼叫（聲），來描寫雨中登樓的悲傷情感。
   (D)名詞＋動詞＋名詞＋動詞。如龍在天上飛，鳳在空中舞動般。或形容山勢蜿蜒起伏，氣勢磅礴；或形容筆勢生動活潑。

10.(A)從詩中「我」的口吻，可知為第一人稱敘述方式。
   (B)「當勞動的農人／以含淚的收割／抵不過股票指數上升／糧價低迷／那緊蹙的眉頭／化為珍貴的淚滴」，詩句中表現出詩人關切目前經濟狀況中的農業問題。
   (C)詩中表現出詩人重視農業問題，但未提及國產米品種優良應多食用。
   (D)「含淚的收割、緊蹙的眉頭、珍貴的淚滴」等句，都間接代指了農人的辛苦與無奈。

11. 文中描述印刷術興起的背景，依序如下：
   (1)「紙張，大量供應，廣泛使用」：這是印刷術出現前的準備工作。
   (2)「羅馬字體……發展成熟」：為印刷字體奠下基礎。
   (3)「活字印刷術」：此刻印刷術正式誕生。

(4)「宗教改革、文藝復興、各民族使用自己的語言從事文學創作」：可見印刷術已成為一種新潮流，甚至更加蓬勃興起。

12. 民國初年的詩壇「新月派」，強調詩的格律美，注重押韻、音節，喜歡寫形式整齊、韻腳固定的詩，此種過於整齊的詩作常被嘲為「戴著鐐銬跳舞」的「豆腐乾體」。徐志摩、聞一多都主張要重視詩的格律美。「腳鐐」比喻格律的限制；「帶著腳鐐跳舞」正是才情的展現；「才跳得痛快、跳得好」即言雖有格律的限制，卻因才情出眾而能翻新出奇。

13. (A)「男人總是懶得開口與太太說話」，這只是一種現象，不是題幹中所謂的「調查結果」。
(B)文中指出「做丈夫的除了愛談體育、財經，其實還渴望談些……」可知男人愛談的話題不僅是體育、財經。
(C)從文中男人「其實還渴望談些切身相關的事」之句，判斷(C)是正確的選項。
(D)男人只與太太討論體育、財經新聞，但是真正渴望談到的，是切身相關的事，只是不知如何啟齒。

14. 題幹出自《史記‧項羽本紀》：「沛公軍霸上，未得與項羽相見。沛公左司馬曹無傷使人言於項羽曰：『沛公欲王關中，使子嬰為相，珍寶盡有之。』項羽大怒，曰：『旦日饗士卒，為擊破沛公軍！』」翻譯如下：劉邦駐軍在霸上，無法和項羽見面。劉邦的左司馬曹無傷派人告訴項羽說：「劉邦要在關中稱王，讓子嬰做宰相，全部珍寶都占為己有。」項羽非常生氣，說：「明早以酒食犒賞士兵，然後出發去擊敗劉邦的軍隊！」
(A)「使」：動詞，派遣。
(B)「言」：動詞，告訴。
(C)「王」：動詞，ㄨㄤˋ，統治天下、稱王。
(D)「相」：名詞，ㄒㄧㄤˋ，宰相。

15. (A)「如果沒」見到面，「就不要」離開。
(B)「沒有」感覺，「沒有」察覺；表未曾經意，不注意。
(C)「不會」屈服，「不會」受阻撓；表不因為受阻礙而屈服。
(D)「不像」這類，也「不像」那類。

16. (A)「的人」，代詞。選項引文出自韓愈〈馬說〉：「……馬之千里者，一食或盡粟一石，食（ㄙˋ，飼養）馬者不知其能千里而食也。是馬也，雖有千里之能，食不飽，力不足，才美不外見，且欲與常馬等不可得，安求其能千里也？……」翻譯如下：千里馬，一頓可能要吃光一石粟，養馬「的人」不知這馬能跑千里而（和飼養普通的馬般）去飼養牠。這馬，雖有日行千里的能力資質，但是吃不飽，力量不夠，美好的資質無法外顯，想要牠和一般馬一樣都不可能了，又哪裡能要求牠日行千里呢？
(B)「的人」，代詞。選項引文出自蘇軾〈留侯論〉：「……當韓之亡，秦之方盛也，以刀鋸鼎鑊待天下之士。其平居無罪夷滅者，不可勝數。雖有賁、育，無所復施……」翻譯如下：當韓國滅亡，秦國勢力正屬鼎盛時期，（秦國）用嚴刑峻法對待天下人。那些平日閒居在家，無罪而被誅滅全族「的人」，多得無法計算。雖有如古代孟賁、夏育一般的勇士，也無處施展本領。
(C)句尾語助詞，無義，表停頓的語氣。選項引文出自韓愈〈師說〉：「古之學者必有師。師者，所以傳道、受業、解惑也。人非生而知之者，孰能無惑？惑而不從師，其為惑也終不解矣……」翻譯如下：古代求學的人一定會有老師。老師，是用來傳授道理，講授學業，解答疑惑的人。人並不是生下來就知道一切事物的道理，誰能沒有疑惑呢？有了困惑卻不去請教老師，那麼他的疑惑就永遠不能獲得解答。

(D)「的人」，代詞。選項引文出自歐陽脩〈朋黨論〉：「……故臣謂小人無朋，其暫為朋者，偽也。君子則不然。所守者道義，所形者忠義，所惜者名節；以之修身，則同道而相益，以知事國，則同心而共濟，終始如一。此君子之朋也。故為人君者，但當退小人之偽朋，用君子之真朋，則天下治矣。……」翻譯如下：所以我認為小人沒有朋黨，就算暫時結為朋黨，也是假的。但是君子則不一樣。君子所堅守的是道義，所表現於外的行為是忠義，所愛惜的是名聲榮譽；用這些來修養自身，就會志趣一致而互有助益，用這些來為國做事，則因理念相同而同心協力，堅持不變。這就是君子的朋黨。所以做君王的，只要能斥退小人的假朋黨，進用君子的真朋黨，那麼天下就可以安定了。

17.(A)選項中文句，完全沒有譬喻修辭。「沙鷗翔集，錦鱗游泳」為對偶；「錦鱗」為借代；「岸芷汀蘭」為句中對；「郁郁青青」為類疊。選項引文出自范仲淹〈岳陽樓記〉，翻譯如下：沙鷗或飛翔或棲息，魚兒悠游，岸邊芷草和水邊蘭花，香氣濃烈生意盎然。

(B)（金柳）「是」（夕陽中的新娘），為譬喻中的隱喻修辭；是將物比喻為人。選項引文出自徐志摩〈再別康橋〉。

(C)「籠鳥檻猿」是將人比喻為如籠中鳥與檻中猿，使用了「將人比喻為物」的修辭法。「今夜封書在何處？廬山庵裡曉燈前」兩句，為設問中的提問（有問有答）。選項引文出自白居易〈與元微之書〉，翻譯如下：今晚寫信是在什麼地方呢？是在廬山草堂中破曉時分的殘燈前。我們就像籠中鳥、檻中猿般都未死，但在人間要到何年才能相見呢？

(D)「大絃嘈嘈如急雨，小絃切切如私語」的「如」字，是譬喻中的明喻修辭；「嘈嘈切切錯雜彈（如）大珠小珠落玉盤」，則為譬喻中的略喻修辭。選項引文出自白居易〈琵琶行〉，翻譯如下：粗絃聲繁雜而急有如陣陣驟雨，細絃聲低輕而細彷彿竊竊私語；大絃小絃交錯地彈，音色圓潤像是珠落玉盤。

18. 在考文句重組的試題中，必然有前後邏輯性或因果關係，故可根據上下文中關鍵字、連接詞或文意口氣等線索加以判斷。茲簡要說明句意於後，請仔細體會上下文意的連貫性。
　　首句：蟬聲亦有甜美溫柔如夜的語言的時候，
　　說明：猜測蟬聲應有甜美溫柔的時候。
　　乙、那該是情歌吧，
　　說明：回應上一句猜測的回答：應是情歌；故上下句文意連貫；以消去法可刪去(A)(C)(D)。
　　丁、總是一句三疊，像那傾吐不盡的纏綿，
　　說明：此句描述情歌的特色，所以應在（乙）之後；以消去法可刪去(A)(C)(D)。
　　甲、而蟬聲的急促，在最高漲的音符處突地戛然而止，
　　丙、更像一篇錦繡文章被猛然撕裂，
　　說明：前一句的「戛然而止」與本句的「猛然撕裂」同義，故（甲）、（丙）為一組，以消去法可刪去(A)(C)。
　　戊、散落一地的鏗鏘字句，擲地如金石聲，
　　說明：撕裂之後才能散落一地，故按照文意（戊）在（丙）之後，可刪去(D)。
　　末句：而後寂寂寥寥成了斷簡殘篇，徒留給人們一些悵惘、一些感傷。

19.(A)轉化（形象化）。
　　(B)指氣息，並不是借代修辭。
　　(C)譬喻中的借喻。「一頭的蓬草」，表像蓬草一樣的一頭亂髮。
　　(D)指身體形貌，並不是借代修辭。

20. 題幹要求以聽覺移來形容視覺，(C)選項中將「聽覺」上的「聆韋瓦第音樂」，移來形容「視覺」上的「賞四季風光」，所以符合題目要求。

21. 選項中唯一「以歷史爲殷鑑」者，便是(D)中「此亡秦之續耳」之句。

按照司馬遷〈鴻門之宴〉這篇節選自《史記‧項羽本紀》中的文章順序來看：

(1)請參考第14題：「沛公軍霸上，未得與項羽相見。沛公左司馬曹無傷使人言於項羽曰：『沛公欲王關中，使子嬰爲相，珍寶盡有之。』項羽大怒，曰：『旦日饗士卒，爲擊破沛公軍！』」

(2)(C)這時范增也趁機遊說項羽，一定要攻擊劉邦，他說：「沛公居山東時，貪圖財貨，愛好美女。如今進入關中，竟然不取任何財物，也沒有寵幸任何美女，可見他的志向不在小處。」

(3)(A)項伯替劉邦（沛公）說情，對項羽說：「沛公如果不先破關中，您哪能順利進入？現在他立了大功卻攻打他，這是不合乎道義的，不如趁機（在他來時）好好款待他。」

(4)(B)等劉邦前來赴鴻門之宴時，項莊舞劍（欲殺劉邦），情況危急，（劉邦的部屬）樊噲闖入，對項羽說：「現在沛公先破秦軍，入了咸陽城，任何細微的財物都不敢取，封閉秦朝的宮室，撤退軍隊駐紮在霸上，以等待大王您的到來。」

(5)(D)樊噲繼續對項羽說：「沛公如此勞苦功高，您沒有冊封侯王給予獎賞；反而聽小人的讒言，要殺立功的人，這是亡秦的繼承者（意即你也會和亡秦一樣滅亡）！我私下認爲您應該不會採取這種手段。」

22. (1)「美髯公千里走單騎」：「美髯公」指關羽，「千里走單騎」指關羽過五關斬六將尋劉備。原來曹操攻打劉備，兵馬攻到城下，劉備無計可施，聽了張飛的話，連夜去曹營劫寨。誰知卻中了曹操埋伏，各自走散，劉備一人騎馬去投奔袁紹，張飛則逃到芒碭山暫住，關羽保護著劉備妻子等家小，被曹操軍馬包圍在一座山頭上。後關羽不得已而降曹，但有三個條件：一、只降漢朝，不降曹操；二、用劉備的俸祿養他的二位嫂子；三、一旦知道劉備的下落，便要去尋找他。……後來關羽終於收到劉備的書信，便向曹操告辭，帶著劉備妻子等家小一路跋山涉水，過五關斬六將，殺出重重包圍，最後在河北關家莊見到了劉備，兄弟相見，抱頭痛哭。

(2)「定三分隆中決策」：指劉備。劉備三顧茅廬，至隆中拜訪諸葛亮，而有「三分天下」、聯吳抗魏的策略，以復興漢室。

(3)「傳遺命奸雄數終」：《三國演義》中以蜀漢爲正統，故曹操是爲「奸雄」。第七十八回「治風疾神醫身死　傳遺命奸雄數終」，描寫曹操因埋葬關公後，常因夢見關羽而心神驚懼，故欲遷移另起宮殿，爲謀建築棟梁的木材砍樹而夢樹神持劍追砍，曹操大驚，自此頭痛不可忍，急傳旨遍求良醫治療，均不能痊。部下薦神醫華佗救治，卻因華佗建議開腦而誤以欲加害打入獄中，華佗死後曹操病情更加嚴重。

(4)「雪弟恨先主興兵」：「先主」指劉備，劉備與關羽、張飛結爲兄弟稱「桃園三結義」。所以爲義弟關羽報仇雪恨，劉備興兵攻打東吳。

23. 一般提到「慈」，多屬描述「嚴父慈母」中的母親或祖母等女性長輩；「孺慕」指小兒之愛慕父母。故此處表示孩子十分想念母親或祖母，收信人自然應爲母親或祖母。

24. (A)天錫遐齡：上天所賜予的高齡，多用在爲男性長者祝壽時的頌詞；表賀男壽。／眾欣有託：大家都很高興未來有所寄託、託付；表賀當選。符合圖(甲)爲祝男性八十高壽、圖(乙)爲當選的圖示內容。

(B)「瑤池」是仙界的天池，傳說在崑崙山上，爲西王母的居所，故「春滿瑤池」爲賀女壽。但「駕返瑤池」則用作哀輓老年女喪的題辭。／「桑梓」指桑樹和梓樹。古時住宅旁常栽種桑樹以養蠶，種梓樹以製作器具，後借指故鄉家園。故「造福桑梓」指對鄉里地方有所建樹；爲賀當選。

(C)「福壽全歸」是對年高而有福者死亡的題辭。／忠勤足式：其人忠貞勤勉，足爲後人楷模；

是輓政界男喪。

(D)瓦，是古時紡織時用的陶製紗錠，拿它給小女孩玩，是期望將來能勝任女紅。《幼學瓊林》：「生男曰弄璋，生女曰弄瓦。」「弄瓦徵祥」指生女的喜事，賀生女。/《論語‧里仁》：「子曰：『德不孤，必有鄰。』」意指有道德的人是不會孤獨的，一定會有志同道合的人與他相處。所以「德必有鄰」不但是賀喬遷，且恭維對方是有德者。

二、閱讀能力測驗

25.(A)本段文字的討論重點，是研究臺灣十五歲以上的人在閱讀上的人口比例，因此結論宜據此以呼應首句，自然(A)比(B)適切。

(C)根據「每週休閒時間從未閱讀的比例以東部地區的78%最高，其次為中部地區75%、南部地區72%、北部地區60%」的文意，得知在「未閱讀」的比例上北部最少、東部最高；反之，即「閱讀」人口的比例以北部最高、東部最低，故(C)、(D)選項敘述錯誤。

26.(B)「根據瑞士國家競爭力報告，愛爾蘭十五歲以上人口的識字率占世界第一」，臺灣的識字率低於愛爾蘭。

(C)「愛爾蘭……比臺灣的國民所得高兩倍」，所以臺灣的國民所得比愛爾蘭低。

(D)「愛爾蘭……比臺灣的國民所得高兩倍」，故經濟並不落後；至於其精品店及名牌服飾銷售量不佳，是因「愛爾蘭人愛好文學、藝術，重視教育，創造良好的生活品質」，「根據瑞士國家競爭力報告，愛爾蘭十五歲以上人口的識字率占世界第一；火車上，耆宿黃髫大多人手一卷，而且樂在其中」，可見愛爾蘭人重視文學藝術，已超越物質享受。

27. 由文中「每年全臺灣只生下六萬個嬰兒，與幾十年前每年出生四十萬個嬰兒」之句，可推知自現在是2008年後推幾十年，故(D)選項較恰當。

28.(B)因「點一份老人餐」、「幫他服務的是一位七十幾歲的老服務生」、「路邊的停車格，現在已改成輪椅停放區」等句，可窺見臺灣社會將出現人口老化情形嚴重。

(C)因為「幫他服務的是一位七十幾歲的老服務生」，可見老年人仍需工作維生。

(D)「從前路邊的停車格，現在已改成輪椅停放區」，可見路邊輪椅停放區擴增。

29. 既然文中推測臺灣社會將出現人口老化情形嚴重，所以有關生育、兒童的行業需求會大幅降低。

> 自從別歡後，歎音不絕響。黃蘗向春生，苦心隨日長。（子夜四時歌‧春歌）
> 田蠶事已畢，思婦猶苦身。當暑理絺服，持寄與行人。（子夜四時歌‧夏歌）
> 秋風入窗裡，羅帳起飄颺。仰頭看明月，寄情千里光。（子夜四時歌‧秋歌）
> 淵冰厚三尺，素雪覆千里。我心如松柏，君情復何似。（子夜四時歌‧冬歌）

翻譯

春歌：自從丈夫你離去後，我便不時地嘆息。黃蘗樹在春天蓬勃地生長，它的苦心也隨著逐日長大（此為雙關修辭，指我那思念你的悲苦之心與日俱增）。

夏歌：盛夏時節，田裡的農事和養蠶繅絲的事都結束了，別的婦女可以休息，而我還要繼續辛苦地工作。酷暑中整理著葛布織的衣服，準備寄給出門在外的你。

秋歌：秋風吹進屋來，窗簾隨風飄了起來。仰頭看著當頭的皎潔明月，多希望這普照大地的月光能把心中思念傳遞給遠在他鄉的親人。

冬歌：深潭的水結了三尺厚的冰，潔白的雪覆蓋了千里大地。儘管天地如此寒冷，我的心仍然

像松柏一樣堅貞不變，你的感情又像什麼呢？

30. 春歌寫相思之情如春天蓬勃生長的黃蘗樹苦心，日日滋生；夏歌寫酷暑中揮汗整洗、翻晒、熨燙，準備寄出衣物給丈夫的心意；秋歌寫寄情月光傳達相思之意；冬歌寫自己堅貞不變的情愛與相思。

31. (C)「田蠶事已畢，思婦猶苦身」，是因別的婦女可以休息，而我還要繼續辛苦地在酷暑中整理著葛布織的衣服，準備給出門在外的你寄去。

> 　　自曾子而下，篤實無若子夏，而其言仁也，則曰：「博學而篤志，切問而近思」。今之君子則不然，聚賓客門人之學者數十百人，「譬諸草木，區以別矣」，而一皆與之言心言性，舍多學而識，以求一貫之方，置四海之困窮不言，而終日講危微精一之說，是必其道之高於夫子，而其門弟子之賢於子貢，桃東魯而直接二帝之心傳者也，我弗敢知也。（顧炎武〈與友人論學書〉）
>
> 桃：繼承
>
> 二帝：指堯、舜。

翻譯

從曾子以後，論純厚樸實，沒有人比得上子夏，而子夏對於仁，則解說為：「廣博地學習且堅守志向，懇切地發問請教並且深思當前發生的問題。」現在的君子則不是這樣，聚集賓客門人等幾十上百求學的人，「這些人如同草木一樣，應該是有區別的」，但（現在的君子則）全都在談論心性之學，捨棄廣泛地學習與識見，只希望找出一個貫穿一切學識的法則，不談論天下蒼生困頓疾苦的實際問題，而終日談論危難微小之處仍應求道德修養精一（危微精一是「人心惟危，道心惟微，惟精惟一，允執厥中」的簡稱，也是宋明以後儒家道統的重要核心）的學說，所以現在這些君子的學問一定在孔子之上，他們的弟子一定比子貢還要賢明，繼承孔子學說並傳承堯舜心法，（以上這些）我可是不敢隨便談的。

說明

此文的寫作背景是因明中葉時的社會，發展王陽明的心性之學，使學者多不看經書，以明心見性的空談，取代了修己治人的實學。明朝的滅亡與這種空談的學風不無關係，因此清朝的顧炎武以「文須有益於天下」，認為經世濟民的學問才有益於社會，而行文欲撻伐這百餘年來的學風弊端。

32. 今之君子是「一皆與之言心言性，舍多學而識，以求一貫之方，置四海之困窮不言，而終日講危微精一之說」，「危微精一之說」屬王陽明心性之學，可見君子終日唯講心性之學。

33. 由文中(1)提到子夏言仁，則曰：「博學而篤志」，(2)顧炎武批判今之君子「舍多學而識」的錯誤，可知顧炎武認為廣博的學問是實學，是一切學問的基礎，也才能實現經世濟民的理想。

34. (A)孔子為春秋末期魯國陬邑（今山東曲阜市東南）人，山東簡稱為魯，故「東魯」指的是孔子。

35. 文中作者評論今之君子「置四海之困窮不言，而終日講危微精一之說」的態度，可見作者是不認同的心態；再者對於今之君子能否「必其道之高於夫子，而其門弟子之賢於子貢，桃東魯而直接二帝之心傳者」，作者亦以「我弗敢知也」回應，再度可見作者不認同的態度。

> 康熙七年六月十七日戌刻，地大震。余適客稷下，方與表兄李篤之對燭飲。忽聞有聲如雷，自東南來，向西北去。駭異，不解其故。俄而几案擺簸，酒杯傾覆；屋梁椽柱，錯折有聲。相顧失色。久之，方知地震。各疾趨出，見樓閣房舍，仆而復起；牆傾屋塌之聲，與兒啼女號，喧如鼎沸。人眩暈不能立，坐地上，隨地轉側。河水傾潑丈餘，鴨鳴犬吠滿城中。逾一時許，始稍定。視街上，則男女裸聚，競相告語，並忘其未衣也。有邑人婦，夜起溲溺，回則狼銜其子，婦急與狼爭。狼一緩頰，婦奪兒出，攜抱中。狼蹲不去。婦大號，鄰人奔集，狼乃去。婦驚定作喜，指天畫地，述狼銜兒狀，己奪兒狀。良久，忽悟一身未著寸縷，乃奔。此與地震時男婦兩忘者，同一情狀也。（《聊齋誌異・地震》）

翻譯

康熙七年六月十七日戌時，地面非常劇烈地震動。我當時恰好在稷下做客，當時剛好和表兄李篤在燈燭下對飲。忽然聽見像打雷一樣的聲音，從東南方傳來，向西北方而去。大家十分驚詫，但不知道其中緣故。不久桌子等家具都顛簸搖晃，酒杯也傾倒了；屋子的梁柱發出了折斷的聲音。我們彼此互看大驚失色。過了好一會兒才知道是發生了地震。大家各自狂奔出門。看見地面的樓房屋舍低下去又起來；圍牆傾倒房屋塌垮的聲音，和孩子、女人哀號的聲音，交織喧鬧地像鍋中沸水煮開滾動般。人們頭暈目眩無法站立，只能坐在地上隨著地面起伏。河水掀起一丈高的浪打到河堤外，整座城都是鴨、狗的叫聲。過了一個多時辰，才稍微安定下來。看街上，大家赤裸著身體聚在一起，相互搶著談論這件事，並忘記了自己沒有穿衣服。鄉里間有位婦人，晚上起來上廁所，回去的時候發現狼把她的孩子叼走了，婦人急忙上前與狼爭奪孩子。狼稍一鬆口，婦人就急把小孩奪回，抱在懷中。但是狼蹲在那裡不肯離去。婦人大聲地號叫，鄰居們急忙跑過來聚集，這匹狼才離去。婦人安定下受驚的心情，心裡感到很幸運，並比手畫腳地，敘述狼把孩子叼走時的情況，和自己搶奪孩子的情形。過了很久，忽然想到自己身上什麼都沒穿，於是趕忙跑走。這和地震時男男女女都忘記自己沒穿衣服，是同一種情況。

36.(D)「坐地上，隨地轉側」，是描寫地震時人坐在地上，隨著地震時的地面起伏而起伏。

37. 題幹問「地震前」的異象，而(B)(C)(D)皆是描寫「地震當時」的狀況。

38.「邑人婦」之事，「與地震時男婦兩忘者，同一情狀也」，說明了遇難時驚慌失措，無暇他顧本人之常情。

39. 文中「不少流行一時的文學作品……終於迅速地埋沒在……河床裡，……為泥沙所滅」之句，正說明(B)著作經不起時間的考驗，最後被埋沒、淘汰。

40.(A)文中「其實這正是說永恆的作品……不能依照銷售量的多寡而定」之句，說明銷售量不是文學真理諸般檢驗的標準。

(B)成為永恆作品的檢驗標準，是需通過文學真理的檢驗，無關乎是否流行一時。所以句中「必然」一詞，當改為「不一定」方是。

(D)「流行一時的文學作品，固守著取悅蒼生的風貌」；至於「衝不過那些檢驗的作品……縱使它短暫一時被人們所傳誦，勢必就在那過濾方式中被淘汰」，所以優秀的文學作品只要能衝過檢驗，就能傳承長遠。

三、語文表達能力測驗

41. 請注意「淘、掏」兩字在使用時的分別：
　　⑴淘：淘汰、淘米、淘換、淘井、淘氣、淘洗、淘金夢、淘閒氣、浪淘淘、浪淘沙。
　　⑵掏：掏摸、掏空、掏錢、掏出、掏心掏肺、自掏腰包。

42. (A)阿「腴」→諛。　(C)「暇」邇→遐。　(D)罰「諼」→鍰（ㄏㄨㄢˊ）。
　　請注意「諼（ㄒㄩㄢ）」字的使用，其常用詞彙有：諼堂、馮諼彈鋏（是課文〈馮諼客孟嘗君〉中的故事）、馮諼燒券、永矢弗諼。

43. 解析
　　(A)一時：短時間內，即刻、突然。／一絕：獨一無二／一逕：一直。
　　(B)一例：同等、同列，或一律、一概。
　　(C)一刻：很短的時間。／一晌：片刻、一段時間。
　　說明
　　第一個空格：依「所謂養貓千日，用貓□□；養得太久，居然不堪一用」，文意判斷，一則「千日」、「太久」，對比於「□□」、「一用」；再者化用「養兵千日用兵一時」之句，故選(A)(B)「一時」最佳。
　　第二個空格：「這貓除了不捉鼠，其貪睡貪懶的程度，也是□□」，「貓不捉鼠」已是新聞，「除了……」表是另有讓人跌破眼鏡稱絕之事，故選(A)(C)「一絕」最佳。
　　第三個空格：「除非肚裡唱空城計，被諸葛亮的男高音喚醒，否則牠是□□滯留夢鄉，了無歸意」，「除非（餓醒）否則（繼續睡）」，故選(A)(B)「一逕」滯留夢鄉不願醒來。

44. 解析
　　《論語·為政》，子曰：「吾十有五而志於學，三十而立，四十而不惑，五十而知天命，六十而耳順，七十而從心所欲，不踰矩。」
　　說明
　　由此衍生出的年歲代稱有：志學之年（十五歲）、而立之年（三十歲）、不惑之年（四十歲）、知命之年（五十歲）、耳順之年（六十歲）、從心之年（七十歲）。
　　另外常見的尚有：周晬（ㄗㄨㄟˋ）（小孩子滿一歲）、及笄之年（女子十五歲）、破瓜之年（女子十六歲）、弱冠之年（男子二十歲）、強仕之年（男子四十歲）、花甲之年（六十歲）、古稀之年（七十歲）、耄耋（指八、九十歲）、期頤之年（指百歲）。
　　(A)「花甲」，指六十歲，與「少年」一詞矛盾。
　　(B)笄，ㄐㄧ，髮簪。古代女子年滿十五歲而束髮加笄，表示成年，後世遂稱女子適婚年齡為「及笄」；與「老婦」一詞矛盾。
　　(C)「而立之年」，為三十歲的代稱。
　　(D)「不惑」，孔子自稱四十不惑，後人因稱四十歲為「不惑」；與「小兒」一詞矛盾。

45. (A)鞭辟（ㄅㄧˋ）入裡：評論他人文章時見解深刻，絲絲入扣。句中需要一個恰當的形容詞來描述「嚴刑峻法」的嚴謹，才能達到「維護治安，頗具成效」的結果，因此「鞭辟入裡」的詞意不恰當。
　　(B)袞（ㄍㄨㄣˇ）袞諸公：眾多身居高位的官員。
　　(C)藏諸名山：古人以著作合於收藏在大山之中，來比喻極具價值，能流傳後世，永垂不朽的著作。選項中是述老王隱居一事，而不是老王的著作，故措詞不恰當。
　　(D)見異思遷：見到新奇的事物就改變心意，比喻意志不堅定；屬於負面用語。小傑對難題能對症下藥，必經過專注的思考，這是正面的讚美，所以表示意志不堅定「見異思遷」的負面用

　　詞，自是不恰當。

46. 解析

　　巧奪天工：雖是人工製造，但是精巧程度勝過天然，比喻人工技藝巧妙神奇。

　　絲絲入扣：扣，為織布機上之器具，織布時經絲由此穿入。「絲絲入扣」本指織布的技巧純
　　　　　　　熟，後多喻為緊湊合度，毫無出入。

　　入木三分：晉朝王羲之墨跡透入木板三分的故事。本形容筆力遒勁，後比喻評論深刻中肯或描
　　　　　　　寫精到生動。

　　維妙維肖：模仿得精細巧妙，逼真傳神。

　　繪聲繪影：形容講述或描摹事物，深刻入微、生動逼真。

　　呼之欲出：招呼一聲，人就好像要從畫中走出來，形容畫作或文學作品的人物描寫十分逼真生
　　　　　　　動；或形容人、事即將揭曉。

　　說明

　　甲、「模仿唱腔，真是□□□□」，對於品評模仿的評論，「維妙維肖」（模仿巧妙）比「巧
　　　　奪天工」（製作巧妙）恰當適切，故選(C)(D)。

　　乙、「講起……故事，讓大夥聽得如癡如醉」，可見講得好，因此「繪聲繪影」（講述生動）
　　　　比「絲絲入扣」（毫無出入）恰當適切，故選(B)(C)。

　　丙、「將主角個性詮釋得□□□□，使……喝采聲久久不息」，可見詮釋得好，「入木三分」
　　　　（深刻生動）比「呼之欲出」（十分逼真）恰當適切，故選(A)(C)。

47. (A)「蜂湧」已表現出「顧客搶購」的熱潮，故「陸續」是贅詞。

　　(C)既是「截止日」意即最後一日，故「的最後一天」是贅詞。「蜂湧」已表現出「顧客搶購」
　　　　的熱潮，故「陸續」是贅詞。

　　(D)既是「截止日」意即最後一日，故「的最後一天」是贅詞。

48. 表被動性，用在動詞前構成被動詞組。如：「被選」、「被害」。(A)(B)(D)中的「被」字多餘，
　　可直接刪除。

49. (A)「五十歲臺灣人口」，文意模糊，不符合文中「五十歲以上」的條件。

　　(B)「臺灣五十歲以上」一句語意不清，「五十歲以上」是條件，但未具體列出所說明描述的主
　　　　體為何？

　　(D)「五十歲的臺灣人口數」、「全國人口三分之一」，前後兩句在講「人口數」，通常重複
　　　　出現的字詞，會刪去前者保留後者，使成為「五十歲的臺灣人口」、「全國人口數三分之
　　　　一」，較為正確。

50. 「逐漸」說明「成為」的速度，「必要」是「考量」的條件，故(A)為正確答案。

98年統測（四技二專）

一、綜合測驗

1. (A)ㄍㄨˋ／ㄏㄜˊ。　(B)ㄒㄩㄣˋ／ㄒㄩㄢˇ。　(C)ㄏㄜˊ。　(D)ㄙˋ／ㄓˋ。

2. 說明

　　題幹的「聿」，象形，象手執筆形。

　　(A)「旦」，指事，從日，「一」象地，故「旦」指日出地上而明之時；「日」為太陽之義。／「昏」，會意，從日氏省。氏有低下義，日落近地時為昏。故「日」為太陽之義。

　　(B)「肥」，會意，肉多已需加節制為肥。故「月」為肉之義。／「明」，會意，日月照天，光顯明亮。故「月」為月亮之義。

　　(C)「然」，形聲，從火，古代祭天有燔燒犬肉以為祀者，故燔燒為然。因此「灬」為「火」之義。／「魚」，象形，上象頭，中象鱗，下象尾，水生動物。故「灬」為象「魚尾」之形。

　　(D)「旺」，「暀」之俗字，從日往聲，往有眾義，眾光調和然後見其美盛。故「暀」是光彩和美的樣子。因此「王」有「眾」義。／「瑤」，形聲，從玉，美玉。故「王」是「玉」之義。

3. (A)自投羅網：比喻落入他人圈套或自取禍害。／捉襟見肘：形容人衣衫破敗、生活貧困，或窮於應付的窘態。

　　(B)金碧輝煌：多指宮殿等建築，形容其裝飾華麗炫爛；亦作「金碧熒煌」。／室如懸磬：指居室空無所有，喻非常貧窮。在唐傳奇〈虯髯客傳〉一文中，則比喻孤獨無依。

　　(C)「高瞻遠矚」與「目光如炬」，均比喻見事透徹，識見深遠；在方苞〈左忠毅公軼事〉一文中，「目光如炬」亦可形容目光有神。

　　(D)緣木求魚：到樹上去找魚，比喻用錯了方法而徒勞無功。／探囊取物：伸手到袋子裡取東西，比喻事情極易辦到。

4. (A)當……之時。蘇軾〈赤壁賦〉：當曹操攻破荊州，進軍江陵的時候。

　　(B)途徑、方法。《論語・雍也》：凡事能就近以自身打比方（喻能推己及人，替人著想），可以說這就是實行仁的方法了

　　(C)方向、去處、地點。《論語・里仁》：父母健在時，做子女的不可遠遊在外；就算要出遊到外地，必定告知父母地點，避免使他們擔心。

　　(D)剛剛。方苞〈左忠毅公軼事〉：廂房內有一位書生趴在桌上睡著了，他剛剛完成文章的草稿。

5. (A)「鞏」，表牢固，與「固」義近。

　　(B)「甫」，是男子的美稱，與「美」義近。

　　(C)「熹」，微明的，與「晦」表昏暗、不明顯、夜晚等義相反。

　　(D)「脩」，表長、久、遠，與「永」義近。

6. 名字「是天底下父母親滿懷熱望的刻痕」，父母親熱切盼望的是子女都能幸福平安地成長茁壯；名字「是一兩個最美麗最醇厚的字眼」，這美麗醇厚的是父母的心意，使「每一個名字都是一篇簡短質樸的祈禱」。

7. 文中以「小心翼翼」地「琢磨到最完美」、「細心地」黏上鞋底的謹慎，「替鞋子上鞋油」再「反覆擦拭四遍」的誠懇，描寫毛爺爺認真工作的態度及「謹慎誠懇，不負所託」的特質。

8. 翻譯

萬物中會飛翔的動物，以遨翔天空爲樂；會潛水的動物，以潛遊深淵中爲樂；會奔跑的動物，以奔馳在草木繁茂處爲樂。這些動物各自得到牠們的快樂，跟人類都沒有什麼關係，但是人類卻要奪走牠們的快樂，來成爲自己的快樂；當人類覺得快樂的時候，卻不知道這些動物感覺十分痛苦。

說明

(B)把鳥關在籠子裡，奪走牠們遨翔天空的快樂，(C)把魚釣起，奪走牠們潛游深淵的快樂，(D)在森林裡狩獵捕捉動物，讓牠們喪失奔馳大自然的快樂。人爲了自己的快樂，剝奪了其他動物的快樂，是作者在文中最不贊成的人類行爲，所以(B)(C)(D)皆不正確。(A)「賞花」是無關乎他者快樂的活動，推斷應是作者最可能贊同的活動。

9. 翻譯

張率常寫作文章，虞訥見到他的文章，總要加以譴責抨擊、毀謗誣蔑。張率於是寫了一首詩給虞訥看，冒充是沈約之名（冒充是沈約的作品），虞訥看了便每一句都讚美，認爲沒有一個字寫得不好。張率說：「這首詩是我的作品。」虞訥羞愧地離開了。

(A)自以爲年紀大，閱歷豐富，而看不起別人。

(B)春秋時越國美女西施因心病疼痛而捧心皺眉，同里醜女東施看見覺得姿態十分美麗，於是摹仿西施捧心皺眉，然卻更見其醜。後比喻不衡量自身條件，徒然盲目胡亂地模仿他人而收到反效果。

(C)形容一個人嘴巴上說的好聽，但是內心險惡、處處想陷害人。

(D)「迷信名聲」指盲目信仰有聲望的人。可見虞訥並非真正看過或研究過沈約的作品，只知道他很有名，便只要說是沈約的作品，虞訥便不分青紅皂白都叫好。

10. 翻譯

喜歡寫作詩文，但一向是要下筆總覺十分困難，一首詩總要一改再改，改上千次才覺得盡善而心安。就像是老婆婆當年是剛開始學習簪髮妝扮的少女時，在頭髮還沒梳好前總不讓他人看到（總要一梳再梳到最完美，才能給人看）。

說明

袁枚寫作此詩時已七十多歲，把自己比喻成白髮老婦，十分生動。詩人寫詩，女孩梳妝，都要一而再以達到完美；可見作品須經過不斷修改鍛鍊，才能精彩，故(B)專注完美，近乎苛求的標語，最接近詩意。

(A)慈母心就像豆腐一樣柔軟　(C)人生世事難以預料，故要把握當下際遇，對人要更好　(D)什麼事都可靠金錢完成，只有情感是不能以有形的價值加以衡量。

11. (A)由「寶鈿」、「翡翠」、「金釵」等關鍵詞，可知此對聯應指賣珠寶飾品的地方，如銀樓、珠寶店等。

(B)由「留燕趙齊梁客」、「借寓」的留各方來客、借宿之義，可知此對聯應指提供行旅住所的地方，即旅館。

(C)由「陸羽、品茗」可知此對聯應用在「茶樓」。陸羽，爲茶神，著有《茶經》三卷。至於「元龍豪氣快登樓」一句，是說若你有如陳登般的豪氣與不俗，就請快上樓品茗。（成語補充：「元龍高臥」，是指東漢時陳登，字元龍，有豪氣。許汜見陳登，但陳登卻久久不和他說話，自己上大床睡覺，讓許汜臥下床。後以「元龍高臥」比喻怠慢客人。）

(D)由「刻刻」、「光陰」、「聲聲」，可知是和時間有關的物品，即鐘錶。

12. 「空中樓閣」，空中所見的樓臺亭閣。比喻是脫離現實的幻想。

(A)形容雨大且急。中心詞是後半的「大雨」，前半的「傾盆」則用來形容「雨」大的程度。

(B)形容衣食充足，生活富裕。其構詞方式是「形容詞＋名詞＋形容詞＋名詞」，「豐、足」是形容詞，「衣、食」是名詞，「豐、足」是形容「衣、食」豐厚精美的程度。

(C)本指在名山開始建寺院的人，後引申指某一學術流派或事業的創始人。中心詞是後半的「祖師」，前半的「開山」則用來說明是第一位「祖師」。

(D)形容繁榮市鎮的夜景。「萬家燈火」，中心詞是後半的「燈火」，前半的「萬家」則用來形容「燈火」的繁多。

13. 錯綜修辭是把形式整齊如類疊、對偶、排比、層遞等詞格，故意抽換詞面、交蹉語次、伸縮文身、變化句勢，使形式參差，詞彙有別，以避免單調呆板的一種修辭法；所以「風霜高潔」可以是「風高霜潔」。各選項解析如下：

(A)「性行淑均」可以是「性淑行均」：性情善良，行事公正。出自於諸葛亮〈出師表〉。

(B)構詞方式是「形容詞＋名詞＋形容詞＋名詞」，為「紅色的石榴」與「白色的蓮花」二個詞組並列；亦為句中對；詞語出自白居易〈與元微之書〉。

(C)構詞方式是「形容詞＋名詞＋形容詞＋名詞」，為「色彩鮮豔、有各種花紋圖案絲織品的衣服」與「精美的食物」二個詞組並列；亦為句中對；詞語出自司馬光〈訓儉示康〉。

(D)「喋血山河」指殺人眾多，陳屍遍野；並沒有交換語次的現象；詞語出自連橫〈臺灣通史序〉。

14. 在考文句重組的試題中，必然有前後邏輯性或因果關係，故可根據上下文中關鍵字、連接詞或文意口氣等線索加以判斷；請仔細體會句子後的說明。

首句：昨夜我沿著河岸

丙、漫步到／蘆葦彎腰喝水的地方

說明：承繼上一句「沿著河岸」然後「漫步到」，符合敘述的邏輯性，故可刪去(C)(D)。

丁、順便請煙囪／在天空為我寫一封長長的信。

甲、潦是潦草了些

說明：寫信之後接上信中字跡「潦草」的描述，上下文意有關連性而自然承接，故知甲在丁之後，以消去法可刪去(A)(D)。

乙、而我的心意／則明亮亦如你窗前的燭光

說明：雖然上述信中字跡潦草，「而（但是）」心意明亮。「而」字的轉折使語意連貫，故乙在甲之後，可刪去(A)(D)。

末句：稍有曖昧之處／勢所難免／因為風的緣故

說明：燭光因風而搖曳使明暗不定，正呼應「曖昧」一詞，故確認乙在末句之前，可刪去(C)(D)。

15. 本題的設計主要在測驗同學對互文修辭的理解。互文修辭是指通過省略以達到精鍊文詞的表達手法。在上、下文有連貫性的語句中，省略上文或下文中重複出現的詞語，而使上、下文的意義互相補充、呼應，合為一體以共同表達一個完整的意思。所以「長亭阿姆短亭翁」，可理解為「長亭（和短亭）的老婦（和老翁），短亭（和長亭）的老翁（和老婦）」。

(A)直述句，沒有使用互文修辭：「少小離家」與「老大回」、「鬢毛衰」，只是表明今昔對比。選項引文出自賀知章〈回鄉偶書〉：「少小離家老大回，鄉音無改鬢毛衰。兒童相見不相識，笑問客從何處來。」翻譯如下：我年少時離家如今年紀老大時才得回鄉，我的口音並沒有改變但是鬢髮已花白。村中孩童不認識已年邁的我，竟笑著問我是從哪來此作客。

(B)可理解為：秦（漢）朝時的明月，照著（秦）漢時的邊防關隘。選項引文出自王昌齡〈出塞曲〉：「秦時明月漢時關，萬里長征人未還。但使龍城飛將在，不教胡馬度陰山。」翻譯如下：秦朝和漢朝時的明月與關城都還在，但是戰爭自秦漢以來卻沒有間斷過，離家出征到萬

里外的戰士們都還沒有回家鄉。要是當年鎮守龍城的飛將軍李廣仍然健在，就不會讓胡人的騎兵越過陰山南下侵略中原。

(C)直述句，沒有使用互文修辭。選項引文出自張繼〈楓橋夜泊〉：「月落烏啼霜滿天，江楓漁火對愁眠。姑蘇城外寒山寺，夜半鐘聲到客船。」翻譯如下：明月漸沉，烏鴉啼叫，天地間一片霜寒淒清，江邊的秋楓，漁舟的燈火，與愁思不眠的我相對。這時，只聽到姑蘇城外的寒山寺裡，在這半夜時分所敲出鐘聲，一陣陣盪傳到客船上來。

(D)直述句，沒有使用互文修辭。選項引文出自王維〈渭城曲〉：「渭城朝雨浥輕塵，客舍青青柳色新。勸君更盡一杯酒，西出陽關無故人。」翻譯如下：渭城早晨的一場春雨沾濕了輕揚的沙塵，客舍外的青青柳樹因此顯得格外清新。請你再喝一杯餞別酒吧，再往西行出了陽關後，就沒有老友相伴了。這首詩後來成為餞別的名曲，又名〈陽關曲〉、〈陽關三疊〉。

16.(1)詩句中「裹過小腳的」、「戴著鐐銬跳舞」、「十九世紀的貴族」、「農業社會的士大夫階級」等關鍵詞所指出的詩作特色與出現時間，是指民國初年的「新月派」。「新月派」強調詩的格律美，注重押韻、音節，喜歡寫形式整齊、韻腳固定的詩，也因過於整齊被嘲為「戴著鐐銬跳舞」的「豆腐乾體」。徐志摩，是梁啟超的學生，也是新月詩派代表人物；聞一多也曾經表示：「越有魄力的作家，越是要帶著腳鐐跳舞才跳得痛快、跳得好。」

(2)由紀弦等人發起，主張新詩是「橫的移植」，而非「縱的繼承」，強調知性、現代化的，是為「現代派」。

(A)「我們」指紀弦等「現代派」詩人，反對徐志摩的主張。

(B)詩中嘲諷的「他們」，是暗指徐志摩等新月派詩人。

(C)由「一雙健康的天足」讓「我們跑，我們跳，好高，好快」，說明擺脫腳鐐（格律）才能寫就好詩。

(D)作者認為講求格律是民國初年時新月社詩作的特色，也為傳統知識份子、士大夫（貴族）所好；因此作者認為是「這些重視格律的詩」討好了貴族，而不是「古人寫詩皆為了」討好貴族。

17.(A)紀傳體：以人為主，以人繫事，詳一人的事蹟，如《史記》、《漢書》、《後漢書》、《三國志》等。

《史記》的作者：西漢司馬遷撰（前後共十八年才完成是書）。

篇數：凡一百三十篇（卷），五十二萬餘言。

時間：自黃帝軒轅至於漢武太初，兩千五百年間事。

體例：本紀（敘帝王）十二、世家（記諸侯）三十、表（繫時事）十、書（詳制度）八、列傳（記人物）七十。

定名：「史記」本史書之通稱，司馬遷所著之史，原稱「太史公書」，漢人或稱「太史公記」，魏晉以後，乃以「史記」為遷書專稱。

評論：司馬遷之文雄深雅健，善敘事理，後代散文家莫不奉為圭臬，推為文史的大宗師（韓愈即稱讚柳宗元之文雄深雅健，似司馬子長）。

破例：將項羽列入本紀、陳涉列入世家、孔子列入世家。

揣史公之意，蓋以項羽功高，不以成敗論英雄；陳涉發難，孔子為百世之師，堪與有國之君王諸侯相並。

參考：司馬遷作《史記》，多採《詩》、《書》、《戰國策》、《左傳》、《國語》、《世本》、楚漢春秋之說。

價值：正史的第一部（《尚書》是我國第一部史書）、紀傳體之祖（班固以後之正史，皆沿其體例）、通史之祖、私修史書之祖、首創「論贊體」以見作者抑揚之義、清金聖歎評為六才子書之一。

論贊體：《史記》每篇都有一段「太史公曰……」，以評論人物或史事；史家沿為定制，或稱「贊」（如《漢書》），或稱「論」（如《後漢書》），或稱「評」（如《三國志》），或稱「史臣曰」（如《宋書》），成為我國史書特色。後世古文家遂在文章分類中，特立有論贊體。

(B)紀傳體：

《漢書》的作者：東漢班固；前後參與撰者有：班彪（固父）、班固、班昭（固妹）、馬續（馬融兄）。

異稱：《前漢書》。

篇數：一百篇一百二十卷。

時間：上起漢高祖，終於王莽之誅，計十二世，二百二十九年史事。

體例：紀十二、表八、志十、列傳七十。

性質：體例多採《史記》，但將世家併入列傳，並改寫書為志。

價值：專記前漢史事，第一部紀傳體斷代史（斷代史之祖）；《史記》、《漢書》、《後漢書》合稱三史；《史記》、《漢書》、《後漢書》、《三國志》合稱四史。

(C)國別史：《戰國策》的作者：非一時一地一人之作，各篇作者漢時已不可考。

別稱：劉向以前名稱紛歧，或曰「國策」、「國事」、「事語」、「短長」、「長書」、「修書」等異稱。迨劉向典校中祕書，始定名為「戰國策」。

年代：戰國。

範圍：繼春秋以後，迄於楚漢之起，共十二國，兩百四十五年間事。

篇數：三十三卷（是書傳至北宋時，只存十一篇，曾鞏重加搜校，而後三十三篇復原，今本為曾氏校定本）。

內容：記戰國策士（縱橫家）遊說時君之言。

價值：太史公作《史記》多採其說；是研究戰國歷史之重要資料；被列為三大說話寶典之一。

(D)編年體：以時為主，以事繫年，詳一國政體，如《春秋》、《左傳》、《竹書紀年》、《資治通鑑》等。

《資治通鑑》的作者：北宋司馬光主撰，助纂者有劉邠、劉恕、范祖禹等數十人，為我國編年史名著。

篇數：凡兩百九十四卷。歷十九年始成。

時間：上起戰國（始於三家分晉），下迄五代末，歷十二代，貫一千三百六十二年間事。

內容：嘉善矜惡，取是捨非；博而得其要，簡而周於事。取材網羅宏富，文繁義博，體大思精，前所未有。取材除正史外，雜史多至三百二十餘種。司馬光自稱畢生精力盡瘁於此。

地位：編年體通史。

命名：書成，由神宗製序賜名，取意「以鑑於往事，有資於治道」。

18. 由「離騷」、「汨羅江水」、「詩人」等詞彙，可知吟詠的人物是屈原，其作品可見於《楚辭》中。

(A)《楚辭》的編者：西漢劉向輯錄、定名，取屈原、宋玉、景差、賈誼、淮南小山、東方朔、嚴忌、王褒……及劉向自作〈九歎〉，集成一書，名曰《楚辭》。

時代：產生於戰國時代。

地域：楚地，即長江流域一帶。

命名：記楚地、書楚語、作楚聲、名楚物，故名楚辭。

文字：多六、七言，長句駢語，長短參差，鋪張美化；多直陳，無重調；用「兮」、「些」、「只」等虛字。

內容：劉向所集楚辭共十六篇。屈原有〈離騷〉、〈九歌〉、〈天問〉、〈九章〉、〈遠遊〉、〈卜居〉、〈漁父〉，宋玉有〈九辯〉、〈招魂〉，景差有〈大招〉，及漢人賈誼〈惜誓〉、淮南小山〈招隱士〉、東方朔〈七諫〉、嚴忌〈哀時命〉、王褒〈九懷〉……等擬作；都出自貴族。

特色：多個人情志幻想，風格浪漫神秘、熱烈奔放，充滿象徵與自我抒情風格，是富於想像力的純文學。

注家：東漢王逸是第一位為《楚辭》作注，將劉向所編的《楚辭》，加上王逸自作〈九思〉，合為一集再加注釋，稱為《楚辭章句》；宋朱熹撰《楚辭集注》。

價值：〈離騷〉為《楚辭》中最重要的一篇，亦為我國辭賦之祖；金聖歎評為六才子書之一。集部總集之祖（《隋書・經籍志》以《楚辭》為集部之首），辭賦之祖（或說〈離騷〉為辭賦之祖），開漢賦之先河，戰國時代南方文學的代表，南方詩歌的總集。

分部：列入集部。

(B)《書經》又稱《尚書》。

性質：「尚」即「上」，指上古而言，故《尚書》就是上古時代政事的公文檔案；中國最早的一部史料彙集。以「尚書」為書之專名者，始於伏生（勝）；元代以後，通稱《書經》。是中國最古的歷史（史書之祖）、散文之祖。

內容：《漢書・藝文志》：「右史記言，左史記事。事為春秋，言為尚書。」《尚書》中十之八九即在記言。

篇數：凡五十八篇，虞、夏、商、周書等四部分。

體式：有六，典（記帝王言行，以作後代常法）、謨（記述君臣謀議國事）、訓、誥（施政文告）、誓（將士的誓詞）、命（帝王的詔令）。

(C)《樂府詩集》是宋郭茂倩編，輯錄了自漢至五代的樂府詩，兼及先秦至唐末歌謠，以及後人對樂府原詞的擬作。

(D)《文心雕龍》的作者：南朝梁劉勰。

內容：將文體分二十類「論、說、辭、序、詔、策、章、奏、賦、頌、歌、贊、銘、誄、箴、祝、記、傳、移、檄」，共五十篇。深究文體的源流、原則原理，和文章的作法、工拙等。

價值：為我國第一部以駢體文寫成的文學批評的專書，有系統的方法論。

二、篇章閱讀能力測驗

19. 說明

要注意題幹強調「依序」，故須先選「挑出別人的長處」，再選「記得幫別人擦乾臉上的眼淚」意義的物品。

(A)牙籤最符合「挑出別人長處」的意象；面紙最符合「記得幫別人擦乾臉上的眼淚」的意象。

20. 由文中述老師的禮物：提醒「你是有價值而且特殊的」、提醒「挑出別人的長處」、提醒「記得幫別人擦乾臉上的眼淚」，可知和「珍視自我，推己及人」有關。

21. 本文開宗明義即點出主旨：「皇室貴族對科學家或數學家的贊助，是文藝復興時期支持學術研究的一股重要力量；而運用禮物交換贊助的機會，或藉此取得社會地位更高的工作，則是文藝復興時期的科學家或數學家經常使用的方法。」繼之是以伽利略為例說明主旨。詳究主旨即是：(D)指出科學研究的進展、專家地位的形成，有其政治社會因素。

22. (A)文章中完全未論及個人資質優劣一事。

(B)由「伽利略擁有自然哲學家的頭銜，為他提供了探討自然哲學的社會性合法身分，才使他後來推動哥白尼的『日心說』」，正說明社會地位的高低，影響了專業的可信度。

(C)「伽利略用他改良的望遠鏡發現了木星的四顆衛星，並將它們以『麥第奇之星』之名，獻給當時已繼任托斯卡尼大公的科西莫・麥第奇與他的三個兄弟，讓他們的名字與希臘羅馬神話中的神祇，同樣永恆地高掛天空，這是一項無價的禮物。而麥第奇大公爵回饋給伽利略的禮物」，便是使伽利略成為「麥第奇宮廷數學家與自然哲學家」，這說明了研發成果會影響社會地位的取得。

(D)「由於伽利略擁有自然哲學家的頭銜，為他提供了探討自然哲學的社會性合法身分，才使他後來推動哥白尼的『日心說』」，正說明工作處所的資源會影響研發成果。

23.(A)文章未言及伽利略與哥白尼之間的關係為「師生」，只說他推動哥白尼的「日心說」。

(B)由於伽利略成為宮廷數學家後，「擁有自然哲學家的頭銜，為他提供了探討自然哲學的社會性合法身分」，也就是肯定了他的專業權威，「才使他後來推動哥白尼的『日心說』」。

(C)不是發現了木星，而是「發現了木星的四顆衛星」，並命名為『麥第奇之星』。

(D)並不是用金錢賄賂麥第奇公爵，而是「發現了木星的四顆衛星，並將它們以『麥第奇之星』之名，獻給當時已繼任托斯卡尼大公的科西莫・麥第奇與他的三個兄弟，讓他們的名字與希臘羅馬神話中的神祇，同樣永恆地高掛天空」。

24.(D)先寫盛夏時荷花的「搖曳生姿、亭亭如蓋」，再寫秋冬時的「枯枝敗葉，零落雜陳」。繼之寫踏月去憑弔那「不忍卒睹」的衰敗，而心生體悟。整段文字並未寫及月光下荷花的豔麗。

25.「我們如果能賞其煥發時的『華采』，又焉能不敬其零落時的『功成』？」之句，說明了自然現象的有「榮」有「衰」、有「興」有「落」，既非(A)萬物皆空，也不是(C)天地無情，終歸寂滅，而是(D)「敬其零落時的功成」的興替有常，表達的不是感傷的情緒。

26. 作者的體悟是：「煥發之時固足喜，而零落之際亦不足悲了。畢竟生命的光熱是曾經適時的迸發散播過的。」故「道法自然，興替有常，不須感傷」。

(A)這兩句乃「感嘆人生無常」，不同於作者「畢竟生命的光熱是曾經適時的迸發散播過的」的體悟。題幹引文出自陶淵明〈雜詩〉：「人生無根蒂，飄如陌上塵。分散逐風轉，此已非常身。落地為兄弟，何必骨肉親！得歡當作樂，鬥酒聚比鄰。盛年不重來，一日難再晨。及時當勉勵，歲月不待人。」翻譯如下：人生在世漂泊無根，如行路上的灰塵飄盪。就好像被風吹四散般，自己已經不是當初原來的模樣了。大家一出生在這世上彼此相逢就是兄弟，誰說一定要家中的兄弟才是親人！把世界上歡快的事情拿來分享，舉起酒杯聚集鄰近的朋友吧！美好的歲月不會重新來過，一天逝去也不會再回到早晨。現在就要時時督促把握當下，時間是不會等待任何一個人的！

(B)這兩句意指「常擔心秋天一到，萬物凋零」，不同於作者「零落之際亦不足悲」的體悟。題幹引文出自漢樂府詩〈長歌行〉：「青青園中葵，朝露待日晞。陽春布德澤，萬物生光輝。常恐秋節至，焜黃華葉衰。百川東到海，何時復西歸？少壯不努力，老大徒傷悲。」翻譯如下：園子裡的葵菜青翠，清晨的露水等太陽一出來便（晒乾）消失了。春暖的恩澤廣布天地間，萬物都生機蓬勃煥發光輝。但常擔心秋天一到，這茂盛的草木就會枯黃凋謝。你看那東流入海的河川，有哪些曾往西邊回流過呢？少壯時期如果不多努力，年紀老大時就只能感傷悲嘆。

(C)這兩句意為「以平和的心境觀看萬物自然都能怡然而有所體會，對春夏秋冬美好景致的領略都能與人相同」，與作者的體悟相同。題幹引文出自程顥〈秋日偶成〉：「閒來無事不從容，睡覺東窗日已紅。萬物靜觀皆自得，四時佳興與人同。道通天地有形外，思入風雲變態中。富貴不淫貧賤樂，男兒到此是豪雄。」翻譯如下：以恬淡閒靜的心情，做起任何事都能

從容不迫，一覺睡醒東窗外又見泛紅的陽光透亮（充滿著朝氣）。以平和的心境觀看萬事萬物自然都能怡然而有所體會，對春夏秋冬美好景致的領略都能與人相同。這樣的人，修道可通達超乎天地有形之外，思維就像風雲變化般有著萬千體悟。雖身處富貴能不惑亂心志、身居貧賤亦自得，男兒能修到此境界，可稱得上是英傑豪雄了！

(D)這兩句表達出「人生的哀愁怨恨如何能夠消除呢，只有我那遺恨萬里的悲戚和晝夜難眠的思鄉情懷最為難堪」的悲悽，不同於作者「煥發之時固足喜，而零落之際亦不足悲」的感悟。題幹引文出自有「家國不幸，詩家幸」之稱的李煜作品〈子夜歌〉：「人生愁恨何能免，銷魂獨我情何限。故國夢重歸，覺來雙淚垂。高樓誰與上，長記秋晴望。往事已成空，還如一夢中。」翻譯如下：人生的哀愁怨恨如何能夠消除呢，只有我那遺恨萬里的悲戚和晝夜難眠的思鄉情懷最為難堪。夢裡重歸故國，醒來已是淚流滿面。還記得以前，在秋高氣爽時與友人登樓眺望，現在能和誰一起呢？往事全如空幻，就像是一場夢。

27. 全文描述鬱金香價格波動的流程是：
(1)「十七世紀初，鬱金香在荷蘭庭園已成為頂級寵兒」，「價格於是扶搖直上」甚至引發「鬱金香狂熱」，故鬱金香價格行情是一開始便是頂級寵兒。
(2)狂熱到「甚至不惜拿珠寶、土地來換球莖」，鬱金香價格行情被瘋狂哄抬。
(3)「原本對此抱持懷疑的人，看見親戚朋友個個一夕致富，無不懊惱後悔」，鬱金香價格行情在半信半疑中成長。
(4)「助長投機的金融工具──……「買進選擇權」」的產生，鬱金香價格行情繼續在憧憬中茁壯。
(5)鬱金香球莖價格高漲至一顆「的身價足以養全船的人吃一年」！但是「總會有人居高思危，著手獲利了結：之後，其他投資者信心鬆動，也跟著賣出」，前後只差一個月，「球莖的價格卻一瀉千里，甚至不如一顆洋蔥」，鬱金香價格行情終於在充滿希望中破滅。
說明：(A)鬱金香並不是「在絕望中誕生」，而是從一開始便是「頂級寵兒」。

28.(A)價格暴跌是因市場投機炒作之餘，「總會有人居高思危，著手獲利了結：之後，其他投資者信心鬆動，也跟著賣出」所造成的。所以信心鬆動，大量賣出的結果，才是導致鬱金香價格暴跌的原因。
(B)鬱金香感染了病毒，「但因病毒不會致命，反而會讓花瓣出現對比強烈的條紋或火燄般的紋路，因此，荷蘭人對鬱金香的熱愛不僅絲毫未減，更想擁有染病的花朵」，引發了「鬱金香狂熱」，使價格不斷飆升。文中並未提及「鬱金香因感染病毒而產量銳減」。
(C)原來「一顆市價100元的鬱金香球莖，買方可用20元買一個『權利』」，資金門檻相對較低，容易入場；再加上獲利「比直接購買球莖只能賺一倍好太多了」，故更能吸引群眾投入市場以小搏大。
(D)「花商們先是預測來年流行的色款，然後大量囤貨，坐待價格上揚」；「價格飆得越高……貴族與販夫走卒都相信：世界各地的買家將湧入荷蘭，競出天價搶購鬱金香」，說明搶購鬱金香，完全是炒作加上預期心理下所產生的現象，而不是因荷蘭花商能培育各種色款的鬱金香吸引買家。

29.「金融泡沫」事件的發展過程，應是：投機炒作氣息濃厚→價格不斷狂飆升高→「金融泡沫」事件發生→恐慌拋售投資標的→商品價格不斷下跌、民眾投資心態更趨保守。
說明：(B)選項是「金融泡沫」未戳破之前會有的現象。

> 　　公治水江南，至昆山，寓千墩寺。公所居，不陳儀從，如常人。有鄉民數人來寺游觀，雜坐其旁，既而問僧：「夏尚書何在？」僧曰：「觀書者是也。」民惶懼奔走，公殊不爲意。治水夫日役五十餘萬，公布衣徒行，盛暑揮蓋去，曰：「眾赤體暴日中，吾何忍張蓋？」或問：「量可學乎？」公曰：「某幼時，有犯者未嘗不怒，始忍於色，中忍於心，久則自然。」（張怡《玉光劍氣集》）
>
> 公：指明人夏原吉，時任戶部尚書。
> 暴：同曝。

翻譯

夏原吉在江南治理水患，到了昆山，寄住在千墩寺。夏原吉居住在此，身旁沒有應對禮儀時所需的隨從，就像一般人一樣。有幾個鄉民來寺裡遊覽參觀，就夾坐在夏原吉身邊，不久，他們問僧人：「夏尚書在哪裡？」僧人說：「就是在看書的那個人。」鄉民心裡恐懼趕快跑走了，夏原吉卻一點都不在意。治理水患每天需要役使五十多萬名工人，夏原吉穿著（平民所穿的）布衣步行，在天氣最熱的時候把陽傘拿開，說：「眾人赤膊曝晒在大太陽底下，我怎麼忍心張傘遮陽呢？」有人問他：「心胸度量是可以學習的嗎？」夏原吉說：「我年紀小的時候，遇到有人冒犯沒有不生氣的，（後來學習忍耐）剛開始的時候只是在臉色上容忍（使臉色不變），之後就可以容忍在心裡（使內心不怒），時間一久，就能自然地包容他人，毫不計較發怒了。」

30.(A)由「公所居，不陳儀從，如常人」的沒有排場、「鄉民……雜坐其旁」的親近百姓、「布衣徒行，盛暑揮蓋」那苦民所苦的同理心來看，夏原吉是親民愛民的好官吏。
　　(B)防患未然：在禍患還沒有發生之前就加以防備；義近於「防微杜漸」、「未雨綢繆」。
　　(C)見賢思齊：看到賢能的人，便想效法他。出自於《論語·里仁》。
　　(D)量入爲出：根據收入的多寡來制定支出的限度。

31. 題幹中的「蓋」，是指遮陽用的「傘」。
　　(A)超越。選項引文出自杜甫〈八陣圖〉：「功蓋三分國，名成八陣圖。江流石不轉，遺恨失吞吳。」翻譯如下：諸葛亮的卓絕功績，在於確立天下三分、魏蜀吳並立的局面；他創制八陣圖而名聲卓著。江水滔滔但八陣圖的石堆依然屹立不動，讓人遺憾的是蜀漢未能併吞東吳。
　　(B)傘。選項引文出自於蘇軾〈教戰守策〉，是蘇軾指出當今人民對自己口體之養的照顧周到。
　　(C)ㄏㄜˊ，通「盍」、「何」。爲什麼。選項引文出自莊子〈庖丁解牛〉，是文惠君欣賞完庖丁的解牛大秀後，不禁讚嘆的說詞。
　　(D)因爲。選項引文出自顧炎武〈廉恥〉，翻譯如下：因爲不廉潔則什麼東西都敢拿，不知恥則什麼事都敢做。

32.(A)「度量」，ㄉㄨˋ　ㄌㄧㄤˋ，是指人能包容別人的限度。文中提到夏原吉自述修養：剛開始「有犯者未嘗不怒」，但是經過自我「克己」（指克制私欲，嚴格要求自己）的修行，「始忍於色，中忍於心，久則自然」，所以才認爲「量可學」。（補充成語：「克己復禮」，指克制自己的私欲，使言行舉止合乎禮節。出自於《論語·顏淵》：「克己復禮爲仁。一日克己復禮，天下歸仁焉。」）
　　(B)「成人之美」，指成全別人的好事。
　　(C)「博施於民」，指廣施恩德於百姓。
　　(D)「有教無類」是指施教的對象，沒有貴賤貧富的分別。

> 　　中書侍郎同平章事陸贄以上知待之厚，事有不可，常力爭之。所親或規其太銳，贄曰：「吾上不負天子，下不負所學，他無所恤。」裴延齡日短贄於上。趙憬之入相也，贄實引之，既而有憾於贄，密以贄所識彈延齡事告延齡，故延齡益得以為計，上由是信延齡而不直贄。贄與憬約至上前極論延齡姦邪，上怒形於色，憬默而無言。壬戌，贄罷為太子賓客。（司馬光《資治通鑑‧唐紀》）

翻譯

中書侍郎同平章事陸贄，因為受德宗賞識而被重用，遇到不可行的事，常向德宗力爭到底。跟他親近的人中有人勸他處事不要太尖銳，他說：「我做事要不辜負皇上及所學（的聖賢之道），其他的我都不顧慮擔心。」裴延齡每天在德宗面前說陸贄的壞話。趙憬能當上宰相，實際上是陸贄所引薦，但不久後趙憬對陸贄有些怨恨，於是祕密地把陸贄譏刺彈劾裴延齡的事情告訴裴延齡，所以裴延齡就更加實行這詆毀陸贄的計謀，德宗因此相信了裴延齡而認為陸贄為人不正直。陸贄與趙憬約好到德宗面前極力說裴延齡的奸詐行為，德宗臉上顯出憤怒的情緒，趙憬沉默不說話。到了壬戌年，陸贄被罷黜貶為太子賓客。

33.(A)「所親或規其太銳」，可見勸陸贄處事不要太尖銳的人，是跟他親近的人，而不是裴延齡。
　　(B)依照文意，裴延齡「日短贄於上」，陸贄則「譏彈延齡」，知這兩人相處不睦。
　　(C)「趙憬之入相也，贄實引之」，可見陸贄引薦趙憬成為宰相。
　　(D)陸贄「以上知待之厚」，認為皇上對他有知遇之恩，而不是裴延齡對他有知遇之恩。

34.(A)文中未提及「陸贄功高震主」的事例。
　　(B)由文中「趙憬之入相也，贄實引之，既而有憾於贄，密以贄所識彈延齡事告延齡，故延齡益得以為計，上由是信延齡而不直贄」的敘述，可得知趙憬挾怨棄義。
　　(C)文中僅提到陸贄「譏彈延齡」、「極論延齡姦邪」，並未提及橫徵暴斂之事。
　　(D)唐德宗「信延齡而不直贄」，心中已有成見，故聽到陸贄論延齡姦邪時「怒形於色」，不久後更將陸贄貶官為「太子賓客」，可見德宗不是明察秋毫的人。

35.題幹中的「裴延齡日短贄於上」之句，是指裴延齡每天在德宗面前說陸贄的壞話。故事發展到最後，德宗終於被影響，而將陸贄貶官為「太子賓客」。
　　(A)直言讜（ㄉㄤˇ）議：指正直的議論。
　　(B)道聽塗說：在路上聽到一些沒有根據的話，不加求證就又在路途中說給其他的人聽。
　　(C)求全之毀：指有意求好，卻招來毀謗。
　　(D)浸潤之譖（ㄗㄣˋ）：指讒言如水的滲透，日積月累便逐漸發生作用。

> 　　戴晉生弊衣冠而往見梁王。梁王曰：「前日寡人以上大夫之祿要先生，先生不留，今過寡人邪？」戴晉生欣然而笑，仰而永嘆曰：「嗟乎！由此觀之，君曾不足與遊也！君不見大澤中雉乎？五步一啄，終日乃飽。羽毛悅澤，光照於日月。奮翼爭鳴，聲響於陵澤者，何也？彼樂其志也。援置之困倉中，常啄梁粟，不旦時而飽，然猶羽毛憔悴，志氣益下，低頭不鳴。夫食豈不善哉？彼不得其志故也。今臣不遠千里而從君遊者，豈食不足？竊慕君之道耳。臣始以君為好士，天下無雙，乃今見君不好士明矣！」辭而去，終不復往。（《韓詩外傳》）

翻譯

題幹引文翻譯如下：戴晉生穿著破衣、戴著破帽去見梁王。梁王說：「之前我用上大夫官職的俸祿邀請您，您不願留下做官，今天怎麼來拜訪我呢？」戴晉生笑著，仰頭嘆息著說：「唉呀！從這話看來，您真是不值得交往啊！您沒有見過大澤中的野雞嗎？走五步啄食一下，需要一整天才能吃飽。（但是）羽毛美麗潤澤，光亮照耀日月。擺動翅膀爭相高鳴，聲音回響在山陵水澤中，這是什麼原因呢？因為牠高興於志向得到滿足啊。如果把牠放到穀倉中，牠常常能啄食到高粱小米，一下子就吃飽了，但是羽毛枯槁黯淡沒有光澤，志氣精神更加頹喪，低垂著頭而不鳴叫。這難道是吃得不好嗎？是因為牠不能達到自己的志向啊！今天我不以千里為遠而來與您交遊，哪裡是吃得不夠呢？是我私下嚮慕您的治國啊。我剛開始以為天下沒人比得上您這般愛惜尊敬人才，然而今天才清楚地看到您的不愛惜尊敬人才啊！」戴晉生於是告辭後離開，再也沒去見過梁王（出來做官）。

36. 戴晉生以大澤之雉自比（雖未做官，但得志），並與困倉之雉（雖做官，但不得志）作為人生境遇的對比，說明士之樂乃在「得志」與否，而無關利祿。

37. 從第一度未接受梁王「上大夫之祿」邀約所賞賜的官位；第二度前來，自「不遠千里而從君遊者，豈食不足？竊慕君之道耳。臣始以君為好士，天下無雙」之句，可知戴晉生遠來是因認為梁王為愛士之人，值得追隨，故想來一展抱負。

三、語文表達能力測驗

38. (D)津津有「胃」→津津有「味」。
請留意「胃、味」兩字，在使用時的差異性：
⑴胃：胃口、脾胃、反胃、洗胃、腸胃、胃鏡、胃酸、胃液、倒胃口、對胃口、胃潰瘍、胃下垂。
⑵味：美味、霉味、品味、脾味、乏味、風味、趣味、體味、對味、甜味、臘味、滷味、女人味、銅臭味、調味品、不夠味、別有風味、不是滋味、耐人尋味、淡薄無味、箇中滋味。

39. (C)藍白「托」鞋→拖。請注意「托、拖」兩字的區別：
⑴托：不負所托、摩托車、土托魚羹、托缽、托盤、托夢、托福、托地、托詞、托腮、托兒所
⑵拖：拍拖、歹戲拖棚、帶水拖泥、拖把、拖班、拖吊、拖拖拉拉、拖泥帶水、拖累、拖垮、拖後腿、拖下水、拖鞋、拖曳傘、拖油瓶、拖延、推拖、七拖八欠。

40. (A)青／輕。(B)傾／輕。(C)輕／傾。(D)清／清。
請注意「青、輕、傾、清」等，在使用上的區別：
⑴青：靛青、踏青、青年、瀝青、汗青、柏青哥、包青天、鼻青臉腫、碧海青天、青紅皂白、平步青雲、面色鐵青、名垂青史、爐火純青、黃卷青燈、留得青山在，不怕沒柴燒。
⑵輕：輕功、年輕、輕浮、輕蔑、輕飄、避重就輕、不知輕重、年少輕狂、風輕日暖、掉以輕心、頭重腳輕、體態輕盈、緩急輕重、駕輕就熟、裘馬輕肥、輕薄無行、輕描淡寫、輕度颱風、輕諾寡信、輕攏慢撚、禮輕意重、男兒有淚不輕彈
⑶傾：傾圮、傾聽、傾吐、傾斜、巢傾卵破、權傾天下、傾巢而出、傾心愛慕、傾筐倒篋、傾國傾城、傾囊相授、濟弱扶傾、傾家蕩產、傾盆大雨、反傾銷稅、勢傾朝野
⑷清：清白、撇清、摸清、澄清、冷清、大清早、摸不清、清潔劑、華清宮、兩袖清風、風清月白、免疫血清、眉清目秀、品格清高、旁觀者清、不清不楚、冰清玉潔、六根清淨、天朗氣清、巴寡婦清、河清海晏、抗毒血清。

41. 乙、全神「灌」注→貫；丙、最後通「諜」→牒；戊、熱淚盈「框」→眶。

42. 根據第一句文意：因為「不願喋喋不休地講解自己的作品」，所以結論是「寧可保持緘默」，故選(C)。

43. 解析

(A)一應俱全：應有的一切都很齊全。

(B)一板一眼：比喻人言行謹守法規，有條有理。

(C)一視同仁：平等待遇，毫無歧視。

(D)一勞永逸：經過一次的勞苦，即能獲得永久的安逸。

說明

「做□□□□、一絲不苟的事情」，句中的兩個詞彙必是意義相同，方以頓號分開，故與「一絲不苟」意義相同的必是(B)「一板一眼」；再者「細心固執」的態度，也正符合(B)「一板一眼」。

44. (1)先從簡單易判別的句子著手：第二句「那些眼隨興一□」。選項「藏、張、拆、噴」中，以眼睛用「張開」一詞，較其他三字合理，所以選(B)。

(2)通常上下句多有文意相承，或前後呼應的關係，所以第一句「春柳的柔條上暗□著無數叫作『青眼』的葉蕾」，先用「暗藏」一詞，方能配合第二句的「張開」；再者因「暗」才需「藏」，所以選(B)。

(3)第三句「便□出幾脈綠葉」，柳在春天會發芽，故不可能會「藏」起綠葉，所以刪去(C)(D)；再者「拆出」一詞意義不通，可刪去(A)。事實上「噴」字的使用，正與「春風又綠江南岸」的「綠」字，有異曲同工之妙，所以選(B)。

(4)第四句「不幾天，所有穀粒般的青眼都□開了」，既是「青眼」，用「張開」一詞，較其他兩字合理，所以選(A)(B)。

45. 解析

尖酸刻薄：待人苛刻或言詞銳利。

伶牙俐齒：形容人口才好，能言善道；亦作「俐齒伶牙」、「伶牙俐嘴」。

人云亦云：別人說什麼，自己也隨聲附和；形容沒有獨立的見解，只會盲從跟隨。

危言聳聽：故意說些誇大、嚇人的話，使聽的人驚駭。

滔滔不絕：形容說話連續而不間斷；亦作「滔滔不竭」。

言過其實：指言詞虛妄誇大，與事實不相符。

說明

第一個空格：從「便佞（巧言善辯，阿諛逢迎），指的就是夸夸其談（言談炫耀、說大話；夸，ㄎㄨㄚ）、耍嘴皮子的人」之句，知第一個□□□□的詞語意，需和「夸夸其談、耍嘴皮子」同義，因此用消去法刪去(A)(B)。

第二個空格：「這種人生就一副□□□□，沒有他不知道的事，沒有他不懂得的道理」、「可實際上呢，除了一張好嘴，別的什麼也沒有」，表示他只是靠一張嘴說得好像是什麼事都知道、都懂，這段文意與(A)(D)的「伶牙俐齒」義同；與「危言聳聽」的詞意無關，故刪去(C)。

第三個空格：雖然經消去法後，只剩(D)是正確的，但仍需經檢驗：他「說起話來，□□□□，氣勢逼人，不由得人不相信」，代入「滔滔不絕」，句意通順無誤，故知(D)選項正確。

46. 解析

(A)如雷貫耳：好像雷聲入耳般那樣響亮，比喻人的名氣很大，眾所共聞。

(B)傾囊相助：傾盡所有，給予幫助。

(C)疾言厲色：言語急迫，神色嚴厲，是形容人發怒的樣子。

(D)人窮志短：人在貧窮困苦之時，容易（只顧解決眼前困頓而）喪失遠大的志向。此選項中的

「人窮志短」用詞，是指顏淵此刻因窮困而喪失遠大的志向，與後兩句的讚美「樂觀進取，努力向學」之詞相互矛盾，故不恰當。

47. (D)既是「協調會」，必是因意見不合才喧囂不已而需協調，因此不可能「彼此互捧（互相吹捧、讚美對方）」。

48. (A)「找到竊賊的狗」一句，可能表示「找到竊賊的狗的行蹤」，也可能指「某隻找到竊賊行蹤的狗」，句意不夠明確。
　　(B)「院子裡的一棵樹」，句意明確指出是在「院子」（地點）「裡」（方位）的「一棵」（數量）「樹」（物品）。
　　(C)「看見孩子的媽媽」一句，可能表示「看見了孩子的媽媽」，也可能指「某位媽媽看見了孩子」，句意不夠明確。
　　(D)「三個朋友送的麵包」一句，可能表示「這是三個朋友所送的麵包」，也可能指「這三個麵包是朋友所送的」，句意不夠明確。

49. 判斷關鍵在結尾句「只要數數有幾條皺紋，即可計算出準確的厚度」，可知整段文字在說明計算出準確厚度的方法，故答案選(B)。

50. 解析
　　(甲) 意氣風發：形容精神振奮，志氣昂揚的樣子。
　　(乙) 夙夜匪懈：從早到晚勤奮不懈怠。
　　(丙) 信手拈來：比喻隨手拿起來；或喻寫文章時取材運筆極為自然。
　　(戊) 接踵而至：一個接著一個到來，形容連續不斷。亦作「繼踵而至」、「接踵而來」。
　　說明
　　「(甲)意氣風發」修飾「認為」。(乙)「繞著轉」已有不停息的意思，故不需再加從早到晚的贅詞「夙夜匪懈」。(丙)年輕時只想著要成功立業，但是成功立業都不是「隨手拿起」，而是努力打拼而來，因此成語使用錯誤。(丁)孩子帶來好奇、淘氣和歡笑的色彩，是新奇沒有過的經驗，故是「繽紛美麗的」；且名詞「色彩」，前面需加形容詞，故使用形容詞「繽紛美麗的」是為正確。(戊)「孩子的好奇、淘氣和歡笑……總能溫暖我的心」，而不是「孩子的好奇、淘氣和歡笑……總能一個接著一個的來溫暖我的心」，因為溫暖我心的不是具象的個體，可以一個個的分開看，而是一個抽象的整體：孩子的好奇、淘氣和歡笑。

99年統測（四技二專）

一、選擇題

㈠綜合測驗

1. (A)匪→菲。諸葛亮〈出師表〉。(B)荀子〈勸學〉。(C)歐陽脩〈醉翁亭記〉。(D)范仲淹〈岳陽樓記〉。

2. (B)ㄑㄧㄠˇ。(C)ㄒㄧˊ。(D)ㄔㄨㄥ。

3. (A)量詞，一座。陶淵明〈桃花源記〉。
   (B)量詞，一個。曹雪芹《紅樓夢》。
   (C)量詞，一條、一艘。蘇軾〈赤壁賦〉。
   (D)全。連橫〈臺灣通史序〉。

4. (D)不毛：草木不生的荒涼地方。人煙稀少：形容偏僻荒涼的地方。乍看這兩個詞彙都在表述荒涼的地方，事實上前者指的是土壤貧瘠的草木不生，後者則指人跡罕至的偏僻之處，故實質上仍有區別，不屬於可代換的近義詞。

5. 不遑多讓：無暇多所謙讓。不謀而合：事先未經商量，而意見、行為卻一致。不藥而癒：不吃藥病就好了。不遑省識：無暇、沒有時間認識。

6. (C)「獲請」和「受邀」兩者屬同義詞，故不需重複以免在語意上形成冗贅。

7. (A)「該倒的房子都倒了」、「明星災區」等句的措詞，都給人幸災樂禍的不當感受。
   (C)「慶幸只有三個人死亡」之句，以「慶幸」一詞面對他人的死亡，亦屬措詞不當。
   (D)既是「受傷嚴重」而且只是「暫時沒有生命危險」，因此必須追蹤觀察後續，而不能此刻便斷言「有驚無險」，措詞不夠精確。

8. 首句：為了爭取選票，
   說明：陳述「原因」。
   甲、各個候選人無不強調改革，
   說明：提出「作為」。
   乙、以塑造清新正派的形象。
   說明：這番作為的「目的」。
   丙連忙召開記者會替自己辯白，
   說明：指少數候選人的「作為」。
   丁但事實勝於雄辯，恐難取信於社會大眾。
   說明：少數候選人這番作為的「效果」。
   同學可藉此觀察出：文意自陳述原因→提出作為→作為的目的或效果，故丙句前缺少「陳述原因」（因為害怕影響選情），所以答案選(C)丙，文意才最為通順。

9. (A)選項引文出自荀子〈勸學〉。(B)選項引文出自《左傳‧燭之武退秦師》。(C)選項引文出自諸葛亮〈出師表〉。陟罰臧否：ㄓˋ ㄈㄚˊ ㄗㄤ ㄆㄧˇ，賞善罰惡。(D)選項引文出自司馬光〈訓儉示康〉。

10. 說明
    「謀閉而不興，盜竊亂賊而不作」的主要原因，就在於「貨惡其棄於地也，不必藏於己；力惡其不出於身也，不必為己」。從「是故」（表「因此」之意）一詞可看出，在此詞之前是說明

原因，之後則在說明結果。

翻譯

（在大同理想的世界裡，）各種資源不會被棄置於地下（被浪費糟蹋，而會加以充分利用開發），但卻不會據爲己有已用；人們所有的心力才華不可不從身上發揮出來，（但盡情地發揮奉獻）卻不是爲了謀私利。因此，陰謀狡詐止息，偷盜、作亂的宵小賊寇絕跡而不再橫行。

11. 說明

「釋舟楫之安，而服車馬之勞」，是指交通方式的改變；「去雕墻之美，而庇采椽之居」，是說明住屋居舍的改變；「背湖山之觀，而行桑麻之野」，則是指生活環境景觀上的改變。

翻譯

我從錢塘調任到膠西做知州一職，失去了行船划舟的安逸，而承受著乘車騎馬的勞累；離開了牆壁雕繪漂亮的華麗住宅，而棲身在粗木所造的原始簡陋住處；背棄離開了杭州的湖江山色景觀，而來到了這桑麻遍植的野地。

12. 說明

爲何覺得「以治國爲易，今也難」？是因爲覺得容易反而會態度隨意不夠謹慎，自然會疏忽細節、輕忽關鍵處，反致後續徒增困擾而倍覺困難；反之，因覺得困難，態度上自然莊敬愼重，如臨深履薄般小心翼翼，因此自然不容易出錯，而使事情覺得容易上手。

翻譯

晉文公問郭偃：「剛開始時我認爲治理國家很容易，但是現在卻覺得很難。」郭偃回答說：「您認爲很容易的時候，困難也就跟著到來；您認爲很困難的時候，容易也就接著到來。」

13. 解析

(A)選項引文出自歐陽脩〈醉翁亭記〉。翻譯如下：不久，夕陽已落到山頭，遊人漸散，影子凌亂，是賓客跟從著太守回家了。

(B)選項引文出自《世說新語・新亭對泣》。翻譯如下：眾人從北方中原被迫棄家離鄉渡江南逃後，每逢天氣晴和的日子，往往會相約邀請到新亭這個地方，坐在草地開筵暢飲。武城侯周顗在飲宴中喟然歎息說：「江南風景跟中原沒有不同，只是眼前的山河與中原不一樣！」

(C)選項引文出自陶淵明〈桃花源記〉。翻譯如下：漁人離開桃花源，找到來時停泊的船，便順著來時原路回去，並處處做下記號。等回到郡城，晉見太守，把經過如此這般的說了一遍，太守隨即派人跟著漁夫前往，循著之前所做的記號，竟然迷失了方向找不到通往桃花源的路。

(D)選項引文出自柳宗元〈始得西山宴遊記〉。翻譯如下：我認爲永州所有形態特殊的山水景觀，都有我的足跡，但這時卻還不知道西山的奇異獨特。今年九月二十八日這天，因爲坐在法華寺的西亭內，遙望西山，才驚異地指著西山覺得它很特別。

說明

從「未始知西山之怪特」到「坐法華西亭，望西山」，才發現其美而「指異之」，正是描述「發現美」的經過。

14. 解析

以上四個選項皆出自《孟子》，各選項解析如下：

(A)敬重自己的長輩，進而推廣到敬重別人的長輩；愛撫自己的孩子，進而推廣到愛撫別人的孩子。（這樣）天下就可以在掌心中隨意轉動（要統一它就很容易了）。

(B)此段舉例譬喻，是爲說明捨生取義的精義。翻譯如下：魚，是我想要吃的；熊掌，也是我想要吃的；當兩者不能同時擁有時，我會捨棄魚而要熊掌。

(C)孟子認爲人有四個善端（即良知良能），擴充此四端方能行仁政。翻譯如下：人人都有對他

人的同情憐憫之心、人人都有對自身行為羞恥厭惡而不為的心、人人都有與人相處時的恭敬禮讓之心、人人都有對世事能判斷是非善惡的心。

(D)這段說明「生於憂患，死於安樂」的名句，翻譯如下：所以上天要交付重責大任在這人身上，一定要先使他的內心承受痛苦，使他的筋骨勞累，使他經歷饑餓消瘦，使他受貧困之苦，使他做事錯亂不如意，這些磨練都是用來堅定他的心性，增加他之前所沒有具備的才能。

15. 在考文句重組的試題中，必然有前後邏輯性或因果關係，故可根據上下文中關鍵字、連接詞或文意口氣等線索加以判斷；請仔細體會下列簡要說明。

丁、他說他們認識那天，他是假意跟她問路接近她。

說明：先敘述問路的心意。從問路、帶路、認識後的交往、分手的先後順序，判別丁應放在首句，故可刪去(A)(B)(C)。

乙、她說那時她對他也有好感，才會那麼熱心地為他帶路。

說明：敘述帶路的心意；由他的「有好感」到她的「也有好感」，可藉著「也」字判別乙排在丁後，故以消去法可以刪去(B)。

丙、後來他們分手了。

甲、這天他們在路上巧遇，他們聊起近況時，她新交的男友來接她了。

說明：先有「分手」才有後來的「巧遇」，所以由文意判斷甲排在丙之後，故以消去法可以刪去(A)(B)。

16.(A)選項引文出自李斯〈諫逐客書〉，翻譯如下：臣下我聽說大臣們建議驅逐客卿，我「私下（竊）」認為這是錯誤的。

(B)選項引文出自李密〈陳情表〉，翻譯如下：希望陛下能憐憫「我（愚）」這番誠心，採納我這小小的（想留在祖母身邊照顧頤養天年的）心願。

(C)選項引文出自《左傳‧燭之武退秦師》，翻譯如下：（燭之武對秦君說）若滅亡鄭國而能有益於君王您，就「冒昧（敢）」煩請您來攻打。

(D)選項引文出自韓愈〈師說〉，翻譯如下：我嘉勉他（指十七歲好古文的少年李蟠）能實行古人的從師問學之道，就寫了這篇〈師說〉送給他。

17.(A)選項引文出自方孝孺〈指喻〉，翻譯如下：鄭君的思慮周延、行事果絕，不是個會長久處於平民身分的人。

(B)選項引文出自顧炎武〈廉恥〉，翻譯如下：那些用不光明行為，屈意迎合，博取世人歡心的人，能不慚愧嗎？

(C)選項引文出自方苞〈左忠毅公軼事〉，翻譯如下：（史可法）手裡拿著撿拾垃圾的長柄夾子，偽裝成打掃清潔的人。

(D)句中「荊州之民附操者」意謂「附操的荊州之民」。選項引文出自司馬光《資治通鑑》，翻譯如下：在荊州那些依附曹操的百姓，是迫於曹操的兵力太多，而不是真正的打從心裡歸順！

18. 說明

這類型的考題，多在測試考生的文化常識，現說明荊軻的基本生平與時代背景如下：

一、在戰國末年七雄爭霸的時代，荊軻在燕國時，和當地的擅長擊筑的狗屠夫高漸離結交；荊軻每天和高漸離在街市中喝酒，酒酣之時，高漸離擊筑，荊軻唱歌，唱著唱著就哭了起來，認為天下沒有知己。

二、易水送別：燕太子派荊軻為正使，以勇士秦舞陽為副手，出發去秦國，準備刺殺秦始皇。大家都穿著白衣，在易水邊祭道路之神後送行荊軻。這時高漸離擊筑，荊軻和著唱道：

「風蕭蕭兮易水寒，壯士一去兮不復返。」送行的人都為此悲壯情懷而怒髮衝冠，荊軻就上車而去。

三、刺秦王的場景：荊軻獻上地圖，秦王慢慢開展，最後圖窮而匕顯。荊軻左手抓住秦王袖子，右手用匕首刺秦王。秦王大驚，站了起來，掙扎中扯斷了衣袖；想要拔劍，卻劍身太長，拔不出來。荊軻追秦王，秦王繞著柱子逃跑，大臣們都驚慌失措，武士雖都在殿下，卻因沒有詔諭不能上殿。這時，侍醫把一個藥囊向荊軻扔去，荊軻伸手擋了一下，群臣一齊喊：「大王背劍。」秦王趁機才把劍轉到背後拔出，回頭砍斷荊軻的左腿。荊軻倒地，將匕首扔向秦王，不中，打在銅柱上。秦王向荊軻連砍八劍，荊軻自知失敗，靠在柱上笑對秦王說：「我之所以沒有成功，是因想生擒你好把土地歸還給各諸侯。」這時武士們也蜂擁衝上殿來，殺了荊軻。

19.(B)孟子講人人皆有四個善端，意即「良知良能」，又重「知天敬天」。陽明哲學亦講「良知」，其學說核心即是「致良知」，良知就是天理，就是道，它存在於每個人的心中。

20.(B)白先勇，廣西桂林人，名將白崇禧之子。中學時深受中國古典小說和五四新文學作品的浸染。1958年發表第一篇小說〈金大奶奶〉。1960年與陳若曦、歐陽子等創辦《現代文學》雜誌，發表了〈月夢〉、〈玉卿嫂〉、〈畢業〉等小說多篇。1963年赴美到愛荷華大學作家工作室研究創作，後旅居美國。出版有短篇小說集《寂寞的十七歲》、《台北人》、《紐約客》，散文集《驀然回首》，長篇小說《孽子》等；後多部作品被拍成電影。

㈡篇章閱讀測驗

21. 從文中敘述蜜蜂消失的影響：「餐桌上將沒有牛排、培根、乳酪、牛奶」，代表牛豬等牲畜無法存活；「早餐只有一成不變的清粥白飯、麥片，沒有新鮮果汁，也沒有豆漿；超市裡的蔬菜只剩下幾種」，說明農作物、水果、蔬菜都因缺少授粉而無法生長。總之，人類食物的來源將因蜜蜂消失而被迫中斷，所以蜜蜂的存在能使人類食物供應鏈不致中斷。

22.(A)文中未提及「蜜蜂集體自殺現象」。
　　(C)「蜂群衰竭失調症」是指「大群蜜蜂消失不見」，而不是蜜蜂患失調症變得需要特別照顧。
　　(D)「手機電磁波干擾蜜蜂的導航系統」，而不是損傷蜜蜂翅膀機能。

23. 第三段敘述：蜜蜂消失會造成早餐桌上「沒有新鮮果汁」、「沒有豆漿」，以及因「棉花產量大減」而造成棉衣價格昂貴。可知蜜蜂消失不能授粉會依序影響到蘋果、大豆、棉花。

24.(A)文中「舊世界的人帶著他們的病菌來到新世界」，句中的「新世界」，正是指美洲大陸。
　　(B)文中未提及「病毒結合而變異，造成慘重疫情」。
　　(C)「天花通常經由空氣傳染，流行之地，必定奪命無數」，所以天花病毒的傳染力很強。
　　(D)文中未提及「天花病毒是歐洲人蓄意製作，用來對付美洲印第安人的戰劑」。

25.(A)阿拉瓦克人的幾乎滅絕，是因遭天花感染病死，而非因西班牙人的屠殺。
　　(B)阿拉瓦克人所感染病死的天花病毒，即是生物武器，並非他們會製造生物武器以對付西班牙人。
　　(C)「天花在阿茲特克帝國首都……肆虐，使原本遭阿茲特克人驅逐的西班牙軍……有機會反攻──圍城持續75晝夜，直到城內……被迫投降」，所以阿茲特克因天花流行失去戰力而被西班牙人所滅。

26. 全段以病菌、傳染病的傳播為主，描述美洲的歷史，大意如下：美洲早期舊世界的人帶著「天花」病菌來到新世界，百萬印第安人受傳染，以致後代至今已經不足五百名了。在天花可能被

一路帶進新世界的過程中，印第安人卻災情慘重，很快地，大安地列斯眾島上的阿拉瓦克人也紛紛死去，甚至阿茲特克帝國首都特諾茲提朗城，也因城內餓死、病死，終被迫投降西班牙人。

27. (C)文中是藉母親送行時注目孩子的背影，寫內心對孩子漸長也漸行漸遠的體悟。

28. (C)「空蕩蕩的」不只是街景，更是內心期待的落空；街景「郵筒」仍在，但孩子的身影卻已隨車開走而離去消失。

29. (A)先說到機場送行所見，再說內心的感觸體會(B)母親「眼睛跟著他的背影一寸一寸往前挪」，是依依不捨的心；兒子則頭也不回地「閃入一扇門，倏忽不見」，是對外在世界、即將的啟程，充滿興奮雀躍之情(D)文中自母親的角度看待孩子的成長，既無對話，親情也沒有轉變；只是母子互動的方式與機會隨著孩子成長而漸改變。

30. 從文句「牆上開了窗子，收入光明和空氣，使我們……關了門也可生活。屋子在人生裡因此……是我們從早到晚思想、工作、娛樂、演出人生悲喜劇的場子」中，可知窗在屋子中最重要的功能是使屋子從維持生存的所在，變成可生活的空間。

31. 從「屋子全有門，但不一定開窗」、「門是需要，窗多少是一種奢侈」、「門是保護，窗使屋子在人生裡增添了意義」、「門是人的進出口，窗可以說是天的進出口」等文意可知：人類從生存到講究生活，窗比門代表更高的人類進化階段。

32. 由文句「窗引誘了一角天進來，馴服了它，給人利用，好比我們籠絡野馬，變為家畜一樣」、「光明和空氣會來找到我們」、「人開了窗讓風和日光進來占領，誰知道來占領這個地方的就給這個地方占領去了」，可知風與日光看似占領屋子，其實是被住屋者所享有。

> 　　鹿畏貙，貙畏虎，虎畏羆。羆之狀，被髮人立，絕有力而甚害人焉。楚之南有獵者，能吹竹為百獸之音。寂寂持弓矢罌火，而即之山，為鹿鳴以感其類，伺其至，發火而射之。貙聞其鹿也，趨而至。其人恐，因為虎而駭之。貙走而虎至，愈恐，則又為羆，虎亦亡去。羆聞而求其類，至，則人也，捽搏挽裂而食之。（柳宗元〈羆說〉）
>
> > 貙，彳ㄨ，毛紋似貍的野獸。
> > 羆，ㄆㄧˊ，一種大熊。

翻譯

題幹引文翻譯如下：鹿怕貙，貙怕虎，虎怕羆。羆的樣子，像個披散著毛髮的人一樣站立著，力氣非常大而且經常對人們造成很大的傷害。楚國的南方有個獵人，能用竹子（做成的管樂器）吹出模擬各種野獸所發出的聲音。他悄悄的拿了弓箭和火藥，前往山中。模仿鹿的鳴叫聲以吸引同類，等鹿被引出後，就使用火藥攻擊牠，貙聽見鹿的聲音，快奔跑來（想要吃鹿）。獵人很害怕，就吹起虎的聲音來嚇退貙，但是把貙嚇跑卻引來了老虎。獵人更加害怕，就又吹出羆的聲音，老虎也嚇得逃跑了。羆聽到同類的聲音也過來尋找同伴，到了後卻只看到人，就撲向獵人揪住（捽）撲打（搏）撕裂（挽裂）他然後吃了。

33. 「解析」詳見上訴之翻譯。

34. (A)由文中「羆聞而求其類，至，則人也，捽搏挽裂而食之」之意可知獵人被羆吃了。

35. (D)故事最後獵人並沒有保全自己。

陳康肅公堯咨善射，當世無雙，公亦以此自矜。嘗射於家圃，有賣油翁釋擔而立，睨之，久而不去，見其發矢十中八、九，但微頷之。康肅問曰：「汝亦知射乎？吾射不亦精乎？」翁曰：「無他，但手熟爾。」康肅忿然曰：「爾安敢輕吾射？」翁曰：「以我酌油知之。」乃取一葫蘆置於地，以錢覆其口，徐以勺酌油瀝之，自錢孔入，而錢不濕，因曰：「我亦無他，但手熟爾。」康肅笑而遣之。（歐陽脩〈賣油翁〉）

翻譯

陳康肅（陳堯咨）擅長射箭，當時沒有人能和他相比，他也憑著這一點自誇自傲。有一次，他曾在自家的圍圃裡射箭，有個賣油的老翁放下擔子站在一旁，斜著眼看他，看了很久都沒離去，老翁見到陳堯咨射出的箭十支能中八九支，也只是微微地點頭讚許。康肅公問道：「你也知道射箭嗎？我射箭的本領不精湛嗎？」老翁說：「沒有什麼特別的奧祕，只是手藝熟練罷了。」康肅公生氣地說：「你怎麼敢輕視我射箭的武藝！」老翁說：「以我倒油的經驗就可懂得這個道理。」於是老翁拿一個葫蘆立放在地上，用銅錢蓋在瓶口上，慢慢地用杓子把油倒進葫蘆，油從銅錢的孔中注進葫蘆瓶中，銅錢卻沒被沾濕。老人說：「我這點手藝也沒有什麼特別的奧祕，只是手藝熟練罷了。」陳康肅只好笑著將老翁打發走了。

36. (A)（賣油翁）睨「陳康肅公」。
   (B)以「我（賣油翁）」酌油知「手熟的道理」。
   (C)（賣油翁）徐以勺酌油瀝「銅錢」。
   (D)陳康肅公笑而遣「賣油翁」。

37. 從文中兩人的對話，可作為判斷的依據：康肅問曰：「汝亦知射乎？吾射不亦精乎？」翁曰：「無他，但手熟爾。」

38. (A)若是「自負依然」，則會自己昂首離去，而不會「笑而遣」老翁離去。

二、寫作測驗

解析

在匆忙下筆以前，同學實應細心閱讀題幹引文，並從中找到明確的立論主題。以下的寫作模式可供同學參考：

1. 本文的寫作為既要說明「故事所給予的啟示」，又要「結合你的生活體驗」，因此，最好在第一段的開始便直接說明你所獲得的啟示，直接表明全文的重心聚焦在「不得人緣」上，並對這篇引文的重要情節據此略加闡釋：小男孩從生氣大吼「討厭！」，到憤怒吼「你是誰？」，到氣炸的叫「不要學我說話！」，可以看出他「不得人緣」的癥結了嗎？小男孩的恍然大悟，究竟是了解了什麼？又因何而笑？「友誼精靈」究竟是什麼？此部分宜簡要、明確，不需做過多的聯想與延伸。

2. 其次，具體闡釋自己的生活體驗：需注意此體驗必須和本文帶給你的啟示直接相關；又敘述時應略作裁減，例如自己如何未能善待別人時的種種狀況，此部分講重點即可，旁枝末節皆可刪除。

3. 最重要的是自己在面對別人的不友善回應時的感受，後來又如何轉變自己而改變了情況的經驗分享；或至今仍在不得人緣的情況中，但看完此文的感受與啟發等，都是本文最重要的論述主體。

4. 最後對前文內容進行簡單總結，可在最後一句使用首尾呼應法，再次強調主題，即可完成一篇論述清晰、首尾完整的文章。

100年統測（四技二專）

選擇題

一、綜合測驗

1. (A)兩者皆讀ㄍㄨㄥ。詞語出自歐陽脩〈醉翁亭記〉及《論語・述而》。(B)ㄑㄩˊ。詞語出自張曉風〈詠物〉／ㄐㄩˊ。詞語出自陳之藩〈自己的路〉。(C)ㄈㄨˊ。詞語出自蘇軾〈赤壁賦〉／ㄆㄠˊ。詞語出自《孟子・梁惠王》上。(D)ㄅㄨㄟˋ。詞語出自《戰國策・馮諼客孟嘗君》／ㄅㄨㄟˋ。詞語出自《荀子・勸學》。

2. (A)束「搏」→縛。(B)幽「闢」→僻。(D)「摧」眠→催。

   請注意「搏、縛」兩字在使用時的分別：

   (1)搏（ㄅㄛˊ）：搏命、搏髀、搏鬥、搏擊、搏殺、脈搏、肉搏戰、螳螂搏蟬、放手一搏、搏香弄粉。

   (2)縛（ㄈㄨˊ）：綁縛、面縛、縛緊、束縛、作繭自縛、束手就縛、俯首就縛、縛手縛腳、縛雞之力。

3. 說明

   「闃」不見人，指寂靜。題幹引文出自梁實秋〈下棋〉：「有下象棋者，久而無聲響，排闥視之，闃不見人，原來他們是在門後角裡扭做一團，一個人騎在另一個人的身上，在他的口裡挖車呢。被挖者不敢出聲，出聲則口張，口張則車被挖回，挖回則必悔棋，悔棋則不得勝，這種認真的態度慇得可愛。」

   (A)「靜」夜，指寂靜。題幹引文出自司空曙〈喜見外弟盧綸見宿〉，為五言律詩：「靜夜四無鄰，荒居舊業貧。雨中黃葉樹，燈下白頭人。以我獨沉久，愧君相見頻。平生自有分，況是蔡（一作「霍」）家親。」翻譯如下：在四周沒有近鄰的靜寂夜晚，我早就因家道貧困而荒居在這。黃葉樹在夜雨中靜立，暗燈映照著我一頭白髮。因為我孤寂潦倒沉淪已久，很慚愧勞煩你常來探望。或許平生情誼自有緣分，更何況我們原本就是親戚。

   說明：司空曙和盧綸均在「大曆十才子」之列，又是表兄弟，故關係很密切。「蔡家親」的典故，出自於蔡邕（伯喈）的媽媽是袁渙(曜卿)的姑姑，故蔡袁二人是姑表兄弟，後因稱姑表親為「蔡家親」。

   (B)蒼「茫」，曠遠迷茫的樣子。題幹引文出自李白〈關山月〉，為五古樂府：「明月出天山，蒼茫雲海間。長風幾萬里，吹度玉門關。漢下白登道，胡窺青海灣。由來征戰地，不見有人還。戍客望邊邑，思歸多苦顏。高樓當此夜，嘆息未應閒。」翻譯如下：一輪明月從天山上升起，輕浮於蒼茫的雲海間。那從數萬里外故鄉吹來的長風，一路吹過了玉門關。想當年漢高祖劉邦曾被匈奴圍困於白登道山上，直到現在胡兵仍不斷地窺伺著青海灣。自古以來，此地就是兵家必爭之地，但卻不見奔赴前方的出征戰士中有人生還。守邊的戰士們凝望著這邊城的一片荒涼，無盡的思歸心情使他們愁眉苦臉。就在這明月高懸的夜晚，相信家中登上高樓憑欄遠望的妻子，會因丈夫的遠別而頻頻嘆息不已吧。

   (C)月「黑」，指沒有月光。題幹引文出自盧綸〈塞下曲〉其三，是五絕樂府：「月黑雁飛高，單于夜遁逃。欲將輕騎逐，大雪滿弓刀。」翻譯如下：在沒有月亮、大雁高飛的晚上，單于趁著黑夜逃走了。將軍率領著輕騎兵去追趕，紛飛的大雪沾滿了弓刀。

   (D)向「暗」壁，指暗暗的。題幹引文出自李白〈長干行〉，屬五古樂府：「妾髮初覆額，折花門前劇；郎騎竹馬來，繞床弄青梅。同居長干里，兩小無嫌猜。十四為君婦，羞顏未嘗開；低頭向暗壁，千喚不一回。十五始展眉，願同塵與灰；常存抱柱信，豈上望夫臺？十六君遠行，瞿塘灩澦堆；五月不可觸，猿鳴天上哀。門前遲行跡，一一生綠苔；苔深不能掃，落葉

秋風早。八月蝴蝶來，雙飛西園草。感此傷妾心，坐愁紅顏老。早晚下三巴，預將書報家；相迎不道遠，直至長風沙。」翻譯如下：當我的頭髮才剛蓋住額頭，年紀很小的時候，常在門前折花嬉戲。你騎著竹馬來，我們兩人繞著井欄玩耍，手裡把玩著青梅。你我同住在長干里，感情融洽地沒有猜嫌。十四歲的時候，我嫁給你為妻，因羞澀故容顏始終不曾舒展一笑。低垂著頭面向暗壁，任你喚我千萬遍也因害羞不肯回頭應答。十五歲的時候才展眉而笑，希望彼此能如塵與灰般，永不分離。我們的心中存有尾生抱柱般的信約，所以我（對你有信心）又何必上望夫臺？十六歲時，你遠行至蜀地經商，要經過瞿塘峽的灩澦堆；（此地水流湍急險惡）在五月水位高漲、水流湍急的季節，你千萬小心不要撞上暗礁，峽谷裡兩岸高聳崖壁上傳來淒屬的猿猴叫聲（彷彿是家中我對你的呼喚啊）。門前等待的足跡，因不忍掃去如今已長滿了綠苔；現在綠苔已厚到（就像我內心深厚的思念）無法掃除，今年的秋天來得特別早現已是滿地落葉。八月裡蝴蝶雙飛在西園的草叢間。這一切景象都讓我內心感傷，因為愁緒讓我美麗的容顏一天天漸漸衰老。你何時離開蜀地，請事先寫信回家告知，我將不論路途有多遙遠，會一直走到長風沙去接你。

4. (A)上，高的、尊貴的。題幹引文出自《戰國策·馮諼客孟嘗君》：於是梁王空出宰相的尊貴高位（給孟嘗君），讓原來的宰相去做上將軍。／上，攀登。題幹引文出自於柳宗元〈始得西山宴遊記〉：每天與朋友一起攀登高山，進入參天的森林，窮盡曲折的溪流。

(B)下，房中。題幹引文出自〈左忠毅公軼事〉：廂房中有一位書生趴在桌上睡著了，文章剛完成草稿。／下，落筆、動筆。題幹引文出自於曹丕《典論·論文》：武仲因為會寫文章而擔任蘭臺令史的職務，但是他一動筆為文卻往往不能自止。

(C)前後項「中」字，皆指裡面。題幹引文出自於劉基《郁離子·狙父》：（狙父）叫老獼猴率領眾猴前往山裡，去尋找草木的果實。／題幹引文出自陶淵明〈桃花源記〉：（漁人）停留幾天後，告辭離去。桃花源中的人告訴他：不值得向外人說起此地種種。

(D)內，進入。題幹引文出自司馬遷〈鴻門之宴〉：持戟交叉站在門口的衛兵想阻止他（樊噲）不讓闖進，樊噲橫側他的盾牌來衝撞衛兵。／內，宮廷。題幹引文出自司馬光〈訓儉示康〉：最近士大夫家裡，如果酒不是官酒，蔬果魚肉不是遠地珍奇稀品（……就不敢請客）。

5. 解析

(A)八面玲瓏：形容屋子四面八方敞亮通明；或形容人處世圓滑，面面俱到。

(B)狐假虎威：狐狸與老虎同行，百獸因老虎的威風而嚇走，卻使老虎誤信百獸乃畏狐狸而走。比喻藉著有權者的威勢，作威作福地欺壓他人。亦作「狐虎之威」、「狐藉虎威」或「虎威狐假」。

(C)越俎代庖：指掌管祭祀的人放下祭器「俎（ㄗㄨˇ）」，而代替廚師下廚，比喻踰越職分。

(D)吹毛求疵：吹開皮上的毛髮，尋找裡面的小毛病，表示有意挑剔。亦作「吹毛求瑕」、「吹毛取瑕」或「吹毛索疵（ㄘ）」。

說明

題幹中對「居高位重」、「譽高無毀」的高位者，是「盡多□□□□，了無擔當」負面敘述的批評；且□□□□的意義，應同於後半段「處事講究周延、協調，工於揣摩，細於察觀，能夠先把事情緩下來、壓下來最好」的說明，文意上才前後一致，故選(A)八面玲瓏。

6. 解析

如火如荼（ㄊㄨˊ）：形容氣勢或氣氛等的蓬勃熱烈、風起雲湧、洶湧澎拜。

趨之若鶩（ㄨˋ）：指像成群的鴨子般跑過去，形容前往趨附者極多。

熙（ㄒㄧ）熙攘攘：形容人來人往，熱鬧擁擠的樣子。

紛（眾多）至沓（ㄊㄚˋ，重複）來：形容接連不斷地到來。亦作「紛沓而來」、「麋至沓來」。

說明

詞語的選擇必須配合文意，根據題幹敘述，第一個□□□□，是描述訊息從各方湧入的狀況，第二個□□□□，是形容人潮不斷的擁擠熱鬧，第三個□□□□，是形容消費者搶優惠的盛況，故選(D)。

7. (A)以「那麼多」說明「困難」的多寡。

(B)「始終」表是從頭到尾、自始至終；「從」不知道，表是一向、從頭到尾都不知道。兩組字詞意義重複，故為贅詞。

(C)「總算」表示到底、終於、畢竟。

(D)「窄窄的」是形容詞，形容「前庭」的大小。

8. (A)「沒有一件事是馬虎不得的」，意即「沒有一件事是不能馬虎的」，也就是「任何事皆可馬虎」，這句意與前句「凡事要求完美」的語意相互矛盾。

(B)語意取自於顧炎武〈廉恥〉一文中引《論語》：「行己有恥」及《孟子》：「無恥之恥，無恥矣」。

(C)「切莫」一詞表示「千萬不要」，此處應是「『要』有水當思無水之苦」才對，故語意矛盾。

(D)既是「突破……限制」，即為突破「原來已有的」限制，怎會是「原來所沒有的」，故語意矛盾。

9. 高聳入雲蔽日的大樹，必是由青蔥幼苗的小樹長成的。在萌芽之初加以抑制是容易的，等發展到一定程度再來解決救治就相對困難。人們經常忽略了隱微細小的事情，以致造成了莫大的禍患。

(A)題幹引文出自李斯〈諫逐客書〉：高聳的泰山不會拒絕細小的土壤，方能成為巍巍大山。

(B)題幹引文出自司馬遷〈鴻門之宴〉：做大事情時不必顧慮細微枝節，講究大禮數者不必在意小小的禮讓。

(C)題幹引文出自屈原〈漁父〉：聖人行事時不會拘泥於外物，而是能夠隨著世事而轉移變化。

(D)題幹引文出自方孝孺〈指喻〉：天下的事情，常常發生在最微小的地方，最後卻釀成為大災禍。

10. 解析

(D)指妻子求去的原因是嫌其夫氣量狹小、容易驕傲。

翻譯

晏子（做齊國宰相時）有一次出門，為他駕車的車夫妻子從門縫裡窺視她的丈夫，只見宰相的座車上張著遮蔽的大傘蓋，車夫鞭趕著四匹高大的駿馬，一副得意洋洋的樣子。不久車夫回家後，他的妻子請求離婚。（丈夫問原因，）妻子說：「晏子身高不滿六尺，做了齊國的宰相，名聲顯赫於諸侯國間。今天我觀看他出門時（的神情），只見他志向遠大、深謀遠慮又態度謙虛。現在你身長八尺，做人車夫，然而你的樣子好像十分滿足。因此我要求離開。」

11. 解析

(A)「太守之樂其樂」→即「太守樂於自己所樂之事」，而太守所樂之事則為「眾人和樂」。

題幹翻譯

不久，夕陽已落到山頭，遊人漸散，影子凌亂，是賓客們跟從著太守回家了。樹林枝茂葉密成蔭，鳥鳴聲喧鬧，是遊人離開山林而眾鳥歡樂。但是眾鳥只知悠遊山林的快樂，卻不知遊人的

快樂；遊人只知跟從太守遊賞宴饗的快樂，卻不知太守樂於自己所樂之事。

12. 由「我帶妳去看海」和「夏天之大，大得只能容納兩個人」兩句，可判別知這是兩人約會的愛情世界。作者能拋開學業課程（作者是中文系學生，故拋開的是《史記》、《四書》等古籍課程），正表現出投入愛情的勇敢決心。本題若用消去法，將更容易看出恰當的答案。

13. (B)以「不堪的髒話」比喻煙囪排放的黑煙。既然詩的題目是〈控訴一枝煙囪〉，且詩句中以「蠻不講理的流氓」比喻煙囪，故煙囪噴出的是黑煙，如人講出的髒話般，較爲合理恰當。

14. 說明

在考文句重組的試題中，必然有前後邏輯性或因果關係，故可根據上下文中關鍵字、連接詞或文意口氣等線索加以判斷。下列將相關字詞以「」標記，並簡要說明句意於後，請仔細體會上下文意的連貫性。
首句：在歌曲進行之中，
乙、「倘」沒有休止符
說明：針對歌曲進行中沒有休止符的狀況做假設，故知乙在首句之後
戊、「宜」在樂句交替地方的音符中借用歷時的幾分。
說明：由「假使沒有……則應該」的語意，可知 (乙)、(戊) 是爲一組，故可以消去法刪去(A)、(C)、(D)。
甲、行迅速的吸息。
說明：進行快速的吸息
丙、這方法「最要」迅速敏捷。
說明：這「迅速吸息」的方法要快。
丁、「不可」因吸息而延長拍子。
說明：由「不可……又不可」的語意，可知 (丁) 和末句是爲一組，故可以消去法刪去(A)、(C)、(D)。
末句：「又不可」因急速的吸息而在唇間發出吵音。

15. (A)題幹引文出自蘇軾〈赤壁賦〉：你也知道水和月的道理嗎？蘇軾只是問對方你眞的了解嗎？後文便接著說明變與不變的眞正深刻意涵。
(B)題幹引文出自《世說新語‧長安日遠》：你爲什麼和昨天說的不同呢？做父親的晉元帝訝異於兒子晉明帝對「長安何如日遠」的提問，前後兩日答案不同，故問原因。
(C)題幹引文出自《左傳‧燭之武退秦師》：如果不侵占秦國的土地，將從何處取得土地呢？這是燭之武向秦伯說明晉國必然會侵犯秦國理由的結論激問句，言下之意是晉國當然會侵犯秦國以取得土地。
(D)題幹引文出自韓愈〈師說〉：人不是生下來就明白一切事物的道理，誰能夠沒有疑惑呢？韓愈認爲人一生下來，必定會對萬事萬物充滿著各式疑惑，故以激問句說明從師解惑的重要性。

16. 請參考翻譯中以「」標明使用「假如□□那就□□」的表意方式：
(A)選項引文出自范仲淹〈岳陽樓記〉，翻譯如下：洞庭湖的水勢盛大，水流湍急，湖面廣闊無邊；從早到晚或晴朗或陰暗，自然景象變化萬千，這就是岳陽樓雄偉壯麗的景色。
(B)選項引文出自連橫〈臺灣通史序〉，翻譯如下：但是趁著現在去編修（臺灣的歷史），還不是很困難，「假使」再經過十年或二十年以後才編修，「那就」眞的不容易了。
(C)選項引文出自李斯〈諫逐客書〉，翻譯如下：客卿哪裡對不起秦國？「假使」從前這四位（秦國）國君拒絕客卿而不接納，疏離賢士而不予重用，「那就」將使秦國沒有富裕樂利的

事實，秦國也就不會有強大的成名了。

　　(D)選項引文出自司馬光〈訓儉示康〉，翻譯如下：「假使」食物品類沒有多樣，器皿沒有擺滿整桌，「那就」不敢招待賓客朋友，因此常花上幾個月時間的長期準備，才敢發請帖。「假使」不這樣做，人們「就」會爭相批評，認為他太吝嗇。

17. 「天生超人氣，不該遭人棄」：「氣」、「棄」押韻。「不在辦公室，也能辦公事」：「室」、「事」押韻。「管他什麼垢，一瓶就夠」：「垢」、「夠」押韻。「一把抵兩把，何需瑪麗亞」：「把」、「亞」押韻。「好身體，沒人敢惹你」：「體」、「你」押韻。以上五則廣告金句，皆屬刻意押韻。

18. (A)在日常生活中，孔子提醒要杜絕四種毛病：不妄加臆測事情，不主觀堅持，不固執己見，不自私為己；選項引文出自《論語‧子罕》。

　　(B)孔子培養學生要：立志求道，以德為依據，以仁為憑藉，涵泳於六藝的範圍中；選項引文出自《論語‧述而》。

　　(C)孟子的中心思想、性善論的根據，即在認為人有四個善端（即良知良能）：對他人有同情憐憫的心、對不好的行為有羞恥厭惡而不為的心、與人相處有恭敬禮讓的心、對世事有判斷是非善惡的心；選項引文出自《孟子‧公孫丑》上。

　　(D)孟子評論古人，認為：「伯夷，聖之清者也。伊尹，聖之任者也。柳下惠，聖之和者也。孔子，聖之時者也。」也就是說伯夷是聖人中最清高的，伊尹是聖人中最盡責的，柳下惠是聖人中最隨和的，孔子是聖人中最合時宜的；選項引文出自《孟子‧萬章》。

　　此段評論的詳細說明列於後以供參考：

　　(1)「伯夷，聖之清者也」，是因為「伯夷，目不視惡色，耳不聽惡聲；非其君不事，非其民不使；治則進，亂則退；橫政之所出，橫民之所止，不忍居也，思與鄉人處，如以朝衣朝冠，坐於塗炭也。當紂之時，居北海之濱，以待天下之清也。故聞伯夷之風者，頑夫廉，懦夫有立志。」

　　(2)「伊尹，聖之任者也」，是因為「伊尹曰：『何事非君，何使非民？』治亦進，亂亦進。曰：『天之生斯民也，使先知覺後知，使先覺覺後覺。予，天民之先覺者也，予將以此道覺此民也。』思天下之民，匹夫匹婦，有不與被堯舜之澤者，若己推而內之溝中，其自任以天下之重也。」

　　(3)「柳下惠，聖之和者也」，是因為「柳下惠不羞於君，不辭小官；進不隱賢，必以其道，遺佚而不怨，阨窮而不憫；與鄉人處，由由然不忍去也。『爾為爾，我為我；雖袒裼裸裎於我側，爾焉能浼我哉！』故聞柳下惠之風者，鄙夫寬，薄夫敦。」

19. 飛鳥已盡，弓箭就（因不需要而）必定會被收起來，千秋萬世的歷史很難去評論。小小一碗飯的恩情還想要回報，哪裡會做人臣卻欲謀反辜負漢王。

　　對於歷史人物的認識，是例來不論學測、指考、統測等均會出現的考題，但是內容並非艱澀難記的瑣事，多半出自戲曲、詩詞中大家耳熟能詳的故事或典故，只要平日多方閱讀，自然能輕鬆得分。

　　以下提供數則與韓信相關的小故事：

　　(1)蕭何月下追韓信：韓信感到不受重用，於是離開漢營，準備另投明主。蕭何聞訊，認為韓信這樣的將才不能輕易流失，於是來不及通知劉邦便策馬於月下追韓信，終於勸得韓信留下。

　　(2)明修棧道暗渡陳倉：項羽分封諸侯後，不足一年，齊國便發生內亂，項羽於是親率楚軍北上平亂。劉邦便出兵進攻關中，由韓信領軍「明修棧道」其實「暗渡陳倉」，突襲雍王章邯；漢軍大勝，攻占了咸陽，關中因此大部分平定。

　　(3)鳥盡弓藏：有人告發楚王韓信謀反，漢高祖劉邦採用陳平計策，以出遊為由偷襲他。韓信有

意發兵抵抗，自陳無罪，但又怕事情鬧大，便帶著降將鍾離眛的人頭親向劉邦說明原委，劉邦令人將其擒拿，韓信大喊：「果若人言：狡兔死，良狗烹；高鳥盡，良弓藏；敵國破，謀臣亡。天下已定，我固當烹！」劉邦為免落人口實，於是赦免了韓信，但降職為淮陰侯。

(4)胯下之辱：韓信在淮陰時，市井中有人生事，對韓信說：看你一直帶著劍，猜你是個膽小鬼。你有膽量就刺我一劍，沒膽量就從我胯下爬過去。韓信看了這人很久，最後甘受「胯下之辱」。後來韓信受封為楚王，找到了這人封為中尉，並對眾人說明：當年他侮辱我時，難道我不能殺他？殺了他也不會揚名，所以就忍了下來，是為了做大事啊！

(5)成也蕭何，敗也蕭何：指韓信一生，從被蕭何推薦而受劉邦重用，到最終被蕭何、呂后設計處死，都受到蕭何的影響。

(6)「成敗一蕭何，生死兩婦人」或「生死一知己，存亡兩婦人」：則指韓信當年受漂母施捨一碗飯而救了一命（見《史記・淮陰侯列傳》：「有一母見信飢，飯信。」意指有一位老婆婆因見韓信十分飢餓，便拿出飯菜給他吃。）最終還是死在另一個婦人呂后手中。

20.(A)「政書」是專門記載典章制度的書。

(B)「編年體」是以時間為主，將歷史事件按年、月的順序排列。

(C)「紀傳體」是以人物為主，故以「本紀」、「列傳」為史書中的主要部分。《新五代史》中的「本紀」、「十國世家」、「十國世家年譜」、「列傳」等均以人物為主，故知屬紀傳體。

(D)「紀事本末體」是以事件為中心，分類排纂，每篇敘一史事。

二、篇章閱讀測驗

　　像河流一樣在海洋中流動的潮流體系，因為行經近海，以致常被認為對潮間帶動物的影響很小，但事實上，它們影響深遠。因為它們把熱帶溫暖的水朝北輸送，把極地寒冷的水傳到赤道，這些水分在數千、數萬哩的旅程中，仍保持著原先的溫度，可說是平衡高低緯度海岸溫差、調節地球氣候的重要因素。

　　海洋中許多動物都有其適合存活的水溫，突然的溫度變化就會使牠們致命；居住在海岸邊，於海水退潮時會暴露在空氣中的動物，則必須要強健一些。但就算是這些生物，也都有牠們能夠適應的冷熱溫度，一旦超過這個範圍，牠們就很少涉足。

　　大部分的熱帶動物對溫度的變化比極地動物敏感，這是因為牠們所居住的水域，終年也不過改變幾度。有些熱帶的海膽、笠貝和陽燧足，當水溫升到攝氏37度時就會死亡。但極地的霞水母卻非常強健，傘體的一半遭到冰封仍可繼續活動，甚至在結凍數小時後仍然能夠復生。

　　大部分的海濱動物都能容忍溫帶海岸的季節變遷，有些則必須逃避冬季的酷寒，例如鬼蟹在沙裡挖掘非常深的洞穴，藏在洞裡冬眠。又一些海濱動物則像植物世界中一年生草本一樣，例如白水母，在夏日是海濱水域的常客，但當最後一抹秋風止息時卻都已死去，而依附於潮下岩石的下一代，也同時孳生。（改寫自 Rachel Carson《海之濱》）

解析

閱讀完全文，整理潮流體系的影響有三，脈絡如下：

⑴調節氣候：可平衡高低緯度海岸溫差、調節地球氣候。

⑵對潮間帶動物的影響很大，可調節海洋整體生存環境的溫度使物種保育：許多動物都有其適合存活的水溫，突然的溫度變化會使其致命。

⑶熱帶動物對溫度的變化比極地動物敏感。

21. 可從文中「因為它們把熱帶溫暖的水朝北輸送，把極地寒冷的水傳到赤道，這些水分在數千、數萬哩的旅程中，仍保持著原先的溫度，可說是平衡高低緯度海岸溫差、調節地球氣候的重要因素」，以及「海洋中許多動物都有其適合存活的水溫，突然的溫度變化就會使他們致命」等句，得知潮流能調節海洋整體生存環境的溫度。

22. 可從文中「海洋中許多動物都有其適合存活的水溫，突然的溫度變化就會使他們致命」之句，推論出「在空氣中與在海水中溫度大不同」，所以「退潮時會暴露在空氣中的潮間帶動物必須強健一點」，才能適應溫度的變化。

23. (A)文中認為「大部分的海濱動物都能容忍溫帶海岸的季節變遷」，並無「溫帶海濱動物的壽命，都不超過一年」的說法。

(B)「大部分的熱帶動物對溫度的變化比極地動物敏感，這是因為他們所居住的水域，終年也不過改變幾度。有些熱帶的海膽、笠貝和陽燧足，當水溫升到攝氏37度時就會死亡。」因此選項中「熱帶海濱動物不怕溫度升高，只怕溫度降低」的說法有誤。

(C)「大部分的熱帶動物對溫度的變化比極地動物敏感」，因此選項中「熱帶海濱動物的體質，都比極地海濱動物強健」的說法並不正確。

　　唐代駱賓王的〈在獄詠蟬〉是出名的作品，但是我不喜歡。「露重飛難進，風多響易沉」，說小人讒言的蔽障忠貞，義理甚明，但是，獄中的駱賓王，寄託了太多個人的憤怨不平，蟬倒是無辜的了。比較起來，晚唐的李商隱還是真能聽見蟬聲的人：「五更疏欲斷，一樹碧無情」；那夏日高屬的蟬嘶，無止無休，持續的高音，最後變成一種聽覺上的空白，天荒地老，悽楚惻屬到了極至，而天地依然，只是無動於衷的初始的天地啊！

　　曹植的〈蟬賦〉，洋洋灑灑，通篇詠蟬：「在盛陽之仲夏兮，始遊豫乎芳林；實淡泊而寡慾兮，獨怡樂而長吟；聲嗷嗷而彌屬兮，似貞士之介心；內含和而弗食兮，與眾物而無求。」……多年來，蟬在中國，被孤傲情重的詩人牽連附會，變成了林中懷抱非凡的孤獨者，每到夏日，便以悽楚激烈的高音，重複著牠不可解的寂寞與堅持，千古不絕。

　　蟬蛹蛻解的殼，每到夏初，大度山遍地皆是，和蟬形不十分相似，傴僂彎曲，有點醜怪。學生們對這殼十分感興趣，撿來做精密素描的對象，並且在畫完的蛹殼邊寫下這樣的句子：「蟬蛹在土中數年，一旦解蛻，成蟬之後，長鳴數日即死。」似乎，這蟬的故事使他們驚詫、感傷，在他們年少青春的生命中已感覺著那微小身體中隱含著不可解的生命的莊重與辛苦吧。（節錄自蔣勳〈蟬〉）

解析

對於這篇文字，讓我們先認識文中提及的三位文人：

⑴駱賓王，初唐四傑之一，以侍御史身分，得罪了武則天而遭受誣陷，以貪贓罪名下獄，寫〈在獄詠蟬〉以抒發遭誣陷的無辜與身陷牢獄的無奈。

〈在獄詠蟬〉：「西陸（指秋天）蟬聲唱，南冠客思侵。那堪玄鬢影，來對白頭吟。露重飛難進，風多響易沉。無人信高潔，誰為表予心？」

翻譯

秋蟬高鳴令人驚心，使在獄中的我，引起更深的鄉愁。令人不能忍受的是翅如黑鬢的秋蟬，對著未老卻已滿頭白髮的我，不斷鳴叫。秋露重壓蟬翼薄翅，使難以飛起；秋風野大掩蓋過蟬鳴聲。沒有人會相信牠的高潔，又有誰能為我表白這番心意呢？

⑵李商隱，晚唐詩人，早年受牛黨的令狐楚賞識薦舉，後登進士第娶李黨的王茂元之女為妻，在牛李黨爭激烈之時，受兩黨傾軋之苦而無以自處，委身為書記，終生困頓不得志。寫〈蟬〉正抒發其仕途潦倒不得志與心繫國事的之情。

〈蟬〉：「本以高難飽，徒勞恨費聲。五更疏欲斷，一樹碧無情。薄宦梗猶汎，故園蕪已平。煩君最相警，我亦舉家清。」

翻譯

你身棲高枝，清高本就難以填飽肚子，又何必徒然地含怨哀鳴呢！五更時分，疏落的哀鳴像要斷絕般，但是大樹蒼綠依舊，對你沒有絲毫的同情。我的官職卑下輾轉異地，就像草梗隨水飄流，家園也早已荒蕪。真感謝你鳴叫對我的提醒，其實我也像你一樣，家聲清白高潔啊！

⑶曹植〈蟬賦〉：「在盛陽之仲夏兮，始遊豫乎芳林；實淡泊而寡慾兮，獨怡樂而長吟；聲嗷嗷而彌厲兮，似貞士之介心；內含和而弗食兮，與眾物而無求。」

翻譯

在豔陽高照的炎夏，牠才在茂密的樹林中遊樂。牠心境恬淡且欲望少，獨自和悅快樂地長鳴；牠鳴聲清厲高亢，像忠貞之士那潔白光明的內心；牠內心祥和而不隨意飲食（只飲露水），對外物無所期求。

24. 由文中「我不喜歡……獄中的駱賓王，寄託了太多個人的憤怨不平，蟬倒是無辜的了」，可見作者不喜歡的是「駱賓王以蟬自況，個人情緒掩過蟬鳴」。

25. 曹植對蟬之性格的想像是：「實淡泊而寡慾兮」、「獨怡樂而長吟」、「似貞士之介心」與「與眾物而無求」。
　　(A)淡薄寡慾：平淡、清靜、欲望少。符合詩中「實淡泊而寡慾兮」、「與眾物而無求」之句。
　　(B)怡然自得：欣悅自得的樣子。符合詩中「獨怡樂而長吟」、「內含和而弗食兮」之句。
　　(C)耿介守正：耿介，指有操守、氣節，剛正不阿；守正，指做人處事堅守正道，公正無私。符合詩中「似貞士之介心」之句。
　　(D)宵衣旰食：天未明就披衣起床，日暮才進食，形容勤於政事。

26. (A)觸物起情：因接觸外在事物而興起心中某種情感，符合文中「這蟬的故事使他們驚詫、感傷，在他們年少青春的生命中已感覺著那微小身體中隱含著不可解的生命的莊重與辛苦」之句的敘述。
　　(B)苦思竭慮：竭盡思慮用心思考。
　　(C)積學博覽：累積學識、廣博地閱覽。
　　(D)摹形寫貌：描寫外在的形貌。

27. (A)由文中「當人們坐在椅子上，兩膝著地變成一種非常規的姿態，便使位卑者向位尊者行跪禮產生巨大的不平等。臣民日復一日向君主行著卑賤的禮儀，自尊心不斷被摧毀，也越發奴顏

卑膝起來」之句可知「椅子改變了古代中國的傳統坐姿，從而加深了君權至上的觀念」。

(B)跪坐僅是種禮儀，與君主專制思想無關；且文中也未提到「跪坐時代」與中國君主專制思想有任何關係。

(C)文中並未提及「跪坐時代」君臣關係的平等，與民本思想有任何關聯。

(D)「椅子在北宋時取得正統坐具的地位。人們雖然放棄跪坐，但因跪坐而形成的禮儀卻被保留」，因此選項中「改變了因跪坐而形成的傳統儀節」的敘述是不正確的。

28. 文中「《樂舞圖》繪於唐朝中期，圖中凡坐在高型坐具上的人都是垂足坐」、「繪於南唐李後主時的《韓熙載夜宴圖》，畫中已經沒有人跪坐了」等句，都在強調唐代中期以後，垂足坐在椅子上已成為主流坐姿。

29. 由文中敘述「《樂舞圖》繪於唐朝中期，圖中凡坐在高型坐具上的人都是垂足坐」，可知唐代中期以後，垂足坐在椅子上已成為主流坐姿。只要判別選項的時代是屬於唐代中期以前，即可知是屬於「跪坐」的時代！

甲、《論語‧先進》：子路、曾皙、冉有、公西華四個人陪伴孔子坐著。因在春秋時代，故屬於跪坐。

乙、司馬遷〈鴻門宴〉：項王當天就邀劉邦留下一起飲酒，項王、項伯面向東方坐著。因項王、劉邦、項伯是屬於楚漢相爭時代的人物，故屬於跪坐。

丙、曹雪芹〈劉姥姥進大觀園〉：劉姥姥進入後坐下，拿起筷子來，但筷子重重的不順手。因文句出自《紅樓夢》，是清朝時的小說，故為坐座椅。

丁、羅貫中〈用奇謀草船借箭〉：魯肅帶了周瑜的交代，直接到船中探視孔明，孔明迎接進入小舟中相對坐著。魯肅、周瑜、孔明都是《三國演義》中三國時代的人物，故屬於跪坐。

戊、施耐庵《水滸傳》：三個人來到酒店裡，宋江坐上上座；武松把防身的長木棍靠放好，便在下位坐下。這是《水滸傳》中的片段情節，背景是宋朝，故為坐座椅。

　　陳述古密直知建州浦城縣日，有人失物，捕得莫知的為盜者。述古乃紿之曰：「某廟有一鐘，能辨盜，至靈。」使人迎置後閣，祠之，引群囚立鐘前，自陳：「不為盜者摸之則無聲，為盜者摸之則有聲。」述古自率同職，禱鐘甚肅。祭訖，以帷圍之，乃陰使人以墨塗鐘。良久，引囚逐一令引手入帷摸之。出乃驗其手，皆有墨；唯有一囚無墨，訊之，遂承為盜。蓋恐鐘有聲，不敢摸也。（沈括《夢溪筆談》）

的：確實。

翻譯

陳述古（字密直），擔任建州浦城知縣時，有人丟了東西，捉住了幾個疑似而不知誰才是真正的盜賊。陳述古於是哄騙他們說：「某廟裡有一口鐘，能辨認盜賊，非常靈驗。」他派人把那口鐘抬進到官署後閣，祭祀後，把這一群犯人帶到鐘前，說到：「沒有偷東西的人摸這口鐘，就不會發出聲音，偷了東西的人摸它則會發出聲響。」陳述古親自率領他的同事，在鐘前很恭敬地祝禱。祭祀完畢後，用布幔把鐘圍起來，暗地裡叫人用墨汁塗鐘。過了很久，帶領犯人一個個讓他們伸手進帷帳裡去摸鐘。出來就檢驗他們的手，發現都有墨汁；只有一人手上無墨汁，審訊這位手上無墨汁的犯人，他於是承認自己是盜賊。原來他是害怕鐘響，不敢去摸。

30. 由「以帷圍之，乃陰使人以墨塗鐘」，可知帷幕是為了(C)不讓嫌犯看到鐘已塗墨。

31.(A)心猿意馬：形容心意不定，不能自持。
　(B)膽怯心虛：形容自知理虧而內心害怕不安，膽小害怕。
　(C)財迷心竅：貪戀錢財而蒙蔽了理性。
　(D)師心自用：剛愎任性，自以為是。

32.(A)選項引文出自顧炎武〈廉恥〉，翻譯如下：禮、義、廉、恥，是維繫國家的四個綱紀。
　(B)選項引文出自袁宏道〈晚遊六橋待月記〉，翻譯如下：花朵的姿態、柳樹的風情、山的容貌、湖水的意態，都特別有一種情趣韻味。
　(C)選項引文出自諸葛亮〈出師表〉，翻譯如下：侍中、尚書、長史、參軍，這些人都是忠貞信實，能為節義而犧牲的臣子。
　(D)選項引文出自方苞〈左忠毅公軼事〉，翻譯如下：左公看完後，就脫下貂皮大衣覆蓋在這書生身上，（左公）替書生關上了門，（左公）詢問寺裡的和尚，原來這書生名叫史可法。

> 　　孔子謂子路曰：「汝何好？」子路曰：「好長劍。」孔子曰：「非此之問也，請以汝之所能，加之以學，豈可及哉！」子路曰：「學亦有益乎？」孔子曰：「夫人君無諫臣，則失政；士無教交，則失德。狂馬不釋其策，操弓不反於檠；木受繩則直，人受諫則聖。受學重問，孰不順成？毀仁惡士，且近於刑！君子不可以不學！」子路曰：「南山有竹，弗揉自直，斬而射之，通於犀革，又何學為乎？」孔子曰：「括而羽之，鏃而砥礪之，其入不益深乎？」子路拜曰：「敬受教哉！」
> （劉向《說苑》）
>
> 檠，輔正弓弩的器具。

翻譯

孔子對子路說：「你有什麼嗜好？」子路回答說：「我喜歡長劍。」孔子說：「我不是問這個。以你天賦所會的，再加上學習，有誰比得上你啊！」子路說：「學習對我有什麼幫助？」孔子說：「國君如果沒有進忠言的臣子，施政就會有失誤；士人如果沒有能給予教導指正的朋友，品德就會有缺失。對狂奔中的馬不能放下皮鞭；使用過的弓弩放在檠器中，就不會變形。木材經過墨繩畫線矯正就會變直；人接受了勸諫就會變得聖明。接受教導並一再求教，哪有什麼學不成的？違背仁德去行惡的人，則隨時要接受刑罰的制裁。所以說君子不能不學習。」子路說：「南山有一種竹子，不須經過揉的工夫就很筆直，砍削後射出，能穿透犀牛的厚皮，又何需要學習呢？」孔子說：「箭的末端裝上羽毛，箭頭加以磨利，不是能射得更深嗎？」子路拜謝說：「我恭敬地領受指教。」

33. 由「木受繩則直，人受諫則聖。受學重問，孰不順成？……君子不可以不學」之句可知。

34. 孔子學生的特質：
　(A)好勇力，性剛直：指子路。
　(B)不遷怒，不貳過：是顏回。
　(C)有辯才，善經商：指子貢。
　(D)入則孝，出則弟：是孔子要求弟子的品德修養。

35.(A)選項引文出自魏徵〈諫太宗十思疏〉，翻譯如下：百姓像水一樣，水能載船，也可以翻船，所以應該特別謹慎；就像用腐朽的韁繩駕馭急馳的馬車，哪裡可以疏忽呢？
　(B)選項引文出自《論語・顏淵》，翻譯如下：在上位者的德行就像是風，老百姓的德行好比是

草，風吹，草必然隨風仆倒。

(C)選項引文出自《孟子‧梁惠王》上，翻譯如下：替長輩折樹枝，卻對別人說：「我做不到。」這是不肯做，不是不能做。

(D)選項引文出自荀子〈勸學〉，翻譯如下：藉著搭船過河的人，並不是善於游泳，但是卻能橫渡江河。君子的天性沒有不同，只是善於利用外物（學習）而已。

　　茶者，南方之嘉木也。……其地：上者生爛石，中者生礫壤，下者生黃土。凡藝而不實，植而罕茂。法如種瓜，三歲可採。野者上，園者次；陽崖陰林，紫者上，綠者次；筍者上，牙者次；葉卷上，葉舒次。陰山坡谷者，不堪採掇，性凝滯，結瘕疾。茶之為用，味至寒；為飲，最宜精行儉德之人。若熱渴凝悶、腦疼目澀、四肢煩、百節不舒，聊四五啜，與醍醐、甘露抗衡也。採不時，造不精，雜以卉莽，飲之成疾。茶為累也，亦猶人參。上者生上黨，中者生百濟、新羅，下者生高麗。有生澤州、易州、幽州、檀州者，為藥無效，況非此者。設服薺苨，使六疾不瘳。知人參為累，則茶累盡矣。（陸羽《茶經》）

薺苨：又名杏葉菜，根可供藥用。

翻譯

茶，是南方的優良樹木。……種茶的土壤：最好的是岩石充分風化後成為小碎石的土壤，其次是有碎石子的礫壤，最差的是帶有黏性的黃色土。種茶的目的不為採摘果實（而是在採茶筍、茶芽、茶葉以作茶），茶樹種植不易，很少會長得很茂盛。茶樹栽培的方法好像種瓜一樣，從播種到收成要經過三年方可採收。山野中自然生長的最好，在園圃內栽種的較次；在向陽坡林陰遮蔽下生長的茶樹，芽葉呈紫色的最好，綠色的次等；芽葉外形以細長如筍的最好，開展成芽狀的次等；葉片反卷曲狀者最好，舒展平直者較差。生長在背陽的山坡或山谷中的，則不值得採摘，是因為茶性凝結不散，喝了會使人腹脹。茶的功用，茶的性質寒涼；作為飲料，最適宜品行端正謙和知節制的人。如果發燒口渴胸悶、頭痛眼澀、四肢無力、關節不舒暢時，這時姑且喝上四五口，其效果能和醍醐、甘露不相上下。但是，如果採摘的時節不對，製造不夠精細，茶葉中又夾雜著雜草，喝了就會生病。選茶不當會帶來不好的影響，就和人參一樣。上等的人參出產在上黨，中等的出產在百濟、新羅，下等質差的出產在高麗。出產在澤州、易州、幽州、檀州的，（因品質差）作為藥用則沒有療效，更何況比它們還不如的（指出產自其他地區的人參）呢！倘若錯把薺苨當人參服用，將使百病不得痊癒。明白選人參不當的弊病，茶的不良影響，也就可完全明白了。

36.(A)由文中「為飲，最宜精行儉德之人」之句可得知。

(B)「若熱渴凝悶、腦疼目澀……聊四五啜，與醍醐、甘露抗衡也」，可見熱渴凝悶、腦疼目澀之人適宜喝茶。

(C)由「雜以卉莽，飲之成疾」一句，可知茶不宜併其他花草合飲。

(D)文中只說「茶之為用，味至寒；為飲，最宜精行儉德之人」，並未提及為去除寒性而加工等事。

37.(A)葉卷上，葉舒次。

(B)上者生爛石，中者生礫壤，下者生黃土。

(C)野者上，園者次。

(D)此選項內容在論「人參」，而非題幹中規範的「茶葉」。

38.(B)由文中「茶為累也，亦猶人參……知人參為累，則茶累盡矣」之句，可知上文後半提及「人參」，目的是為了說明選茶不當猶如選人參不當。

三、寫作測驗

> 善意，發自內心，但在給予他人之前，你有什麼考慮——是喜歡公開給人幫助？還是只想默默付出？是直覺應該時時的、毫不吝嗇的給？還是認為應該視狀況、看時機來給？又或者，你曾握著善意，卻遲遲沒給出去——可能擔心，給了，和別人的一比顯得卑微；可能操心，給了，未必是對方真正的需求；也可能憂心，給了，反而造成對方的尷尬、或誤會……
>
> 請以「善意，在手中」為題，寫一篇完整的文章，述說你的相關經驗、感想或看法。

解析

統整引文：討論在給予他人發自內心的善意前，會有什麼考慮？

1. 公開給予？默默付出？
2. 看直覺，不吝嗇？視狀況、看時機？
3. 沒給，因為(1)擔心和別人的一比顯得卑微，(2)操心未必是對方真正需求，(3)憂心造成對方的尷尬、或誤會。

寫作小叮嚀

1. 請注意引導文字中要求的兩個重點：寫「你」的「經驗、感想或看法」，故宜從自身出發。
2. 可按照要求，層次分明的敘述描寫：
   ①首先討論為何有這發自內心的善意。可藉孟子的人皆有四個善端（本考題中即有論及，可加以引用這現成的資料）。
   ②其次寫自身的經驗過程。觀看引文重心大多在討論給與不給、如何給的內心掙扎，故此處描寫自身經驗時，對內在的心理活動可描述細膩，方可產生足夠帶出的感想或看法，為下段文字做準備。
   ③「感想或看法」的內容至少占全文比例三分之一以上，故不可以一筆帶過或三兩句草草作結。再者也可「稍引（篇幅不可過多，以免岔出自身經驗之外，變成社會事件評論）」社會事件如：中國首富陳光標的錢牆秀、陳樹菊阿嬤的為善不欲人知等，從給的方式和態度討論，以呼應自己的感想或看法。
   ④結論以「善意」對人類社會的意義、重要性，以呼應首段；建議以排比句作結較有氣勢、力量。

學測（學科能力測驗）

（94～100年學測）

94 年學測（學科能力測驗）

題型分析

類型	字音	字形	字詞義	文法修辭	成詞語	應用文	國學常識	閱讀理解
題號	1	2	3、4、10 16、18	17			6、20 21	8（輓聯） 14、15（現代詩） 7（白話文） 22、23（白話題組） 9（白話文，文句排序） 5、19（文言文） 12、13（文言題組） 11（古典詩）

第一部分：選擇題（佔54分）

壹、單選題（佔30分）

說明：第1題至第15題，每題選出一個最適當的選項，標示在答案卡之「選擇題答案區」。每題答對得2分，答錯不倒扣。

（　　）1.下列各組「」內的字，讀音完全相同的選項是：
(A)「狙」擊／崩「殂」
(B)結「痂」／「袈」裟
(C)標「籤」／一語成「讖」
(D)「溽」暑／深耕易「耨」

（　　）2.下列文句，完全沒有錯別字的選項是：
(A)板橋地方法院的檢察官日前受理一起兄弟鬩牆案，由於是公訴案件，所以雙方沒有和解的轉還空間
(B)中華職棒牛獅激戰，高潮疊起，在球員們咬牙力拚下，興農牛擊敗統一獅，奪下創隊以來首次總冠軍
(C)部分餐館以廉價牛肉充當高級牛排，媒體揭發之後，業者卻以「拼裝牛排」強加辯解，此種塘塞卸責之說詞，令人無法苟同
(D)南亞海嘯造成重大傷亡，無情巨浪吞噬數十萬人的生命，倖存的災民除遭親人離散之痛，尚得面對滿目瘡痍的家園，處境極為艱難

（　　）3.下列各組詩歌中，前後都各有一含「來」字的語詞，其中「來」字意義不同的選項是：
選項是：
(A)年皆過半百，來日苦無多／往者不可諫，來者猶可追

(B)別來春半，觸目愁腸斷／古來聖賢皆寂寞，唯有飲者留其名

(C)微雨從東來，好風與之俱／無邊落木蕭蕭下，不盡長江滾滾來

(D)歸來彷彿三更，家僮鼻息已雷鳴／爾來四萬八千歲，不與秦塞通人煙

( ) 4.「（曹植）善屬文，太祖嘗視其文，謂植曰：『汝倩人邪？』植跪曰：『言出為論，下筆成章，顧當面試，奈何倩人？』」「倩人」一詞，從上下文意推敲，其意應為：

(A)請人代筆　　　　　　　　　(B)模擬他人名作

(C)文章講求漂亮詞藻　　　　　(D)文章有女性陰柔之美

( ) 5.儒家著重德行、理想的追求，反對物質生活的耽溺，下列《論語》引文中，並非陳述此種意旨的選項是：

(A)君子憂道不憂貧

(B)士而懷居，不足以為士矣

(C)奢則不孫，儉則固；與其不孫也，寧固

(D)士志於道，而恥惡衣惡食者，未足與議也

( ) 6.下列引文，依文意推敲，_____內最適宜填入的選項是：

「我客居在_____的詩裡／金箔映照著西風中的翠鳥與玉樓／失火的絳唇冷去，轔轔的／兵車乍醒如戲／在一片澄黃的語字的景色裡／長安，是不能逼迫太甚的玻璃器皿／客來，借酒／春到，看花／群鷗日日的_____也好像是廣廈千萬了。」

(A)王先生（王維）／輞川　　　(B)杜先生（杜甫）／草堂

(C)李先生（李白）／青蓮鄉　　(D)孟先生（孟浩然）／終南山

( ) 7.斟酌下列引文的文意脈絡，□□中最適合填入的選項是：

「禮是天理與人事之節文與儀則。同理，『藝術是聲和色的節文與儀則。』小貓爬到了洋琴的鍵盤上，各種聲音都有，但不成為樂曲。畫家的調色板上，各種顏色都有，但不成為畫。何以故？因為只有聲色而沒有節文與儀則的原故。故可知『□□』是造成藝術的一個重要條件。」

(A)自由　　　　　　　　　　　(B)摹擬

(C)節制　　　　　　　　　　　(D)趣味

( ) 8. (甲)一飯尚銘恩，況曾襁抱提攜，只少懷胎十月

千金難報德，即論人情物理，也當泣血三年

　(乙)為人如等邊矩形，處世若一次曲線，哭吾師竟至無窮遠點

授業有強磁在身，解惑燃乙炔於夜，願先生風範長留人間

從上述甲乙二輓聯文意判斷，聯中所悼輓的對象分別應是：

(A)母親／啓蒙教師　　　　　　　　(B)乳母／數理教師

(C)祖母／啓蒙教師　　　　　　　　(D)父親／數理教師

（　）9.下引文字，依文意排列，順序最恰當的選項是：

「屋子裡沒有燈火，

(甲) 沒有線條，也沒有顏色的大輪廓

(乙) 橫順的在黑暗裡爬

(丙) 老人的眼淚在他有縐紋的臉上爬

(丁) 黑暗是一個大輪廓

(戊) 他的眼淚變成了無數的爬蟲子

個個從老人的內心出發」（蕭紅〈小城三月〉）

(A)甲丁戊乙丙　　　　　　　　　　(B)乙甲丙丁戊

(C)丙乙戊甲丁　　　　　　　　　　(D)丁甲丙乙戊

（　）10.斟酌下列文句，□□中最適合填入的選項是：

(甲) 夏夜，柳絲是些溫寂垂懸的□□，在月光裡睡著（司馬中原〈如歌的行板〉）

(乙) 許多美的人和美的事，錯綜起來像一天□□，而且萬顆奔星似的飛動著，同時又展開去，以至於無窮（魯迅〈好的故事〉）

(丙) 我看到紅色羽毛和黃色羽毛的朱鸝鳥，啄著葡萄架上的青葡萄。美麗的朱鸝鳥常常成群的飛進院子裡來……一粒粒的青色葡萄在往地上跌落，跌出碎細的□□（蕭白〈六月的眸光〉）

(A)簾幕／霧靄／耳語　　　　　　　(B)簾幕／雲錦／珍珠

(C)睫毛／雲錦／耳語　　　　　　　(D)睫毛／霧靄／珍珠

（　）11.「馬穿山徑菊初黃，信馬悠悠野興長。萬壑有聲含晚籟，數峰無語立斜陽。棠梨葉落胭脂色，蕎麥花開白雪香。何事吟餘忽惆悵？村橋原樹似吾鄉。」

下列有關本詩的分析，不正確的選項是：

(A)從形式上看，本詩應屬律詩

(B)詩中所描寫的景色屬於秋景

(C)全詩句句寫景亦兼寫情，自首至尾流露濃厚的秋之愁緒

(D)詩人行遊所見，彷彿故鄉景物，所以勾起他惆悵的思鄉情懷

12-13為題組

請先閱讀下列短文，然後回答以下問題：

> 龐恭與太子質於邯鄲，謂魏王曰：「今一人言市有虎，王信之乎？」曰：「不信。」「二人言市有虎，王信之乎？」曰：「不信。」「三人言市有虎，王信之乎？」

王曰：「寡人信之。」龐恭曰：「夫市之無虎也明矣，然而三人言而成虎。今邯鄲之去魏也遠於市，議臣者過於三人，願王察之。」龐恭從邯鄲反，竟不得見。

( ) 12. 下列文意解釋，正確的選項是：

(A)龐恭從邯鄲反，意謂龐恭在邯鄲造反

(B)今邯鄲之去魏也遠於市，意謂邯鄲距離市集很遠

(C)三人言而成虎，意謂三人言詞機智，實有真知灼見

(D)龐恭與太子質於邯鄲，意謂龐恭與太子在邯鄲作人質

( ) 13. 龐恭所要向魏王闡述的論點是：

(A)君子不以人廢言　　　　　(B)人言可畏，眾口鑠金

(C)三人行，必有我師焉　　　(D)街談巷議，語多可採

14-15為題組

請先閱讀下列詩歌，然後回答以下問題：

你如果／如果你對我說過／一句一句／真純的話／我早晨醒來／我便記得它
年少的歲月／簡單的事／如果你說了／一句一句／淺淺深深／雲飛雪落的話
關切是問／而有時／關切／是／不問
倘或一無消息／如沉船後靜靜的／海面，其實也是／靜靜的記得
倘或在夏季之末／秋季之初／寫過一兩次／隱晦的字／影射那偶然／像是偶然的／
落雨——也是記得

( ) 14. 依上引詩歌的詩意判斷，下列敘述正確的選項是：

(A)詩人藉反覆「記得」，訴說自然無常、世事多變的感傷

(B)詩人藉反覆「記得」，描寫由少至今沉浮起落的哀怨記憶

(C)詩人藉「記得」的不斷強調，表達對一段情緣的深刻懷念

(D)詩人藉「記得」的不斷強調，流露對年少輕狂時耽溺孽緣的懊悔

( ) 15. 下列歌詞的詞意，與上引詩中詩人內心深處的情感最為近似的選項是：

(A)你不曾真的離去／你始終在我心裡／我對你仍有愛意／我對自己無能為力

(B)兩個人一輩子不分離／你問我好在哪裡／不是你不期待永恆的戀曲／你說
最美的愛情叫作回憶

(C)記得要忘記／忘記／我提醒自己／你已經是人海中的一個背影／長長時光
／我應該要有新的回憶

(D)親愛的你／我知道你會哭泣／面對回憶／我們還擁有過去／不要問我為什
麼／我們承認吧／我們的愛情已遠離

貳、多選題：（占24分）

說明：第16題至第23題，每題的五個選項各自獨立，其中至少有一個選項是正確的，選出正確選項標示在答案卡之「選擇題答案區」。每題皆不倒扣，五個選項全部答對者得3分，只錯一個選項可得1.5分，錯兩個或兩個以上選項不給分。

（　　）16. 下列各組文句，「」內字義相同的選項是：

(A)不貪於財，不「苟」於利／「苟」非其人，道不虛行

(B)闔門懸車，不「豫」政事／凡事「豫」則立，不豫則廢

(C)攜朋挈儔，去故「就」新／望之不似人君，「就」之而不見所畏焉

(D)超然而上，「薄」乎雲霄，而不以為喜也／今者「薄」暮，舉網得魚，巨口細鱗，狀似松江之鱸

(E)猶之用人，非畜道德者，「惡」能辨之不惑，議之不徇／夫上以至誠行之，而貴者知避上之所「惡」矣

（　　）17. 陶淵明〈歸去來辭〉一文中，「策扶老以流憩」的「扶老」一詞是指「柺杖」，「扶」是動詞，「老」是名詞，「扶老」為一動賓（即動詞＋受詞）結構，但是整個詞結合起來作為名詞用。下文「」中的語詞，也具有同樣語法結構的選項是：

(A)不惜歌者苦，但傷「知音」稀

(B)正是江南好風景，「落花」時節又逢君

(C)「屏風」有意障明月，燈火無情照獨眠

(D)喉間猶是哽咽，心上還是亂跳，「枕頭」上已經溼透，肩背身心，但覺冰冷

(E)有了「靠山」做主，就是八隻腳的螃蟹一般，豎了兩個大鉗，只管橫行將去

（　　）18. 「流行」一詞本有各種不同的意義，今日則最常用於說明某些人、事、物在一個特定時期與地區之中，受到眾人共同喜好、關注的程度，例如「流行歌」、「流行服飾」等。下列文句中「流行」一詞，與上述意義相同的選項是：

(A)天災流行，國家代有。救災、恤鄰，道也。行道有福

(B)習慣如自然，則莫非天理之流行而仁熟矣。聖賢同歸

(C)孔子曰：「德之流行，速於置郵而傳命。」當今之時，萬乘之國行仁政，民之悅之，猶解倒懸也

(D)劉兄……在任逾歲，職修人治，州中稱無事。頗復增飾，從子弟而遊其間；又作二十一詩以詠其事，流行京師，文士爭和之

(E)時世粧，時世粧，出自城中傳四方。時世流行無遠近，題不施朱面無粉。
烏膏注唇唇似泥，雙眉畫作八字低。妍蚩黑白失本態，粧成盡似含悲啼

（　　）19. 儒家認為一個人的外在行止不唯與其內在修養相符相應、相生相成，抑且是
禮義之道的開端，所以儒家極重視外在行止的講求。下列文句表現儒家此種
觀點的選項是：
(A)外貌斯須不莊不敬，而易慢之心入之矣
(B)禮義之始，在於正容體，齊顏色，順辭令
(C)學有所得，不必在談經論道間，當於行事動容周旋中禮者得之
(D)臨民之時，容止可觀，進退可度，語言和謹，處事安詳，則不失其禮體矣
(E)君子所貴乎道者三：動容貌，斯遠暴慢矣；正顏色，斯近信矣；出辭氣，
斯遠鄙倍矣

（　　）20. 下列關於「經」、「傳」的敘述，正確的選項是：
(A)孔子的著作稱「經」；仲尼弟子的著作稱「傳」
(B)《詩經》中的《雅》、《頌》是「經」；《國風》是「傳」
(C)《春秋》是「經」；《左氏》、《公羊》、《穀梁》是「傳」
(D)六經亦稱「六藝」，指《詩》、《書》、《禮》、《樂》、《易》、《春
秋》六部經典
(E)《論語》、《孟子》本非「經」，後世才升格為「經」，可見經、傳的地
位並非固定不變

（　　）21. 下列作品、作家、時代及體裁，對應完全正確的選項是：
(A)〈虬髯客傳〉／元稹／唐人傳奇小說
(B)《水滸傳》／施耐庵／宋人話本小說
(C)《老殘遊記》／劉鶚／清代章回小說
(D)《聊齋誌異》／蒲松齡／清代志怪小說
(E)《世說新語》／劉義慶／南朝宋志人小說

22-23為題組
請先閱讀下列引文，然後回答以下問題：

讓我們用比較跳躍的方式來想像「出版」這種複雜活動的起源吧。
大約二百萬年前，你知道那時直立原人已經躍上地球大舞臺了，而且懂得用火來烹
煮獵物或燒烤一封情書（那自然是一支鹿茸或樹枝之類的）。有一天，一個發情頻率甚
高、酷愛張開長臂奔跑的原人發現了隱在灌木雜樹之間的一塊大草坡；第一次，他癡情
地深呼吸起來，青草的芳香使他忘記必須在日落之前捕獵責任額內的獵物以繳交國庫
（或族庫）。更要命的是，他的命運被草坡西邊一朵在風中顫抖的小花兒改變了。接

著，他第一次感受到肢體流竄一股跟食慾無關的熱情，這使他陷入半癲半狂的狀態，於是拔腿奔跑起來，他必須找人傾訴那奇妙的體驗以免暈厥在起伏不定的情緒裡。很幸運地，他遇見另一位躺在樹蔭下思索有沒有比狩獵更重要的事的原人，他氣喘吁吁地拉起那位冥思中的原人，以當時僅有的粗糙語言加上手舞足蹈加上以物喻意，傾訴了他的情感。那位冥思原人盯著地上由枯枝、石片、土塊拼組成的「文字」，他終於瞭解激情原人要說的是：「草地，西邊，小花兒，美。」這是第一次他看到跟狩獵活動、工具製作以及遷徙決策無關的文字。他的命運也被改變了，微風拂動他那多毛的軀體，儘管幾隻小蟲爬上他那張扁平的臉引起癢意也不能阻止一滴無比清澈的淚水自眼眶溢出，那滴淚是文明的源頭，所有乾燥的內在都將因這顆淚珠而得以滋潤。他說：「我要，它（他指了指石片、土塊、枯枝組成的文字），走，很遠，很多人，看！」

　　就這樣，他攜帶那組文字行走天涯，拼給每一個他遇到的原人看，傳播草坡西邊一朵美麗小花兒的故事。他成為第一個出版人。

（　　）22. 文中的「激情原人」發現小花兒的美麗，內心激動，於是用枯枝、石片、土塊拼組成文字，這就是「創作」的開始。下列文字說明創作的起源與「激情原人」情形相似的選項是：

(A)言氣質，言神韻，不如言境界。有境界，本也；氣質、神韻，末也，有境界而二者隨之矣

(B)春秋代序，陰陽慘舒，物色之動，心亦搖焉。……歲有其物，物有其容；情以物遷，辭以情發

(C)夫街談巷說，必有可采；擊轅之歌，有應風雅。匹夫之思，未易輕棄也。辭賦小道，固未足以揄揚大義，彰示來世也

(D)氣之動物，物之感人，故搖蕩性情，形諸舞蹈。……若乃春風春鳥，秋月秋蟬，夏雲暑雨，冬月祁寒，斯四候之感諸詩者也

(E)文以氣為主，氣之清濁有體，不可力強而致。譬諸音樂，曲度雖均，節奏同檢，至於引氣不齊，巧拙有素，雖在父兄，不能以移子弟

（　　）23. 下列關於引文中兩種「原人」的說明，正確的選項是：

(A)「冥思原人」的行為無異於剽竊「激情原人」的文學情懷，據為己有，這樣的海盜行為實為出版人之恥

(B)「激情原人」的癡情與癲狂，見證了人類有一種超越衣食慾望的需求，那種需求是人類美好的本質之一

(C)「冥思原人」屬於統治階級，和「激情原人」不同，不需要狩獵，因而有閒暇可以思考創作與出版的問題

(D)「冥思原人」能欣賞「美」，並且努力的將其傳播給更多的人──這隱然揭示了一個出版人應有的心懷與責任

(E)文中說「冥思原人」的「那滴淚是文明的源頭」，可以滋潤「所有乾燥的內在」，表現了出版事業對文明發展與文化傳承的重大意義

第二部分：非選擇題（共三大題，佔54分）

說明：請依各題指示作答，答案務必寫在「答案卷」上，並標明題號一、二、三。

一、判讀（佔9分）

　　穴烏（jackdaw）如果找到了一個將來可以造窩的小洞，牠就會兇狠狠地把其他穴烏一齊趕走，不管來搶地盤的鳥地位多高，牠是再也不肯讓步的。同時牠會用又高又尖的調子，不停地喊出「即刻，即刻，即刻」通知牠看中的雌鳥，新房子已經準備好了。穴烏的這種鳥類呼喚伏窩（孵卵）的儀式在秋天裡特別頻繁，每逢秋高氣爽的天氣，這些鳥兒就會出來找窩，同時會對求偶的活動特別感興趣，「即刻、即刻」之聲幾乎不絕於耳。到了二月、三月，大白天裡「即刻」的聲音幾乎不曾間斷；三月最後幾天裡，牠們的情緒到了最高潮，「即刻」合唱在某個牆壁的凹窪處更是格外響亮。就在這時，從凹窪處響出來的音色變了，換成一種比較深沈而豐富的調子，聽起來像是「也卜、也卜、也葛」。愈唱到後來，節拍愈快，再往後，就成了一串急不可辨的連音了。於是興奮的穴烏從各個方向一齊都擠到這個小洞的旁邊，牠們把身上的羽毛抖了開來，分別擺出威嚇的架勢，一齊加入「也葛」大合唱。

　　這到底是什麼意思呢？我花了好久的時間才找出原因：原來牠們這套儀式完全是在對付社會的罪人時才有的表現。穴烏因為適宜造窩的小洞實在太少，競爭非常劇烈。有時一隻非常強壯的鳥為了爭地盤，會無情的攻擊一隻比牠弱小得多的同伴，這時「也葛」反應就產生了。受侮的穴烏又急又憤，牠的「即刻」之聲逐漸提高加快，最後終於變成「也葛」了。如果牠的妻子當時不在場，得了牠告急的訊號，就會蓬鬆了身上的羽毛趕來助戰。如果這個挑釁者這時還不逃走，就會引起難以置信的後果，所有聽見牠們「也葛」的穴烏都會憤怒地趕到現場，於是原先「一觸即發」的戰事在一陣愈叫愈響，愈喊愈急的「也葛」聲中立刻化為烏有。趕來管閒事的鳥經過這樣的一頓發洩之後，就又散開了，留下原來的地主在牠重得和平的家裡，靜靜地「即刻、即刻」。

　　通常出來主持公道的鳥數目都不少，足夠使一場爭端平息。最古怪的是原來的挑釁者也會參與「也葛」大合唱，旁觀的我們如果把人的想法投射在鳥的身上，會以為這隻生事的鳥兒，是為了轉移大家的注意力才跟著喊「捉賊」的。事實上無論是那隻穴烏，一聽到「也葛」的叫聲就會不由自主的加入行列。生事的鳥兒根本就不知道自己是引起哄鬧的原因，所以當牠「也葛」的時候，牠也和別的鳥兒一樣，一邊轉，一邊東張西望地找嫌疑犯。雖然旁觀的我們會覺得荒唐，但牠的每一個動作可都是誠心誠意的。（改寫自勞倫茲《所羅門王的指環》）

二、闡述（佔18分）

　　對上文中生事的穴鳥也跟著叫「也藚」，你有什麼感想或看法？而看到穴鳥集體的「也藚」行為，再對照人類在類似情況下的反應，你又有什麼感想或看法？請分別加以闡述，文長不限。

三、命題寫作（佔27分）

　　人生難免「失去」：我們有時沉浸在失去的感傷中；有時因失去才學會珍惜；有時明明已經失去，卻毫不自覺；而有時失去其實並非失去⋯⋯

　　請根據自己的體驗，以「失去」為題，寫作一篇首尾俱足、結構完整的文章，文長不限。

95 年學測（學科能力測驗）

題型分析

類型	字音	字形	字詞義	文法修辭	成詞語	應用文	國學常識	閱讀理解
題號		1	2、3、4、5、11	6、12			9、13、17、18、19	20、23（古典詩詞） 10（文言文，文句排序） 7、8、14、21、22（文言文） 15、16（白話文）

第一部分：選擇題（佔54分）

壹、單選題（佔30分）

說明：第1題至第15題，每題選出一個最適當的選項，標示在答案卡之「選擇題答案區」。每題答對得2分，答錯不倒扣。

（　）1.下列文句中，有關「生」與「身」二字的使用，完全正確的選項是：
(A)小林的父母在那場空難中幸運身還，遭遇了終生難忘的經歷
(B)在二次大戰中，不少猶太人為了人身安全，不得不隱瞞自己的生世
(C)雖然出身不佳，他仍努力向上，終於獲得許多人畢生難求的工作機會
(D)老李誤信算命而自怨身不逢時，久久抑鬱難平，竟因此輕生，令人惋惜

（　）2.漢字的部首具有表意的功能，例如「示」部的字多與神靈概念有關，下列針對「示」部字意義的敘述，錯誤的選項是：
(A)祖、祇、神、社等字與神祇之意有關
(B)祝、祈、禱、祠等字與祭祀之意有關
(C)福、祥、禎、祿等字與福祉之意有關
(D)禍、祟、袄、禁等字與災禍之意有關

（　）3.下列各組文句中，「」內連用數字的表達意義方式，前後不同的選項是：
(A)「什一」，去關市之徵，今茲未能／持戟百萬，秦得「百二」焉
(B)只嫌「六七」茅竹舍，也有兩三雞犬聲／四鄰何所有，「一二」老寡妻
(C)鬢毛「八九」已成霜，此際逢春只自傷／溪回山石間，蒼松立「四五」
(D)美人「二八」顏如花，泣向花前畏花落／非復「三五」少年日，把酒償春煩生紅

（　　）4.下列各組文句中，「」內的語詞意義相同的選項是：
　　　　(A)「小人」有母，皆嘗小人之食矣，未嘗君之羹／「小人」姓張名青，原是此間光明寺種菜園子
　　　　(B)姊妹弟兄皆列土，「可憐」光彩生門戶／與其說我的話打動了他，倒不如說是我那副「可憐」相令人同情吧
　　　　(C)君子無終食之間違仁，「造次」必於是，顛沛必於是／寶玉自知這話說的「造次」了，後悔不來，登時臉上紅脹起來，低著頭不敢則一聲
　　　　(D)桓公與莊公既盟於壇上，曹沬執匕首劫齊桓公，桓公「左右」莫敢動／妖王笑道：那包袱也無什麼值錢之物，「左右」是和尚的破褊衫、舊帽子，背進來拆洗做補襯

（　　）5.「阿堵」是六朝以來習見的稱代詞，猶如現代所說的「這個」。《世說新語》記載雅尚玄遠的王衍不屑講「錢」字，而稱之「阿堵物」，因此後世文人多以「阿堵物」稱代錢。下列文句中，「阿堵」所稱代的對象<u>不是</u>「錢」的選項是：
　　　　(A)世情看冷暖，人面逐高低。任是親兒女，還隨「阿堵」移
　　　　(B)蒓絲老盡歸不得，但坐長饑須俸錢。此身不堪「阿堵」役，寧待秋風始投檄
　　　　(C)秀才竊喜，自謂暴富，頃之，入室取用，則滿室「阿堵」物皆爲烏有，惟母錢十餘枚寥寥尚在
　　　　(D)顧長康畫人，或數年不點目精。人問其故？顧曰：四體妍蚩，本無關於妙處；傳神寫照，正在「阿堵」中

（　　）6.下列文句「」中的語詞，屬於偏義複詞的選項是：
　　　　(A)痛「母子」之永隔，哀伉儷之生離
　　　　(B)昭陽殿裏「恩愛」絕，蓬萊宮中日月長
　　　　(C)凡周「存亡」，不三稔矣！君若欲避其難，其速規所矣，時至而求用，恐無及也
　　　　(D)故爲人君者，正心以正朝廷……正萬民以正四方。四方正，「遠近」莫敢不壹於正

（　　）7.子曰：「吾與回言終日，不違如愚。退而省其私，亦足以發。回也，不愚。」下列有關《論語》這一章的詮釋，敘述正確的選項是：
　　　　(A)文中「發」字，意指顏回發憤向學，樂以忘憂
　　　　(B)「省其私」，乃指顏回時時反省自己有無過失偏私之處
　　　　(C)從孔子曾說「剛毅木訥，近仁」，可知孔子欣賞顏回「不違如愚」的表現
　　　　(D)由「回也，不愚」看出，孔子認爲顏回不像表面上的唯唯諾諾，而是既能知，且能行

（　）8.下列《論語》文句，解釋正確的選項是：

(A)「子食於有喪者之側，未嘗飽也」，反映孔子哀人之哀、傷人之傷的懷抱

(B)「古之學者為己，今之學者為人」，意謂古之學者心存一己，今之學者心存社稷

(C)子貢問「君子亦有惡乎？」孔子答以「有惡。惡稱人之惡者」，可知孔子討厭那些稱惡為善、是非不分的人

(D)「君子篤於親，則民興於仁。故舊不遺，則民不偷」，後兩句意謂人民珍惜故舊之物，則可免於因匱乏而淪為盜賊

（　）9.(甲)萬古丹心盟日月，千年義氣表春秋

　　(乙)未劈曹顱千古恨，曾醫關臂一軍驚

　　(丙)天意欲興劉，到此英雄難用武

　　　　人心猶慕項，至今父老尚稱王

　　(丁)由仁居義，傳堯舜、禹湯、文武、周孔之道

　　　　知言養氣，充惻隱、羞惡、恭敬、是非之心

　　上引對聯各詠一歷史人物，若依序排列，正確的選項是：

(A)關羽／扁鵲／項羽／孔子　　　　(B)關羽／華佗／項羽／孟子

(C)文天祥／華佗／劉邦／孔子　　　(D)文天祥／扁鵲／劉邦／孟子

（　）10.下引文字，依文意排列，順序最恰當的選項是：

「若迤升於高，以望江山之遠近，

　　(甲)吾亦不能言也

　　(乙)凡工之所不能畫者

　　(丙)嬉於水而逐魚鳥之浮沉

　　(丁)其物象意趣，登臨之樂，覽者各自得焉

　　　　其為我書其大概焉。」（歐陽脩〈真州東園記〉）

(A)甲丁乙丙　　　　　　　　　　　(B)乙甲丁丙

(C)丙丁乙甲　　　　　　　　　　　(D)丁甲乙丙

（　）11.斟酌下列文句，□□中最適合填入的選項是：

　　(甲)上海的街堂，條數鉅萬，縱、橫、斜、曲，如入迷魂陣，每屆盛夏，溽暑□□，大半個都市籠在昏赤的炎霧中（木心〈從前的上海人〉）

　　(乙)食堂裡面的燈光從上半截的玻璃透過來，映著棕紅色油漆的邊框，和食堂裡的霧氣，□□成一片悶悶的光暈，是那樣的縹緲又虛幻（羅蘭〈燈的隨想〉）

　　(丙)飢餓的滋味他還是第一次嘗到。心頭有一種沉悶的空虛，不斷地□□著他，鈍刀鈍鋸磨著他。那種痛苦是介於牙痛與傷心之間（張愛玲《秧

歌》）

(A)燻炙／迷濛／折騰 　　　　(B)蒸騰／氤氳／咬囓

(C)侵凌／交織／糾纏 　　　　(D)襲人／雜揉／煎熬

（　　）12.《知音——古典吉他入門》一書之命名，巧妙結合「音」之「知」與「古典
吉他入門」的關係，令人印象深刻。下列書籍命名手法與此相似的選項是：

(甲)《露骨——X射線檔案》

(乙)《談天——宇宙若比鄰》

(丙)《阿里山——永遠的檜木霧林原鄉》

(丁)《狂風暴雨——颱風、颶風、龍捲風》

(戊)《拈花惹草——簡易實用的插花技巧》

(A)甲丙丁 　　　　　　　　　(B)甲乙戊

(C)乙丙丁 　　　　　　　　　(D)乙丁戊

（　　）13.斟酌下引文字，□中最適合填入的選項是：

六經者非他，吾心之常道也。是故，□也者，志吾心之陰陽消息者也；
《書》也者，志吾心之紀綱政事者也；□也者，志吾心之歌詠性情者也；□
也者，志吾心之條理節文者也；□也者，志吾心之欣喜和平者也；《春秋》
也者，志吾心之誠偽邪正者也。（王陽明〈尊經閣記〉）

(A)易／詩／禮／樂 　　　　　(B)易／樂／禮／詩

(C)詩／禮／易／樂 　　　　　(D)詩／樂／易／禮

（　　）14.下列詩文中，作者面對「青山」時，有濃厚歲月之感的選項是：

(甲)滿眼青山未得過，鏡中無那鬢絲何

(乙)青山不減年年恨，白髮無端日日生

(丙)杳杳天低鶻沒處，青山一髮是中原

(丁)眼看青山休未得，鬢垂華髮摘空頻

(戊)我見青山多嫵媚，料青山、見我應如是

(A)甲乙丁 　　　　　　　　　(B)甲丙戊

(C)乙丙丁 　　　　　　　　　(D)乙丁戊

（　　）15.關於下引文字，敘述正確的選項是：

三十年代的時候，魯迅曾與梁實秋展開多次筆戰。有一回，梁實秋說魯迅
把一切主義都褒貶得一文不值。魯迅則反駁：「你究竟在說『褒』還是在說
『貶』？褒就是褒，貶就是貶，什麼叫作褒貶得一文不值？」梁實秋無詞以
對，只是解釋回應說，按北京人的用法，褒貶就是指貶。當年這場筆戰似乎
魯迅了佔上風，然而陳之藩總無法信服魯迅之說，卻也說不出具體的理由。

後來在香港，一位四川籍教授給他看一幅鄧小平的題字：「歷盡劫波兄弟在，相逢一笑泯恩仇」，落款有「錄魯迅詩」字樣，陳不禁為之大笑，原來他發現魯迅自己也有與梁實秋類似的用法，陳之藩因而評論魯迅：泯恩仇指的當然是泯「仇」，「恩」為什麼要泯它呢？（改寫自陳之藩《一星如月‧褒貶與恩仇》）

(A)梁實秋心知魯迅的反駁是對的，所以無詞以對

(B)陳之藩評論魯迅，可謂是「以其人之道，還治其人之身」

(C)鄧小平題字，頗有希望魯、梁二人筆戰「一笑泯恩仇」之意

(D)魯迅事後自覺強詞奪理，所以作詩有「兄弟在」、「泯恩仇」之語

貳、多選題（佔24分）

說明：第16題至第23題，每題的五個選項各自獨立，其中至少有一個選項是正確的，選出正確選項標示在答案卡之「選擇題答案區」。每題皆不倒扣，五個選項全部答對者得3分，只錯一個選項可得1.5分，錯兩個或兩個以上選項不給分。

(　　) 16. 下文取自網路新聞，文中連接詞運用不當的選項是：

不論季後賽壓力龐大，王建民仍然「泰山崩於前而色不改」，6日對天使之戰投得虎虎生風，完全不見菜鳥球員的稚嫩生澀。撇開七局下失投不談，王建民先發6又2／3局只有1分責失的強勢演出，讓隔海加油的國內球迷與有榮焉。然後阿民沒能拿下季後賽首勝，成為「亞洲第一人」，而且從賽後隊友、教練的反應，可以確定的是，只要洋基能一路挺進世界大賽，阿民不愁沒有上場機會。但是阿民的菜鳥球季還能創造多少「驚奇」？值得期待。

(A)「不論」季後賽壓力龐大

(B)「然後」阿民沒能拿下季後賽首勝

(C)「而且」從賽後隊友、教練的反應

(D)「只要」洋基能一路挺進世界大賽

(E)「但是」阿民的菜鳥球季還能創造多少驚奇

(　　) 17. 針對下列古文名篇內容，敘述正確的選項是：

(A)蘇洵〈六國論〉藉論六國賂秦之弊，諷諭宋朝屈辱求和的政策

(B)蘇軾〈前赤壁賦〉藉變與不變之辯證，表現作者通達的人生觀

(C)韓愈〈師說〉藉贈文李蟠的機會，批判時人一味崇尚佛老的風氣

(D)柳宗元〈始得西山宴遊記〉藉「始得」二字，表現作者初次尋得心靈寄託的喜悅感受

(E)顧炎武〈廉恥〉藉論「士大夫之無恥，是謂國恥」，寄寓作者對易代之際，士人變節的感慨

( ) 18. 近年知性之旅甚爲流行，或依據作家生平經歷、作品內容規劃文學之旅；或依據歷史掌故、地理環境規劃古蹟之旅。下列藝文之旅的主題，與作品內容相關的配對選項是：
(A)右軍書藝之旅——曾鞏〈墨池記〉
(B)遊園賞花之旅——陶淵明〈桃花源記〉
(C)農田酒鄉之旅——歐陽脩〈醉翁亭記〉
(D)民俗曲藝之旅——劉鶚〈明湖居聽書〉
(E)赤壁泛舟之旅——蘇轍〈黃州快哉亭記〉

( ) 19. 漢代與唐代同爲中國歷史上文治武功皆有可觀的時期，下列關於漢唐文學的說明，敘述正確的選項是：
(A)漢代散文的代表是《史記》，唐代散文的代表是傳奇
(B)〈古詩十九首〉出現於漢末，代表五言詩的正式成熟
(C)漢代樂府詩富有寫實精神，唐代新樂府運動亦關注社會現實
(D)近體詩完成於唐代，形式精整，表現古典詩的對稱美、聲律美
(E)高適、岑參爲唐代邊塞詩的代表作家，王維、孟浩然爲自然詩的代表作家

( ) 20. 下列詩句表露詩人心中悠然自得之樂的選項是：
(A)雲淡風輕近午天，傍花隨柳過前川。時人不識余心樂，將謂偷閒學少年
(B)渺渺孤城白水環，舳艫人語夕霏間。林梢一抹青如畫，應是淮流轉處山
(C)昔日齷齪不足誇，今朝放蕩思無涯。春風得意馬蹄疾，一日看盡長安花
(D)中歲頗好道，晚家南山陲。興來每獨往，勝事空自知。行到水窮處，坐看雲起時。偶然值鄰叟，談笑無還期
(E)劍外忽傳收薊北，初聞涕淚滿衣裳。卻看妻子愁何在，漫卷詩書喜欲狂。白日放歌須縱酒，青春作伴好還鄉。即從巴峽穿巫峽，便下襄陽向洛陽

( ) 21. 關於下引文字，敘述正確的選項是：
曾子之妻之市，其子隨之而泣，其母曰：「女還，顧反爲女殺彘。」妻適市來，曾子欲捕彘殺之，妻止之曰：「特與嬰兒戲耳。」曾子曰：「嬰兒非與戲也！嬰兒非有知也，待父母而學者也，聽父母之教。今子欺之，是教子欺也。母欺子，子而不信其母，非所以成教也。」遂烹彘。（《韓非子‧外儲說左上》）
(A)「其母」指曾子之母
(B)曾子認爲：即便是對待孩童也要遵守諾言
(C)從「女還，顧反爲女殺彘」一句，可知嬰兒當爲女嬰
(D)「曾子之妻之市」，前後兩個「之」的詞性、意義皆相同
(E)「今子欺之，是教子欺也」，前後兩個「子」字所稱對象不同

（　）22.關於下引文字，敘述正確的選項是：

至幕府，廣謂其麾下曰：「廣結髮與匈奴大小七十餘戰，今幸從大將軍出接單于兵，而大將軍又徙廣部行回遠，而又迷失道，豈非天哉！且廣年六十餘矣，終不能復對刀筆之吏。」遂引刀自剄。廣軍士大夫一軍皆哭。百姓聞之，知與不知，無老壯皆為垂涕。（《史記・李將軍列傳》）

(A)「結髮與匈奴大小七十餘戰」，是李廣自嘆年事已高，卻仍須與匈奴多次作戰

(B)「豈非天哉」，是李廣慨歎既奉命繞遠路，竟又迷路，一切命中注定，無可奈何

(C)「不能復對刀筆之吏」，是李廣自謂難以再次面對掌管刑法律令的官吏，承受屈辱

(D)「一軍皆哭」，意謂全軍上上下下皆痛哭，表現李廣在軍中深孚眾望，極受士卒愛戴

(E)「知與不知」，是指有受教育與未受教育者；「無老壯」，是指不分老少，二句都表現李廣深得民心

（　）23.關於下列兩首王安石詩，敘述正確的選項是：

沈魄浮魂不可招，遺編一讀想風標。何妨舉世嫌迂闊，故有斯人慰寂寥。（〈詠孟子〉）

自古功名亦苦辛，行藏終欲付何人？當時黮闇猶承誤，末俗紛紜更亂真。

糟粕所傳非粹美，丹青難寫是精神。區區豈盡高賢意？獨守千秋紙上塵。（〈讀史〉）

(A)「何妨舉世嫌迂闊」二句，顯示了王安石自比孟子，目空一切的自傲心理

(B)「遺編一讀想風標」之情懷、語意與「風簷展書讀，古道照顏色」大抵近似

(C)「行藏」一詞，意指進退出處，語出《論語・述而》：「用之則行，舍之則藏」

(D)〈讀史〉一詩，表達了王安石對史書記載及其論斷功過是否真切、允當的質疑

(E)二詩都流露出王安石的孤寂、無奈，也流露出自身理想、信念、行事、人格不被了解、缺少知音的感慨

第二部分：非選擇題（共三大題，佔54分）

說明：請依各題指示作答，答案務必寫在「答案卷」上，並標明題號一、二、三。

一、語文修正（佔9分）

　　語文的使用需要注意場合、對象的分別，不同的場合、不同的對象，都有它不同的語文表達方式。例如上台演講和平日死黨之間說話便大不相同，而寫作文章和口語敘述也絕不應該完全沒有差別。下面是一篇題為「運氣」的中學生作文，即使暫不考慮文字的優美與否，其中除了以下說明文字的範例之外，尚有九處應予修正──或使用了不當的俗語、口語、外來語，或犯了語法上的錯誤，或是受媒體、網路流行用語誤導，或以圖案代替文字，<u>請加以挑出，並依序標號（1、2、3……9）改正之</u>。

　　【說明】例如文中「3Q得Orz」即為不當用法，3Q意指「thank you」，Orz則藉三字母表示「跪拜在地」之狀。改正之方式如下：

　　3Q得Orz → 感謝得五體投地

　　今天我們班的運氣實在有夠衰，開朝會時被學務主任點名，說我們班秩序不良而且教室環境髒亂。我們班導師氣到不行，回到班上嚴辭訓斥大家一頓，問我們究竟安什麼心？林大同立刻舉手發言說，我們一定會好好做反省的動作。衛生股長漲紅著臉幾乎快 ::>_<:: 了，他拜託大家每天確實打掃，他一定3Q得Orz。王明問班上的星座達人到底我們班為何如此時運不濟，接二連三被挨罵受罰。更慘的是，班上的蒸飯箱莫名其妙又壞了，害得全班只好吃冷便當。偶氣ㄅ要死，媽媽昨天為我準備的便當，本來粉不錯吃滴，卻變成難以下嚥的冷飯。想不到今天這麼倒楣，昨天真不該聽信風紀股長的話，到學校理髮部去理一顆一百塊的頭，今天還不是一樣諸事不順！

二、議論評述（佔18分）

　　請閱讀下列資料後，<u>分別針對老師甲、家長、吳生的觀念、態度，各寫一段文字加以論述</u>。

　　㈠老師與家長的對話

　　老師甲：「吳茗士同學是我們班最優秀的學生，天資聰穎，不但有過目不忘的記憶力，數理推論與邏輯能力也出類拔萃，任何科目都得心應手。更可貴的是，他勤勉好學，心無旁騖，像大隊接力、啦啦隊等都不參加。我想，他將來不是考上醫學系，就是法律系，一定可以為校爭光！」

　　家長：「我們做家長的也是很開明的，只要他專心讀書、光耀門楣就好，從來不要他浪費時間做家事。老師認為他適合什麼類組，我們一定配合，反正醫學系、電機系、法律系、財金系都很有前途，一切就都拜託老師了！」

（乙）A同學疑似偷竊事件

A生：「老師，我沒有偷東西！吳茗士當值日生也在場，可以為我作證！」

吳生：「我不知道，我在算數學，沒有注意到。」

老師乙：「吳茗士，這關係到同學的清白，請再仔細想想，你們兩人同在教室，一定有印象的！」

吳生：「我已經說了我在算數學，哪會知道啊！而且，這干我什麼事？」

（丙）生物社社長B與吳同學的對話

B生：「你不是不喜歡小動物嗎？為什麼要加入生物社呢？」

吳生：「我將來如果要申請醫學系，高中時代必須有一些實驗成果，而且社團經驗也納入計分，參加生物社應該很有利。」

B生：「我們很歡迎你，但是社團成員要輪值照顧社辦的小動物喔！」

吳生：「沒有搞錯嗎？我是參加生物社來做實驗的，又不是參加寵物社！」

（丁）同學C的描述

「吳同學功課好好，好用功喔！不但下課時間不和我們打屁聊天，而且對課業好專注，只讀課本和參考書呢！像我愛看小說，他就笑我無聊又浪費生命。唉，人各有志嘛！我想他將來一定會考上很好的大學吧！」

三、情境寫作（佔27分）

下面是一篇未完成的文章，<u>請以「雨季的故事」為題，設想情境，接續下列文字，鋪寫成一篇完整的散文</u>，文長不限。

雨季來時，石頭上面長了些綠絨似的苔類。雨季一過，苔已乾枯了，在一片未乾枯苔上正開著小小藍花白花，有細腳蜘蛛在旁邊爬。河水從石罅間潄流，……

【注意】寫作時，為求文章完整呈現，<u>上列引文務請抄錄，否則扣分</u>。

96 年學測（學科能力測驗）

題型分析

類型	字音	字形	字詞義	文法修辭	成詞語	應用文	國學常識	閱讀理解
題號	1	2	8、15	6、12、16	3		11、20、21	19（古典詩詞） 23（現代詩） 5（白話文，文句排序） 4、7、9、10、14、17、18（文言文） 13（白話文） 22（章回小說）

第一部分：選擇題（佔54分）

壹、單選題（佔30分）

說明：第1題至第15題，每題選出一個最適當的選項，標示在答案卡之「選擇題答案區」。每題答對得2分，答錯不倒扣。

（　　）1.下列文句「」內文字的字音，依序與哪一選項文字的字音完全相同？

星期日中午，健民到餐廳點了清炒「莧」菜、糖醋「鯛」魚片這兩樣他最喜歡的菜。健民正吃得開心，沒想到一不留神，魚肉掉在褲子上，留下一片污「漬」。儘管如此，他還是覺得美味的佳餚令人「吮」指回味。

(A)件／稠／眥／楯　　　　(B)件／凋／嘖／允

(C)現／稠／嘖／允　　　　(D)現／凋／眥／楯

（　　）2.下列文句中，有關「齒」、「恥」二字的使用，正確的選項是：

(A)謙虛的人能不齒下問，驕傲的人總自以為是

(B)高舉公理正義的大旗做傷天害理的事，最令人不恥

(C)他公然說謊卻絲毫不覺歉疚，難怪會被批評為無齒

(D)有些人只寫過幾篇小文章就自號才子，真是讓人齒冷

（　　）3.下列文句「」內成語的運用，正確的選項是：

(A)李大華的爸爸和媽媽身材都很高大，稱得上是「椿萱並茂」

(B)他把子女教養得很好，對子女而言，真可說是「無忝所生」了

(C)小李經常花大錢買漂亮的衣服送給父母，不愧是「彩衣娛親」的孝子

(D)陳先生提早退休，全心照顧年邁的母親，「烏鳥私情」的孝行，令人感動

（　）4.閱讀下列詩句，選出最符合作者人生態度的選項：

賦命有厚薄，委心任窮通。通當為大鵬，舉翅摩蒼穹。窮則為鷦鷯，一枝足自容。苟知此道者，身窮心不窮。（白居易〈我身〉）

(A)人生多艱，宜苦中作樂，自求安慰

(B)人生在世，難免遭遇挫折，當積極解決困境

(C)人生際遇不同，宜順應自然，使心不困滯於外境

(D)生命苦短，享樂宜先，不求為大鵬，唯願成鷦鷯

（　）5.下列是小說中的一段文字，請依文意選出排列順序最恰當的選項：

餐廳建築在濱海的山崖上，從落地玻璃窗望出去，

　　(甲)海獸呼吸了一陣，　(乙)便是粼光閃爍的海洋，

　　(丙)光滑的背脊沾滿綠油油的燐光，背上一排呼吸孔開闔著噴出灰霧，

　　(丁)餐廳裡並沒有多少人留意海獸出沒，　(戊)又緩緩沉入海底，

　　(己)這時正有一頭巨大的海獸緩緩從海中浮現，

只有端菜來的侍者不經意提了一句。　　（張系國〈傾城之戀〉）

(A)乙丁甲戊丙己　　　　　　　　(B)乙己丙甲戊丁

(C)己丙甲乙丁戊　　　　　　　　(D)己丁甲丙戊乙

（　）6.古代漢語有一種用來表示「認為某（人、事、物）是……的」的用法，例如《戰國策·齊策》：「吾妻之美我者，私我也」，句中的「美我」即是「認為我是美的」之意。下列文句「」內文字屬於此一用法的選項是：

(A)《論語·里仁》：唯仁者能「好人」，能惡人

(B)魏徵〈諫太宗十思疏〉：將有作，則思知止以「安人」

(C)《孟子·盡心》：孔子登東山而「小魯」，登泰山而小天下

(D)司馬光〈訓儉示康〉：小人寡欲，則能謹身節用，遠罪「豐家」

（　）7.下列《孟子》文句，說明「學習成效受客觀環境所限制」的選項是：

(A)離婁之明，公輸子之巧，不以規矩，不能成方圓

(B)人之所不學而能者，其良能也；所不慮而知者，其良知也

(C)一齊人傅之，眾楚人咻之，雖日撻而求其齊也，不可得矣

(D)人之有德慧術知者，恆存乎疢疾。獨孤臣孽子，其操心也危，其慮患也深，故達

（　）8.文天祥〈正氣歌〉：「鼎鑊甘如飴，求之不可得」，句中的「鼎鑊」一詞，是由可各自獨立的「鼎」與「鑊」所構成，且「鼎」與「鑊」意義平行對等，不互相修飾。下列文句「」內的詞，與「鼎鑊」構成方式相同的選項是：

(A)《論語·為政》：五十而知「天命」

(B)《論語‧衛靈公》：「俎豆」之事，則嘗聞之矣

(C)蘇軾〈赤壁賦〉：寄蜉蝣於天地，渺「滄海」之一粟

(D)顧炎武〈廉恥〉：教其鮮卑語及彈「琵琶」，稍欲通解

(　　) 9. 閱讀下文，選出敘述正確的選項：

昔有雄雌二鴿，共同一巢。秋果熟時，取果滿巢。於其後時，果乾減少，唯半巢在。雄瞋雌言：「取果勤苦，汝獨食之，唯有半在！」雌鴿答言：「我不獨食，果自減少！」雄鴿不信，瞋恚而言：「非汝獨食，何由減少？」即便以嘴啄雌鴿，殺。未經幾日，天降大雨，果得濕潤，還復如故。雄鴿見已，方生悔恨：「彼實不食，我妄殺他！」（《百喻經‧一鴿喻》）

(A)雄鴿多疑固執，闖禍而不知悔悟

(B)雄鴿未察真相，以至於誤殺雌鴿

(C)雌鴿吃了果子，卻寧死不肯承認

(D)雌鴿沒吃果子，果子是被偷走的

(　　) 10. 閱讀下文，選出最符合全文主旨的選項：

周秦間諸子之文，雖純駁不同，皆有箇自家在內。後世為文者，於彼於此，左顧右盼，以求當眾人之意，宜亦諸子所深恥歟！（劉熙載《藝概‧文概》）

(A)周秦諸子主張各異，互不相服

(B)為文宜廣納眾說，以求左右逢源

(C)文章當求表現自我面目，不可一味迎合世俗

(D)後世為文者多慎選諸子的論述，印證自己的見解

(　　) 11. 先秦諸子的思想與文章各有其特色，請推斷下列敘述中的甲、乙、丙、丁各指何人？

甲、強調民貴君輕，其文表現出氣勢浩然的風格。

乙、主張以嚴刑峻法治國，筆鋒峻峭犀利，論說透徹精闢。

丙、強調教育和禮法的作用，善於運用排偶句法議論，邏輯周密。

丁、追求逍遙的境界，善於寓哲理於寓言之中，想像玄妙，說理高超。

	甲	乙	丙	丁
(A)	莊子	孟子	韓非子	荀子
(B)	孟子	韓非子	荀子	莊子
(C)	莊子	孟子	荀子	韓非子
(D)	孟子	韓非子	莊子	荀子

12-13為題組

閱讀下列短文，回答12-13題。

> 多年前，我獨自站在杳無人煙的鄉間路旁等候公路局巴士。無風之夏，炎熱中藏著一股詭奇的安靜，像千萬條火舌欲□一塊冰，卻嚥不下。我站得腳痠，忍不住蹲著，因而感覺那股安靜漸漸往我身上□來，即將形成威脅，彷彿再近一步，會把我給粉碎了。忽地，樹蟬驚起，霎時一陣帶刀帶槍的聲浪框住了人間。
>
> 　就在這時，站牌後那排蓊藹老樹無緣無故□下一截枝葉，不偏不倚掉在我面前，著實叫人一驚。我抬頭，樹上無人；低頭審視，不過是尋常的斷枝殘葉罷，應屬自然律支配下無需問為什麼也不必尋覓解答的自然現象。多少草木之事，斷就斷，枯就枯了，落就落，腐就腐了，若苦苦逼問「何以故」就顯得長舌。這道理我懂，只是在驚魂未定之時觀看那截枝葉，心思不免忙起來：頓覺枝非枝，葉非葉，必定有什麼深不可測的天諭包藏其間。是一段枯萎青春還是遺失的記憶？象徵死生與共的戀情或是老來彌堅的諾言？我蹲在那兒發愣，掐一葉仔細瞧，看不到喋喋不休的天機倒瞧見了蟲嚙，覺得人生沒有解答，只有各自感受。（簡媜〈閒閒無代誌〉）

（　）12.上文三個□若均使用「擬人化」的動詞，且須兼顧前後文的呼應連貫，則□內最適合填入的選項是：
　　　　(A)吞／欺／扔　　　　　　　(B)舔／溜／打
　　　　(C)融／游／挽　　　　　　　(D)嚐／飄／捻

（　）13.「觀看那截枝葉，心思不免忙起來：頓覺枝非枝，葉非葉，必定有什麼深不可測的天諭包藏其間」，這一段文字所描述的經驗，實為文學形成過程中的一種心靈活動。下列敘述，與此活動最相近的選項是：
　　　　(A)睹物興思，感物興情　　　　(B)虛靜其神，清和其心
　　　　(C)想像鮮活，翻空出奇　　　　(D)摹寫景物，如在目前

14-15為題組

閱讀下列短文，回答14-15題。

> 　山公（山濤）與嵇（康）、阮（籍）一面，契若金蘭。山妻韓氏，覺公與二人異於常交，問公，公曰：「我當年可以為友者，唯此二生耳。」妻曰：「負羈之妻[1]亦親觀狐、趙，意欲窺之，可乎？」他日，二人來，妻勸公止之宿，具酒肉。夜穿墉以視之，達旦忘反。公入曰：「二人何如？」妻曰：「君才致殊不如，正當以識度相友耳。」公曰：「伊輩亦常以我度為勝。」（《世說新語》）

注1　負羈之妻亦親觀狐、趙：春秋時，晉公子重耳流亡曹國，曹國大夫僖負羈之妻觀重耳身邊的狐偃、趙衰。

( ) 14.下列關於山濤及其妻的敘述，正確的選項是：
(A)山濤之妻有識人之明
(B)山濤之妻善妒而好猜忌
(C)山濤自認才能不輸嵇、阮
(D)山濤之才極受嵇、阮肯定

( ) 15.文中畫底線的「契」、「覺」、「以」、「勝」四個詞，各與下列選項「」內相同的詞比較，意義相同的選項是：
(A)戰國策〈馮諼客孟嘗君〉：馮諼曰：願之。於是約車治裝，載券「契」而行
(B)柳宗元〈始得西山宴遊記〉：意有所極，夢亦同趣，「覺」而起，起而歸
(C)連橫〈臺灣通史序〉：苟欲「以」二三陳編而知臺灣大勢
(D)蘇軾〈留侯論〉：其平居無罪夷滅者，不可「勝」數

貳、多選題（佔24分）

說明：第16題至第23題，每題的五個選項各自獨立，其中至少有一個選項是正確的，選出正確選項標示在答案卡之「選擇題答案區」。每題皆不倒扣，五個選項全部答對者得3分，只錯一個選項可得1.5分，錯兩個或兩個以上選項不給分。

( ) 16.下列文句「」內的比喻詞語，運用恰當的選項是：
(A)眾溪是海洋的「手指」，索水於大山
(B)他們像一群「螃蟹」，在地方上橫行
(C)憂愁似「鹽巴」，少許可以提味，吃多倒盡胃口
(D)煙囪就像是建築物的「眼睛」，能為房子帶來光明
(E)書正如同「藥」，善讀可以醫愚，不善讀恐受其害

( ) 17.古典詩詞常有「時」、「空」對舉的文句，藉時、空的廣遠寄寓內心的慨歎。下列詩詞，使用此一表現方式的選項是：
(A)玉界瓊田三萬頃，著我扁舟一葉
(B)九天閶闔開宮殿，萬國衣冠拜冕旒
(C)萬里悲秋常作客，百年多病獨登臺
(D)三十功名塵與土，八千里路雲和月
(E)世態十年看爛熟，家山萬里夢依稀

( ) 18.孔子認為，良好的道德修養具有普世價值，不受族群、地域的局限。下列《論語》文句，強調此一道理的選項是：
(A)天下有道則見，無道則隱

(B)言忠信，行篤敬，雖蠻貊之邦行矣

(C)十室之邑，必有忠信如丘者焉，不如丘之好學也

(D)君子敬而無失，與人恭而有禮，四海之內皆兄弟也

(E)孔子於鄉黨，恂恂如也，似不能言者；其在宗廟朝廷，便便言，唯謹爾

（　　）19. 下列李白詩句畫線處，詮釋恰當的選項是：

(A)「見說蠶叢路，崎嶇不易行。山從人面起，雲傍馬頭生」，形容山勢陡峻，行路窄迫

(B)「浮雲遊子意，落日故人情。揮手自茲去，蕭蕭班馬鳴」，意謂友情如浮雲、落日，難得易逝

(C)「抽刀斷水水更流，舉杯銷愁愁更愁。人生在世不稱意，明朝散髮弄扁舟」，強調滿腔憂鬱，揮之不去

(D)「越王勾踐破吳歸，義士還鄉盡錦衣。宮女如花滿春殿，只今惟有鷓鴣飛」，表達盛衰無常，繁華成空

(E)「雲想衣裳花想容，春風拂檻露華濃。若非群玉山頭見，會向瑤臺月下逢」，盛讚殿宇富麗，宛如天庭

（　　）20. 下列敘述，說明作家的作品風格與作家氣質相關的選項是：

(A)陶淵明閑靜少言，崇尚自然，其詩樸質無華，真淳恬淡

(B)韓愈耿介堅毅，敢於直諫，其散文雄渾剛健，氣勢磅薄

(C)劉基博通經史，為明朝開國功臣，其散文筆致駿邁，意旨閎深

(D)蘇軾器度恢弘，樂觀曠達，其散文汪洋恣肆，豪放詞尤獨具一格

(E)王安石為北宋神宗時宰相，推行新法，其散文風格峭拔，結構謹嚴

（　　）21. 國文課堂上討論「宋代貶謫文學」，範圍為范仲淹〈岳陽樓記〉、歐陽脩〈醉翁亭記〉、蘇轍〈黃州快哉亭記〉，則下列敘述，正確的選項是：

(A)三篇文章雖皆流露遭逢貶謫的感慨，仍不忘對時局提出諍言

(B)三篇文章的敘寫次序皆為：登高望遠→遙望京城→抒發感懷→物我合一

(C)歐陽脩〈醉翁亭記〉認為官運難卜，應該及時享受與民同遊共飲的快樂

(D)范仲淹〈岳陽樓記〉認為儘管仕途受挫，知識分子仍當以百姓安樂為念

(E)蘇轍〈黃州快哉亭記〉認為心胸坦然，超越人生的缺憾，才能擁有自在的生命

（　　）22. 章回小說多由說書人的底本增潤而成，情節敘述往往摻雜說書人的解釋或評論。下列文句，具有此一特色的選項是：

(A)玄德訪孔明兩次不遇，欲再往訪之。關公曰：「兄長兩次親往拜謁，其禮太過矣。想諸葛亮有虛名而無實學，故避而不敢見。兄何惑於斯人之甚也？」

(B)巨靈神回至營門，徑見托塔天王，忙哈哈跪下道：「弼馬溫果是神通廣大！末將戰他不得，敗陣回來請罪。」李天王發怒道：「這廝挫吾銳氣，推出斬之！」

(C)孔明曰：「亮夜觀天象，劉表不久人世；劉璋非立業之主，久後必歸將軍。」玄德聞言，頓首拜謝。只這一席話，乃孔明未出茅廬，已知三分天下。真萬古之人不及也

(D)當時林沖扳將過來，卻認得是本管高衙內，先自手軟了。高衙內說道：「林沖，干你甚事！你來多管！」原來高衙內不認得他是林沖的娘子，若還認得時，也沒這場事

(E)八戒道：「哥哥說得有理。你去，你去。若是打敗了這老妖，還趕將這裡來，等老豬截住殺他。」好行者，一隻手提著鐵棒，一隻手拖著死虎，徑至他洞口。正是：法師有難逢妖怪，情性相和伏亂魔

(　)23.閱讀下列現代詩〈我不和你談論〉，選出敘述正確的選項：

我不和你談論詩藝／不和你談論那些糾纏不清的隱喻／請離開書房／我帶你去廣袤的田野走走／去看看遍處的幼苗／如何沉默地奮力生長

我不和你談論人生／不和你談論那些深奧玄妙的思潮／請離開書房／我帶你去廣袤的田野走走／去撫觸清涼的河水／如何沉默地灌溉田地

我不和你談論社會／不和你談論那些痛徹心肺的爭奪／請離開書房／我帶你去廣袤的田野走走／去探望一群一群的農人／如何沉默地揮汗耕作

你久居鬧熱滾滾的都城／詩藝呀！人生呀！社會呀／已爭辯了很多／這是急於播種的春日／而你難得來鄉間／我帶你去廣袤的田野走走／去領略領略春風／如何溫柔地吹拂著大地

(A)詩的第三段，末句的「沉默」與前兩句的「談論」相對照，暗示與其爭辯不休，不如默默耕耘

(B)作者不和「你」談詩藝、人生、社會，「你」代表腳踏實地而常來鄉間的都市知識份子

(C)作者認為，到「廣袤的田野」比在「書房」更能真切體會生活的內涵與生命的意義

(D)詩中藉奮力生長的幼苗、灌溉田地的河水、揮汗耕作的農人等，展現田野的生命力

(E)這首詩間接呈現作者喜歡玄思妙想的性格，以及追求華麗辭藻、艱深隱喻的寫作態度

第二部分：非選擇題（共三大題，佔54分）

說明：請依各題指示作答，答案務必寫在「答案卷」上，並標明題號一、二、三。

一、文章分析（佔9分）

　　仔細閱讀框線內的文章，分析作者如何藉由想像力，描述搭火車過山洞時所見的景象與感受。文長限100～150字。

　　鄉居的少年那麼神往於火車，大概因為它雄偉而修長，軒昂的車頭一聲高嘯，一節節的車廂鏗鏗跟進，那氣派真是懾人。至於輪軌相激枕木相應的節奏，初則鏗鏘而慷慨，繼則單調而催眠，也另有一番情韻。過橋時俯瞰深谷，真若下臨無地，躡虛而行，一顆心，也忐忐忑忑吊在半空。黑暗迎面撞來，當頭罩下，一點準備也沒有，那是過山洞。驚魂未定，兩壁的迴聲轟動不絕，你已經愈陷愈深，衝進山嶽的盲腸裏去了。光明在山的那一頭迎你，先是一片幽昧的微熹，遲疑不決，驀地天光豁然開朗，黑洞把你吐回給白晝。這一連串的經驗，從驚到喜，中間還帶著不安和神祕，歷時雖短而印象很深。（余光中〈記憶像鐵軌一樣長〉）（96年學測國文科）

二、闡釋與表述（佔18分）

　　閱讀框線內的對話，先依對話內容的象徵意涵，闡釋「玫瑰」與「日日春」分別抱持哪一種處世態度，再依據自己提出的闡釋，就玫瑰與日日春「擇一」表述你較認同的態度，並說明原因。文長限300～350字。

　　玫瑰說：「我只有在春天開花！」
　　日日春說：「我開花的每一天都是春天！」（杏林子《現代寓言》）

三、引導寫作（佔27分）

　　或許你有過類似的經驗：熟悉的小吃店正在改裝，即將變成服飾店；路旁的荒地整理之後，成為社區民眾休閒的好所在；曾經熱鬧的村落街道，漸漸人影稀疏，失去了光采。……

　　這些生活空間的改變，背後可能蘊藏許多故事或啟示。請你從個人具體的生活經驗出發，以「走過」為題，寫一篇文章，內容必須包含：生活空間今昔情景的敘寫、今昔之變的原因、個人對此改變的感受或看法，文長不限。

97年學測（學科能力測驗）

題型分析

類型	字音	字形	字詞義	文法修辭	成詞語	應用文	國學常識	閱讀理解
題號	1	2	4、20	16、18	17	22（書信）	8	21（古典詩詞） 3（現代詩） 5（白話文，文句排序） 9、10、11（文言文） 12-13、14-15（文言題組） 6、7、23（白話文） 19（白話文，作家風格）

第一部分：選擇題（佔54分）

壹、單選題（佔30分）

說明：第1題至第15題，每題選出一個最適當的選項，標示在答案卡之「選擇題答案區」。每題答對得2分，答錯不倒扣。

（　）1. 下列各文句「」內的字，讀音相同的選項是：

(A)白髮「皤」皤的老者向西王母祈求「蟠」桃，以期延年益壽

(B)看到遍地餓「莩」，讓人不由心生寄「蜉」蝣於天地的感慨

(C)阿郎誤蹈法網，身陷囹「圄」，面對年邁的父母，只能慚惶不「語」

(D)小麗婚禮的「筵」席，山珍海味應有盡有，看了真令人垂「涎」三尺

（　）2. 下列各文句□內應填入的字依序是：

甲、讀書人除了追求豐富的知識之外，更重要的是涵養胸襟□識。

乙、他的才華、道德、學問和能力都出類拔萃，不是一般人所能□及。

丙、這兩位網球選手搭配雙打的時間已經很久，因此培養出絕佳的默□。

(A)氣／契／器　　　　　　　　(B)契／企／器

(C)氣／器／契　　　　　　　　(D)器／企／契

（　）3. 詩人常借用動物的特徵為喻。下列甲詩中的「兒子」和乙詩中的「我」所喻指的動物，依序最可能是：

甲、兒子說／「爸爸，新年快到了／我要買新鞋子。」／爸爸說／「你要我的老命是不是？」

乙、我來了，一個光耀的靈魂／飛馳於這世界之上／播散我孵育的新奇的詩的

卵子／但世界是一盞高燃的油燈／雖光明，卻是無情／啊啊，我竟在惡毒的燃燒中死去……

(A)蜘蛛／飛蛾　　　　　　　　(B)蜈蚣／飛蛾

(C)蜘蛛／蝙蝠　　　　　　　　(D)蜈蚣／蝙蝠

（　）4.閱讀下文，□內依序最適合填入的選項是：

鳳凰樹別有情懷，抖盡一身花葉，換來一掛掛的長刀，帶刀的枝枒□□□地挺立著，□□指向灰陰的天空，似乎完全不記省軀體上曾經附著過一排排的□□，應說是倔強罷，就算北風狂起，它也不肯低頭。（阿盛〈嘉南平原四題‧鳳凰樹〉）

(A)興沖沖／欣然／火柴　　　　(B)空盪盪／傲然／火種

(C)靜悄悄／竟然／火星　　　　(D)懶洋洋／凜然／火炬

（　）5.下列是一段現代小說，請依文意選出排列順序最恰當的選項：

平安戲院前面的場地空蕩蕩的，不是散場時間，也沒有三輪車聚集。

甲、一回頭卻見對街冉冉來了一輛，

乙、老遠的就看見把手上拴著一隻紙紮紅綠白三色小風車，

丙、她正躊躇間，腳步慢了下來，

丁、車夫是個高個子年輕人，在這當口簡直是個白馬騎士，

見她揮手叫，踏快了大轉彎過街，一加速，那小風車便團團飛轉起來。

（張愛玲〈色‧戒〉）

(A)甲丙丁乙　　　　　　　　　(B)乙甲丙丁

(C)乙丙丁甲　　　　　　　　　(D)丙甲乙丁

（　）6.閱讀下文，推斷作者認為進行歷史研究時，對「研究結果」最具關鍵影響力的選項是：

我的研究方法，總是在一個固定的時點上切一橫斷面，在下一個時點上再切一個橫斷面，然後比較這兩個橫斷面相異之處，再在其中尋求變動的主因及變化的現象。因此我這工作最重要的是選時點，而選時點則往往取決於個人的主觀意識，甚至帶有冒險性的意味，有時也可能因為原選的橫切面不恰當而導致觀察錯誤。因此，歷史研究的主觀性使歷史學無法成為精密的科學。（許倬雲《中國古代文化的特質》）

(A)歷史事件發生的時間　　　　(B)研究者的選擇與判斷

(C)一套精密的科學方法　　　　(D)冒險蒐集材料的勇氣

（　）7.閱讀下文，選出與本文作者見解最相符的選項：

人的意識像一座冰山，表面看得到的部分只有一點點，下面是龐大的潛意識，安靜地累積並成長。當我們從事創意工程時，像是從冰山的頂端鑽洞下去探測

並採取那下面的一切，重要的是下面的組成成分是什麼，以及自己鑽洞探索的
技術如何。（賴聲川《賴聲川的創意學》）
(A)年齡越長，越適合從事創意工程
(B)創作應破除冰冷虛偽，展現熱情
(C)擴充內在的儲存，有助於啟發創意
(D)潛心鑽研知識，是藝術創作的起點

（　）8.沈德潛《說詩晬語》：「性情面目，人人各具。讀□□詩，如見其脫屣千乘；
讀□□詩，如見其憂國傷時。」□□中的二位詩人，與下列選項所論詩人相同
的是：
(A)子美不能為太白之飄逸，太白不能為子美之沉鬱
(B)讀柳子厚詩，知其人無與偶；讀韓昌黎詩，知其世不能容
(C)王右丞如秋水芙蓉，倚風自笑；孟浩然如洞庭始波，木葉微落
(D)子瞻以議論作詩，魯直（黃庭堅）又專以補綴奇字，學者未得其所長，而
　　先得其所短

（　）9.閱讀下列改編自《莊子・讓王》的漫畫，選出最適合形容原憲品德修養的選項：

1 原憲居魯，環堵之室，茨以生草，蓬戶不完，桑以為樞而甕牖。

2 子貢乘大馬，軒車不容巷，往見原憲。

3 嘻！先生何病？

憲聞之：無財謂之貧，學而不能行謂之病。今憲貧也，非病也。

4 子貢逡巡而有愧色。

(A)能見其過而內自訟者
(B)敏而好學，不恥下問
(C)衣敝縕袍，與衣狐貉者立而不恥者
(D)惡衣服，而致美乎黻冕；卑宮室，而盡力乎溝洫

（　）10.閱讀下文，選出敘述正確的選項：
閩越人高荔子而下龍眼，吾為評之。荔子如食蝤蛑大蟹，斫雪流膏，一噉可
飽。龍眼如食彭越石蟹，嚼嚙久之，了無所得。然酒闌口爽，饜飽之餘，則
哑啄之味，石蟹有時勝蝤蛑也。戲書此紙，為飲流一笑。（蘇軾〈荔枝龍眼
說〉）
(A)荔枝宜單獨食用，龍眼則宜配酒而食
(B)荔枝勝在飽滿多汁，龍眼的滋味則在哑啄之間

蝤蛑：ㄐㄧㄡ ㄇㄡˊ，蟳。
彭越：蟛蜞，小蟹。
哑：吮吸。

(C)荔枝、龍眼風味有異，是由於種植地勢高低不同

(D)荔枝、龍眼如搭配蜻蜓、石蟹一起吃，風味最佳

（　　）11.寫作常使用「借事說理」的技巧，以提高道理的可信度。下列文中所述「市
集人潮聚散」的事例，最適合用來證明哪一選項的道理？

君獨不見夫趣市朝者乎？明旦，側肩爭門而入；日暮之後，過市朝者掉臂而
不顧。非好朝而惡暮，所期物忘其中。（《史記·孟嘗君列傳》）

(A)富貴多士，貧賤寡友，事之固然也

(B)彼眾昏之日，固未嘗無獨醒之人也

(C)君子寡欲，則不役於物，可以直道而行

(D)諺曰：「千金之子，不死於市」，此非空言也

12-13為題組

閱讀下列短文，回答12-13題。

　　臘月既望，館人奔告玉山見矣！時旁午，風靜無塵，四宇清澈。日與山射，晶瑩耀目，如雪、如冰、如飛瀑、如鋪練、如截肪。顧昔之命名者，弗取玉韞於石，生而素質，美在其中而光輝發越於外？臺北少石，獨萃茲山，山海之精，醞釀而象玉，不欲使人狎而玩之，宜於韜光而自匿也。山莊嚴瑰偉，三峰並列，大可盡護邑後諸山，而高出乎其半。中峰尤聳，旁二峰若翼乎其左右。二峰之凹，微間以青，注目瞪視，依然純白。俄而片雲飛墜中峰之頂，下垂及腰，橫斜入右，峰之三，頓失其二。游絲徐引諸左，自下而上，直與天接。雲薄於紙，三峰勾股摩盪，隱隱如紗籠香篆中。微風忽起，影散雲流，蕩歸烏有，皎潔光鮮，軒豁呈露。蓋瞬息間而變幻不一，開閉者再焉。過午，乃盡封之以去。（陳夢林〈望玉山記〉）

香篆：焚香時，煙縷曲折繚繞，有如篆文。

（　　）12.下列敘述，與本文作者對玉山的認識與觀感最相符的選項是：

(A)玉山終日霧鎖，每日只能在下午才有機會望見

(B)玉山匯聚天地精華，蘊藏豐富玉石，值得開採

(C)玉山終年冰雪，猶如美人冰肌玉骨，嫵媚動人

(D)玉山美而難見，猶如君子沉潛修養，光華內斂

（　　）13.上文自「俄而……」以後，藉由雲的變化，呈現玉山的動態之美。下列關於
「雲」的狀態摹寫，最正確的次序是：

(A)雲自天降→濃雲伸展→游雲上移→薄雲朦朧→風吹雲散

(B)雲自天降→游雲上移→薄雲朦朧→濃雲伸展→風吹雲散

(C)濃雲伸展→薄雲朦朧→游雲上移→雲自天降→風吹雲散

(D)濃雲伸展→薄雲朦朧→雲自天降→游雲上移→風吹雲散

14-15為題組

閱讀下列南宋朱熹《朱子語類》兩則短文，回答14-15題。

> 甲、近日學者病在好高，讀《論語》，未問「學而時習」，便說「一貫」；《孟子》，未言「梁王問利」，便說「盡心」。
>
> 乙、或問：「孟子說『仁』字，義甚分明，孔子都不曾分曉說，是如何？」曰：「孔子未嘗不說，只是公自不會看耳。譬如今沙糖，孟子但說糖味甜耳。孔子雖不如此說，卻只將那糖與人吃。人若肯吃，則其味之甜，自不待說而知也。」

(　　) 14. 下列閱讀《論語》、《孟子》的方法，與上引朱熹言論最相符的選項是：
(A)欲去好高之病，宜先求「一貫」，再求「盡心」
(B)無論讀《論語》或《孟子》，皆應循序漸進，踏實研讀
(C)《論語》說理平易，適合略讀；《孟子》說理詳盡，適合精讀
(D)《孟子》較《論語》義理分明，宜先讀《孟子》，再讀《論語》

(　　) 15. 上文朱熹以「吃糖」為喻，目的是希望讀書人明白：
(A)在教學方法上，孔子的身教優於孟子的言教
(B)孔子說理直截了當，語重心長；孟子辯才無礙，得理不饒人
(C)孔子雖少講理論，實教人透過生活實踐以體悟道理
(D)「仁」因孟子的解釋分曉，才得以確立為儒家學說的核心

貳、多選題（佔24分）

說明：第16題至第23題，每題的五個選項各自獨立，其中至少有一個選項是正確的，選出正確選項標示在答案卡之「選擇題答案區」。每題皆不倒扣，五個選項全部答對者得3分，只錯一個選項可得1.5分，錯兩個或兩個以上選項不給分。

(　　) 16. 現代漢語有一種名詞詞組，是名詞加上名詞組合而成，後面的名詞為量詞，對前面的名詞具有補充說明的作用，例如：車輛。下列選項中，二者均屬於上述組成方式的是：
(A)米粒，麵條　　　(B)雪花，汗珠　　　(C)書本，紙張
(D)人口，心扉　　　(E)馬匹，槍枝

(　　) 17. 教完柳宗元〈始得西山宴遊記〉、范仲淹〈岳陽樓記〉、歐陽脩〈醉翁亭記〉、蘇洵〈六國論〉、蘇軾〈赤壁賦〉等課之後，老師要求同學掌握課文中詞語的原意練習造句。下列符合要求的選項是：
(A)芒果冰滋味甜美、清涼解渴，在炎熱的夏天吃一碗，真是令人「心凝形釋」，暑氣全消

(B)她的音質好，又肯努力練習，因此加入合唱團沒多久就「水落石出」，受到大家的讚賞

(C)中秋夜晚皎潔的月光映照在屏東大鵬灣的海面上，一片「浮光躍金」的景象，眞是美不勝收

(D)老師把自己的薪水捐出來，幫助那些沒有錢繳午餐費的學童，眞是具有「抱薪救火」的情操

(E)參加推薦甄試面談或口試的時候，與其「正襟危坐」，緊張嚴肅，不如放鬆心情，從容自然

(　　) 18. 在「寒冷將靈魂凍結／我卻還不肯熄滅」這句歌詞中，作詞者運用「化虛爲實」的技巧，將抽象的「靈魂」化爲具象的水，可以被「凍結」，看似無理卻饒富妙趣。下列歌詞「」內的兩個詞語間，使用相同手法的選項是：

(A)就算整個世界被「寂寞」「綁票」／我也不會奔跑

(B)時光隧道裡／我「擺渡」著「憂愁」／孤獨疲憊的我／又將再流浪

(C)「釉色」「渲染」仕女圖／韻味被私藏／而妳嫣然的一笑如含苞待放

(D)當所有的花都遺忘了你睡著的臉／「群星」在我等速飛行時驚呼「墜落」

(E)有一個地方叫做故鄉／它留些「記憶」叫我「遺忘」／卻總在淚濕枕巾的午夜哦盪漾。

(　　) 19. 閱讀下列二段文字，依據文中訊息選出對二位作家敍述正確的選項：

甲、楊牧，早年筆名葉珊，新詩、散文都以抒情典麗著稱。三十二歲改筆名爲楊牧，在鄉土、社會的觀察中，注入濃厚的人文關懷，使作品在原有特質之外，兼具冷靜含蓄、厚實深沉的内蘊。

乙、鄭愁予，早期詩作語言純淨，意象華麗，性情奔放，内容時見流浪情懷。後期作品溫婉依舊，但歲月的感觸增多，人生的體悟益深，舉凡書齋的小見聞、無常的生命觀等，都能隨意揮灑，入於化境。

(A)楊牧擅長冷峻批判現實

(B)鄭愁予擅長刻畫風俗民情

(C)兩人早期作品多抒寫個人情懷

(D)兩人後期作品都追求語言的華麗

(E)兩人因社會關懷或人生歷練，後期作品更趨成熟

(　　) 20. 下列各組文句「」內的字，意義相同的選項是：

(A)聽寒「更」，聞雁遠，半夜蕭娘深院／莫辭「更」坐彈一曲，爲君翻作琵琶行

(B)「俟」案子查明，本府回明了撫台，仍舊還你／君子居易以「俟」命，小人行險以徼幸

(C)臣「聞」求木之長者，必固其根本／文靜素奇其人，一旦「聞」有客善
　相，遽致使延之

(D)無何天寶大徵兵，戶有三「丁」點一丁／明兒有了事，我也「丁」是丁，
　卯是卯的，你也別抱怨

(E)僕自到九江，已涉三載，形骸且健，方寸「甚」安／夫子房受書於圯上之
　老人也，其事「甚」怪

(　　) 21. 地理上具有分界意義的山岳、河海、城關，有時也是內心感覺的分野。人們
常想像：分界的此邊，是熟悉而心安的家園；分界的彼邊，則是令人陌生而
憂懼的荒遠地域。下列選項「」中的詞語，在詩中亦具有此種感覺分野意義
的是：

(A)黃河遠上白雲間，一片孤城萬仞山。羌笛何須怨楊柳，春風不度「玉門
　關」

(B)渭城朝雨浥輕塵，客舍青青柳色新。勸君更盡一杯酒，西出「陽關」無故
　人

(C)卑南覓近「秀孤巒」，欲訪桃源在此看。菊有黃華能結實，山多青子可加
　餐

(D)「重洋」遠渡度重陽，載酒尋花花正黃。文苑連朝開霽色，春臺九月著羅
　裳

(E)東南一脈枕「高山」，岁嶮雲端不可攀。山外海天知何處，舟楫從無此往
　還

　　岁嶮，ㄐㄧˋㄗㄜˋ，高大險峻貌。

(　　) 22. 楊中偉（地址：台中市東區新秀街11號）要寫信給他任職公司的副理陶青盈
（地址：台北市南港區星光路22號），右圖橫式信封的書寫方式，符合今日
規範的選項是：

(A)寄件人地址的位置

(B)收件人地址的位置

(C)收件人的姓名與稱呼

(D)啓封詞

(E)寄件人姓名的位置

40101
台中市東區新秀街11號
11501
台北市南港區星光路22號
陶女士青盈副理　安啓
楊中偉寄

(　　) 23. 閱讀下列短文，選出敘述正確的選項：

土地一向是農人最根本的信靠，祖先留給他們的，他們據以耕植和養育子
女，因此，一塊土地的好壞端看它的酸鹼程度與會否浸水而定。但由於時勢
的發展，有些人已變得只關心它是不是能蓋房子，並且把他人和整個社會看
成賺取的對象。當金錢成為最高目的時，耕作當然成了笑柄，誠實和辛勤不
再是美德，生活當中的一些原應重視的價值棄置一旁，而貪婪的心則無限伸

張。這些人表現於外的是全然的粗鄙：新建的樓房內外貼滿磁磚、壁上掛的全是民意代表贈送的匾額，濫飲聚賭，耽溺於坐享其成。傳統農村中溫厚的長者遠了，他們則儼然成了村子裡的新興士紳和道德裁判者。

這些事實在是很使人洩氣的。但我也知道，我該深記且應頻頻回顧的，乃是更多的那些默默為自己和下一代努力不懈的人。人的存在若有任何價值的話，並不是因為他們活著，吃喝睡覺，而後死去，而在於他們的心中永遠保有著一個道德地帶。（陳列〈地上歲月〉）

(A)以往農人在乎的是土地是否適合耕種，現在所有人則只關心土地酸鹼程度與會否浸水

(B)新建的樓房內外貼滿磁磚，壁上掛滿民意代表贈送的匾額，是由於當前農村經濟繁榮與文化水準的提升

(C)傳統農人保有誠實和辛勤的美德，現代農村有些人則顯得貪婪粗鄙，濫飲聚賭，耽溺於坐享其成

(D)作者認為，人的存在若有價值的話，不是因為他們的金錢、權勢，而在於他們心中永遠保有道德地帶

(E)本文反映了傳統農村價值觀的轉變，由原來的誠實辛勤專心耕作，轉變為維護正義，以期躋身新興士紳

第二部分：非選擇題（共三大題，佔54分）

說明：請依各題指示作答，答案務必寫在「答案卷」上，並標明題號一、二、三。

一、文章解讀（佔9分）

　　閱讀框線內的文章，請簡要歸納作者對文化與藝術的觀點，並從日常生活中舉例，印證作者的觀點。文長限150～200字。

> 　　每個人生命中都有豐富的文化因素與美感經驗，有來自先天的主體脈絡，也有包容、吸納外來經驗的空間與環境。文化、藝術並非特定菁英份子的專利與責任，每個人的文化意涵不因富貴貧賤而有高低多寡之別，體認藝術的社會本質與文化的基礎，也與學歷、族群、性別沒有太大關係，更不需要高深的理論。（邱坤良〈非關文化：移動的觀點〉）

二、應用寫作（佔18分）

　　閱讀下文，試以楚國、齊國或第三國記者的身分，擇一立場報導此事件，不必擬新聞標題。文長限250～300字。

晏子使楚，以晏子短，楚人為小門于大門之側而延晏子。晏子不入，曰：「使狗國者，從狗門入；今臣使楚，不當從此門入。」儐者更道，從大門入，見楚王。王曰：「齊無人耶，使子為使？」晏子對曰：「齊之臨淄三百閭，張袂成陰，揮汗成雨，比肩繼踵而在，何為無人？」王曰：「然則何為使子？」晏子對曰：「齊命使，各有所主，其賢者使使賢主，不肖者使使不肖主。嬰最不肖，故宜使楚矣。」

三、引導寫作（佔27分）

雖然時光一去不返，但人們偶爾還是會想像回到過去。

有人想像回到從前去修改原先的決定；有人想像回到事故現場阻止意外事件的發生；有人想像回到古埃及時期，影響當時各國間的局勢；有人想像回到戰國時代，扭轉當時的歷史……

請以「如果當時……」為題（刪節號處不必再加文字），寫一篇文章，從自己的生命歷程或人類的歷史發展中，選擇一個你最想加以改變的過去時空情境，並想像那一個時空情境因為你的重返或加入所產生的改變。文長不限。

98 年學測（學科能力測驗）

題型分析

類型	字音	字形	字詞義	文法修辭	成詞語	應用文	國學常識	閱讀理解
題號	1	2	16、19	20（詞性）	18	17（題辭）	11、23	3、6、21、22（白話文） 4、5、8（文言文） 12、13（文言題組） 7（古典詩詞） 9（文言文，文句排序） 10（現代詩） 14、15（白話題組）

第壹部分：選擇題（佔54分）

一、單選題（佔30分）

說明：第1題至第15題，每題選出一個最適當的選項，標示在答案卡之「選擇題答案區」。每題答對得2分，答錯不倒扣。

（　　）1. 下列文句「」內字音相同的選項是：
　　(A)呆了半晌，他才從打碎花瓶的震「懾」中回過神來，「躡」著腳步逃開
　　(B)家屬們難掩悲「愴」，踉踉「蹌」蹌地步入追思會場，悼念王永慶先生
　　(C)這位部長具專業能力卻缺乏政治手「腕」，以致黯然下臺，令人「惋」惜
　　(D)奶粉含有毒物質被「揭」發後，政府急謀對策，「遏」止相關製品流入市面

（　　）2. 下列文句□內依序應填入的字，完全正確的選項是：
　　甲、突然聽到這項意外消息，大家面面相□，一時之間不知如何回應
　　乙、昨天大伙一連吃了三碗刨冰，仍覺得意□未盡，相約明天再去吃冰
　　丙、球隊苦練多年，原本志在奪牌，沒想到遭遇其他強勁對手，竟□羽而歸
　　丁、當香噴噴的紅燒肉一端上桌，大伙便顧不得形象爭相挾取，準備大□朵頤
　　(A)覷／猶／鎩／快　　　　　　　　(B)歔／猶／鎩／塊
　　(C)覷／尤／鍛／快　　　　　　　　(D)歔／尤／鍛／塊

（　　）3. 閱讀下文，根據文中的情境，選出依序最適合填入　甲　、　乙　的選項：
　　清光四射，天空皎潔，　　甲　　，坐客無不悄然！舍前有兩株梨樹，等到月

升中天，清光從樹間篩灑而下，　　乙　　，此時尤為幽絕。直到興闌人散，歸房就寢，月光仍然逼進窗來，助我淒涼。（梁實秋〈雅舍〉）

(A)四野無聲，微聞犬吠／地上陰影斑斕

(B)蒼然暮色，自遠而至／地上浮光躍金

(C)竹枝戲蝶，小扇撲螢／樹下芳草鮮美

(D)風雲開闔，山岳潛形／樹下燈焰幢幢

（　　）4.閱讀下文，選出敘述正確的選項：

夫盜亦人也，冠履焉，衣服焉；其所以異者，退遜之心，正廉之節，不常其性耳。（羅隱〈英雄之言〉）

(A)一般人比盜匪更注重衣服、鞋帽的端正整齊

(B)一般人和盜匪一樣，都很容易見利忘義、見財思得

(C)盜匪和一般人的區別，在於他們無法保有謙讓、廉潔的善性

(D)盜匪總是利用人性貪圖物質享受的弱點，引誘一般人迷失善性

（　　）5.閱讀下文，選出最符合全文主旨的選項：

文必本之六經，始有根本。唯劉向、曾鞏多引經語，至於韓、歐，融聖人之意而出之，不必用經，自然經術之文也。近見巨子動將經文填塞，以希經術，去之遠矣。（黃宗羲〈論文管見〉）

| 巨子：泛稱某方面 |
| 　　　的權威物。 |
| 希：求。 |

(A)批評當世文人只知徵引經文，而不能融通聖人之意

(B)強調為文者唯有出入經史，方能與韓、歐等大家齊名

(C)分析劉向、曾鞏、韓愈、歐陽脩等人引用經術文字之優劣

(D)說明援經入文的兩種方法：一為多引經語，一為融聖人之意

（　　）6.閱讀下文，選出最符合全文主旨的選項：

當藝術即表現時，吾人所能思考的只有表現了什麼和如何表現，表現了什麼不能脫離如何表現而存在，如何表現亦不能脫離表現了什麼而存在：表現了什麼是表現了的內容，如何表現是表現的形式，是一個問題的兩面，嚴密相關而形成藝術品的整體的和諧。當吾人思考表現了什麼時無可避免地要涉及藝術美的以外的因素，包括倫理的、哲學的、社會的種種問題，當吾人思及如何表現時則必然要思及藝術美本身的因素，兩者之間完全不能加以割裂。（姚一葦《藝術的奧祕》）

(A)從事藝術創作，需要縝密的思維

(B)好的藝術品，講求形式與內容的和諧

(C)藝術品必須反映倫理、哲學、社會的種種問題，才有價值

(D)藝術鑑賞方法雖多，但總以表現了什麼為主，如何表現次之

（　）7.閱讀下列甲、乙二詩，選出敘述正確的選項：

甲、三月正當三十日，風光別我苦吟身。共君今夜不須睡，未到曉鐘猶是春。

（賈島〈三月晦日贈劉評事〉）

乙、節物相催各自新，癡心兒女挽留春。芳菲歇去何須恨？夏木陰陰正可人。

（秦觀〈三月晦日偶題〉）

(A)二詩均藉由描寫景物的變化，具體呈現季節的交替、轉換

(B)二詩均藉由自己和他人態度的差異，深化面對春盡的感傷

(C)甲詩以「猶是春」表示只要心中有春，即令春去亦無須傷感

(D)乙詩以「何須恨」表示四季各有其美，當豁達迎接夏天到來

（　）8.作者敘事寫人時，常藉由動作的描繪，讓讀者體會言外之意。關於下列文句畫底線處動作描繪的說明，正確的選項是：

(A)〈桃花源記〉：（桃花源居民）問今是何世？乃不知有漢，無論魏、晉！此人（漁人）<u>一一為具言所聞，皆歎惋</u>。──藉歎惋表達桃花源居民對漁人見多識廣的欣羨

(B)〈左忠毅公逸事〉：廡下一生（史可法）伏案臥，文方成草。公（左光斗）閱畢，<u>即解貂覆生</u>，為掩戶。──以左光斗毫不猶豫地解下貂裘相贈，暗示左光斗家境優渥，出手大方

(C)〈明湖居聽書〉：那彈弦子的，亦全用輪指，忽大忽小，同她（王小玉）那聲音相和相合；有如花塢春曉，好鳥亂鳴，<u>耳朵忙不過來，不曉得聽那一聲的為是</u>。──藉聽眾在弦音和說書聲之間難以選擇，既凸顯彈弦子者的技藝高超，更以之烘托王小玉說書的精妙

(D)〈劉姥姥〉：便伸箸子要夾（鴿子蛋），哪裡夾得起來，滿碗裡鬧了一陣，好容易撮起一個來，才伸著脖子要吃，偏又滑下來滾在地下，<u>忙放下箸子要親自去撿</u>，早有地下的人撿了出去了。──以下人搶先一步撿蛋，點出賈府平日待下人苛刻吝嗇，故下人遇美饌則爭食

（　）9.下列是一段古文，請依文意選出排列順序最恰當的選項：

古之善攻者，不盡兵以攻堅城，善守者，

甲、<u>盡兵以守敵衝，則兵不分，而彼間行襲我無備，</u>

乙、<u>夫盡兵以攻堅城，則鈍兵費糧而緩於成功，</u>

丙、<u>故攻敵所不守，</u>

丁、<u>不盡兵以守敵衝，</u>

守敵所不攻。（蘇洵〈攻守〉）

(A)甲丙丁乙　　　　　　　　　　(B)甲丙乙丁

(C)丁乙丙甲　　　　　　　　　　(D)丁乙甲丙

10-11為題組

閱讀劉大白〈西湖秋泛〉，回答10-11題。

<table>
<tr><td>

蘇堤橫亙白堤縱：

橫一長虹，縱一長虹。

跨虹橋畔月朦朧：

橋樣如弓，月樣如弓。

青山雙影落橋東：

南有高峰，北有高峰。

雙峰秋色去來中：

去也西風，來也西風。

</td><td>

厚敦敦的軟玻璃裡，

倒映著碧澄澄的一片晴空：

一疊疊的浮雲，

一羽羽的飛鳥，

一彎彎的遠山，

都在晴空倒映中。

湖岸的，葉葉垂楊葉葉楓：

湖面的，葉葉扁舟葉葉篷：

掩映著一葉葉的斜陽，

搖曳著一葉葉的西風。

</td></tr>
</table>

( ) 10. 下列關於本詩的敘述，錯誤的選項是：

(A)新詩格律自由，未必押韻；本詩則明顯押韻

(B)本詩深具文人雅士傷春悲秋、感時憂世的情懷

(C)本詩善用疊字，句型亦多排比複沓，富節奏感與韻律感

(D)本詩將蘇堤與白堤喻為長虹，將湖水喻為軟玻璃，視覺意象鮮明

( ) 11. 民國早期剛發展的新詩，曾出現多種不同寫作路線的嘗試。上引劉大白（西元1880-1932）的詩作，最適合做為何種寫作路線的例證？

(A)文字樸素無華，重視反映社會現象

(B)詩意朦朧恍惚、神秘幽晦，頗難理解

(C)句式、押韻均近於詞曲，頗具古典氣息

(D)題材、語言均受西洋文學影響，異於傳統

12-13為題組

閱讀下列短文，回答12-13題。

　　吾官鎮遠，嘗睹於物，得三戒焉。虎性饞，不擇肉而食，有羊牧崖上，虎攫之，羊負痛墮地死，虎隨之；虎墮地，不死而重傷焉，竟為鄉人所斃。蝎虎亦性饞，蝎虎緣壁行，入燕巢以食其雛，雛負痛墮地，蝎虎隨之；雛在地飛躍，家人為送入巢，蝎虎不能動，雞食之。蟻亦性饞，凡物有大於己者，皆負致以行，務入其穴乃止，有蚓出穴，蟻群噆之，蚓負痛，宛轉泥沙中，卒莫能制蚓；鴨出欄，并食之。

　　夫虎貪食羊，不知羊死而身斃；蝎虎貪食燕雛，不知燕雛得全而己不免；蟻貪食蚓，不知與蚓并為鴨所食。嗟夫！利者，害之所伏也；得者，喪之所倚也。為饞不已者，可以戒矣！（周瑛〈饞戒〉）

<table>
<tr><td>蝎虎：又名守宮、壁虎。
蝎亦作「蝎」。</td></tr>
</table>

（　　　）12.下列關於本文內容的敘述，正確的選項是：

(A)文中所稱的三戒，即以羊、蝎虎、螞蟻爲戒

(B)羊原本在崖上吃草，後來被老虎撲攫、吃掉

(C)蝎虎爬進燕巢想吃雛燕，結果反被母燕吃掉

(D)螞蟻想吃掉蚯蚓，卻和蚯蚓一起被鴨子吃掉

（　　　）13.下列關於本文的鑑賞分析，錯誤的選項是：

(A)本文結構是先敘事後說理，藉動物故事論理，顯得更具體生動

(B)本文敘事部分是先分述，後總結；說理部分則是先總說，後分論

(C)本文敘事說理緊扣篇題，以「饞」字貫串全文，以「戒」字前後呼應

(D)本文目的在警惕人們不要只看到眼前的利與得，而忽略了潛藏的危險

14-15為題組

閱讀下列短文，回答14-15題。

認識糖尿病的人，一定都知道胰島素的重要。這個激素幫助細胞儲存醣類和脂肪以提供能量。當身體不能產生足夠的胰島素（第一型糖尿病）或者對它有異常反應（第二型糖尿病），就會發展成許多循環系統和心臟方面的疾病。但最近的研究顯示，胰島素對大腦也很重要——胰島素異常和神經退化性疾病有關，如阿茲海默症（Alzheimer's Disease）。

長久以來，科學家相信只有胰臟會製造胰島素，而中樞神經系統完全沒有參與。到了1980年代中期，幾個研究團隊在大腦發現了胰島素。顯然這個激素不僅可以通過血腦障壁，大腦本身也能少量分泌。

接下來，科學家又發現胰島素對於學習和記憶很重要。例如：受試者在注射或吸入胰島素之後，對於回憶故事情節和其他記憶能力馬上增強了；而擅長空間記憶測試的大鼠比起慣於靜止的大鼠，腦部也含有較多的胰島素。

這些觀察結果讓美國布朗大學的神經病理學家蒙特（Suzanne de la Monte）和同事聯想到：大腦的胰島素是否和阿茲海默症有關？因爲阿茲海默症會造成嚴重的記憶喪失。他們比較了健康者和阿茲海默症患者腦中胰島素的含量，發現和學習以及記憶有關的神經區域中，健康者的胰島素平均含量高了四倍。

根據這個結果，蒙特認爲：「阿茲海默症患者也可能有一般糖尿病的問題」，她甚至把阿茲海默症當成是「第三型糖尿病」。因爲有血腦障壁的連通，大腦胰島素的含量，其實也反映了身體其他部位的含量，故2002年一份關於糖尿病患者的研究報告更進一步指出：＿＿＿＿＿＿＿，這些患者的記憶與學習問題也比較多。（改寫自Melinda Wenner著，林雅玲譯，〈大腦也會得糖尿病〉）

（　　）14. 依據上文，自1980年代中期至神經病理學家蒙特這段期間，關於胰島素的科學研究進程是：

甲、發現大腦會分泌胰島素

乙、發現糖尿病導因於胰島素分泌異常

丙、發現阿茲海默症患者的大腦胰島素含量低

丁、發現記憶力好壞與大腦胰島素分泌多寡有關

(A)甲→乙→丁 　　　　　　　　(B)甲→丁→丙

(C)乙→甲→丁 　　　　　　　　(D)乙→甲→丙

（　　）15. 在1980年代中期以降的科學研究基礎上，文末所述2002年關於糖尿病患者的研究報告，基於「大腦胰島素的含量，其實也反映了身體其他部位的含量」，獲得的結論（即文末＿＿＿＿＿＿內）最可能是：

(A)糖尿病患者的症狀，可以透過胰島素注射獲得改善

(B)糖尿病患者的症狀，無法透過胰島素注射獲得改善

(C)糖尿病患者罹患阿茲海默症的機率，比一般人來得低

(D)糖尿病患者罹患阿茲海默症的機率，比一般人來得高

二、多選題（佔24分）

> 說明：第16題至第23題，每題的五個選項各自獨立，其中至少有一個選項是正確的，選出正確選項標示在答案卡之「選擇題答案區」。每題皆不倒扣，五個選項全部答對者得3分，只錯一個選項可得1.5分，錯兩個或兩個以上選項不給分。

（　　）16. 中文「量詞」如「一輛車」、「一棵樹」的「輛」、「棵」，通常置於數詞之後、名詞之前，不單獨使用。但有些詞原本不是量詞，如「一杯水」、「一碗飯」中的「杯」、「碗」，原為名詞，卻借用為量詞。下列選項「」內的詞，何者屬於名詞借用為量詞？

(A)一「葉」扁舟 　　　(B)一「艘」軍艦 　　　(C)一「頭」霧水

(D)一「盞」熱茶 　　　(E)一「床」棉被

（　　）17. 閱讀下列章君雅、柯學面的對話，選出填入＿＿＿＿內正確的選項：

章君雅說：我弄璋囉，恭喜我吧！

柯學面說：弄璋？那麼古典！就說(A)不就好了！

章君雅說：喂！你是國文老師耶！好像還有更古典的，叫夢什麼？

柯學面說：叫(B)。現在很少用這個詞了。

章君雅說：我的朋友後天開演奏會，我叫花店在花籃上寫「彤管流芳」可好？

柯學面說：(C)！

章君雅說：那 (D) 呢？

柯學面說：嗯，不錯啦，但何必賣弄呢？用「演出成功」就好啦！

章君雅說：唉！以前學一堆題辭，拿來用一下嘛！

柯學面說：那就用明白大方的吧！像結婚紅包寫「珠聯璧合」是很有水準啦，但寫(E)也不錯啊！

(A)生兒子　　　　　(B)夢熊　　　　　(C)很好啊

(D)「餘音繞梁」　　(E)「百年好合」

( ) 18. 下列文句畫底線處的成語，運用恰當的選項是：

(A)一顆鑽石鑲在這樣精緻的名錶上面，果然如白圭之玷般耀眼

(B)合歡山的皚皚積雪在陽光的照射下，閃耀著陽春白雪般的晶瑩

(C)這位舉重選手一次就舉起兩百公斤的重量，不愧是能白手起家的大力士

(D)人的一生短暫如同白駒過隙，因此，對於名利得失，實在不必斤斤計較

(E)當年他財產上百億，如今卻負債累累，唉！世事真如白雲蒼狗，變化難測

( ) 19. 下列各組文句「」內的詞，前後意義相同的選項是：

(A)歸來視幼女，零淚「緣」纓流／「緣」溪行，忘路之遠近

(B)行到水窮處，「坐」看雲起時／到則披草而「坐」，傾壺而醉

(C)名「豈」文章著？官應老病休／然則臺灣無史，「豈」非臺人之痛歟

(D)下馬飲君酒，問君何所「之」／聖人「之」所以為聖，愚人之所以為愚

(E)亮無晨風翼，「焉」能凌風飛／古之聖人，其出人也遠矣，猶且從師而問「焉」

( ) 20. 下列文句「」內的詞語，前後詞性相同的選項是：

(A)《論語・子罕》：吾誰「欺」？「欺」天乎

(B)《論語・季氏》：「樂」節禮「樂」，樂道人之善，樂多賢友

(C)《孟子・萬章》：天之生此民也，使先知覺後知，使先「覺」覺後「覺」也

(D)《論語・學而》：夫子至於是邦也，必聞其政。求之「與」？抑「與」之與

(E)《孟子・梁惠王》：是不為也，非不能也。故「王」之不「王」，非挾太山以超北海之類也

( ) 21. 閱讀下文，推斷該文作者認為電影《海角七號》容易引起觀眾共鳴的原因為何？

「你看《海角七號》了沒？」近來成了全國性的見面問候語。在電影中，導

演魏德聖很贊同且體恤鄉下小民那些充滿漏洞、微有破碎的生活調調，像騎機車不戴安全頭盔，像與交警一言不合可以互練摔角，像郵件送不完竟堆置在家裡。而能妙手偶得這樣的情節，導演便需天然具備這種「容許」的氣質——茂伯（戲中的老郵差）執意擔任臺上一名樂手，他容許；水蛙（戲中的機車行員工）暗戀老闆娘，他容許；友子（女主角）在阿嘉（男主角）家裡住一晚，輕手輕腳下樓梯，阿嘉的媽媽瞧見了，笑了，導演讓這個媽媽也容許。若有一件創作，可以帶著大家去犯一些不傷大雅的小錯，那麼這創作的欣賞者或參與者必定很踴躍，並且參加之後猶很感激。（改寫自舒國治〈為什麼全臺灣瘋《海角七號》〉）

(A)導演揭露鄉下小民遭受不平等待遇的辛酸

(B)演員們以充滿漏洞、製造笑料的方式演出

(C)全片由破碎而不連貫的劇情串接，新奇有趣

(D)劇中鄉下小民偶有小錯的生活小節，得到包容與諒解

(E)觀眾對隨興生活的憧憬，透過劇中人物的生活調調暫得滿足

( )　22.寫作時，將某一種感官的感覺描寫，代之以另一種感官的感覺描寫，這種感覺轉移的手法，往往可以強化表達效果。如洛夫〈西貢夜市〉：「嚼口香糖的漢子／把手風琴拉成／一條那麼長的無人巷子」，即以視覺上「狹長空蕩的巷子」，來描寫「手風琴」彈奏的聲音。下列文句畫底線處，也採用上述感覺移轉手法的選項是：

(A)對著這細雨的黃昏／<u>靜靜的城角</u>／兩排榕樹掩映下的小街道

(B)他把今年在對面山上／<u>裝進錄音機的蟬聲／拿出來／讓孩子們／烤火</u>

(C)軟泥上的青荇／油油的在水底招搖／在康河的柔波裡／我甘心做一條水草

(D)走在春日喧囂的山林小徑上，耳畔清靜，蹲下來，<u>卻能看見熱鬧鼎沸的聲音</u>

(E)在西峰入口，<u>那兒有一叢早開的野牡丹，正挺著四、五朵紫紅的花，精神奕奕地迎向北方</u>，異常豔麗

( )　23.下列關於古代士人在其文章中展現襟抱的敘述，正確的選項是：

(A)范仲淹〈岳陽樓記〉以「遷客騷人」和「古仁人」對照，顯示自我「先天下之憂而憂，後天下之樂而樂」的胸懷

(B)歐陽脩〈醉翁亭記〉以「人知從太守遊而樂，而不知太守之樂其樂也」，陳述個人不以貶謫為意，而能樂民之樂

(C)蘇轍在〈上樞密韓太尉書〉中認為「文者，氣之所形」，故歷覽名山大川，求謁賢達，藉以充養其氣，宏博其文

(D)蘇軾在〈赤壁賦〉中藉「蘇子」與「客」討論水與月的「變」與「不

變」，申明其濟世之志絕不因憂患而改易的態度

(E)顧炎武〈廉恥〉藉顏之推「不得已而仕於亂世」的自警自戒，與「閹然媚於世者」對比，寄託自我處身明清易代之際的選擇

第貳部分：非選擇題（共三大題，佔54分）

說明：請依各題指示作答，答案務必寫在「答案卷」上，並標明題號一、二、三。

一、語譯（佔9分）

請將框線內的文言文譯為語體文，並注意新式標點的正確使用。

> 宮中府中，俱為一體，陟罰臧否，不宜異同。若有作姦犯科，及為忠善者，宜付有司，論其刑賞，以昭陛下平明之理，不宜偏私，使內外異法也。（諸葛亮〈出師表〉）

二、意見闡述（佔18分）

請綜合框線內的兩個事例，提出你的看法。文長限250字～300字。

> ㈠蘇麗文在北京奧運跆拳道銅牌爭奪賽中，強忍左膝受傷之痛，十一次倒下仍奮戰到底，令全場動容。回國後，數所大學爭取她擔任教職。
>
> ㈡邱淑容參加法國18天超級馬拉松賽，途中腳底破皮受傷，仍堅持跑完全程。送醫後，因細菌感染引發敗血症，右腳截肢，左腳腳趾摘除。

三、引導寫作（佔27分）

> 人生有如一條長遠的旅途，其間有寬廣平坦的順境，也有崎嶇坎坷的逆境。你曾經遭遇到什麼樣的逆境？你如何面對逆境，克服逆境？請以「逆境」為題，寫一篇文章，可以記敘、論說或抒情，文長不限。

99 年學測（學科能力測驗）

題型分析

類型	字音	字形	字詞義	文法修辭	成詞語	應用文	國學常識	閱讀理解
題號	1	2	10	5、17（因果句）、18（反問句）、19（倒反）	6	8（書信）	22、23	3（現代詩） 4、11（文言文） 7（文言文，文句排序） 9、16、21（白話文） 12、13（白話題組） 14、15（白話題組） 20（古典詩詞）

第壹部分：選擇題（佔54分）

一、單選題（佔30分）

說明：第1題至第15題，每題選出一個最適當的選項，標示在答案卡之「選擇題答案區」。每題答對得2分，答錯不倒扣。

（　）1.下列各組「」內的字，讀音相同的選項是：
(A)堂「廡」之上／言之「憮」然　　(B)「胯」下之辱／「刳」木爲舟
(C)政治「庇」護／夫妻「仳」離　　(D)「倭」寇入侵／江水「逶」迤。

（　）2.下列文句，沒有錯別字的選項是：
(A)學問貴在實用，因此，知識理論和實務經驗兩者應該要相輔相乘，不可偏廢
(B)由於家當全被土石流掩埋，又沒有受到良好照顧，災民餐風宿露，苦不堪言
(C)這本書的內容兼容並敘，又能在寫實之外，留有如幻似眞的餘韻，誠屬難得
(D)本屆牛肉麵大胃王比賽，在高額獎金的誘惑之下，大家驅之若驚，爭相報名。

（　）3.閱讀下列甲、乙、丙三詩，並推斷每一首詩所吟詠的對象依序應是：
甲、秋天，最容易受傷的記憶／霜齒一咬／噢，那樣輕輕／就咬出一掌血來
乙、我不算博學／但我很多聞／從開始就聽／唇槍舌劍／竊竊私語／口沫橫飛／滔滔不絕

丙、夜夜，在夢的邊緣飛行／在耳朵的銀行存入／比金幣、銀幣還響亮的／聲音的陰影

(A)楓葉／電話／蚊子 　　　　(B)蚊子／電話／風鈴

(C)楓葉／電視／蚊子 　　　　(D)蚊子／電視／風鈴

(　) 4.古人常藉「水」的意象比喻人生道理。下列文句，藉由「水」的意象比喻「天下之事，常發於至微，而終為大患」的選項是：

(A)壞崖破巖之水，源自涓涓

(B)抽刀斷水水更流，舉杯銷愁愁更愁

(C)觀於海者難為水，遊於聖人之門者難為言

(D)日與水居，則十五而得其道；生不識水，則雖壯，見舟而畏之

(　) 5.「飛魚季」、「天才夢」兩個詞，是由「飛魚＋季」、「天才＋夢」所構成，「飛魚」對「季」、「天才」對「夢」都具有限制和界定作用。下列選項中，兩者皆屬於上述構詞方式的是：

(A)錯誤；下棋 　　　　(B)種地瓜；談友誼

(C)問候天空；再別康橋 　　　　(D)荷塘月色；蕃薯地圖

(　) 6.閱讀下文，選出□□□□內依序最適合填入的成語：

在光天化日、□□□□之下，歹徒竟公然持刀搶劫銀行，行員們一時都嚇得手足無措。這時警騎及時趕到，只見刑警□□□□，閃過歹徒的襲擊，將他制伏在地，令所有在場民眾□□□□。

(A)千夫所指／有板有眼／大謬不然 　　　　(B)千夫所指／眼明手快／人心大快

(C)眾目睽睽／有板有眼／大謬不然 　　　　(D)眾目睽睽／眼明手快／人心大快

(　) 7.下列是一段古文，請依文意選出排列順序最恰當的選項：

是故國有賢良之士眾，

甲、則國家之治薄，　　　乙、賢良之士寡，

丙、故大人之務，　　　丁、則國家之治厚，

將在於眾賢而已。（《墨子‧尚賢》）

(A)甲乙丁丙 　　　　(B)甲丙乙丁

(C)丁乙甲丙 　　　　(D)丁丙乙甲

(　) 8.請依下列各組人物的關係，選出正確的書信「提稱語」的用法：

(A)蘇軾寫信給蘇洵，可使用「左右」

(B)李白寫信給杜甫，可使用「大鑒」

(C)曾鞏寫信給歐陽脩，可使用「知悉」

(D)左光斗寫信給史可法，可使用「鈞鑒」

（　　）9. 閱讀下文，選出敘述正確的選項：

《宣和遺事》一書把許多零散的水滸故事編綴起來，成為《水滸傳》的雛形。所謂水滸故事，大致有兩個主要的內容，一是行俠仗義，濟困扶危的故事；二是上山落草，反抗政府的故事。這些故事並非產生於同一時間，而是宋代、元代、明代都有。說書人把這些故事都編織到北宋（徽宗）宣和年間去，所以北宋的史書上就查不到有關史料。（改寫自史式《我是宋朝人》）

(A)水滸故事可彌補北宋史書中缺少的史料

(B)《宣和遺事》是以《水滸傳》為底本綴輯成書

(C)《水滸傳》的素材是由不同時代的說書人匯集而成

(D)《宣和遺事》記錄北宋至明代許多俠義人物反抗政府的史事

10-11為題組

閱讀下列短文，回答10-11題。

> 自東漢以來，道喪文弊，異端並起，歷唐貞觀、開元之盛，輔以房（玄齡）、杜（如晦）、姚（崇）、宋（璟）而不能救。獨韓文公起布衣，談笑而麾之，天下靡然從公，復歸於正，蓋三百年於此矣。文起八代之衰，道濟天下之溺。忠犯人主之怒，而勇奪三軍之帥。此豈非參天地，關盛衰，浩然而獨存者乎？（蘇軾〈潮州韓文公廟碑〉）

（　　）10. 下列文句「靡」的意義，與上文「天下靡然從公」的「靡」意義相近的選項是：

(A)「靡」衣玉食以館於上者，何可勝數

(B)眾人皆以奢「靡」為榮，吾心獨以儉素為美

(C)起自隋代，終於割讓，縱橫上下，鉅細「靡」遺

(D)於是張、孔之勢，薰灼四方，大臣執政，亦從風而「靡」

（　　）11. 下列關於本文的解說，正確的選項是：

(A)蘇軾贊揚韓愈「文起八代之衰，道濟天下之溺」，句中的「文」是指駢文，「道」是指道家學說

(B)蘇軾以「道」、「文」總括韓愈的文學成就，以「忠」、「勇」表彰韓愈文武雙全的從政勳業

(C)文中兩用「獨」字，既凸顯韓愈早年孤獨無依的身世，也感慨韓愈在古文運動中孤立無援的處境

(D)在蘇軾看來，儒道的發揚與古文的提倡，對國家均有深遠的影響，韓愈的貢獻是「道」與「文」兩者兼具

12-13為題組

閱讀下列短文，回答12-13題。

　　許多作家我們都先讀他的作品，再讀他的小傳，梭羅對《湖濱散記》那種雋永，抒情的優美文體給我極深的印象，從觀察自然的細微抒發為文，他居住在華爾騰湖畔小屋中，過著耕讀的生活，小木屋是他自己造的，用泥粉塗抹室內，還造了壁爐以備嚴冬時取暖，他種地出售自己收成的豆子、玉米、蕃茄，維持最基本的物質生活，以達成追求精神生活的願望，梭羅極反對人為物質金錢所桎梏。

　　羅馬詩人荷瑞斯表示他最後所希望的生活是有足夠的書籍與食物以維持自己不陷入精神與物質的貧乏。人不能為金錢所腐化，成為物質的奴役，但像文學天才愛倫坡、夏特頓連溫飽都沒有，尤其是少年天才夏特頓不幸在貧病中自殺，如果天假以年，以他十七歲就能寫出最嚴謹的《仿古詩》的才華，必能將文學這片園地耕耘成繁花之園，貧病為天才敲起喪鐘，當人們追悼這位早逝的天才，輓歌的聲調中含有無比的惋惜。

　　美國當年在新大陸開創天地，脫離君主政治的約束，並不意味絕對的自由，如果人面對生活絕境經濟上燃眉之急，一家人沒有溫飽，那是另一種生的桎梏，談不上尊嚴自由。英國詩人華茲華斯得享天年，創作源源不斷，逍遙湖上，靠友人的贈款與政府印花稅的收入得以維持生活的尊嚴，終於被戴上英國詩人的桂冠，在夏特頓與華茲華斯之間，後者更令人羨慕。

　　莎士比亞說：「富有昇平餵養懦夫，堅苦是意志之母」。但生為現代人既不能渾渾噩噩，淪為物質的奴僕，也不能為了理想不顧生計，如何選擇一個精神與物質都不貧乏的局面，不錦衣玉食，能有棲身之所，維持生計，進一步追求精神的富足，這樣的社會才能達到安居樂業的尺度。（呂大明〈精神與物質〉）

（　　）12.依據上文，符合作者觀點的選項是：
　　　　(A)強調有志於道而不恥惡衣惡食，才是真自由
　　　　(B)認同梭羅、華茲華斯之先得溫飽再從事創作
　　　　(C)對荷瑞斯的看法、莎士比亞的名言均不以為然
　　　　(D)推崇愛倫坡、夏特頓於貧困中不改其樂的精神

（　　）13.下列敘述，最能總括全文意旨的選項是：
　　　　(A)貧困可以淬鍊人的意志，進而充實作品的內涵
　　　　(B)安穩的物質生活與富足的精神生活，應兼顧並重
　　　　(C)寧可物質生活匱乏，也不能放棄精神生活的追求
　　　　(D)生計問題容易解決，改善精神生活則有賴長期努力

14-15為題組

閱讀下列短文，回答14-15題。

　　以提洛為首的腓尼基人的城市，一直飽受亞述帝國的威脅。但因擁有充沛的財物，腓尼基城市才得於亞述人的屢次席捲後倖存。自此，腓尼基人專注於交易買賣，他們的目標不是危機四伏的內陸，而是地中海，他們的貿易據點一個一個出現在地中海沿岸。西元前814年，提洛的公主伊莉莎逃到北非建立迦太基王國，想必是認為：與其戰戰兢兢地留在危險區域，不如到一個不受侵擾的地方繼續經營。畢竟對一個商業國家來說，能安心從事商業的環境才是最重要的。

　　希臘人與迦太基人一樣很會做生意，但狹窄的希臘無法容納因生活富裕而大增的人口，於是便展開殖民活動。地中海東邊，有強大的亞述帝國擋道，只好轉向與義大利半島相鄰的西西里島。但在西元前七世紀希臘進出西西里島東部之前，迦太基早已把該島西部視為重要的貿易基地了。這兩個民族在此鷸蚌相爭，日後引來羅馬這個漁翁。

　　希臘人在島的東邊不斷擴增殖民城市，他們一旦落腳，除了做生意之外，也蓋神殿、劇場、競技場等，將希臘文化根植在那裡。迦太基人在島的西邊也有幾處地盤，但迦太基人不建設城市，因為他們厭煩佔領之後的瑣碎雜事，這些城市只是得到財富的據點，只要有進出船隻的港口、修理船隻的船塢、堆放商品的倉庫就夠了。因此希臘人不但認為迦太基人的城市無聊透頂，甚至形容他們是「為了搬運燒洗澡水的木柴而弄得灰頭土臉，卻始終沒去洗澡的驢子」。（改寫自森本哲郎《一個通商國家的興亡》）

（　　）14. 依據上文，下列關於迦太基的敘述，正確的選項是：

　　　　(A)建國前飽受亞述帝國侵擾，建國後征服希臘與羅馬

　　　　(B)殖民策略捨棄當時慣用的武力侵略，改採文化收編

　　　　(C)專注於海上貿易據點的擴張與運用，藉以累積財富

　　　　(D)發揮強大的商業實力，不斷在地中海沿岸建設城市

（　　）15. 依據上文，希臘人眼中的迦太基人是：

　　　　(A)賺取財富，卻不懂得享受

　　　　(B)被人賣了，還替人數鈔票

　　　　(C)貪婪奢侈，卻對別人一毛不拔

　　　　(D)寅吃卯糧，賺五毛錢花一塊錢

二、多選題（佔24分）

說明：第16題至第23題，每題的五個選項各自獨立，其中至少有一個選項是正確的，選出正確選項標示在答案卡之「選擇題答案區」。每題皆不倒扣，五個選項全部答對者得3分，只錯一個選項可得1.5分，錯兩個或兩個以上選項不給分。

（　　）16.閱讀下文，選出敘述正確的選項：

生命無常、人生易老本是古往今來一個普遍命題，魏晉詩篇中這一永恆命題的詠嘆之所以具有如此感人的審美魅力而千古傳誦，也是與這種思緒感情中所包含的具體時代內容不可分的。從黃巾起義前後起，整個社會日漸動盪，接著便是戰禍不已，疾疫流行，死亡枕藉，連大批的上層貴族也在所不免。「徐（幹）、陳（琳）、應（瑒）、劉（楨），一時俱逝」（曹丕〈與吳質書〉），榮華富貴，頃刻喪落，……。既然如此，而上述既定的傳統、事物、功業、學問、信仰又並不怎麼可信可靠，大都是從外面強加給人們的，那麼個人存在的意義和價值就突出出來了，如何有意義地自覺地充分把握住這短促而多苦難的人生，使之更為豐富滿足，便突出出來了。它實質上標誌著一種人的覺醒，即在懷疑和否定舊有傳統標準和信仰價值的條件下，人對自己生命、意義、命運的重新發現、思索、把握和追求。（李澤厚《美的歷程》）

(A)生命無常、人生易老的命題，於魏晉詩篇中首開其端
(B)魏晉詩人處於戰禍不已、疫疾流行的年代，更能感受生命的短暫與脆弱
(C)魏晉詩篇的美感魅力，來自即使自知生命微渺，仍積極尋求生命豐富滿足之道
(D)由於無法再以外在的功名事業肯定自己，使魏晉詩人進一步探索個人存在的意義
(E)既定的傳統和信仰全被否定，新的存在價值又尚未建立，遂使魏晉詩人流於荒誕頹廢

（　　）17.對於因果關係的敘述，下列文句屬於「先果後因」的選項是：

(A)余時為桃花所戀，竟不忍去湖上
(B)（項脊）軒凡四遭火，得不焚，殆有神護者
(C)及郡下，詣太守，說如此。太守即遣人隨其往
(D)孟嘗君為相數十年，無纖介之禍者，馮諼之計也
(E)前者呼，後者應，傴僂提攜，往來而不絕者，滁人遊也

（　）18.一般疑問句需要回答，但「反問句」雖採疑問形式，卻是無疑而問，不需對方回答，而是藉由提問引起對方思考，屬於特殊的疑問句。下列文句畫底線處，屬於「反問句」的選項是：

(A)瑜問孔明曰：即日將與曹軍交戰，<u>水路交兵，當以何兵器為先</u>

(B)世界還是時時在裝扮著自己的。<u>而有什麼比一面散步一面聽蟬更讓人心曠神怡</u>

(C)<u>做戲有什麼好笑</u>？我金發做一世人的戲，辛辛苦苦把一大群兒女養得好漢，<u>這有什麼好笑</u>

(D)他（黑妞）的好處，人學得到；白妞的好處，人學不到。你想幾年來好玩耍的，<u>誰不學他們的調兒呢</u>

(E)人世間，<u>什麼是愛，什麼是恨呢</u>？母親已去世多年，垂垂老去的姨娘，亦終歸走向同一個渺茫不可知的方向

（　）19.對於內心的真實想法，刻意改用相反的語彙來形容，以達到諷刺或嘲謔的效果，在修辭手法上稱為「倒反」，例如：「你的眼力真好啊！居然把『十』看成『千』！」下列文句中畫底線處，屬於此種表達方式的選項是：

(A)這時候，武則天才知道大家多麼痛恨她用了好多年的走狗人物。為了表明態度，她下令將來俊臣抄家滅門，「以息民怨」。來俊臣是凶手，<u>武則天是為民除害的大法官哩</u>

(B)他故意氣她道：「我以為妳養了個姘頭。」這是極大的侮辱，她卻抱手笑道：「<u>那是承你看得起</u>。連你熊應生都不要我，還有人會要我嗎？」這一來連守帶攻，把熊應生也貶低了

(C)地下的人原不曾預備這牙箸，本是鳳姐和鴛鴦拿了來的，聽如此說，忙收了過去，也照樣換上一雙烏木鑲銀的。劉姥姥道：「去了金的，又是銀的，<u>到底不及俺們那個伏手</u>。」

(D)范進向他作揖，坐下。胡屠戶道：「我自倒運，把個女兒嫁與你這現世寶、窮鬼，歷年以來，不知累了我多少。<u>如今不知因我積了什麼德，帶挈你中了個相公</u>，我所以帶個酒來賀你。」

(E)我洗臉的時候，把皮球也放在臉盆裡用胰子（肥皂）洗了一遍，皮球是雪白的了，<u>盆裡的水可黑了</u>。我把皮球收進書包裡，這時宋媽走進來換洗臉水，她「喲」了一聲，指著臉盆說：「<u>這是你的臉？多乾淨呀！</u>」

（　）20.閱讀甲、乙、丙三則敘寫古代女性的詩句，選出詮釋符合詩意的選項：

甲、越女顏如花，越王聞浣紗。國微不自寵，獻作吳宮娃。

乙、自倚嬋娟望主恩，誰知美惡忽相翻。黃金不買漢宮貌，青塚空埋胡地魂。

丙、旌旗不整奈君何，南去人稀北去多。塵土已殘香粉豔，荔枝猶到馬嵬坡。

(A)三詩主角的命運皆與政治相關

(B)三詩中呈現的空間變動，亦代表三詩主角際遇的轉變

(C)甲、乙二詩以「順時」方式敘述事件，丙詩則以「逆時」方式敘述事件

(D)甲、乙二詩皆言及主角本身形貌之美，丙詩則藉「香粉豔」暗示主角之美

(E)甲、丙二詩以「作者」的第三人稱觀點敘述，乙詩則以「作者化身主角」的第一人稱觀點敘述

(　)21.閱讀下文，選出敘述正確選項：

振保的生命裡有兩個女人，他說的一個是他的白玫瑰，一個是他的紅玫瑰。一個是聖潔的妻，一個是熱烈的情婦——普通人向來是這樣把節烈兩個字分開來講的。也許每一個男子全都有過這樣的兩個女人，至少兩個。娶了紅玫瑰，久而久之，紅的變了牆上的一抹蚊子血，白的還是「床前明月光」；娶了白玫瑰，白的便是衣服上沾的一粒飯黏子，紅的卻是心口上一顆硃砂痣。
（張愛玲〈紅玫瑰與白玫瑰〉）

(A)以玫瑰帶刺象徵振保對愛情的畏懼

(B)「床前明月光」一方面呈現潔淨的美感，一方面寓託思慕嚮往之情

(C)「蚊子血」、「飯黏子」分別由「紅」、「白」聯想取譬，表達礙眼生厭之感

(D)以「普通人把節烈兩個字分開來講」諷刺男人要求女人從一而終，自己卻拈花惹草

(E)「娶了紅玫瑰，……；娶了白玫瑰，……」的排比句，描述既「喜新」又「戀舊」的矛盾人性

(　)22.閱讀下列秦國君臣的對話，選出敘述正確的選項：

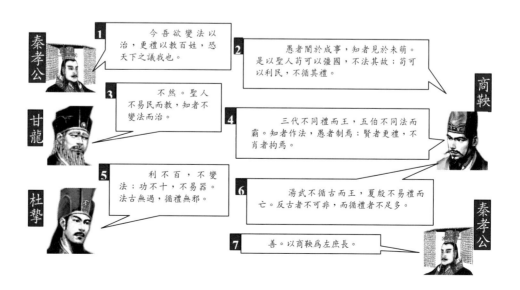

　　(A)商鞅與秦孝公意見一致，杜摯與甘龍立場相同

　　(B)秦孝公原有意變法，但經朝廷大臣討論後決定暫停變法

　　(C)商鞅、甘龍、杜摯各自援引前代興亡史實，以強化論辯依據

　　(D)甘龍的看法近於「照老路走不會錯」，杜摯的看法近於「請用利益說服我」

　　(E)商鞅的觀點是：拘泥舊制是「愚」、「不肖」，變更舊制才是「智」、「賢」

(　　) 23.下列引用《論語》文句詮釋經典名篇的敘述，正確的選項是：

　　(A)諸葛亮於〈出師表〉中，充分展現「其行己也恭，其事上也敬」的行事態度

　　(B)蘇轍於〈上樞密韓太尉書〉中，表述基於「仕而優則學」的體悟，進京求師

　　(C)韓愈〈師說〉中舉孔子師郯子、萇弘、師襄、老聃等人為例，寓有「三人行，必有我師焉」之意

　　(D)蘇軾〈赤壁賦〉「哀吾生之須臾，羨長江之無窮」的心理，等同於「未知生，焉知死」的生死觀

　　(E)〈燭之武退秦師〉中，燭之武深知「及其壯也，血氣方剛，戒之在鬥；及其老也，血氣既衰，戒之在得」的道理，故向鄭伯委婉推辭曰：「臣之壯也，猶不如人；今老矣，無能為也已。」

第貳部分：非選擇題（共三大題，佔54分）

說明：請依各題指示作答，答案務必寫在「答案卷」上，並標明題號一、二、三。

一、文章解讀（佔9分）

　　閱讀框線內王家祥〈秋日的聲音〉中的一段文字，說明：㈠作者對「悲秋」傳統有何看法？㈡作者認為萬物的心境與四季的轉換有何相應之處？㈢「真正的聲音」從何而來？答案必須標明㈠㈡㈢分列書寫。㈠、㈡、㈢合計文長限150字～200字。

> 　　其實季節是萬物心境的轉換；秋日的天空時常沒有欲望，看不見一抹雲彩，秋高氣爽似乎意味著心境的圓滿狀態。春日的新生喜悅，叨叨絮絮到夏日的豐盈旺盛，滿溢狂瀉；風雨之後，秋日是一種平和安寧的靜心，內心既無欲望也就聽不見喧囂的聲音，此時真正的聲音便容易出現了；秋天似乎是為了靜靜等待冬日的死亡肅寂做準備，曠野上行將死亡的植物時常給我們憂鬱的印象，所以誤以為秋天是憂傷的季節。也許秋天的心境讓我們容易看見深層的自己，彷彿這是大地的韻律，存在已久，只是我們習於不再察覺。

二、文章分析（佔18分）

答案必須標明㈠㈡㈢分列書寫。㈠、㈡、㈢合計文長限250字～300字。

> 　　《五代史・馮道傳》論曰：「『禮、義、廉、恥，國之四維；四維不張，國乃滅亡。』善乎！管生之能言也！禮、義，治人之大法；廉、恥，立人之大節。蓋不廉則無所不取，不恥則無所不為。人而如此，則禍敗亂亡，亦無所不至；況為大臣而無所不取，無所不為，則天下其有不亂，國家其有不亡者乎？」
>
> 　　然而四者之中，恥尤為要，故夫子之論士曰：「行己有恥。」孟子曰：「人不可以無恥。無恥之恥，無恥矣！」又曰：「恥之於人大矣！為機變之巧者，無所用恥焉！」所以然者，人之不廉而至於悖禮犯義，其原皆生於無恥也。故士大夫之無恥，是謂國恥。（顧炎武〈廉恥〉）

三、引導寫作（佔27分）

> 　　2009年8月，莫拉克颱風所帶來的驚人雨量，在水土保持不良的山區造成嚴重災情，土石流毀壞了橋樑，掩埋了村莊，甚至將山上許多樹木，一路衝到了海邊，成為漂流木。
>
> 　　請想像自己是一株躺在海邊的漂流木，以「漂流木的獨白」為題，用第一人稱「我」的觀點寫一篇文章，述說你的遭遇與感想，文長不限。

100年學測（學科能力測驗）

題型分析

類型	字音	字形	字詞義	文法修辭	成詞語	應用文	國學常識	閱讀理解
題號	1	16	2、4、17		18	3（書信）	20、23	5、9（古典詩詞） 8（現代詩） 6（文言文，文句排序） 7、19（文言文） 10、11（文言題組） 12、13（白話題組） 14、15（白話題組） 21、22（白話題組）

第壹部分：選擇題（占54分）

一、單選題（佔30分）

說明：第1題至第15題，每題4個選項，其中只有一個是最適當的答案，畫記在答案卡之「選擇題答案區」。各題答對得2分；未作答、答錯或畫記多於一個選項者，該題以零分計算。

（　　）1.下列「」中的字，讀音不同的選項是：
(A)「柴」火／「豺」狼／同「儕」　　(B)「耆」老／「臍」帶／神「祇」
(C)信「箋」／鞍「韉」／「殲」滅　　(D)軒「轅」／牆「垣」／罰「鍰」

（　　）2.下列文句「」中的字詞，意義相同的選項是：
(A)是以先帝簡拔以「遺」陛下／小學而大「遺」，吾未見其明也
(B)足反居上，首「顧」居下／三「顧」臣於草廬之中
(C)生乎吾前，其聞道也，「固」先乎吾／事行身死，「固」所願也
(D)攜手上河梁，遊子暮何「之」／「之」子于歸，宜其家室

（　　）3.下列書信用語，敘述正確的選項是：
(A)「世兄」可以用來稱呼晚輩
(B)給師長寫信，信首提稱語要用「硯右」
(C)書信結尾的問候語，「敬請 金安」多用於商界
(D)給師長寫信，為了表示敬意，結尾署名時要稱「愚生」

（　　）4.古人名與字往往有意義上的聯繫，或相關，如孟軻字子輿；或相反，如韓愈字退之。依此推論，則班固、許慎、王弼、朱熹四人的字依序應是：
(A)孟堅／叔重／輔嗣／元晦
(B)元晦／輔嗣／叔重／孟堅
(C)叔重／輔嗣／孟堅／元晦
(D)叔重／元晦／輔嗣／孟堅

（　　）5.詩人描寫事物時，往往兼顧視覺與聽覺，以達成「有聲有色」的效果。如王維〈山居秋暝〉：「明月松間照，清泉石上流。竹喧歸浣女，蓮動下漁舟。」便是藉由「視覺—聽覺、聽覺—視覺」的交錯書寫，以營造意境。下列寫法完全相同的選項是：
(A)岸上北風急，紛紛飛荻花。賈船停擁浪，江戍遠吹笳
(B)雨後明月來，照見下山路。人語隔谿煙，借問停舟處
(C)古剎疏鐘度，遙嵐破月懸。沙頭敲石火，燒燭照漁船
(D)古木無人徑，深山何處鐘。泉聲咽危石，日色冷青松

（　　）6.下列是一段古文，請依文意選出排列順序最恰當的選項：
楚文王少時好獵，有一人獻一鷹。
甲、故為獵於雲夢，置網雲布，煙燒漲天，
乙、此鷹軒頸瞪目，遠視雲際，無搏噬之志，
丙、王曰：「吾鷹所獲以百數，汝鷹曾無奮意，將欺余耶？」
丁、文王見之，爪短神爽，殊絕常鷹，
戊、毛群飛旋，爭噬競搏，
獻者曰：「若效於雉兔，臣豈敢獻？」（劉義慶《幽明錄》）
(A)甲乙戊丙丁
(B)丁甲戊乙丙
(C)戊丁乙甲丙
(D)丁甲丙乙戊

（　　）7.閱讀下文，選出不正確的選項：
老年人常思既往，少年人常思將來。惟思既往也，事事皆其所已經者，故惟知照例；惟思將來也，事事皆其所未經者，故常敢破格。老年人常厭事，少年人常喜事。惟厭事也，故常覺一切事無可為者；惟喜事也，故常覺一切事無不可為者。老年人如夕照，少年人如朝陽；老年人如瘠牛，少年人如乳虎；老年人如僧，少年人如俠；老年人如字典，少年人如戲文；老年人如秋後之柳，少年人如春前之草。（梁啟超〈少年中國說〉）
(A)本文認為老年人因厭事而保守且行事消極
(B)「老年人如字典，少年人如戲文」是說人生無常
(C)本文認為少年人著眼未來故勇於多方嘗試
(D)「少年人如乳虎」比喻少年人充滿活力積極奮發

（　）8. 以下為同一系列的三首小詩：

〈椅子和我〉

椅子，獨自坐著／我站在它旁邊

時間慢慢走過

〈蘆葦〉

沉思

蘆花／在秋風中／越搖越

白

〈我想到的〉

熄了燈，我才開始發亮；／因為我想到的每一個字／都成了寒夜裡的星星

（錄自林煥彰作品）

這一系列組詩，最適合做為共同詩題的選項是：

(A)偶然的遭遇　　　　　　　　　　(B)淒涼的晚景

(C)孤獨的時刻　　　　　　　　　　(D)虛擲的光陰

（　）9. 白先勇在他的小說《臺北人》一書中，寫出了當年隨政府自大陸來臺定居人物的生活和心情。這些人多半擁有光輝耀眼的過去，以及難忘難捨的記憶，與平淡平凡的現況對照，「昔盛今衰、繁華不再」的感受特別強烈。依此特點，如要選擇一段詩詞做為該書的注腳，最適合的選項是：

(A)萬戶傷心生野煙，百官何日再朝天？秋槐花落空宮裡，凝碧池頭奏管絃

(B)曾隨織女渡天河，記得雲間第一歌。休唱貞元供奉曲，當時朝士已無多

(C)林花謝了春紅，太匆匆，無奈朝來寒雨晚來風。　胭脂淚，相留醉，幾時重，自是人生長恨水長東

(D)一向年光有限身，等閒離別易銷魂，酒筵歌席莫辭頻。　滿目山河空念遠，落花風雨更傷春，不如憐取眼前人

10-11為題組

閱讀下列二段引文，回答10-11題。

> 甲、孫必振渡江，值大風雷，舟船蕩搖，同舟大恐。忽見金甲神立雲中，手持金字牌下示；諸人共仰視之，上書「孫必振」三字，甚真。眾謂孫必振：「汝有犯天譴，請自為一舟，勿相累。」孫尚無言，眾不待其肯可，視旁有小舟，共推置其上。孫既登舟，回視，則前舟覆矣。（蒲松齡《聊齋誌異‧孫必振》）
>
> 乙、邑人某，佻達無賴，偶游村外，見少婦乘馬來，謂同游者曰：「我能令其一笑。」眾未深信，約賭作筵。某遽奔去，出馬前，連聲譁曰：「我要死！……」因於牆頭抽梁（梁：高粱莖）一本，橫尺許，解帶挂其上，引頸作縊狀。婦果過而哂之，眾亦粲然。婦去既遠，某猶不動，眾益笑之。近視，則

舌出目瞑，而氣眞絕矣。梁本自經，豈不奇哉！是可以爲憸薄之戒。（蒲松齡《聊齋誌異‧戲縊》）

（　　）10.最能凸顯以上二段引文描寫上共同特色的選項是：

(A)人物　　　　　　　　　　(B)對話

(C)情節　　　　　　　　　　(D)場景

（　　）11.關於以上二段引文的敘述，正確的選項是：

(A)甲段主旨在彰顯人性溫暖　　(B)甲段充分展現反諷性效果

(C)乙段主旨在強調應信守承諾　(D)乙段由悲而喜暗喻人生無常

12-13為題組

閱讀下列文字，回答12-13題。

> 臺灣有許多河流深情的低吟新舊生命的更新與輪迴，孕育高山與平原的歷史、文化及各族群的光輝。
>
> ……如果沒有了河流，人們仍然能活下去，但卻會變得毫無情意。
>
> 臺灣的河流在短短的三十年內，將面臨長達億年壽命的臨終時刻，這是臺灣土地歷史上最大的災難，也是生存的孽緣。許多河流在不久的將來將無法回到大海的懷抱，成爲斷河。
>
> 現代人只要水不要河流，他們將不愛的留給河流拋給河川，然後以水利工程技術建堤防隔絕人河關係，建水壩和攔河堰截斷回到大海老家的路，用越域引水抽乾河水，滿足人類需水的慾求，很少人盡心盡力去整治復原河流，以免重蹈中東沙漠化的終極命運。
>
> 治療和呵護重病的河川只有一條路，那就是河禁。
>
> 在十年至二十年內儘可能禁止人類進入河川，禁止任何侵犯河流的行爲，建造衛生下水道，編組河川警察，建立控制污染的追查網路和人力系統，把砂石採集權收回國營，廣建濕地湖泊補注地下水，讓河流休養生息恢復健康。
>
> 不然，河流終將成爲臺灣人的記憶、被遺忘的大地之歌。（曾貴海〈河流終將成爲記憶〉）

（　　）12.依據引文，符合作者觀點的選項是：

(A)河流雖被破壞，人們還是能繼續生存，不會有絲毫改變

(B)河流生命的迅速枯萎，起因於地層的自然變動

(C)河流如被破壞，他所孕育的歷史文化光輝，將面臨終結

(D)河流即使被攔腰截斷，也不會影響它源遠流長

（　　）13.依據引文，作者認為臺灣河流面臨的災難是：

(A)因為氣候暖化，將遭遇沙漠化

(B)因為經常泛濫，隔絕了人河關係

(C)因為現代人需水量大，河流將枯竭成為斷河

(D)因為現代人不要河流，河流的生態遭受破壞

14-15為題組

閱讀下列文字，回答14-15題。

> 　　寫過極短篇的人都知道它易寫難工，長久以來，這也成為此一寫作運動的瓶頸。一般人認為敘述一則故事、製造一個意外的結局，便是極短篇的典型樣貌，卻不知真正的極短篇乃是以最經濟的筆法，把動作、人物與環境呈現在單一的敘述過程中，這是一個高難度的寫作形式，也是一種講求語言容量的藝術，即使是對具有專業素養的作家都是一種挑戰。要做到尺幅千里、須彌芥子，在有限中包涵了無限，的確不容易。……金聖嘆所說的「一筆作百十來筆用」，正可以作為極短篇美學的圭臬。（瘂弦〈極短篇美學〉）

（　　）14.本文認為「極短篇」最重要的特色是：

(A)使有限篇幅涵蘊無限旨趣　　(B)筆法極經濟而敘事極繁複

(C)講究語言精練和刻畫細膩　　(D)為故事塑造個意外的結局

（　　）15.依據文意，下列敘述何者正確？

(A)「尺幅千里」指以大見小

(B)「須彌芥子」指以小見大

(C)「一筆作百十來筆用」是說文體多樣

(D)「美學圭臬」是說文學和藝術的標準

二、多選題（占24分）

> 說明：第16題至第23題，每題有5個選項，其中至少有一個是正確的選項，選出正確選項畫記在答案卡之「選擇題答案區」。各題之選項獨立判定，所有選項均答對者，得3分；答錯1個選項者，得1.8分；答錯2個選項者，得0.6分；所有選項均未作答或答錯多於2個選項者，該題以零分計算。

（　　）16.下列文句，完全沒有錯別字的選項是：

(A)民宿如雨後春筍般興起，良莠不齊，常讓遊客們眼花瞭亂

(B)王先生做人行事有為有守，既不隨波逐流，也不故步自封

(C)外籍勞工離鄉背景，常因人生地疏，舉目無親，而不知何去何從

(D)林太太凡事喜歡追根究柢，鍥而不捨，不找到原因，絕不肯罷休

(E)李小姐原本勤儉又快樂，嫁入豪門後，因價值觀相佐，悶悶不樂

（　）17. 下列文句「」中的數字，表示「幾分之幾」意思的選項是：

(A)三五明月滿，「四五」蟾兔缺

(B)斬首十四級，捕虜「十一」人

(C)古者稅什一而民足，今「百一」而民不足

(D)天子、諸侯子「十九」而冠，冠而聽治，其教至也

(E)會天寒，士卒墮指者「什二三」（「什」通「十」）

（　）18. 下列「」內語詞，使用正確的選項是：

(A)怡君讀書總是「心凝形釋」，專注認真，終於如願考上理想的大學

(B)阿嘉經歷失敗，以致失去鬥志，從此「一蹶不振」，頹靡度日

(C)建宏愛好自然科學，做實驗向來「管窺蠡測」，謹慎細心絕不馬虎

(D)張老闆為人「錙銖必較」，常與客戶發生爭執，生意因此一落千丈

(E)兄弟象對統一獅那場球賽精彩至極，使人「繞樑三日」，難以忘懷

（　）19. 儒家思想，一脈相傳。下列前後文句意義相近的選項是：

(A)己所不欲，勿施於人／施諸己而不願，亦勿施於人

(B)以不教民戰，是謂棄之／不教民而用之，謂殃民

(C)仁者先難而後獲／勞苦之事則爭先之，饒樂之事則能讓

(D)言必信，行必果，硜硜然小人哉／大人者，言不必信，行不必果

(E)始作俑者，其無後乎／率獸而食人，惡在其為民父母也

（　）20. 下列有關經書的敘述，正確的選項是：

(A)《詩經》是中國古代南方文學的總集

(B)《尚書》保存了秦漢之際的典章制度

(C)三禮指《周禮》、《儀禮》、《禮記》，其中《周禮》又稱《周官》

(D)《易經》中的八卦可以代表八種不同的象，如乾卦代表天，坤卦代表地

(E)《春秋》有《左傳》、《公羊傳》、《穀梁傳》三傳，《左傳》特點在詳述史事

（　）21. 閱讀下文後，選出正確的選項：

每一句謊話都經過編號，打造成公車，開向都市的路口街邊搭載乘客。

而後我們在顛簸的空間裡彼此擠壓，在紛亂的紅綠燈下左晃右蕩。身心變形了，年老時下車的地點，卻仍是年輕時興奮的起站。（杜十三〈都市筆記〉）

(A)本文旨在凸顯都市人的忙亂

(B)本文寫作運用了諷諭的手法

(C)本文強調都市人生活在謊言裡

(D)本文認為謊言讓都市人身心變形

(E)本文末二句意謂謊言讓都市人虛度一生

（　）22.閱讀下文後，選出正確的選項：

> 人生的意義全是各人自己尋出來、造出來的：高尚、卑劣、清貴、污濁、有用、無用……，全靠自己的作為。生命本身不過是一件生物學的事實，有什麼意義可說？生一個人與一隻貓，一隻狗，有什麼分別？人生的意義不在於何以有生，而在於自己怎樣生活。你若情願把這六尺之軀葬送在白晝作夢之上，那就是你這一生的意義。你若發憤振作起來，決心去尋求生命的意義，去創造自己的生命的意義，那麼，你活一日便有一日的意義，做一事便添一事的意義，生命無窮，生命的意義也無窮了。（胡適〈人生有何意義〉）

(A)作者主張眾生平等，人和貓狗沒有分別
(B)作者認為「白晝作夢」也是生命的意義
(C)「自己怎樣生活」是人生有無意義的關鍵
(D)「生命無窮」是指人生有許多意外的遭遇
(E)作者勸人創造自己生命的意義，無論是卑劣或污濁

（　）23.下列詠史詩所歌詠的歷史人物，每一選項前後相同的是：

(A)他年錦里經祠廟，梁父吟成恨有餘／出師未捷身先死，長使英雄淚滿襟
(B)可憐夜半虛前席，不問蒼生問鬼神／雲邊雁斷胡天月，隴上羊歸塞草煙
(C)回眸一笑百媚生，六宮粉黛無顏色／一騎紅塵妃子笑，無人知是荔枝來
(D)東風不與周郎便，銅雀春深鎖二喬／江東子弟多才俊，捲土重來未可知
(E)意態由來畫不成，當時枉殺毛延壽／玉顏流落死天涯，琵琶卻傳來漢家

第貳部分：非選擇題（共三大題，占54分）

說明：請依各題指示作答，答案務必寫在「答案卷」上，並標明題號一、二、三。

一、文章解讀（占9分）

閱讀框線內朱光潛〈對於一棵古松的三種態度〉中的一段文字後，回答問題：
答案必須標明㈠㈡分列書寫。㈠、㈡合計文長限150字～200字（約7行～9行）。

> 假如你是一位木商，我是一位植物學家，另外一位朋友是畫家，三人同時來看這棵古松。我們三人可以說同時都「知覺」到這一棵樹，可是三人所「知覺」到的卻是三種不同的東西。你脫離不了你木商的心習，於是所知覺到的只是一棵做某事用值幾多錢的木料。我也脫離不了我植物學家的心習，於是所知覺到的只是一棵葉為針狀、果為球狀、四季常青的顯花植物。我們的朋友——畫家——什麼事都不管，只管審美，他所知覺到的只是一棵蒼翠、勁拔的古樹。我們三人的反應態度也不一致。你心裡盤算它是宜於架屋或是製器，思量怎樣去買它，砍它，運它。我把它歸到某類某科

裡去，注意它和其它松樹的異點，思量它何以活得這樣老。我們的朋友卻不這樣東想西想，只在聚精會神地觀賞它的蒼翠的顏色，它的盤屈如龍蛇的線紋以及那一股昂然高舉、不受屈撓的氣概。

由此可知這棵古松並不是一件固定的東西，它的形象隨觀者的性格和情趣而變化。各人所見到的古松形象都是各人自己性格和情趣的返照。古松的形象一半是天生的，一半也是人為的。極平常的知覺都帶有幾分創造性；極客觀的東西之中都有幾分主觀的成分。

㈠作者指出木商、植物學家和畫家「知覺」同一棵古松有三種不同的反應態度，這三種態度各有優劣嗎？以你對本段引文的理解，請加以闡述說明。

㈡閱讀了作者這一段文字後，依據它的意旨，請你重新給它訂個題目，並簡要說明你的理由。

二、文章分析（占18分）

閱讀框線內文章後，回答問題：

答案必須標明㈠㈡㈢分列書寫。㈠、㈡、㈢合計文長限250字～300字（約11行～14行）

客曰：「『月明星稀，烏鵲南飛』，此非曹孟德之詩乎？西望夏口，東望武昌。山川相繆，鬱乎蒼蒼。此非孟德之困於周郎者乎？方其破荊州，下江陵，順流而東也，舳艫千里，旌旗蔽空，釃酒臨江，橫槊賦詩，固一世之雄也，而今安在哉？況吾與子漁樵於江渚之上，侶魚蝦而友麋鹿；駕一葉之扁舟，舉匏樽以相屬；寄蜉蝣於天地，渺滄海之一粟；哀吾生之須臾，羨長江之無窮；挾飛仙以遨遊，抱明月而長終；知不可乎驟得，託遺響於悲風。」（蘇軾〈赤壁賦〉）

㈠客所以有「而今安在哉」的感歎，是因何而起？

㈡「寄蜉蝣於天地，渺滄海之一粟」所提示的人生問題是什麼？

㈢客云：「知不可乎驟得，託遺響於悲風。」請解釋他對於問題㈡要如何解決？

三、引導寫作（占27分）

司法院大法官會議做出第六八四號解釋，認定大學生如不滿學校的處分，有權可提起訴願和行政訴訟。臺灣大學李校長表示，依據《大學法》的規定，學校在法律的範圍內有自治權，學生也有很多申訴管道；大法官做出這項解釋，可能造成學校和學生之間關係的緊張。學校是教學的地方，學校和學生之間的關係，應如何維持和諧，避免陷於緊張，而影響教學活動，是學校和學生雙方面都應關心的問題。對大法官的這項解釋和李校長的反應，以你在學校的親身體驗或所見所聞，請以「學校和學生的關係」為題，寫一篇完整的文章。文體不拘，文長不限。

94～100年學測（學科能力測驗）解答

94年學測（學科能力測驗）解答

題號	1	2	3	4	5	6	7	8	9	10	11	12
答案	B	D	D	A	C	B	C	B	D	C	C	D
題號	13	14	15	16	17	18	19	20	21	22	23	
答案	B	C	A	CD	ACDE	DE	ABCDE	CDE	CDE	BD	BDE	

95年學測（學科能力測驗）解答

題號	1	2	3	4	5	6	7	8	9	10	11	12
答案	C	D	C	A	D	C	D	A	B	C	B	B
題號	13	14	15	16	17	18	19	20	21	22	23	
答案	A	A	B	ABCE	ABDE	AD	BCDE	AD	BE	BCD	BCDE	

96年學測（學科能力測驗）解答

題號	1	2	3	4	5	6	7	8	9	10	11	12
答案	D	D	D	C	B	C	C	B	B	C	B	A
題號	13	14	15	16	17	18	19	20	21	22	23	
答案	A	A	C	ABCE	CDE	BD	ACD	ABD	DE	CDE	ACD	

97年學測（學科能力測驗）解答

題號	1	2	3	4	5	6	7	8	9	10	11	12
答案	C	D	B	B	D	B	C	A	C	B	A	D
題號	13	14	15	16	17	18	19	20	21	22	23	
答案	A	B	C	ACE	CE	AB	CE	BCE	ABE	AB	CD	

98年學測（學科能力測驗）解答

題號	1	2	3	4	5	6	7	8	9	10	11	12
答案	C	A	A	C	A	B	D	C	D	B	C	D
題號	13	14	15	16	17	18	19	20	21	22	23	
答案	B	B	D	ADE或ABDE	ABDE	DE	ABC	AC	DE	BD	ABCE	

99年學測（學科能力測驗）解答

題號	1	2	3	4	5	6	7	8	9	10	11	12
答案	A	B	A	A	D	D	C	B	C	D	D	B
題號	13	14	15	16	17	18	19	20	21	22	23	
答案	B	C	A	BCD	BD	BCD	ABE	ABD	BCD	ADE	AC	

100年學測（學科能力測驗）解答

題號	1	2	3	4	5	6	7	8	9	10	11	12
答案	D	C	A	A	D	B	B	C	B	C	B	C
題號	13	14	15	16	17	18	19	20	21	22	23	
答案	D	A	B或D	BD或ABD	CE	BD	ABCD或ABCDE	CDE	BCDE	C	ACE	

94～100學測（學科能力測驗）詳解

94年學測（學科能力測驗）

第一部分：選擇題（佔54分）

壹、單選題（佔30分）

1. (A)ㄐㄩ／ㄘㄨˊ。崩殂，指天子死亡。
   (B)兩字讀音皆為ㄐㄧㄚ。結痂，傷口疼癒時表面凝結的硬塊。／袈裟，指出家人所穿著的法衣。
   (C)ㄑㄧㄢ／ㄔㄣˋ。一語成讖，指無心的話語竟如預言般真實應驗。
   (D)ㄇㄨˋ。溽暑，指夏日潮溼且炙熱的氣候。／ㄋㄡˋ。深耕易耨，指農夫用力耕種並去除田間的雜草。

2. (A)轉「還」→轉「圜」。
   (B)高潮「疊」起→高潮「迭」起。
   (C)「塘」塞→「搪」塞。
   請注意「迭、疊」兩字，在使用上的差異性：
   (1)迭，有輪流、更替、達到、屢次等意義。字詞有：并迭、迭起、迭次、更迭、高潮迭起、叫苦不迭、措手不迭、一迭連聲、忙不迭的、迷迭香、答應不迭。
   (2)疊，有堆聚、震動、輕敲、重複等意義。字詞有：併疊、疊被、疊句、堆疊、類疊、疊羅漢、摺疊扇、重巖疊嶂、疊嶺層巒、聯肩疊背、壓肩疊背、疊矩重規、疊床架屋、挺胸疊肚、陽關三疊。

3. (A)兩者意皆指「未來的」。引文出自韓愈〈除官赴闕至江州寄鄂岳李大夫〉，翻譯如下：年齡都已超過五十歲，未來的日子恐怕已不多。／引文出自《論語・微子》，翻譯如下：過去的事物已不能糾正、更改，但是未來的事物卻還有機會追求、改變。
   (B)兩者皆指「自……以來」。引文出自李後主〈清平樂〉，翻譯如下：自離別以來，春天已逝去了一半，眼前的景色，引起了那彷彿斷腸般濃厚的愁思。／引文出自李白〈將進酒〉，翻譯如下：自古以來聖賢人物總不被世人所理解而孤單無名，只有寄情於飲酒的人在歷史上留下了他們的名字。
   (C)兩者皆指「過來」。引文出自陶淵明〈讀山海經〉，翻譯如下：一陣細雨自東方而來，清風也與它相偕同到。／引文出自杜甫〈登高〉，翻譯如下：無邊無際的黃葉紛紛落下（蕭蕭：落葉聲），滔滔不絕的江水滾滾而來。
   (D)「來」意為「回來」。引文出自蘇軾〈臨江仙〉，翻譯如下：我（蘇軾）歸返回家時大約已夜半三更，家中童僕睡覺時發出的鼾聲如雷聲般響亮。／「來」意為「以來」，「爾來」即指「從那時以來」。引文出自李白〈蜀道難〉，翻譯如下：從那時以來（至今）已四萬八千年（誇飾法），它們和秦地間的交通都阻塞不通。

4. 此題考驗同學對古文的閱讀與理解能力，題幹引文翻譯如下：（曹植）十分擅於寫作文章。太祖曹操曾在看過他的文章後，對曹植說：「你請人代筆寫作嗎？」曹植跪著回答道：「我一出口即成理，一下筆便成篇章，本來便可以當面測試，又何需請人代作？」
   由曹植自信滿滿的說自己「言出為論，下筆成章」，甚至足可面試一句，便不難推測他要駁斥的是曹操對文章是否是他自己所作的質疑。

5. 題幹中提出「德行、理想的追求」和「物質生活的耽溺」兩者互為對照，也就是「理想比物質更重要」，這是最重要的解題關鍵，同學依循此邏輯來檢視選項，即可得到正確答案。

各選項翻譯及解析如下：

(A)翻譯：君子擔憂能不能行道，不憂慮自身是否貧困。

　　說明：儒家認為不論「貧困與否」，君子都應追求最高的理想：「道」。

(B)翻譯：讀書人如果會在意生活環境的優劣，那便不足以成為讀書人。

　　說明：儒家認為讀書人的終極目標應是追求「道」，所以若將心思放在自身物質生活的優劣上，便不可能在德性與學術上有所成長，自然連做一位讀書人的資格也沒有了。

(C)翻譯：奢侈會僭越禮制，節儉則會顯得固陋（也不合乎禮制）；（若一定要二擇一，則）與其僭越禮制，寧可選擇固陋不通人情。

　　說明：此段是從禮制的觀點看「奢」與「儉」該如何取捨，並未具體談及「德行、理想的追求」。

(D)翻譯：如果讀書人立志求道，卻把衣食的簡陋看成恥辱，那這種人便不值得和他談論正道了。

　　說明：意即追求「道」是一位士人的終極目標，衣食的好壞不應常掛在士人的心上。

6. 此題的主要目標為測驗同學是否能夠辨認重要作家的特色，以及對其詩作風格的熟悉程度。題幹的引文出自現代詩詩人陳黎〈春宿杜甫〉。全詩巧妙以現代詩的用詞、用語，呈現出杜甫詩文的意境。例如：「轔轔的／兵車乍醒如戲」一句，即挪用杜甫〈兵車行〉中的「車轔轔，馬蕭蕭，行人弓箭各在腰」；而「客來……／春到……／群鷗日日……」一句，則是挪用杜甫的〈客至〉：「舍南舍北皆春水，但見群鷗日日來」；「廣廈千萬」一詞，則出自杜甫的〈茅屋為秋風所破歌〉：「安得廣廈千萬間，大庇天下寒士俱歡顏」。藉由對其中任一句的理解，並和杜甫在成都所築的草堂相互連結，即可鎖定答案為(B)。

7. 此題的目標為測驗同學的閱讀與理解能力，題幹出自豐子愷〈藝術與藝術家〉。由文中「藝術是聲和色的節文與儀則」，以及其後直接指出沒有限制、設計的音樂與色彩不成藝術後，可知出現在末句的空格應是針對全文的結論。因此，答案自然是呼應「節文與儀則」的(C)選項「節制」。

8. 輓聯是對聯的一種，基本上的形式要求與一般對聯並無不同。輓聯中常引用典故，其中多半透露出所輓對象和悼輓者間的身分關係與情誼。基於以上對輓聯性質的認識，同學可進一步具體拆解題目選項中的關鍵語句：

(甲) 此聯出自曾國藩寫給乳母（專司授乳及看護幼兒的僕婦），「只少懷胎十月」一句，代表所輓對象並非懷胎十月生兒的母親，因此同學首先可以排除答案是(A)母親的可能性；其次，從「一飯尚銘恩，況曾襁抱提攜」一句中，引用韓信報答漂母「一飯千金」之恩的典故，可知對象雖並非自己的親人，但確曾像母親一樣照顧自己，因此答案排除(C)、(D)。

(乙) 在 (甲) 中幾乎已確定答案為(B)，可藉由 (乙) 的推斷補強選擇時的信心。從上聯「等邊矩形」、「一次曲線」、「無窮遠點」等數學用語，以及下聯「強磁」、「乙炔」等理化術語，可知答案為數理教師。

9. 通常，重組式的題型都會在拆散的詩文中保留一條清晰的線索；以此題為例，這首詩所保留的首、尾分別與「景」和「人」相關的線索，這便透露了本詩的脈絡為由「景」至「老人」。

(1)排列順序時，同學可以先觀察選項間的關聯性，並藉此縮小可選擇的範圍。

首先，此題直接與景相關的選項，依語句順序排列後為 (丁)「黑暗是一個大輪廓」和 (甲)「沒有線條，也沒有顏色的大輪廓」，故可刪去(B)(C)。

(2)觀察選項中與「老人」相關的選項與形容時，這裡宜從最後一句往回倒推語意：最後一句

「個個從老人的內心出發」中的計量詞「個個」，暗示著它與可被計量的「爬蟲子」做連結。具象的爬蟲子和眼淚，不但在形象上十分契合，兩句的連結亦可讓文意通順，故排序的最後應為 (戊)，故可刪去(A)(B)(C)。

(3)剩下的兩選項是 (丙) 和 (乙)，(丙) 「老人的眼淚在他有縐紋的臉上爬」，如何爬？(乙) 「橫順的在黑暗裡爬」為 (丙) 的補充說明，所以 (乙) 應排於 (丙) 之後，故可刪去(A)(B)。

正確排序如下：

「屋子裡沒有燈火，

(丁) 黑暗是一個大輪廓→寫景

(甲) 沒有線條，也沒有顏色的大輪廓→寫景

(丙) 老人的眼淚在他有縐紋的臉上爬→寫老人

(乙) 橫順的在黑暗裡爬→寫老人

(戊) 他的眼淚變成了無數的爬蟲子→寫老人

個個從老人的內心出發」

10. 同學在選填詞語時，首先須注意詞語和詞語間的關聯與搭配。依據此原則，各題解析如下：

(甲) 從「溫寂垂懸」與「睡著」兩詞，可知比較搭配者應是「睫毛」。因人的睫毛下垂即表示正在閉眼，自然與睡眠一項相連結，故「睫毛」較「簾幕」恰當，而刪去(A)(B)。

(乙) 從「萬顆奔星似的飛動著」的描述，星星是光彩閃爍的，再加上「奔」、「飛動」，感受出這件事物應該具有色彩感。「霧靄」為一片白茫茫的大霧，色彩感薄弱；而「雲錦」一詞的「錦」字，本身便有著色彩鮮豔、美麗而明顯之意，因此答案應選擇「雲錦」，可刪去(A)(D)。

(丙) 珍珠一般多與「圓潤」、「晶瑩剔透」等詞與連結，能與「碎細」一詞搭配得宜者應是「耳語」，故刪去(B)(D)。

11. 本詩為王禹偁〈村行〉，是詩人在太宗淳化二年（西元991年）被貶為商州團練副使時所作。翻譯如下：我騎著馬穿過山村中路旁菊花才剛轉黃的小路上，此時，任憑馬兒悠然的碎步慢行，野外郊遊的興致格外濃厚。連綿的群山在夕陽餘暉中傳出陣陣清響（籟：指自然的聲響），幾座山峰彷彿沉默般佇立在斜照的夕陽下。棠梨（植物名，落葉喬木）的紅葉紛紛飄落，潔白似雪、陣陣幽香的蕎麥花盛開。吟完詩句後，為何忽然感到悲愁失意？原來是村中小橋和林木的景致與我家鄉相似。

各選項解析如下：

(A)律詩的主要特色為每首八句，偶數句押韻，中間二聯必須對仗，此詩確實符合這兩項要件。

(B)從「菊初黃」、「棠梨葉落」等句，不難發現詩中所描寫的景色確屬秋景。同學需要小心不要被第六句中「白雪」一詞所誤導，此處的白雪是用於形容蕎麥花的顏色，並非季節景致。

(C)本詩確為「寫景兼寫情」，但前六句寫景，後二句敘情，並非「句句寫景亦兼寫情」；再者，本詩確有愁緒，但為「鄉愁」，而非「秋之愁緒」；且此詩愁緒是至第七句「何事吟餘忽惆悵」，才產生因思鄉而感到惆悵。

(D)從「何事吟餘忽惆悵？村橋原樹似吾鄉」一句，可知詩人是因與故鄉相仿的景物，而勾起了惆悵的思鄉情懷。

> 　　龐恭與太子質於邯鄲，謂魏王曰：「今一人言市有虎，王信之乎？」曰：「不信。」「二人言市有虎，王信之乎？」曰：「不信。」「三人言市有虎，王信之乎？」王曰：「寡人信之。」龐恭曰：「夫市之無虎也明矣，然而三人言而成虎。今邯鄲之去魏也遠於市，議臣者過於三人，願王察之。」龐恭從邯鄲反，竟不得見。

解析

本題出自《韓非子·內儲說》，亦為成語「三人成虎」的典故，翻譯如下：

龐恭將要與太子一起到邯鄲當人質。臨行前龐恭對魏王說：「假如現在有個人說市集中有老虎，大王您相信嗎？」魏王答道：「不相信。」「假如有兩個人說市集中有老虎，大王您相信嗎？」魏王說：「不相信。」「假如有三個人說市集中有老虎，大王您相信嗎？」魏王說：「這我相信。」龐恭說：「市集中沒有老虎是再清楚明白不過的事實，但是因為三個人的說法而讓人相信有虎。如今邯鄲距離魏國（都城大梁）的距離遠遠超過市集（到都城的距離），議論我的人也不只三人，希望大王能夠（在別人中傷我時有所）明察。」（後來）當龐恭從邯鄲返國，果然無法獲得魏王的召見。

12. (A)反，通「返」。龐恭從邯鄲反，意即龐恭從邯鄲返國。

(B)今邯鄲之去魏也遠於市，意謂邯鄲距離魏國很遠。

(C)三人言而成虎，意即多數人的說法能讓人是非不分，比喻謠言惑眾，此詞亦為常用成語。

13. (A)出自《論語·衛靈公》：君子不會因為對一個人厭惡，而全盤否定他的意見。

(B)「人言可畏」即指流言蜚語力量之大，令人生畏。而「眾口鑠金」則指眾口所毀，雖金石亦可銷，眾口同聲往往積非成是，且形成巨大的破壞力。此兩詞語的意思皆與題幹「三人成虎」的意義相符。

(C)出自《論語·述而》，比喻生活周遭值得學習的對象比比皆是。翻譯：三個人走在一起，其中必定有值得我學習的榜樣。

(D)出自連橫〈臺灣通史序〉。「街談巷議」指街邊巷裡的議論、傳言，「語多可採」指多有可供借鏡、取用的意見。

14. 題幹出自敻虹的詩作〈記得〉，從「你如果／如果你對我說過／一句一句／真純的話／我早晨醒來／我便記得它」，「倘或一無消息／如沉船後靜靜的／海面，其實也是／靜靜的記得」等句，可以看出詩人記得的、深刻懷念的是一段「有著關切」的情緣，因此這自然不是(A)無常的感傷(B)哀怨的記憶(D)耽溺的懊悔。

15. (A)歌詞出自於李宗盛〈當愛已成往事〉，表現出對過往情緣的深刻懷念，與上引詩中詩人內心深處的情感「對過往記得的、懷念的是一段深刻的情緣」最為近似。

(B)歌詞表現出「不在乎天長地久，只在乎曾經擁有」的愛情態度，出自信樂團〈一了百了〉。

(C)歌詞表現出希望能忘卻過往愛戀，走出傷痛的心聲，出自S.H.E.〈記得要忘記〉。

(D)歌詞表現出相戀兩人感情已走到盡頭，情緣已盡，出自張震嶽〈一開始就沒退路〉。

貳、多選題：（占24分）

16. (A)茍，貪求。出自陸賈《新語·慎微》，翻譯如下：不貪圖財物，不貪求不正當的利益。／茍，如果、假使。出自《易·繫辭》下，翻譯如下：如果沒有合宜的人選，真理便不會憑空得以貫徹、執行。

(B)豫，通同「與」，意為「參與」。出自《後漢書·黨錮列傳》，翻譯如下：閉門隱居，不再參與朝廷的政務。／豫，預備、準備。出自《中庸》，翻譯如下：凡事都需要事先做準備才能成功，不先謀畫便會失敗。

(C)兩「就」字意皆為「靠近」。出自韓愈〈送窮文〉，翻譯如下：帶著朋友和伴侶，離開舊有事物而靠近新的事物。／出自《孟子·梁惠王》上，翻譯如下：看起來不像是一位領導人物，靠近他也感覺不到令人畏懼的威儀。

(D)兩「薄」字意皆為「迫近」。出自蘇軾〈禦風辭〉，翻譯如下：離開市井而直上高處，接近

雲層，但不會因此而沾沾自喜。／出自蘇軾〈後赤壁賦〉，翻譯如下：今天接近黃昏的時候，我撒網捕到了魚，大嘴、鱗片細小，形狀就像是松江中的鱸魚。

(E)惡，怎麼。出自曾鞏〈寄歐陽舍人書〉，翻譯如下：好比用人，如果不是存養道德的人，怎麼能夠清楚的辨別而不被迷惑，怎麼能夠公允的議論而不依徇私情？／惡，厭惡。出自王安石〈上仁宗皇帝言事書〉，翻譯如下：如果聖上能懷著至誠的心並以身作則，那麼爲官者便知迴避聖上所厭惡的事物。

17. 此題考驗同學對於詞性的辨析與應用能力，簡單而言，題幹要求同學辨認的語法結構即爲「動詞＋名詞＝名詞」，各選項解析如下：

(A)「知」字是動詞，明白之意；「音」字是名詞，聲音、樂音之意。動詞「知」＋名詞「音」結合爲名詞「知音」，此詞詞意爲相互了解且情誼深厚的朋友；選項出自《古詩十九首・西北有高樓》。

(B)「落」字是形容詞，指掉落往下的；「花」字是名詞，爲植物的繁殖器官。形容詞「落」＋名詞「花」結合爲名詞「落花」，指掉落下的花朵；選項出自杜甫〈江南逢李龜年〉。

(C)「屏」字是動詞，指屏障；「風」字是名詞，指空氣流動的現象。動詞「屏」＋名詞「風」結合爲名詞「屏風」，指室內擋風的家具；選項出自江總〈閨怨篇〉。

(D)「枕」字是動詞，意指墊著；「頭」字是名詞，指身體器官。動詞「枕」＋名詞「頭」結合爲名詞「枕頭」，指躺著時墊著頭部的寢具；選項出自曹雪芹《紅樓夢》。

(E)「靠」字是動詞，指依賴；「山」字是名詞，指高聳的地形。動詞「靠」＋名詞「山」結合爲名詞「靠山」，指人事上可供依賴、提供奧援的人；選項出自西周生《醒世姻緣傳》。

18. 面對此種題型，同學可直接將題幹的詞語解釋帶入選項，即可得到解答；基本上，題幹所謂「某些人、事、物在一個特定時期與地區之中，受到眾人共同喜好、關注的程度」和「天災」、「天理」等並無強烈關聯。各選項解析如下：

(A)意爲「散布」，選項翻譯爲：上天降下的災難散布各地，每個國家皆面對此種狀況。救濟災難，撫恤鄰邦，是有道義的行爲。能奉行道義，就會獲得福報；選項出自《左傳》。

(B)意爲「散布」，選項翻譯爲：習慣就如同人的自然天性，沒有不是（指全都是）天理的流傳散布，而使得仁德完整的體現於人。聖哲、賢人亦是如此；選項出自程頤《伊川文集・四箴並序》。

(C)意爲「散布」，選項翻譯爲：孔子說：「德性教化的散布，比驛站傳遞訊息更爲快速。」現在，大國若推行仁政，人民的歡欣鼓舞，就像解除了被倒掛的痛苦般（快樂）；選項出自《孟子・公孫丑》上。

(D)意與題幹相符，選項翻譯爲：劉兄……任職已超過一年，職務行使、治理人民得宜，全州平安無事。因此不免美化自己的政績，跟著自己的子弟到處遊覽，又寫了二十一首詩用以歌詠其事，在京城受到眾人的關注、風行一時，文人爭搶著作詩應和；選項出自韓愈〈奉和虢州劉給事使君三堂新題二十一詠・序〉。

(E)意與題幹相符，選項翻譯爲：這風行一時的梳妝打扮，這風行一時的梳妝打扮，從京城傳遍各地。整個社會不分遠近皆盛行此種打扮，兩頰不擦紅彩、臉不擦粉。黑色的油膏塗在唇上像抹了泥巴，兩道眉毛往下畫像個兩邊低垂的「八」字。美醜、黑白，每個人都失去了本有的面貌，化好妝全都像哭喪著臉；選項出自白居易〈時世妝〉。

19. 此題除考驗同學閱讀、理解的能力，亦測驗同學對統整題幹大要的能力。簡而言之，此題幹希望同學選出語意爲「人的外在與內在皆需注重且互相對應」的選項；各選項解析如下：

(A)「外貌」和「易慢之心」即外在與內在的互相對應，合乎題目要求。翻譯爲：外在面貌片刻不莊重不敬慎，那麼輕忽、傲慢的意念便將進入內心；選項出自《禮記・樂記》。

(B)「正容體，齊顏色，順辭令」等「外在」即為「內在」端正的表現，故合乎題目要求。翻譯為：禮義的起始，在於端正儀容體態，莊重表情，談吐和順且有條理；選項出自《禮記‧冠義》。

(C)「行事動容周旋中禮」，是藉求學受感化的「內在」透過行事等「外在」表現出來，故合乎題目要求。翻譯為：求學的收穫，不一定表現在探討經籍、道理間，而應該是在動作、儀容與交際皆合乎禮節上表現出來；選項出自《孟子‧盡心》。

(D)「容止可觀，進退可度，語言和謹，處事安詳」是「外在」的表現，「不失其禮體」是「內在」的禮儀本質，故合乎題目要求。翻譯為：面對人民時，儀態、舉止能讓人欣賞，進退禮儀合乎節度，說話溫和且謹慎，處理事務安定又從容，就不失應守禮節的本質了；選項出自《孝經‧聖治》。

(E)「動容貌」、「正顏色」、「出辭氣」，即「外在」；「遠暴慢」、「近信」、「遠鄙倍」，即合乎「禮」的「內在」，故合乎題目要求。翻譯為：君子應看重的行為準則有三：端正容貌，就能遠離粗暴及傲慢；整肅神情，就能接近信實；講究言語與語氣，就能遠離低俗與無禮；選項出自《論語‧泰伯》。

20.(A)記載著先聖賢言行，被尊為典範的著作稱為「經」，後人解釋經義的著作則叫「傳」。

(B)風（十五國風）、雅(大雅、小雅)、頌(周頌、魯頌、商頌)是《詩經》的內容，並沒有「經」、「傳」之分。

21.(A)〈虯髯客傳〉的作者應為杜光庭，並非元稹。

(B)《水滸傳》體裁屬元末明初的章回小說，並非宋人話本小說。

22. 此題的閱讀引言主要說明「外在的景物引發內心情感的激盪」便是創作的起始。各選項解析如下：

(A)此選項說明詩歌「境界」的重要性。翻譯為：談氣質，談神韻，不如談境界。有境界，便是詩詞的根本；氣質、神韻，皆是末節；只要有境界，氣質與神韻便隨之產生了；選項出自王國維《人間詞話》。

(B)此選項說明外在景物不只激盪內心，更進而產生創作，符合題幹主旨。翻譯為：四季更迭，四時與節氣變換，使人感到悲涼或舒暢，景色變換，人心也跟著動搖了起來。……一年中有不同的景物，這些景物又各自有其不同的面貌；人的情感隨景物變遷而改變，文辭則隨著感情而闡發；選項出自劉勰《文心雕龍‧物色》。

(C)此選項主要說明作者對平民文學重要性的認同，同時對一直為顯學的貴族文學進行適度貶抑。翻譯為：街巷裡的傳言、故事，必定有值得採用的地方；擊打車前直木時所詠唱的歌謠，有應合《詩經》內容之處。平民百姓的思想、情感，不應該輕視、鄙棄。（士大夫所作的）辭賦是價值低下的技藝，實在不足以宣揚真理及正道，無法彰示（道理與文學本身的思想價值）讓後世明白；選項出自曹植〈與楊德祖書〉。

(D)此選項說明外在景物對人內心的激盪，符合題幹主旨。翻譯為：節氣的變化會牽動萬物（變化），萬物的變化會觸發人心變化、起伏，所以思想、情感浮動不安，藉著舞蹈表現出來。……至於春天的風、鳥，秋天的月、蟬，夏天的雲、悶熱的雨，冬天的月與嚴寒，這些四季節候將觸動、感發詩歌的創作；選項出自鍾嶸《詩品‧詩品序》。

(E)此選項說明每個人的才情、氣質皆有所不同。翻譯為：文章的風格主要以作者的才情氣質為主，文氣有陽剛爽俊或陰柔婉約兩種風格，沒有辦法勉強達到。譬如音樂，曲調雖然相同，節奏也一樣，但運氣方法不同，本質也有巧妙和拙劣的差異，即使是父親、兄長，也無法傳授給兒子、弟弟之輩；選項出自曹丕《典論‧論文》。

23.(A)「冥思原人」使「激情原人」的創作得以流傳，這樣的行為正是出版行為的起源，功不可

沒。

(C)文中只提到「冥思原人」在思索「有沒有比狩獵更重要的事」，並沒說明其身分是否為「統治階級」。

第二部分：非選擇題（共三大題，佔54分）

一、判讀（佔9分）

思路小提醒

根據上引文字，判斷穴鳥所發出的「即刻」與「也薔」聲可能分別代表哪些意義？

【注意】：須將「即刻」與「也薔」聲可能代表的種種意義，分項條列敘述，並扼要說明何以如此判讀，否則扣分。

「判讀」即代表同學需一邊閱讀一邊進行有根據的批判。在急著寫答案之前，首先須仔細看完引言的要求，以避免不必要的失分。因此同學需格外注意：本題要求以條列分項的方式，分析「即刻」與「也薔」聲所代表的意義。以下分項析之：

1. 「即刻」聲可能代表的意義：
　(1)尋窩：穴鳥找到了一個將來可以造窩的小洞時，會發出「即刻」的聲音以通知雌鳥這好消息，並表達自己的欣喜之情。
　(2)告急：當強壯的穴鳥想要強占他人地盤時，受侮的弱小穴鳥會又急又憤地發出「即刻」聲，並逐漸提高加快以傳達告急的訊號。
2. 「也薔」聲可能代表的意義：
　(1)威嚇：當有強壯穴鳥出現想要和弱小穴鳥競爭巢穴時，弱小的穴鳥會急憤地提高加快「即刻」聲，最終變成「也薔」聲，企圖威嚇對方。
　(2)告急：遇到危難的雄穴鳥，會發出「也薔」聲作為告急的訊號，企圖通知雌鳥返回，幫忙奪回巢穴。
　(3)助陣：想前來助陣的穴鳥會一起蓬鬆了身上的羽毛並發出「也薔」聲，最後連原先打算侵門踏戶的穴鳥都會加入愈喊愈急、愈喊愈響的「也薔」大合唱中，企圖找到生事的嫌疑犯。

二、闡述（佔18分）

思路小提醒

題幹要求同學「分別」加以闡述的感想或看法主要有二：

㈠對上文中生事的穴鳥也跟著叫「也薔」，乍看之下，生事的穴鳥一下子想占人巢穴，一下子又加入聲援被侵占者的「也薔」陣營，是一種「古怪」又「荒唐」的行為；然而比起個人的利益，生事的穴鳥卻「誠心誠意的」選擇了團體間互相幫助的最高價值，退出了侵占者的行列，可見穴鳥是一種集體價值取向凌駕於個人利益的動物。同學可就此點再進一步深入地闡述自己的看法，為求控制寫作的時間，篇幅不需過長。

㈡「看到穴鳥集體的『也薔』行為，再對照人類在類似情況下的反應，你又有什麼感想或看法」的提問，旨在比較穴鳥行為與人類的異同。同學可試著從人類的角度設想穴鳥的舉動，為其「擬人化」。當有穴鳥要占據弱小其他穴鳥的巢穴時，所有「興奮的穴鳥從各個方向一齊都擠到這個小洞的旁邊，牠們把身上的羽毛抖了開來，分別擺出威嚇的架勢，一齊加入『也薔』大合唱」，這是穴鳥對被欺負者的集體「聲援」、「扶弱鋤強」、「互相幫助」，是穴鳥團體中最被看重的「公理與正義」。相較人類，在看見他人被欺侮時，我們往往想到的不是前去幫忙是否會損傷自己的利益，就是「與我何關」；朝此方向聯想，便不難進行人與穴鳥的比較。同

學亦可適時的加入「各人自掃門前雪，莫管他家瓦上霜」或「人之異於禽獸者幾希」等格言名句，並以校園內霸凌等事件為例加強論述。

三、命題寫作（佔27分）

思路小提醒

面對命題式的作文題目，如果題幹未明確要求可不抄題時，同學便需在答題時寫上題目。其次，即便命題式寫作一般不會給太長的引文，但在僅有篇幅內的題幹引文，仍是同學必須關注的焦點，因為其中透露出出題者對同學答題方向的期待。以此題為例，同學可在閱讀完題幹後，將之具體分析為兩部分：

㈠「沉浸在失去的感傷中」、「有時明明已經失去，卻毫不自覺」，是「失去」所帶來的兩種情感表現；「有時因失去才學會珍惜」、「有時失去其實並非失去」是「失去」後的心念轉化。同學在答題時也應兼顧此兩者，方可達「抒情」與「議論」並重的佳作。

㈡題幹明確提示各位同學應「根據自己的體驗」，故在第二段部分，應以記敘自身體驗為主要內容，而「抒情」與「議論」則需圍繞著自己的「失去」經驗。

95年學測（學科能力測驗）

第一部分：選擇題（佔54分）

壹、單選題（佔30分）

1. (A)「身」還→生、終「生」難忘→身。(B)「生」世→身。(D)「身」不逢時→生。
   　請注意「身、生」兩字，在使用上的區別：
   (1)身：身世、平身、翻身、防身、附身、動身、賣身契、分身術、賣身葬父、被火紋身、暴病身亡、半身不遂、貧寒出身、魔鬼身材、明哲保身、分身乏術、粉身碎骨、奮不顧身、放下身段、伏地挺身、打火安身、大顯身手、單身貴族、地牛翻身、獨善其身、獨身主義、終身難忘。
   (2)生：生還、謀生、模範生、陌生人、畢業生、半生半熟、白面書生、百病叢生、百死一生、保生大帝、背生芒刺、筆夢生花、髀肉復生、畢生難忘、別開生面、怕死貪生、蓬蓽生輝、旁生枝節、抱憾終生、半生不熟、不虛此生、不事生產、不枉此生、否極生泰、普渡眾生、生不逢時、百無一用是書生、平生不做虧心事、蓬生麻中不扶而直。

2. 此題與應用文中六書構造的認識有關。
   (A)祖：奉祀先人的廟宇。／祇：ㄑㄧˊ，地神。／神：創造萬物的主宰。／社：土神。以上各字均與神祇之意有關。
   (B)祝：祭祀時主持祭禮的人。／祈：向神明求福。／禱：祭神而有所求。／祠：春天的祭祀。以上各字均與祭祀之意有關。
   (C)福：富貴壽考的統稱，或泛稱吉祥幸運的事。／祥：泛指一切福善吉利的事物。／禎：吉祥、吉兆。／祿：福、善。以上各字均與福祉之意有關。
   (D)禍：災、殃、晦、咎等不如意的統稱。／祟：指災禍。／祆：指物積久而生之怪異，今通作「妖」。／禁：避諱、忌諱的事。「祆、禁」兩字，與災禍之意無關。

3. 大致說來，古文中當兩個數字合併出現時，其意義有：
   (1)表「乘數」，如「二八」年華指的是十六歲，「三五」之夜指農曆十五日月夜。
   (2)表「分數」，如「十一」指十分之一。
   (3)表「約略之數」，如「一二」指一或二，「四五」指四或五。
   (A)「什一」表「十分之一」。選項引文出自《孟子‧滕文公》下：「什一，去關市之徵，今茲未能。請輕之，以待來年，然後已，何如？」翻譯如下：賦稅採取十分之一的稅率，並去除掉關卡和市場的徵斂，但這些政策今年還不能做到。那先減輕一些，等到下年然後實行，怎麼樣？／「百二」即「百分之二」。選項引文出自《史記‧高祖本紀》：「秦，形勝之國，帶河山之險，縣隔千里，持戟百萬，秦得百二焉。」翻譯如下：秦國，據山河險固地形，距離千里，即使敵軍有百萬披甲執戟戰士，秦國只有百分之二的兵力，也能以二萬敵百萬。此為成語「百二山河」亦作「百二關山」的出處，形容形勢險要，防事牢固，兵力壯盛。
   (B)「六七」表「六或七」。選項引文出自楊萬里〈至節宿翁源縣與葉景小酌〉，翻譯如下：即使只有六或七間茅草竹屋，也還有二、三聲雞犬的啼吠聲。／「一二」為「一或二」之意。選項引文出自杜甫〈無家別〉，翻譯如下：四處鄰居還剩下誰呢？只有一或二位年老的寡婦。
   (C)「八九」表「十分之八或九」。選項引文出自陸游〈春日雜賦〉，翻譯如下：我十之八、九的大半鬢髮都已花白，在這新的一年的春季到來之際只有更暗自傷感。／「四五」表「四或五」。選項引文出自蘇轍〈呂希道少卿松局圖〉，翻譯如下：山石間溪水繚繞，其間挺立有

青松四、五棵。

(D)「二八」為「十六」。選項引文出自顧況〈悲歌〉，翻譯如下：十六歲的美女已貌美如花，在花前落淚只因擔心花兒即將凋零。／「三五」是「十五」。選項引文出自黃庭堅〈戲答王定國題門兩絕句〉，翻譯如下：不再是那十五歲的少年時光，可以把酒迎春，喝得兩頰緋紅。

4. (A)「小人」為自謙之稱。選項引文出自《左傳‧鄭伯克段於鄢》：「潁考叔……有獻於公，公賜之食，食舍肉，公問之。對曰：『小人有母，皆嘗小人之食矣。未嘗君之羹，請以遺之。』」翻譯如下：潁考叔藉著進獻貢物去見莊公，莊公賜給食物。進食時，他把肉放在一邊不吃，莊公問他，他回答說：「臣下我家中有母親，嘗過小人所有的食物，但沒有嘗過君王的肉羹，請讓小人把肉羹帶回去給母親吃。」／「小人」為自謙之稱。選項引文出自《水滸傳》，翻譯如下：我姓張名青，原本在此地的光明寺菜園裡種菜。

(B)「可憐」指令人羨慕。選項引文出自白居易〈長恨歌〉，翻譯如下：兄弟姐妹皆得到了封賞，光耀了楊家的門庭令人羨慕。／「可憐」指令人憐憫。黃春明《兒子的大玩偶》。

(C)「造次」指倉促、緊迫。選項引文出自《論語‧里仁》，翻譯如下：有德之人的行為，即使在短暫片刻也不會違背仁德，在倉促緊迫的時候如此，在世道衰亂的時候也是如此。／「造次」指鹵莽，選項引文出自曹雪芹《紅樓夢》。

(D)「左右」指身旁隨從的侍者。選項引文出自《史記‧刺客列傳》，翻譯如下：齊桓公跟魯莊公在壇上訂立盟約，曹沫手持匕首威嚇脅迫齊桓公，桓公身旁的侍者沒有一人敢貿然行動。／「左右」意同於反正、不過就是，選項引文出自吳承恩《西遊記》。

5. 根據題幹說明，「阿堵」一詞的本義及引申義分別是：

本義：六朝及唐人常用的指稱詞。相當於這或這個。劉義慶《世說新語》：「殷中軍見佛經云：『理亦應阿堵上。』」

引申義：劉義慶《世說新語》：「晉王衍嫉其婦貪濁，口未曾言錢字。婦欲試之，使婢以錢繞床，王衍晨起，即令婢曰：『舉卻阿堵物。』」後遂借指錢。

各選項解析如下：

(A)「阿堵」所稱代的對象是錢。選項引文出自凌濛初《二刻拍案驚奇》，翻譯如下：世態冷暖，人情多與身分地位的高低有關，即使是親生兒女，也隨著富貴金錢而有不同的態度。

(B)「阿堵」所稱代的對象是錢。選項引文出自陸游〈思歸引〉，翻譯如下：故鄉的蓴絲已經枯老我卻依然無法回鄉，這是因為我的生活溫飽必須仰賴俸祿的收入。其實我無法忍受被金錢勞役的生活，難道我要(像張翰一樣)等到秋風起(興起思鄉之情)才放棄政府任職的公文(指辭官)。（晉朝張翰因見秋風起，乃思吳中蓴菜、蓴羹、鱸魚膾，而有歸隱故里之思。）

(C)「阿堵」所稱代的對象是錢。選項引文出自《聊齋志異‧勞山道士》，翻譯如下：秀才心裡偷偷地高興，認為自己突然間就變成了大富翁。過一會兒，秀才進房間想取錢花用，但滿屋子的錢都已不見，只剩下拿來做母錢的那十餘枚少少的銅板還在。

(D)「阿堵」意同「這、這個」。選項引文出自《世說新語‧巧藝》，翻譯如下：晉朝顧愷之善畫人像，有時畫好的人像隔了數年還不畫上眼睛。他人問為什麼？他說：「因為人的身形美醜本來就與神情無關，摹畫人像時最傳神的神情，就在這（眼睛）之中。」

6. (A)「母子」意指母與子，屬合義複詞。選項引文出自禰衡〈鸚鵡賦〉，翻譯如下：母子間的天人永隔讓人傷痛，夫妻間的生離別使人悲傷。

(B)「恩愛」意指夫妻間的情愛，屬同義複詞。選項引文出自白居易〈長恨歌〉，翻譯如下：昭陽殿裏曾經的夫妻恩情與愛意已從此斷絕，蓬萊仙宮裡(仙界的想像，暗喻楊貴妃的死亡)孤寂的歲月將是如此漫長！

(C)「存亡」意指滅亡，語意偏重在「亡」，屬偏義複詞。選項引文出自《國語‧鄭語》，翻譯如下：不超過三年，周室便將會滅亡！你如果想避開這個災難，要趕快找個安全的居所，如果等到危亂開始才設想良方，恐怕就來不及了。（後來，鄭桓公因此言而將全族遷至河南，保全了族人們的性命與財產。）

(D)「遠近」指遠方和近處（的人），屬合義複詞。選項引文出自司馬光《資治通鑑》，翻譯如下：因此身為國君，一定要先端正自己的內心才能端正朝廷的風氣……先端正國內人民的風氣才能端正四方諸侯。只要四方諸侯皆能端正風氣，則遠方和近處（所有天下）的人民，誰會不歸於正道呢？

7. 孔子說：「我和顏回整日談論，顏回總是唯唯諾諾、順從地沒有不同的看法或意見，好像是什麼都不懂的愚者。不過事後檢驗考察他私下的言行，也都能一一實踐發揮（我的學說）。所以顏回可一點也不愚。」引文出自《論語‧為政》篇。各選項解析如下：

(A)「發」字，意指發揮實踐孔子學說。

(B)「省其私」，乃指檢驗他私下的言行。

(C)孔子並不是欣賞顏回「不違如愚」的表現，而是先誤以為顏回「不違」是「如愚」的表現，後段文字敘述經過「退而省其私，亦足以發」，才欣賞稱讚顏回「不愚」。

8. (A)本段引文描述孔子在喪者旁的反應，確為哀人之哀、傷人之傷，有悲天憫人的胸懷，因此選項正確。選項引文出自《論語‧述而》，翻譯如下：孔子在有喪事的人旁邊吃飯，從來沒有吃飽。

(B)「今之學者為人」並非指今日的學者心存社稷（國家），而是指今日的學者求學只為求他人的讚美，因此選項有誤。選項引文出自《論語‧憲問》，翻譯如下：古代的學者求學問道完全是因自己的需要，現代的學者為學只是沽名釣譽的求人讚美。

(C)由此段引文可以看出孔子厭惡宣揚他人缺點的人，而非稱惡為善、是非不分的人，因此選項有誤。選項引文出自《論語‧陽貨》，翻譯如下：子貢問：「君子也有厭惡的事情嗎？」孔子回答：「君子有厭惡的事。就是厭惡宣揚別人缺點的人。」

(D)後兩句意謂人民珍惜故舊之物，則可免於鄙吝刻薄，而不是因匱乏而淪為盜賊，因此選項有誤。選項引文出自《論語‧泰伯》，翻譯如下：如果執政者對自己的親人厚道，百姓就會仿效這仁愛的心。執政者如果不遺棄任何親友舊交，那麼社會風氣也將敦厚不澆薄。

9. 對於歷史人物的認識，是歷來不論學測、指考、統測等均會出現的熱門考題，但是內容並非艱澀難記的瑣事，而是戲曲、詩詞、楹聯中大家耳熟能詳的故事或典故，或約定成俗的稱號、概念。只要平日多方閱讀，這種題目自是輕鬆得分。各選項解析如下：

(甲) 由「萬古丹心」、「千年義氣」這兩個關鍵詞，可推知此對聯所指稱的對象是關羽。關羽在三國時代，以赤膽忠忱與義氣著名，而名留青史。

(乙) 由「劈曹顏」以及「醫關臂」這兩個關鍵詞，可推知此對聯所指稱的對象是華佗。在《三國演義》裡，有一段華佗替關羽刮骨療毒治毒箭瘡傷的情節；另有一段因曹操有頭痛的毛病而延請華佗治病的情節，當華佗對曹操說必須動手術將腦袋切開以醫治頭痛時，生性多疑的曹操誤以為華佗要加害於他，一怒之下就將華佗入獄。

(丙) 《三國演義》以漢為正統，故認為天命屬劉邦，而項羽雖兵敗自刎烏江，但人們仍習稱項羽為「楚霸王」。

(丁) 傳「堯舜、禹湯、文武、周孔之道」者，又講四端「惻隱、羞惡、恭敬、是非之心」學說的人皆為孟子。

10. 說明

在考文句重組的試題中，必然有前後邏輯或因果關係，故可根據上下文中關鍵字、連接詞或文

意口氣等線索加以判斷；請仔細體會下列簡要說明：

首句：「若迺升於高，以望江山之遠近」

(丙)嬉於水，而逐魚鳥之浮沉

說明：丙句與首句是排比句，故爲一組；以消去法選答案，正確的是(C)。

(丁)其物象意趣，登臨之樂，覽者各自得焉。

(乙)凡工之所不能畫者。

(甲)吾亦不能言也

說明：從「凡……亦……」的文意、口氣，知乙、甲是爲一組，且「凡」在首，故以消去法選答案，正確的是(C)。

翻譯

至於說攀登到高處，可以望見或遠或近的江山景致；或者嬉戲於水邊，可以追逐浮沉的魚或鳥。此地物象的趣味，登臨的快樂，觀覽者應當各有感受。凡是畫工畫不出來的意趣，我也無法多言，這就是我所能書寫的大略概況。

11. 解析

(甲) 由「盛夏」、「溽暑」兩詞，以及文句中盛暑的意境，可刪除(C)「侵凌」；由「溽」和「霧」兩詞，可知上海的盛暑帶著濃重的濕氣，(A)選項「燻炙」意爲以松枝、木炭等物燃燒的火煙燒烤，並不具潮溼意象，因此並不符合本詩的意境，可予刪去。

(乙) 由「霧氣」與「縹緲又虛幻」等詞彙所構築的語境，可知有雜亂之意的(D)「雜揉」，並不符合本詩的意境，可予刪去。

(丙) 由「鈍刀鈍鋸磨」一句，可知飢餓的感受對主角而言如同折磨，因此刪去意爲「煩擾不休」的(C)「糾纏」。

由上述說明，可知正確答案爲(B)蒸騰／氤氳／咬嚙。

12. 「知音」一般指「了解自己的知心朋友」，在這裡則雙關指「知道（了解）音樂」，故爲雙關修辭。此題主要考驗同學是否可看出題幹敘述中所暗示的修辭法：「雙關」，此一修辭法主要指一個語詞含有表面、內在雙重意涵，即以一語指涉兩件事。

各選項解析如下：

(甲) 「露骨」一般指「說話不保留、含蓄」，在這裡則雙關指可透視人體骨骼的「X射線」（X光），故符合題意。

(乙) 「談天」一般指「談話、聊天」，在這裡則雙關指「談論、探討宇宙」，故符合題意。

(丙) 「阿里山」在此的詞意和一般認知相同，皆爲臺灣山峰名，故不符合「雙關」的要求。

(丁) 「狂風暴雨」在此的詞意和一般認知相同，皆爲巨大且強烈的風雨，故不符合「雙關」的要求。

(戊) 「拈花惹草」一般指「到處挑逗、勾引異性」，在這裡則雙關指蒔花弄草的「插花」技巧，故符合題意。

故答案選擇(B)甲乙戊。

13. 說明

此題主要目的爲測驗同學對六經內容的了解程度。

翻譯

六經不是其他事物，正是我們內心中的恆常道理、法則。所以，《易》這部經典正是人們內在陰氣與陽氣的消長變化；《書》這本經典，是人心的典章法則與政治事務；《詩》這本經典，是人心思想、情感的表達與抒發；《禮》這本經典，是人心的秩序與禮儀制度；《樂》這本經典，是人心喜悅與平和的表現；《春秋》這本經典，記錄了人們內心的眞誠、虛假、邪惡與正

義。

在看完題幹中六經基本特徵的說明後，接著針對六經各書進一步分析如下：

⑴第一個空格：《易》是最早一本卜筮之書，主要由陰爻與陽爻組成，兩者合成八卦，八卦兩兩相重，排列成六十四卦。陰爻和陽爻兩著相生相剋，故為「陰陽消息」。因此關鍵詞「陰陽消息」已暗示了第一個空格的正確答案正是《易》。

⑵第二個空格：《詩》是中國最早的詩歌總集，非一時、一地、一人之作，是當時北方文學的代表。書中採集了從周初至春秋中葉的民間歌謠作品和宗廟樂章，以寫實手法記錄了先秦社會以及各階級人物的不同情感；因此關鍵詞「志吾心之歌詠性情」，便是正確答案《詩》的最好暗示。

⑶第三個空格：漢以後通稱《周禮》、《儀禮》、《禮記》為「三禮」，「禮」是儒家的傳統，也是社會生活的重要規範及節文準則，因此關鍵詞「條理節文」，所指正是《禮》。

⑷第四個空格：《樂》屬六經之一，相傳在秦朝的戰火中亡佚，也有人認為本無其書。荀子曾曰：「樂之中和也。」孔子亦曾言：「樂其可知也：始作翕如也、縱之純如也、皦如也、繹如也、以成。」說明音樂應具備和諧、純然的特質，故「志吾心之欣喜和平者也」，所指稱的正是《樂》。

14. 此選項考驗同學是否會被古文中相似的詞語組合給迷惑，並能否正確掌握「青山」在文句中的正確意涵；選項解析如下：

㈠從「青山」和斑白「鬢絲」的對比，可知此選項符合「濃厚歲月之感」的題幹要求。選項引文出自杜牧〈書懷〉，翻譯如下：眼前山巒的盎然春意未曾改變，我卻該拿鏡中的白髮如何是好呢？（意為景物依舊，人卻已隨年華老去。）

㈡從「青山」和「白髮」的對比，可知此選項符合「濃厚歲月之感」的題幹要求。選項引文出自陸游〈塔子磯〉，翻譯如下：不變的青翠山峰年年引人愁思，白髮依然無緣無故地一天天增多。

㈢此處的「一髮」是形容細小之意，和「濃厚歲月之感」無關。選項引文出自蘇軾〈澄邁驛通潮閣〉，翻譯如下：深遠、幽暗的天邊，在鶻鳥隱沒消失的那個方位，那看似一根細髮的青山後就是中原。（後「青山一髮」便代指中原。）

㈣從「青山」和「華髮」(白髮)的對比，可知此選項符合「濃厚歲月之感」的題幹要求。選項引文出自王禹偁〈歲暮感懷〉，翻譯如下：眼看翠青的山峰我卻不得辭官休息，只能頻頻摘拔鬢間的白髮。

㈤「我見青山多嫵媚，料青山見我應如是」一句寫人與自然感通的達觀思考，句中不但表達了青山綠水的迷人景致，更展現了作者恬淡閒適的愉快心境，和「濃厚歲月之感」無關。選項引文出自辛棄疾〈賀新郎〉，翻譯如下：我眼中青翠的山峰優美動人，料想青山也如此看待我。

15. 此選項中的「褒貶」、「恩仇」皆為「偏義複詞」。「偏義複詞」指詞語的語意偏重當中一字，而另一字則不具意義，就像「褒貶」一詞偏重「貶」，而「恩仇」一詞偏重「仇」。各選項解析如下：

(A)「梁實秋無詞以對，只是解釋回應說……」，可見梁實秋臨場只以北京地方用詞應對，是因他「心知自己是對的」，但卻一時想不到反駁魯迅的良方。

(B)「陳之藩因而評論魯迅：泯恩仇指的當然是泯『仇』，『恩』為什麼要泯它呢？」可見陳之藩以魯迅自己的詩作，攻擊魯迅對梁實秋曾作過的批評，確為「以其人之道，還治其人之身」。

(C)題目中並未說明鄧小平因這場辯論而題字。

(D)題目中並未說明魯迅的詩作是因這場辯論而作。

貳、多選題（佔24分）

16. 連接詞使用的正確與否決定了閱讀文章時的流暢與否，而是否能選用恰當的連接詞，則決定於平時閱讀經驗所累積的語感。各選項解析如下：

(A)此句是條件子句，「不論」宜改為「即使」，語意（即使……仍然）方才完整、流暢。又或將句子改為：「不論」季後賽壓力有多龐大，王建民「都能」泰山崩於前而色不改。

(B)「然後」一詞具有連接時間先後關係的意義，此處不宜使用，宜改用「雖然」。

(C)因為前、後句文意上有所轉折，所以「而且」宜改為「但是」，語意（雖然……但是）方才完整、流暢。

(E)因為此段的前、後句語意上並沒有轉折，所以不宜用「但是」，不如用「究竟」、「到底」、「至於」等帶有總結語氣的連接詞，或者根本可以不使用連接詞。

17. (C)韓愈〈師說〉藉贈文李蟠的機會，批判當時人們不重視，甚至不屑於從師求學的風氣。題目「師說」其實已暗藏解題的玄機在內：「說」一字，表示此文重在說明、解釋事理，帶有論辯文的性質；「師」字則強調主題在討論「老師」、「師道」、「從師問學之事」等。因此由選項中的篇章名稱，即可判定此選項有誤。

18. 此題旨在測驗同學是否通透各篇古文的主旨與內容，亦提醒同學在閱讀古文時，首先應掌握的是作者的創作概念以及全文大意。各選項解析如下：

(A)「右軍」即指王羲之，因他曾官拜右軍將軍。曾鞏〈墨池記〉一文的主旨在借墨池故蹟，強調王羲之在書法方面的傑出成就，是因他努力自致而非天成，並藉此強調為學之人應該刻苦力學以深造學業與道德；因此「右軍書藝之旅」確實和〈墨池記〉篇章主旨吻合。

(B)「桃花源」是一個作者虛擬的理想園地，現實中並不存在，而且〈桃花源記〉的全文主旨在寫理想中的社會，並不是著重在寫「遊園賞花」。因此「遊園賞花之旅」和陶淵明〈桃花源記〉的配對並不恰當。

(C)歐陽脩的〈醉翁亭記〉是他被貶至滁州時所作，寫身處琅邪山優美的山水間，和滁州居民快樂的宴飲、共遊；通篇除了表現出自己順處逆境的心情，亦反映自己在滁州的治績以及祈願與民同樂的政治理想。「酒鄉」一般指釀酒的地區，文中僅提及眾人至山上飲酒作樂，並無特別提及釀酒及其他相關訊息，故「酒鄉」一詞並不恰當；其次，文中所描寫的場景為「山水」，並非「農田」，因而此詞的配對亦不恰當。

(D)劉鶚〈明湖居聽書〉一文，透過生動的手法描寫王小玉「說書」（一種流行於民間的說唱藝術）的精彩絕妙，因此「民俗曲藝之旅」和〈明湖居聽書〉篇章主旨吻合。

(E)蘇轍的〈黃州快哉亭記〉一文，主要由蘇軾為張夢得的亭子命名、蘇轍執筆記錄，談人的內在修為。雖然其中偶有提及「赤壁」，如：「江出西陵，始得平地，其流奔放肆大；南合沅、湘，北合漢、沔，其勢益張；至於赤壁之下，波流浸灌，與海相若」。但全文既無提及「泛舟」，也不以「赤壁」的地理風情為主要描寫對象，故「赤壁泛舟之旅」和〈黃州快哉亭記〉的配對並不恰當；此行程宜與蘇軾的〈赤壁賦〉一文配對。

19. (A)唐代傳奇的體裁為文言短篇小說，是「唐代小說」（而非「唐代散文」）的代表；「唐代散文」的代表應為古文。

20. 在選擇答案前，同學首先需明白「悠然自得」的詞義：指人神態從容，心情閒適的樣子。因此，若文句中流露出過分的喜悅（如選項C與E），必然不是正確答案；此外，同學亦須注意寫景（如選項B）和借景抒發個人生命情懷（如選項E）的差異性。各選項解析如下：

(A)本詩描寫詩人在山水間自在自適的心態，符合題幹「悠然自得之樂」的要求。選項引文出自宋代程顥的〈春日偶成〉，翻譯如下：一抹雲朵飄浮在天邊、清風徐來，接近晌午時分，我依傍著路邊的花、岸邊的柳漫步繞過前方的溪流。世人不瞭解我心中感受到悠然自得的喜悅，只當我的行為是想學少年們的及時行樂與偷閒。

(B)本詩純寫夕照下的美麗景色，並未著重在刻畫詩人的心境，故不符合題幹要求。選項引文出自宋代秦觀的〈泗州東城晚望〉，翻譯如下：遙遠蒼茫的一座孤城（泗州）被清澈的淮水環繞，人們的聲音隱隱從被黃昏時雲氣煙霧所籠罩的船隻上傳出。遠處好似塗抹青色顏料的如畫林梢，應該是淮水轉繞至南山的地方吧。

(C)本詩描寫文人及第登科後的狂喜與得意，與「悠然自得之樂」相差甚遠。選項引文出自唐代孟郊的〈登科後〉，翻譯如下：以前生活的困頓和窘迫都不值一提，今天（金榜題名）感覺無拘無束、暢快無比。迎著春日的和風，我志得意滿地騎在跑得飛快的馬上，一天之內就看遍長安城內的繁花。（從此詩衍生出成語「春風得意」，意指人行事順利，志得意滿的神態表情。）

(D)本詩寫出王維晚年悠然自得的生命情懷，符合題幹「悠然自得之樂」的要求。選項引文出自唐代王維的〈終南別業〉，翻譯如下：中年開始喜好佛理，晚年便住在終南山邊。每次興致一來我便獨自前往山中，山中美景與適意自得的心情只有自己才明白。走到水源的盡頭，便坐下欣賞雲霧升騰的景色。偶爾遇到住在山中的老人，快樂的談笑讓人忘記歸返回家。

(E)全詩描寫杜甫聽到官軍成功收復河南、河北時的快樂與狂喜，與「悠然自得之樂」相差甚遠。選項引文出自唐代杜甫的〈聞官軍收河南河北〉，翻譯如下：劍門以南的地方忽然傳來政府官軍成功收復薊北一帶的消息，剛聽到時，我哭得鼻涕與眼淚都沾滿了衣裳（表示情緒激動）。回頭看看妻兒子女們皆一掃憂愁，大家隨意地收拾詩書（準備整裝回鄉），歡喜、快樂到快要發狂。白日（在船上）大家放聲歌唱且開懷暢飲，趁著明媚的春光與我為伴一起歸返故鄉。船隻即刻將穿過巴峽到巫峽，順流而下再從襄陽轉到洛陽。

21. 曾子的妻子要去市集，她的孩子跟在後面邊走邊哭。母親（哄著孩子）說：「你回去，等我回家殺小豬給你吃。」等曾子的妻子從市集回來，曾子就去抓小豬準備宰殺。他的妻子制止他說：「我只是和孩子開玩笑而已！」曾子說：「不能戲弄小孩啊！兒童不懂事，只能依靠父母為榜樣學習知識，聽從父母親的教誨。現在你欺騙小孩，就是教他欺騙啊！母親欺騙小孩，小孩就因此不信任母親，不能這樣教育孩子啊！」於是（曾子）依然殺豬煮肉給孩子吃。

選項解析如下：

(A)「其母」指孩子的母親，即曾子之妻，並非曾子之母。

(C)「女」讀為「ㄖㄨˇ」，同「汝」字，指「你」，而不是指性別的「女」。

(D)第一個「之」字作「的」解，助詞，指「曾子的妻子」；第二個「之」當「前往」解，動詞，指「前往市集」。

22. 到了將軍設在帳幕內的府署，李廣對他的部下說：「我從剛成年起就與匈奴打過大大小小七十多場戰役，如今有幸跟隨大將軍與單于的軍隊交戰，可是大將軍卻把我的部隊調去走迂迴的遠路，而且又迷了路，這難道不是天意！況且我已六十多歲了，終究不能再受掌管刑法律令的官吏的侮辱。」於是便拔刀自刎。李廣軍中的將士全都為此痛哭。百姓聽聞到這個消息，不論認識或不認識李廣，不論老、少都為他而落淚。

選項解析如下：

(A)「結髮」即「束髮」，古人成童十五歲時始束髮，這裡的「結髮」指「年少」而非「年事已高」。

(E)「知與不知」是指「認識李廣和不認識李廣的百姓」，而非受教育與否。「知與不知，無老

壯皆為垂涕」，即為「不論認識李廣或不認識李廣，不論老、少都為他而落淚」，表現出李廣確實深得民心。

23. 唐宋古文八大家不但是高中課本的常客，更是極佳出題對象。此題同學需把握王安石人格特質與簡要生平，方可準確判斷答案選項的正確與否。題幹引文翻譯如下：

⑴〈詠孟子〉：雖然（孟子）魄魂已逝去不能招得，但從遺作編著中仍不難想像他的風範理想。即便當今世人都嫌我的思想迂闊（也沒有關係），仍有孟子可以安慰我不受世人認同的孤寂冷清。

⑵〈讀史〉：自古至今成就功名皆有許多苦處，（為官之人）進退出處能交給誰來為之論定價值與是非呢？處身當代，評論與記事還時常有模糊、錯誤之處，更不用提後世的眾說紛紜將使得史實失去原貌。當前所傳的史書都只是歷史長河沉澱下的酒渣，談不上是萃取後的精華；史書裡最難表現的就是前人的精神。少少的文字怎能寫盡前輩聖賢的高尚賢德？（史書的紀錄）讓他們在紙上蒙塵，獨守著千年的寂寞。

選項解析如下：

㈠「何妨舉世嫌迂闊」二句，顯示了王安石認同孟子為了個人理念寧被世人批判的勇氣，並非出於目空一切的自傲心理。

第二部分：非選擇題（共三大題，佔54分）

一、語文修正（佔9分）

思路小提醒

以下答案均為寫作提示，僅點出關鍵，提供同學下筆發揮時的參考。

這次大考中心首度嘗試讓網路用語入題，展現出非選擇題出題勢必越趨多元的傾向。此題主要考驗同學是否能正確地通順語句，讓行文更為流暢，對網路用語的了解與否實非出題者的立意。解析如下：

1. 「實在有夠衰」（過於口語）→很差。
2. 「氣到不行」（過於口語）→非常生氣。
3. 「做反省的動作」（冗言贅字）→反省。
4. 「::>_<::」（使用表情符號替代文字）→哭泣。
5. 「達人」（使用外來語）→專家。
6. 「被挨罵受罰」（冗言贅字）→挨罵、受罰。
7. 「偶氣ㄅ要死」（使用流行用語）→我氣得要死→我很生氣。
8. 「粉不錯吃滴」（使用流行用語）→很不錯吃的→很好吃。
9. 「去理一顆一百塊的頭」（過於口語）→花一百元理髮。

二、議論評述（佔18分）

思路小提醒

以下答案均為寫作提示，僅點出關鍵，提供同學下筆發揮時的參考。

本題由師生三種不同角度描述同一人的言行，強調不同角度的觀察將呈現出不同的面向，同學需注意，一個人對他人的意見，除了表現出被描述者的特質之外，也呈現了描述者的價值觀。雖然本題沒有限定字數，但是此題占18分，自然應分別以一百五十字左右描寫三個不同面向的角度。解析如下：

⑴論述老師甲的觀念、態度：

從引言中不難看出，老師甲對「優秀」的定義僅限於「課業能力」，忽略了「優秀」背後應該要具備的「多元」價值，體育、音樂與美術能力等，都應該是一位學生被讚揚的重要依據。其次，老師甲將吳同學不參與班級活動的行為解釋為「勤勉好學，心無旁騖」，忽略了群育的重要性。這種人生價值觀的灌輸，正是形塑現今社會「自掃門前雪」風氣的重要根源之一。最終，老師甲以一般社會上普遍的功利主義，認定功課好的同學一定要考取「不是醫學系，就是法律系」，而忽略了興趣取向的重要性。

(2)論述家長的觀念、態度：

首先，吳同學的家長認為「開明」就代表孩子只需專心唸書，不必分攤家務，甚至家長自己也以認定做家事是一種「浪費時間」的行為，忽略分攤家務不但可養成個人的生活能力，亦是一種維繫家人聯絡情感的重要方式。其次，家長將「光耀門楣」單純定位在「讀書」上，而完全忽略了養成孩子多元能力的重要性，待人接物、做人處事的觀念和態度，往往才是決定一個人成功與否的重要條件。最後，家長只想要老師為學生指出適合的未來走向，卻忽略了興趣取向應是學生自己探索、父母親與之討論後的結果，而非老師一人能夠簡單決定。

(3)論述吳生的觀念、態度：

吳生的行為，可說集師長與家長價值觀的大成：首先，面對同學有危難時不聞不問，毫不在意的態度冷漠；其次，吳生以功利主義的角度選擇社團活動，卻不願意學習分攤責任及團體合作；再者，他認為閱讀課本與參考書外的書籍是「浪費」時間，忽略了語文學科重視大量閱讀以培養語感，而其他學科亦需廣泛學習以增加常識；最終，文中「這干我什麼事？」、「沒有搞錯嗎」，以及嘲笑同學「無聊又浪費生命」的話語，皆再再透露出他目中無人，無法和他人共處，亦無法從中學習與人互動的性格特質。

三、情境寫作（佔27分）

思路小提醒

以下答案均為寫作提示，僅點出關鍵，提供同學下筆發揮時的參考。

1. 同學在開始寫作之前，需仔細閱讀題目並確認自己是否能完全明白題意。

2. 「雨季」一詞限定了文章中所應描寫的季節形象，「故事」一詞則表示此文中必須具備一個情節完整的故事，同學可由自己的生活經驗出發，亦可以虛構情節，創造故事，唯需注意「雨季」和「故事」兩者應緊密結合。

3. 此題旨在測驗同學的抒情和敘事能力，並且把握「抒情但不濫情、敘事卻不冗長」的寫作原則，方可獲得高分。

96年學測（學科能力測驗）

第一部分：選擇題（佔54分）

壹、單選題（佔30分）

1. (A)ㄐㄧㄢˋ／ㄔㄡˊ／ㄗˋ／ㄙㄨㄣˇ。
   (B)ㄐㄧㄢˋ／ㄅㄧㄠˊ／ㄗㄜˊ／ㄩㄣˇ。
   (C)ㄒㄧㄢˋ／ㄔㄡˊ／ㄗㄜˊ／ㄩㄣˇ。
   (D)ㄒㄧㄢˋ／ㄅㄧㄠˊ／ㄗˋ／ㄙㄨㄣˇ。

2. (A)齒→恥。「不恥下問」：不以向身分較低微、或是學問較自己淺陋的人求教為羞恥。恥，以……為恥。
   (B)恥→齒。「令人不齒」：比喻行為讓人輕視、瞧不起。齒，由名詞轉品為動詞，表並列的意思。
   (C)齒→恥。「無恥」：不顧羞恥。恥，羞恥心。
   (D)「讓人齒冷」：齒冷，恥笑。形容因齷齪的人品或不道德的行為而使人鄙視。
   「恥、齒」兩字很容易混淆，要特別分清楚，略分別造詞如下：
   (1)恥：恥辱、恥笑、雪恥、羞恥、國恥、可恥、無恥、無恥之尤、忍恥偷生、行己有恥、奇恥大辱、厚顏無恥、不恥下問、包羞忍恥、卑鄙無恥、報仇雪恥、瓶罄罍恥、明恥教戰、恬不知恥、寡廉鮮恥、會稽之恥、知恥近乎勇。
   (2)齒：白齒、啟齒、涅齒、齯齒、切齒拊心、何足掛齒、共為脣齒、令人齒冷、令人不齒、伶牙俐齒、齠年稚齒、拊膺切齒、明眸皓齒、沒齒不忘、馬齒徒長、不足掛齒、不好啟齒、鼻偃齒露。

3. (A)「椿萱並茂」：香椿和萱草都長得很茂盛。比喻父母都健在。
   (B)「無忝所生」：不辱所生養的父母，即對得起父母的意思。
   (C)「彩衣娛親」：老萊子性至孝，年七十，常穿著五色彩衣，作嬰兒嬉戲的樣子逗父母高興。後用以比喻孝順父母。（教育部《重編國語辭典修訂本》作「綵衣娛親」。）
   (D)「烏鳥私情」：相傳幼烏鴉長成後，會反哺年老無法覓食的老烏鴉，故烏鳥私情比喻奉養長輩的孝心，亦作「烏鳥之情」。

4. 原詩句
   原詩全文如下：「我身何所似？似彼孤生蓬。秋霜翦根斷，浩浩隨長風。昔游秦雍間，今落巴蠻中。昔為意氣郎，今作寂寥翁。外貌雖寂寞，中懷頗沖融。賦命有厚薄，委心任窮通。通當為大鵬，舉翅摩蒼穹。窮則為鷦鷯，一枝足自容。苟知此道者，身窮心不窮。」
   翻譯
   現在的我像是什麼呢？就像那孤單生長著的蓬草般，秋天的寒霜凍斷了蓬草根，蓬草便隨著狂風飛去。從前我是在秦國、雍國立國的所在地（即長安），現在卻身在巴蜀這蠻荒之地。從前我是意氣風發的男子，現在卻是個清冷孤寂的老者。外表看起來雖然寂寞，但內心平和。上天所授予的時運有好有壞，不管是窮厄或顯達，一切聽憑命運安排。命運顯達時就要像大鵬鳥般，振翅高飛，發揮所長，翱遊天際。窮厄時就像隻小鷦鷯，只要一截樹枝的小小立足地就可以生活。如果能夠懂得這個道理，即使身處窮厄困頓的處境，內心也不會侷限於窮厄中。
   說明
   「賦命有厚薄……通當為大鵬……窮則為鷦鷯……苟知此道者，身窮心不窮。」說明了心境上隨遇而安的豁達態度，正呼應了蘇轍〈黃州快哉亭記〉：「使其中坦然，不以物傷性，將何適

而非快」的過人胸襟。

(A)「窮則爲鷦鷯，一枝足自容」，是接受際遇的豁達，而不是「苦中作樂，自求安慰」。

(B)「窮則爲鷦鷯，一枝足自容」，是表達順勢、豁達、不受拘束的態度。

(D)「通當爲大鵬……窮則爲鷦鷯」，是在寫面對命運厚薄時的不同態度，而不是「願成鷦鷯」。

5. 說明

在考文句重組的試題中，必然有前後邏輯或因果關係，故可根據上下文中關鍵字、連接詞或文意口氣等線索加以判斷；請仔細體會下列簡要說明：

(1)「……望出去……便是」，是在文意上自成一組，上下文意相承的句子，故題幹首句後宜接(乙)，以消去法可刪去(C)(D)。

(2)「……並沒有……只有」，也是在文意上自成一組，上下文意相承的句子，(丁)之後宜接題幹尾句，以消去法可刪去(A)(C)(D)。

(3)剩下的(甲)、(丙)、(戊)、(己)選項，均在描寫海獸，掌握其自出至沒的邏輯順序是：(己)海獸先緩緩浮現→(丙)才看見海獸的外貌、呼吸孔開闔著→(甲)海獸在水面呼吸了一陣子→(戊)又緩緩消失。

故正確排列應爲：

餐廳建築在濱海的山崖上，從落地玻璃窗望出去，(乙)便是鄰光閃爍的海洋，(己)這時正有一頭巨大的海獸緩緩從海中浮現，(丙)光滑的背脊沾滿綠油油的燐光，背上一排呼吸孔開闔著噴出灰霧，(甲)海獸呼吸了一陣，(戊)又緩緩沉入海底，(丁)餐廳裡並沒有多少人留意海獸出沒，只有端菜來的侍者不經意提了一句。

6. (A)「好」音ㄏㄠˋ，「好人」指喜歡人。選項引文翻譯如下：孔子說只有具備仁德的人，才能喜歡人或討厭人（因仁者的好惡，不會加上個人的私心偏見）。

(B)使……安定。選項引文翻譯如下：想要有所作爲，則要想一想如何適可而止以使百姓生活安定。

(C)認爲……是小的。《孟子‧盡心》中完整文句如下：「孟子曰：『孔子登東山而小魯，登泰山而小天下。故觀于海者難爲水，游于聖人之門者難爲言。』」整段文句翻譯如下：孟子說：「孔子登上東山，就覺得魯國變小了；登上泰山，就覺得整個天下都變小了。所以，觀看過廣闊大海的人，便難以被其他水域所吸引；在聖人門下學習過的人，便難以被其他言論思想所吸引。」

(D)豐，使……豐厚。選項引文翻譯如下：平民百姓若能謹慎言行、節儉用度，就能遠離罪罰，豐厚家業。

7. (A)比喻學習需有方法，行事要有標準、原則，而非受客觀環境限制。選項引文出自〈離婁〉上，翻譯如下：即使有離婁那樣好的眼力，公輸班那樣精湛的巧技，沒有規、矩爲輔助工具，就不能夠畫出方、圓的形狀。

(B)說明人天生即有良能、良知。選項引文出自〈盡心〉上，翻譯如下：一個人不必透過學習就會，這是他與生俱來的天賦；不經過思慮就明白，這是他天生俱有的智慧。

(C)比喻學習受到干擾便成效不佳，說明客觀環境對人的巨大影響。選項引文出自〈滕文公〉上，翻譯如下：一個齊國人教他（齊人教這位楚人說齊語），許多楚國人在旁邊以楚語喧嚷、吵鬧他，就算每天鞭打他，恐怕也無法把齊語學好。

(D)說明充滿憂患的困境對人的正面影響。選項引文出自〈盡心〉上，翻譯如下：一個人能擁有品德、慧見、謀略與才智，往往是因他處在困窮的患難中。尤其是被孤立不受重視的臣子以及庶出不受寵愛的庶子，因爲他們經常持有警惕不安之心，考慮擔憂的很深遠，所以才能通

達事理。

8. 鼎，三足兩耳的金屬器具。鑊，無足無耳的金屬器具。鼎鑊皆為烹煮食物的器具，古代以鼎鑊為烹煮罪犯的酷刑。兩字結構為「名詞＋名詞」，意義平行對等，不互相修飾；各選項解析如下：

(A)天命，指天地萬物自然的法則。兩字結構為「形容詞＋名詞」，「天」修飾「命」。

(B)俎豆，即「俎」和「豆」。古代祭祀、宴饗時，用來盛祭品的兩種禮器，亦泛指各種禮器。兩字結構為「名詞＋名詞」，意義平行對等，不互相修飾。

(C)滄海，即大海。兩字結構為「形容詞＋名詞」，「滄」修飾「海」。

(D)琵琶，樂器名，是一種用手彈撥的樂器。「琵」、「琶」兩字一體，無法各自獨立。

9. 以前有雄雌兩隻鴿子，同住一巢。秋天果實成熟時，採來的果實堆滿了整個窩巢。後來，堆放的果實乾掉後體積減少，大約只剩一半。雄鴿生氣地罵雌鴿說：「我辛辛苦苦地採果，你卻獨享，現在竟只剩一半！」雌鴿回答說：「我沒有獨自享用，是果實自然減少！」雄鴿不相信，氣憤發怒地說：「如果不是你獨自享用，為何會減少呢？」立刻以嘴啄死了雌鴿。過沒幾天，下了場大雨，果實受潮，膨脹回復成原來的體積。雄鴿見了，才心生悔恨地說：「他真的沒吃果實，是我錯殺他了！」

(A)文中「雄鴿見已，方生悔恨：『彼實不食，我妄殺他！』」之句，證明雄鴿並不是「闖禍而不知悔悟」。

(C)由「天降大雨，果得霑潤，還復如故」的事實，說明雌鴿並沒有獨享果子。

(D)由「天降大雨，果得霑潤，還復如故」的結果，說明果子減少只是因乾癟萎縮，而不是被偷走。

10. 周秦時期諸子的文章，雖然或精純或駁雜，各自不同，但都有個人的思想主張。後世寫作文章的人，或這裡採取點說法或那裡參考些觀點，猶豫遲疑地東張西望，只求接近他人的看法，這實在是諸子所深以為恥的做法啊！

(A)文中「諸子之文，雖純駁不同，皆有箇自家在內」之句，可見各有主張，卻未論及「互不相服」的現象。

(B)「後世為文者……（廣納眾說，以求左右逢源）……宜亦諸子所深恥歟！」可見作者批判此舉不當。

(D)後世為文者多「於彼於此，左顧右盼，以求當眾人之意」，而不是「慎選諸子的論述，印證自己的見解」。

11. 甲、孟子：孟子的民本思想是：「民為貴，社稷次之，君為輕。」在為文說理與論辯時多用排比，表現出浩然氣勢。

乙、韓非子：集法家「重勢」、「重術」、「重法」之大成，主張以嚴刑峻法治國。其文筆鋒峻峭犀利，論說透徹精闢。

丙、荀子：性惡論者，「人之性惡，其善者偽也」，主張禮法兼治、王霸並用、強調教育，以克服人之惡性。

丁、莊子：追求達觀逍遙的境界，善於寓哲理於寓言中，如「庖丁解牛」、「濠梁之辯」，想像玄妙，說理高超。

12. 第一個空格：「千萬條火舌欲『融』一塊冰」，火融冰，是事實、是現象，而不是「擬人化」，所以刪去(C)。以「嚥」字倒推答案，可知「火舌欲『吞』一塊冰，卻嚥不下」，因為有「吞」才能「嚥」，先「吞」然後「嚥」，所以應選(A)。

第二個空格：「那股安靜漸漸往我身上『飄』來，即將形成威脅」，「飄」不是「擬人化」的

動詞，所以刪去(D)。以「形成威脅」一詞倒推答案，可知「往我身上『欺』來，即將形成威脅」，因為「欺來」才「形成威脅」，所以應選(A)。

第三個空格：「挽」，有拉、引、捲起、盤結之意；「捻」，指用手指搓揉，均與下文「掉在我面前」的意象不符。再者「無緣無故『扔』下一截枝葉⋯⋯掉在我面前⋯⋯叫人一驚」，「扔」比「打」的動作，當更符合「兼顧前後文的呼應連貫」，綜合上述，故選擇(A)。

13.(A)「觀看那截枝葉，心思不免忙起來」，是一種看見外物而產生所思所感的心靈活動，並藉由「頓覺枝非枝，葉非葉，必定有什麼深不可測的天諭包藏其間」一句，進一步寫出心中所感：「枝非枝，葉非葉」，感覺其中必有神祕的天諭哲理，是屬於「感物興情」。

(B)「虛靜其神，清和其心」，心神虛靜，自能心境清明和諧，選項中文句純寫人內心的感觸，並未提及對文學形成的觸發。

(C)「想像鮮活，翻空出奇」，表示文章內容具新奇的想像力，與文學形成過程中的心靈活動無關。

(D)「摹寫景物，如在目前」，是強調寫景描物十分生動，就彷彿出現在眼前般，與文學形成過程中的心靈活動無關。

> 　　山公（山濤）與嵇（康）、阮（籍）一面，契若金蘭。山妻韓氏，覺公與二人異於常交，問公，公曰：「我當年可以為友者，唯此二生耳。」妻曰：「負羈之妻[1]亦親觀狐、趙，意欲窺之，可乎？」他日，二人來，妻勸公止之宿，具酒肉。夜穿墉以視之，達旦忘反。公入曰：「二人何如？」妻曰：「君才致殊不如，正當以識度相友耳。」公曰：「伊輩亦常以我度為勝。」（《世說新語》）

翻譯

山濤和嵇康、阮籍才見過一次面，就情投意合如兄弟般。山濤的妻子韓氏，覺得丈夫與這兩人的情感不像其他一般的朋友，就問山濤。山濤回答說：「當今可以和我交朋友的人，就只有這兩人而已。」妻子韓氏說：「春秋時曹國大夫僖負羈的妻子，也曾經親自觀察過晉公子重耳身邊的狐偃、趙衰，我想暗中看他們，可以嗎？」有一天，嵇康、阮籍來訪，妻子韓氏勸山濤留客過夜，並準備了酒肉招待。夜裡，她透過牆縫窺看他們，直看到天亮而忘了回去。山濤進來問：「這兩人怎麼樣？」妻子說：「你的才能遠比不上他們，只能憑藉見識、度量，和他們交往罷了。」山濤說：「他們也經常認為我的度量較好。」

14.(A)妻曰：「君才致殊不如，正當以識度相友耳。」由此可知其妻能正確清楚地判斷山濤的才能不足卻度量超過嵇、阮，確實有識人之明。

(B)文中未論及「山濤之妻善妒而好猜忌」。

(C)「妻曰：『君才致殊不如⋯⋯』公曰：『伊輩亦常以我度為勝。』」可見山濤也贊同其妻的看法，並沒有「自認才能不輸嵇、阮」。

(D)由「公曰：『伊輩亦常以我度為勝』」，可知山濤是以度量受嵇、阮肯定。

15.(A)文中「契」，意為投合、切合；選項中「契」，意為契約、合約、合同。

(B)文中「覺」，音ㄐㄩㄝˊ，意為感覺；選項中「覺」，意為睡醒。

(C)文中與選項中的「以」，意均為用。

(D)文中「勝」，音ㄕㄥ，意為盡；選項中「勝」，意為勝過。

註1　負羈之妻亦親觀狐、趙：春秋時，晉公子重耳流亡曹國，曹國大夫僖負羈之妻觀重耳身邊的狐偃、趙衰。

16. 譬喻是利用兩件事物的相似點，借彼方來說明此方，通常是以易知說明難知，以具體說明抽象；可分爲明喻、隱喻、略喻、借喻、假喻五種。各選項解析如下：

　(A)從山中四出的溪流匯集入海，恰似「手指」的形象，「索」一詞亦符合手指的動作，兩者具相似點，屬恰當、合宜的譬喻用法；選項引文出自鄭愁予〈山居的日子〉。

　(B)「螃蟹」橫行，符合自然現象；人不循正道，在地方稱霸的行爲，就像螃蟹般橫著走路，多用來比喻行爲蠻橫，不講道理，意象上使用恰當，屬合宜的譬喻用法。

　(C)「鹽巴」少可提味，多則倒盡胃口；少許「憂愁」，可增添生活的滋味，多則成病造成困擾。兩者具相似點，屬恰當、合宜的譬喻用法。

　(D)「眼睛」可看見光明；煙囪的作用在排煙，無法爲房子帶來光明。就「光明」這一點來説，兩者不具相似點，故不屬於譬喻。

　(E)善讀書，可開啓智慧，反之則有害；善用藥，可治病，濫用亦成害。兩者具相似點，屬恰當、合宜的譬喻用法。

17. (A)引文僅在描寫洞庭湖的寬廣與自身的渺小，並未「藉時、空的廣遠寄寓內心的慨歎」。選項引文出自張孝祥〈念奴嬌・過洞庭〉。翻譯：晶瑩碧藍如玉的洞庭湖，面積廣闊有三萬頃，水面上徜徉飄流著我的一葉扁舟。

　(B)本詩寫盛世的繁盛景象，並未有感嘆。選項引文出自王維〈和賈至舍人早朝至大明宮之作〉，翻譯如下：皇宮大殿正門一開，只見各國使節都穿戴著華服來朝拜天子。（九天：喻宮禁。閶闔：ㄔㄤ ㄏㄜ∕，皇宮正門。冕旒：ㄇㄧㄢˇ ㄌㄧㄡˊ，古代最尊貴的一種禮帽。）

　(C)「萬里」是空間的遼闊，「百年」是時間的長久；本詩藉時、空的廣遠寄寓內心孤寂思鄉的慨歎。選項引文出自杜甫〈登高〉，翻譯如下：一望無際的悲涼秋景，長年漂泊他鄉爲客，如今年老多病，獨自一人登臨高臺（遠眺家鄉）。

　(D)「三十」是時間的長久，「八千里路」寫空間的遼闊；藉時、空的廣遠寄寓內心尚未收復失土的慨歎。選項引文出自岳飛〈滿江紅〉，翻譯如下：三十多年來建立的功績名聲就如塵土般，征戰八千餘里餐風露宿的路途中，已看過無數的月圓月缺、白雲悠悠。

　(E)「十年」是時間的長久，「萬里」寫空間的遼闊；藉時、空的廣遠寄寓歷經滄桑思鄉的慨歎。選項引文出自陸游〈過野人家有感〉，翻譯如下：宦途輾轉，十年來已看清了人情世事的冷暖，常在夜裡依稀夢見萬里外的家鄉山水。

18. (A)引文主要探討處世的態度，並未強調良好道德修養的普世價值。選項引文出自《論語・泰伯》，翻譯如下：在天下政治清明時就出仕，政治混亂時就隱居。

　(B)引文強調了「言忠信，行篤敬」這種良好道德修養的普世價值。選項引文出自《論語・衛靈公》，翻譯如下：言語要忠誠信實，行爲要篤厚恭敬，（只要能秉此原則，）則雖然到未開化的蠻夷之邦，也能行得通（必能與人和善相處，行事無礙）。

　(C)引文主要說明好學的可貴，並未強調良好道德修養的普世價值。選項引文出自《論語・公冶長》，翻譯如下：在一個只有十戶人家的小地區，一定能找到和我一樣忠誠信實的人，但找不到像我孔丘一樣好學的人。

　(D)引文強調「敬而無失，恭而有禮」這良好道德修養的普世價值。選項引文出自《論語・衛靈公》，翻譯如下：君子若對人恭敬有禮而沒有過失，則和天下人相處都可如同親兄弟一樣。

　(E)引文僅說明孔子在不同場合都能言行適切，並未強調良好道德修養的普世價值。選項引文出自《論語・鄉黨》，翻譯如下：孔子在鄉里間（與鄉人相處時），態度溫和恭敬，好像不善説話；他在宗廟朝廷時，則辯說清晰，態度謹慎。（恂恂：ㄒㄩㄣˊ ㄒㄩㄣˊ，溫和恭敬的樣子。便便：ㄆㄧㄢˊ ㄆㄧㄢˊ，辯説的樣子）。

19. (A)畫線處形容山勢陡峻，四下雲氣蒸騰的窘迫難行，選項詮釋恰當。選項引文出自李白〈送友

人入蜀〉，翻譯如下：崇山峻嶺間的迂迴蜀道不好走，山崖峭壁迎面矗立，身邊雲氣依傍著馬頭升騰。（蠶叢：泛指蜀地、蜀道）。

(B)畫線處描寫面對友人遠行時，彼此的依依離情，而不是「友情如浮雲、落日，難得易逝」。選項引文出自李白〈送友人〉，翻譯如下：遊子的心意，如天上浮雲般流連；朋友的離情，如落日餘暉般依依。此刻揮手告別（相對默然無語），只有嘶叫的馬鳴聲響起。（蕭蕭：狀聲詞，形容馬鳴聲）。

(C)畫線處強調詩人心中的滿腔憂鬱，如水更流般揮之不去，選項詮釋恰當。選項引文出自李白〈宣州謝朓樓餞別校書叔雲〉，翻譯如下：拔刀想切斷水流，水卻更加奔流；想舉杯喝酒消愁，愁緒卻更加深重。人生在世無法稱心順意，索性明晨披髮泛舟隨波漂流。

(D)畫線處描寫美女穿梭的大殿，如今只見鷓鴣飛翔的人事全非，表達了盛衰無常，繁華成空之慨，選項詮釋恰當。選項引文出自李白〈越中覽古〉，翻譯如下：越王句踐攻破吳國之後返國，所有參戰者全跟隨返鄉並享榮華，貌美如花的宮女充滿在春天的大殿，(大殿)如今卻只見鷓鴣飛翔。

(E)畫線處以只能在仙境瞧見的天姿，盛讚楊貴妃的容顏美麗，而不是「盛讚殿宇富麗，宛如天庭」。選項引文出自李白〈清平調〉，翻譯如下：美麗的彩霞是她的衣裳，嬌豔的花朵是她的容顏；春風吹拂樓台欄杆，露潤花色更加濃豔。如此國色天姿，若不是在群玉山頭看見，就只有在仙境瑤臺月光下，才能遇見。

20.(A)「閑靜少言，崇尚自然」是作家氣質；「其詩樸質無華，真淳恬淡」是作品風格。

(B)「耿介堅毅，敢於直諫」是作家氣質；「散文雄渾剛健，氣勢磅薄」是作品風格。

(C)「劉基博通經史，為明朝開國功臣」兩句，是敘述劉基的為學與政治上的表現，並不是題幹所說「作家氣質」與「作品風格」。

(D)「器度恢弘，樂觀曠達」是作家氣質；「散文汪洋恣肆，豪放詞尤獨具一格」是作品風格。

(E)「王安石為北宋神宗時宰相，推行新法」兩句，是敘述王安石政治上的表現，並不是題幹所說「作家氣質」與「作品風格」。

21.(A)三篇文章均未對時局提出諍言。

(B)〈岳陽樓記〉是登高望遠→抒發感懷；〈醉翁亭記〉是抒發感懷；〈黃州快哉亭記〉是抒發感懷→物我合一。

(C)〈醉翁亭記〉並沒有認為官運難卜，也未見及時享受的說法。

22.(A)選項引文出自羅貫中《三國演義》，文句均為關公所言，未見摻雜說書人的解釋或評論。

(B)選項引文出自吳承恩《西遊記》，文句分別為巨靈神、李天王所言，未見摻雜說書人的解釋或評論。

(C)選項引文出自羅貫中《三國演義》，「只這一席話，乃孔明未出茅廬，已知三分天下。真萬古之人不及也」，為說書人的解釋或評論。

(D)選項引文出自施耐庵《水滸傳》，「原來高衙內不認得他是林沖的娘子，若還認得時，也沒這場事」，為說書人的解釋或評論。

(E)選項引文出自吳承恩《西遊記》，「法師有難逢妖怪，情性相和伏亂魔」，為說書人的解釋或評論。

23.(B)這裡的「你」，是指久居鬧熱滾滾的都城、不離開書房、喜歡玄思妙想，而非「腳踏實地而常來鄉間」的都市知識分子。

(C)作者認為廣袤的田野中，有「幼苗奮力生長、河水灌溉田地、農人揮汗耕作」，因此到「廣袤的田野」比在「書房」更能真切體會生活的內涵與生命的意義。

(E)「我不和你談論詩藝、糾纏不清的隱喻，我不和你談論人生、深奧玄妙的思潮，我不和你談

論社會、痛徹心肺的爭奪」，「我帶你去廣袤的田野，看看遍處的幼苗、撫觸清涼的河水、探望農人」，可見作者是反對玄思妙想的性格，以及追求華麗詞藻、艱深隱喻的寫作態度。

第二部分：非選擇題（共三大題，佔54分）

一、文章分析（佔9分）

$\boxed{\text{思路小提醒}}$

以下答案均為寫作提示，僅點出關鍵，提供同學下筆發揮時的參考。

1. 先歸納文章的書寫順序：
   (1)鄉居的少年神往火車，是因為「它雄偉而修長，軒昂的車頭一聲高嘯，一節節的車廂鏗鏗跟進，那氣派真是懾人」。
   (2)火車行進間的聲音描寫，是「輪軌相激枕木相應的節奏，初則鏗鏘而慷慨，繼則單調而催眠，也另有一番情韻」。
   (3)火車過橋時，是「俯瞰深谷，真若下臨無地，躡虛而行，一顆心，也忐忐忑忑吊在半空。」
   (4)火車過山洞時，順序是自：
   進入山洞的瞬間「黑暗迎面撞來，當頭罩下，一點準備也沒有。」
   →在山壁間行走，是「兩壁的回聲轟動不絕，你已經愈陷愈深，衝進山嶽的盲腸裡去了」。
   →即將穿出離開山洞，是「光明在山的那一頭迎你，先是一片幽昧的微熹，遲疑不決，驀地天光豁然開朗，黑洞把你吐回給白晝」。
   (5)火車過山洞時，作者的感受與心裡變化，是「這一連串的經驗，從驚到喜，中間還帶著不安和神祕，歷時雖短而印象很深」。
2. 題目要求「分析作者如何藉由想像力，描述搭火車過山洞時所見的景象與感受」，因此寫作重心在對於火車過山洞時「所見景象」、「感受」，針對「想像力」的部分，加以「分析」說明。其重心以『』標示如下，寫作時宜聚焦回答、切合提問，自能掌握得分。
   →火車過山洞時的瞬間「黑暗迎面『撞』來，當頭罩下，一點準備也沒有」。
   →在山壁間行走，是「兩壁的回聲轟動不絕，你已經愈陷愈深，衝進山嶽的『盲腸』裡去了」。
   →即將穿出離開山洞，是「光明在山的那一頭迎你，先是一片幽昧的微熹，遲疑不決，驀地天光豁然開朗，黑洞把你『吐』回給白晝」。

二、闡釋與表述（佔18分）

$\boxed{\text{思路小提醒}}$

以下答案均為寫作提示，僅點出關鍵，提供同學下筆發揮時的參考。

1. 寫作時需符合題目要求：須先「分別」就「玫瑰」與「日日春」的象徵意涵說明其處事態度，再自兩者中「擇一」說明你認同它的原因。
2. 玫瑰只堅持選擇春天盛放，是有所為有所不為的君子傲骨；日日春天天綻放在豔陽下，是隨和與樂觀的心境。既是「擇一」表述，可先各自說明其象徵意涵，再進一步說明自己選擇的理由。切記，選擇好後便全力著墨說明，不需費力批判另一對象。
3. 純論說會使文章生硬且較無說服性，建議在說明時，可以自己日常生活為例，一來增進文章的生動性，再者亦可呼應說明「處世態度」的實踐。

三、引導寫作（佔27分）

思路小提醒

以下答案均為寫作提示，僅點出關鍵，提供同學下筆發揮時的參考。

1. 既是「走過」，一定有時間流逝的軌跡，因此「今昔」場景變化的敘述、描寫，都需注意描述的口吻以及時間的順序是否正確。為符合主題「走過」，同學的敘述視角宜自現在回看過去，而非從過去預知現在。

2. 同學可先決定寫作的主題為何？是小吃店的改裝、路旁荒地變成小公園、熱鬧街道的沒落、社區都更建大樓，或是小學的圍牆即將拆除等；藉由過往與現今景物變化的對比，以及對變化原因的介紹，來描述自己的感受或看法。

3. 構思確定對象後則可動手寫作：

   (1)先仔細描寫昔日情景與今日狀況間的不同。

   (2)接著再分析今昔之變的原因，是社會生活形態的改變、都市文明發展的趨勢，或是環保議題的高張？試著就自己的觀察為「改變」提出合理的見解。

   (3)對改變提出個人看法，屬於理性思維的部分；藉由改變抒發個人感受，屬於感性的層面。就「走過」這個議題而言，同學當下的想法與感受才是應該多加以書寫的核心主軸。無論仍戀眷於往日情懷，或欣喜於日新月異的進步，同學都可以具體的抒發這些心情，亦可參考蘇軾〈赤壁賦〉中變與不變的概念，並藉此深化議題。

97年學測（學科能力測驗）

第一部分：選擇題（佔54分）

壹、單選題（佔30分）

1. (A)ㄆㄛˊ／ㄆㄢˊ。(B)ㄆㄧㄠˇ／ㄈㄨˊ。(C)ㄩˇ。(D)ㄧㄢˊ／ㄒㄧㄢˊ。

2. (甲)器識：氣度才識。 (乙)企及：趕上。 (丙)默契：雙方不用語言而彼此情意暗合。

3. (甲)「蜈蚣」音ㄨˊㄍㄨㄥ，屬節肢動物門多足綱的動物。身體扁而長，全身有許多體節，每一節上皆有對腳。最小者僅一公分長，十三對腳；大者近三十公分，有一百七十七對腳，故亦稱為「百足」、「百足之蟲」、「百足蟲」。本詩以買鞋，尤其是一次買頗多雙鞋，才會讓爸爸有嚴重要老命的特色，吻合了眾人認知中，動物裡以多足著稱者是蜈蚣的印象；選項引文出自詹冰〈蜈蚣〉。

   (乙)燈蛾具趨光性，喜飛至燈下，故俗稱為「飛蛾」。「飛蛾撲火」亦作「飛蛾赴火」、「飛蛾赴燭」、「飛蛾赴焰」、「飛蛾投火」、「飛蛾投焰」、「燈蛾撲火」，都比喻自尋死路、自取滅亡。趨光性是昆蟲的本能，因此詩句中「我……飛馳……播卵……一盞高燃的油燈……我竟在惡毒的燃燒中死去……」，正符合「飛蛾撲火」的特性；選項引文出自白荻〈飛蛾〉。

4. 建議同學在破解此類型題目時，可以使用消去法，各選項解析如下：
   第一個空格：「抖盡一身花葉，換來……枝枒□□□地挺立著」，句中的「抖盡」，已暗示著抖完後必然一身「空盪盪」；再者，既然枝枒「挺立」，自然看起來不會「懶洋洋」，故可刪除答案為(D)的可能性。
   第二個空格：「□□指向灰陰的天空，似乎完全不記得……應說是倔強罷……不肯低頭」，因「不肯低頭」的形象和「欣然(喜悅貌)」不合，故可刪除答案為(A)的可能性。
   第三個空格：「似乎完全不記省軀體上曾經附著過一排排的□□」一句，主要暗指過往鳳凰花開時的繁盛景象。由鳳凰樹又稱火樹、火焰樹、森之炎等別名，同學不難想像鳳凰花盛開如火焰燃燒般的情景。而燃燒火焰會「附著」之物，必然為引火的「火種」。「火星」為物體燃燒時迸射出的火點，並不適合用於此處，故可刪除答案為(C)的可能性，並確定正確答案為(B)。

5. 在考文句重組的試題中，必然有前後邏輯或因果關係，故可根據上下文中關鍵字、連接詞或文意口氣等線索加以判斷；請仔細體會下列簡要說明。按照文意，這是在戲院前要招三輪車回家的一段招車過程：
   (1)首句：「戲院前……沒有三輪車聚集」，主角因此躊躇遲疑思索著：怎麼辦呢？
   (2)(丙)「躊躇間，腳步慢了下來」，開始張望，除了戲院前，其他地方如街道上、角落間是否有車？
   (3)(甲)「一回頭卻見對街冉冉來了一輛」，來了一輛什麼樣的車呢？ (乙)「老遠的就看見……」看見了這輛車的特色。
   (4)再等車靠近一點時，可清楚看見車夫 (丁)「是個高個子年輕人」，這年輕車夫見她揮手叫，便踏快了大轉彎過街……。

6. (B)由「我這工作最重要的是選時點，而選時點則往往取決於個人的主觀意識，甚至帶有冒險性」，因為「有時也可能因為原選……不恰當而導致觀察錯誤」，由此可知影響「研究結果」　的是研究者出於主觀意識的選擇與判斷。

7. (C)「意識像冰山……重要的是下面的組成成分是什麼，以及自己鑽洞探索的技術如何」，因此擴充內在（冰山下面）的儲存（組成成分），確實有助於啓發創意。

8. 翻譯

個性和表情，每個人都不同。讀李白的詩，就好像看見他在達官貴人面前脫鞋般灑脫；讀杜甫的詩，就如同看到他對國事的憂心、時局的感傷。

說明

脫屣：即脫鞋子，比喻把事情看很簡單，有輕視的意思。千乘：千輛馬車。周制諸侯車千乘，故以千乘爲諸侯的代稱；後以爲指達官貴人。

「讀□□詩，如見其脫屣千乘」，讀其詩，好像看見他在達官貴人前脫鞋般率眞瀟灑，符合詩仙李白的灑脫；「讀□□詩，如見其憂國傷時」，讀其詩，就如看見他對國事的憂心、時局的感傷，則符合憂國憂民的社會詩人、號稱「詩史」的杜甫。

沈德潛（1673－1769），爲官時獲乾隆皇賞識；以「格調」（格調要以性情爲底蘊）說奠定其於清詩話中的地位。各選項解析如下：

(A)「子美」指杜甫，被稱爲「詩史」，詩風沉鬱；「太白」指李白，詩風豪情奔放、飄逸不群。題幹引文出自嚴羽《滄浪詩話》。

(B)「柳子厚」指柳宗元；偶，有對等、匹敵之意。引文翻譯：讀柳宗元的詩，便了解到他那常人難以匹敵的人品。／「韓昌黎」指韓愈，提倡古文，或不顧流俗，作〈師說〉抗顏爲師；或甘犯龍顏，諫迎佛骨。引文翻譯：讀韓愈的詩，可以了解他不爲世俗接納的耿直。題幹引文出自陸時雍《詩鏡總論》。

(C)「王右丞」指王維。引文翻譯：王右丞的詩，如「秋水芙蓉」般秀麗與如「倚風自笑」般的清新自然／引文翻譯：孟浩然的詩在如「木葉微落」的平淡中有著「洞庭始波」的豪放氣勢。題幹引文出自楊慎《升庵詩話》。

(D)「子瞻」指蘇軾。引文翻譯：子瞻以議論作詩，不同於傳統詩歌的抒情氛圍；魯直（黃庭堅）專用力於補綴奇字，但是學者未習得其長處，而先蒙其弊。題幹引文出自張戒《歲寒堂詩話》。

9. 第一幅圖：原憲住在魯國，房間狹小且空無一物，屋頂覆蓋著生草，蓬草編成的門戶也破爛不完整。用桑木做門樞，用破甕爲窗戶。

第二幅圖：子貢乘著大馬車，高大的車子無法進入小巷中，子貢（下車走）去見原憲。

第三幅圖：子貢說：「唉！先生是什麼缺點（病）呢？」原憲說：「我聽說：沒有財帛叫作貧，讀書但不能實踐叫作病。現在我是貧，不是病。」

第四幅圖：子貢不安而感到羞愧。

(A)此段引文較適合形容子貢的修養，而非原憲的品德修養。選項引文出自《論語・公冶長》，翻譯如下：能發現自己的過失且自我責備。

(B)題幹描述的內容與品德修養無關，子貢亦非因和原憲地位不同而有羞恥與否的想法，故選項有誤。選項引文出自《論語・公冶長》，翻譯如下：勤敏好學，不以向地位或學識比自己低下或淺陋的人請教爲恥。

(C)窮困的原憲在坐著大馬車的子貢面前仍振振有詞，絲毫不以困窘的生活環境爲恥。此選項確實符合原憲的品德修養。選項引文出自《論語・子罕》，翻譯如下：不會因穿著破舊粗劣的袍子，和穿著華貴皮衣的人站在一起，而感到羞恥。

(D)本選項所描述的是禹的大德，不符合平民百姓身分的原憲，故選項有誤。選項引文出自《論語・泰伯》，翻譯如下：平日穿著粗劣，但祭服力求華美；自己住著低矮的宮室，而一心致力修整田間水道（以保護百姓的身家性命安全）。

10. 翻譯

閩越地區的人認為荔枝較龍眼優，我試著為此評論。吃荔枝好比吃蝤蛑大蟹，肉色雪白、飽滿又多汁，一吃就飽。吃龍眼好比吃彭越石蟹，啃嚼了半天，卻吃不到什麼。但是當酒宴將盡，大吃痛快，飽餐之時，那麼吮吸品嘗的滋味，彭越石蟹有時還勝過蝤蛑大蟹呢。我開玩笑的寫下這些，為博賞味的人一笑。

說明

本段引文大意是：吃荔枝，像吃蝤蛑大蟹，飽滿多汁，一吃就飽。吃龍眼，像吃彭越石蟹，啃嚼卻吃不到什麼，但吮吸的滋味好。各選項解析如下：

(A)文中並未提「配酒而食」，故選項有誤。酒闌：指飲宴過半，即將結束時。

(B)由文中以「如食蝤蛑大蟹，斫雪流膏」形容荔枝飽滿多汁的口感，及以「饜飽之餘，則啞啄之味，石蟹有時勝蝤蛑也」形容龍眼的滋味無窮，可知選項描述正確。

(C)文中亦未提及「種植地勢」，故選項有誤。

(D)文中的蝤蛑大蟹、彭越石蟹，只是用為譬喻，而非建議荔枝、龍眼搭配蝤蛑、石蟹一起食用。

11. 翻譯

您難道沒有看到人們奔向市集嗎？天剛亮，人們便側著肩膀，爭著擠進市集大門；黃昏後，經過市朝的人卻都手臂一揮，連頭也不回。他們並不是喜愛清晨而厭惡黃昏，而是所期望得到的東西已不在市集中了啊。（「趣市朝」，趣，ㄑㄩ，同「趨」，歸向、歸往。掉臂不顧：形容毫無眷顧。）

說明

這段引文重心在說明人們並不是喜歡清晨而厭惡黃昏，而是那個時段的市集否有人們想要得到的利益。各選項解析如下：

(A)本選項引文所說明的主旨為富者和窮者身邊朋友人數的差異在於，常人可自富貴者身上得到想要的利益，就如同清晨的市集有人們想要的商品，此選項確實可用於證明題幹「市集人潮聚散」的事例。選項引文《史記·孟嘗君列傳》，翻譯如下：富貴時身邊多友，而貧賤時則無友，事情本來就是這樣。

(B)本選項引文所說明的主旨為昏暗不明的局勢裡，必有不願同流合污的君子，與題幹「市集人潮聚散」的事例無關。選項引文出自顧炎武〈廉恥〉，翻譯如下：在眾人都同流昏濁之時，一定會有清醒且潔身自愛的人。

(C)本選項引文所說明的主旨為上位者應寡慾，與題幹「市集人潮聚散」的事例無關。選項引文出自司馬光〈訓儉示康〉，翻譯如下：在上位者的嗜好、慾望少，則不會被外物所役使，可以依循著正道行事。

(D)「千金之子，不死於市」意為富貴人家的子弟如果犯了死罪可以免除刑責，與題幹「市集人潮聚散」的事例無關。選項引文出自《史記·貨殖列傳》，翻譯如下：俗話說：「富貴人家的子弟，不會因犯法而死於東市刑場。」這不是空泛不切實際的言論。

> 　　臘月既望，館人奔告玉山見矣！時旁午，風靜無塵，四宇清澈。日與山射，晶瑩耀目，如雪、如冰、如飛瀑、如鋪練、如截肪。顧昔之命名者，弗取玉韞於石，生而素質，美在其中而光輝發越於外？臺北少石，獨萃茲山，山海之精，醞釀而象玉，不欲使人狎而玩之，宜於韜光而自匿也。山莊嚴瑰偉，三峰並列，大可盡護邑後諸山，而高出乎其半。中峰尤聳，旁二峰若翼乎其左右。二峰之凹，微間以青，注目瞪視，依然純白。俄而片雲飛墜中峰之頂，下垂及腰，橫斜入右，峰之三，頓失其二。游絲

徐引諸左，自下而上，直與天接。雲薄於紙，三峰勾股摩盪，隱隱如紗籠香篆中。微風忽起，影散雲流，蕩歸烏有，皎潔光鮮，軒豁呈露。蓋瞬息間而變幻不一，開閉者再焉。過午，乃盡封之以去。（陳夢林〈望玉山記〉）

> 香篆：焚香時，煙縷曲折繚繞，有如篆文。

翻譯

農曆十二月十六日，公館的人跑來告訴我：玉山出現了！（可以看見玉山了！）當時將近中午，風靜悄悄地，沒有塵埃飛揚，四下一片清澈。日光照射高山，反射出一片晶亮耀眼的光彩，像雪、像冰、像飛瀉急奔的瀑布、像展開的白色絲綢、又像割開的潔白油脂。回想前人給玉山命名，難道不是取它如蘊藏在石中的美玉，天生素樸，內在美麗而光華顯揚於外的這個原因嗎？臺北少石，石都聚集在這座山上，山海的精華，醞釀出它如美玉般的形象，不願使人親近褻玩，適合收斂自身光芒並藏匿起來。玉山的山形莊嚴、瑰麗峻偉，三座山峰並列，高大到可以完全保護其後方群山，且高度高出群山一半。中央山峰尤其特別高聳，旁邊的兩峰像是它左右兩側的翅膀，兩座山峰中間塌陷處稍顯青色，仔細專注凝視後，發現它仍然是純白色。一會兒，片狀的雲飛落在中峰的峰頂，又飄墜到山腰，橫偏斜向右邊的山峰，三座山峰立刻消失了兩座。雲絲慢慢拉長飄向左邊，由下往上飄，直飄到天空。雲比紙還薄，在三峰間摩娑擺動，模糊朦朧如薄紗籠罩著裊裊而升、曲折繚繞的煙縷。忽然微風吹拂，雲煙全都消散，潔白明亮中，玉山山形完全顯露。大抵說來，轉瞬間變化萬千，玉山反覆被雲海掩沒又豁然朗現。中午過後，玉山才完全被遮蔽而消失。

12.(A)「過午，乃盡封之以去」意為「中午過後，玉山才完全被遮蔽而消失」，而非「每日只能在下午才有機會望見」。

(B)「山海之精，醞釀而象玉」意為山海的精華，醞釀出它如美玉般的形象，而非真有豐富玉石蘊藏其中。

(C)「日與山射，晶瑩耀目，如雪、如冰」一句，描寫日光照射高山，反射出一片晶亮耀眼的光彩，文中並未提及「玉山終年冰雪」。

(D)由文中「玉韞於石，生而素質，美在其中而光輝發越於外」和「宜於韜光而自匿也」等文句，可知選項「玉山美而難見，猶如君子沉潛修養，光華內斂」的敘述，與作者對玉山的認識與觀感最為相符。

13. 全文對雲霧變化的狀態摹寫，依序說明如下：

(1)從「片雲飛墜中峰之頂，下垂及腰」一句中「飛墜」「下垂」等關鍵詞，可知此時所呈現的景象為「雲自天降」。

(2)從「橫斜入右，峰之三，頓失其二。游絲徐引諸左」一句，可知濃厚可遮蓋山峰的雲往右移、亦往左動，此時所呈現的景象為「濃雲伸展」。

(3)由「自下而上，直與天接」一句，可知此時所呈現的景象為「游雲上移」。

(4)由「雲薄於紙，三峰勾股摩盪，隱隱如紗籠香篆中」一句，可知此時所呈現的景象為「薄雲朦朧」。

(5)由「微風忽起，影散雲流，蕩歸烏有，皎潔光鮮，軒豁呈露」一句，可知此時所呈現的景象為「風吹雲散」。

甲、近日學者病在好高，讀《論語》，未問「學而時習」，便説「一貫」；《孟子》，未言「梁王問利」，便説「盡心」。

乙、或問：「孟子説『仁』字，義甚分明，孔子都不曾分曉説，是如何？」曰：「孔子未嘗不説，只是公自不會看耳。譬如今沙糖，孟子但説糖味甜耳。孔子雖不如此説，卻只將那糖與人吃。人若肯吃，則其味之甜，自不待説而知也。」

翻譯

(甲) 現在的學者讀書問學的缺點就在好高騖遠，讀《論語》時，還不知道「學習後要常常溫故（以知新）」的基本讀書態度，便在討論孔子説「吾道一以貫之」的融會貫通境界；讀《孟子》時，還沒有明白孟子見梁惠王時的義利之辨，就已經討論心性合一的境界。

(乙) 有人問：「孟子解説『仁』的意義，十分清楚，但是孔子卻未加以清楚的説明，這是什麼原因？」我認為：「孔子沒有不説明，只是你不會看罷了。譬如砂糖，孟子只解説砂糖的味道甘甜。孔子雖然不是用這種方式解説，卻把糖拿給人吃。人若肯吃，則砂糖的甜味，自然不用説明就已經知道了。」

14.(B)從朱子「未問……便説；未言……便説」的口吻中，可知未問、未言的「學而時習」、「梁王問利」，都是基礎的學習，而貿然躁進便説的「一貫」、「盡心」之道，則較深奧；可見朱熹認為學者無論讀《論語》或《孟子》，皆應循序漸進、踏實研讀。

15.(A)文中並未比較孔、孟的優劣，只是説明兩者教學方法的不同。
(B)文中並未論及「孟子得理不饒人」。
(C)朱子以糖比喻説明孔子的教學方法，在於讓人實際體驗並在實踐中體悟道理。
(D)此選項過度詮釋文意，文中並未對此多做説明。

貳、多選題（佔24分）

16.(A)米＋粒、麵＋條，都是「名詞＋名詞（量詞）」。
(B)雪＋花、汗＋珠，都是「名詞＋名詞」，但是後面的名詞「花」和「珠」，都不是量詞。
(C)書＋本、紙＋張，都是「名詞＋名詞」（量詞）。
(D)人＋口、心＋扉，前者是「名詞＋名詞（量詞）」，後者是：「名詞＋名詞」，但是「扉」不是量詞。
(E)馬＋匹、槍＋枝，都是「名詞＋名詞」（量詞）。

17. 這題解題時請同學特別注意引文中的提示：「掌握課文中詞語的原意」，各選項解析如下：
(A)此選項中詞語所要表達的意思應為「心曠神怡」：指心情開朗愉悅，並未掌握課文中「心凝形釋」的原義：指心神凝聚而形體消逝的忘我之境。
(B)此選項中詞語所要表達的意思應為「嶄露頭角」：比喻顯示出優秀的才能，並未掌握課文中「水落石出」的原義：指冬季水位下降，使石頭顯露出來；後引申為真相大白。
(C)此選項以中秋節的月光映照海灣的景象，正確掌握課文中「浮光躍金」的原義：形容月光照耀水面，金光閃爍的樣子。
(D)此選項中詞語所要表達的意思應為「雪中送炭」：比喻在他人遭逢困難時給予協助，並未掌握課文中「抱薪救火」的原義：抱著木柴去救火。比喻處理事情的方法錯誤，以致雖有心消弭禍害，卻反使禍害擴大。

(E)此選項以推甄面談時的緊張神態，正確掌握課文中「正襟危坐」的原義：整理儀容，端正坐好，形容莊重、嚴肅或拘謹的樣子。

18. 題幹歌曲為趙薇所演唱的〈漸漸〉，主要目的在於測驗同學是否能理解「化虛為實」的轉化修辭，各選項解析如下：

(A)歌詞將抽象的「寂寞」化為具象可以被「綁票」的人，歌詞出自蘇打綠所演唱的〈小情歌〉，青峰作詞。

(B)歌詞將抽象的「憂愁」化為具象可以被「擺渡」的船隻；歌詞出自紀曉君所演唱的〈故鄉普悠瑪〉，四弦作詞。

(C)「釉色」、「渲染」都不是抽象詞語，故不符合題意；歌詞出自周杰倫所演唱的〈青花瓷〉，方文山作詞。

(D)「群星」、「墜落」都不是抽象詞語，故不符合題意；歌詞出自陳珊妮所演唱的〈乘噴射機離去〉，夏宇作詞。

(E)「遺忘」、「記憶」雖然都是抽象詞語，但在歌詞中並沒有被轉化成具象的形象；歌詞出自陳昇所演唱的〈鄉〉，陳昇作詞。

19. (A)文中未提及「楊牧擅長冷峻批判現實」；且「冷靜」（指沉著、理智而不感情用事）和「冷峻」（冷漠、嚴峻）的意思並不相同。

(B)文中未提及「鄭愁予擅長刻畫風俗民情」。

(D)「楊牧，早年……以抒情典麗著稱」、「鄭愁予，早期……語言純淨，意象華麗」，故兩人是「早期」而非「後期」作品，都追求語言或意象的華麗。

20. (A)「更」，ㄍㄥ，舊時把一夜分作五更，每到一更，巡夜者敲鑼擊梆以報時，稱為「打更」。引文出自孫光憲〈更漏子〉，翻譯如下：夜半時分在女子的深閨院落中，聽寒夜更聲，雁子南飛遠去。／ㄍㄥˋ，再。引文出自白居易〈琵琶行〉，翻譯如下：請不要推辭，再坐下來彈一曲吧，我將為你改寫作〈琵琶行〉。

(B)兩者都表「等待」之意。引文出自劉鶚《老殘遊記》，翻譯如下：等查清楚了案情，稟告了撫台大人，還是會還給你。／引文出自《中庸》，翻譯如下：君子居平正坦蕩之境以等待天命；小人則行事偏險以求非分的名利。

(C)兩者都表「聽聞」之意。引文出自魏徵〈諫太宗十思疏〉，翻譯如下：臣聽說要求樹木長得高大茂盛，必須先鞏固它的根。／引文出自杜光庭〈虯髯客傳〉，翻譯如下：劉文靜一向認為李世民極不平凡，突然聽到有人善於面相算命，便立刻叫人前去邀請李世民。

(D)「丁」，壯丁，指成年男子。引文出自白居易〈新豐折臂翁〉，翻譯如下：不久天寶年間大舉徵兵，一家中若有三位成年男子，就徵召一位去當兵。／「丁」，天干的第四位。引文出自曹雪芹《紅樓夢》，翻譯如下：明天要是出了事，我會依照規矩來處理，你也別抱怨。

(E)兩者都表「非常、十分地」之意。引文出自白居易〈與元微之書〉，翻譯如下：自從我來到九江後，至今已過了三年，身體還算健康，心情也很平靜。／引文出自蘇軾〈留侯論〉，翻譯如下：子房接受圯上老人贈送兵書，這件事情十分奇怪。

21. (A)詩中「玉門關」的這邊是楊柳依依、春風溫柔的家園，另一邊則是吹著異族樂器「羌笛」的荒漠邊塞「孤城」、「萬仞山」，「玉門關」在詩中確實具有分界的意義。選項引文出自王之渙〈涼州詞〉，翻譯如下：滾滾黃河彷彿來自那遙遠的雲海間，邊塞中的這座城孤立在萬仞高山的環繞下。羌笛何必吹著〈折楊柳〉的曲調，徒然使人心酸，一年容易又春風，但家鄉的春風是從不會吹拂過玉門關。

(B)詩中「陽關」的這邊是「青青柳色新」的家園，出了陽關後的另一邊，則是無故人的陌生荒遠地域，「陽關」在詩中確實具有分界的意義。選項引文出自王維〈渭城曲〉，翻譯如下：

清晨時，渭城下了場春雨，洗靜了地上的塵土，旅舍外的楊柳更顯嫩綠蒼翠。請乾了這杯酒吧，再西行出了陽關後就遇不到認識的朋友了。

(C)本段引文旨描述秀孤巒中黃花青子如桃花源的美景，「秀孤巒」在詩中並沒有成為家園與荒遠地域的分野。選項引文出自施鈺〈秀孤巒并記〉，翻譯如下：臺東平原靠近秀姑巒，想要訪查桃花源何在？在此即可看見。黃色的菊花能結出果實，山上長了許多可以供人加餐的青子。

(D)詩中寫遠渡「重洋」，來到文風鼎盛、溫暖且風景優美的地方，並沒有隱含家園與荒遠地域分野的意義。選項引文出自揚二酉〈重陽過東海書院〉，翻譯如下：遠渡大洋來此過重陽，帶著酒尋覓菊花，黃花正盛開。文人連日相集，只見天空晴朗。登臺遊賞，此時雖已九月卻仍暖和如春，人們都穿著輕薄的羅裳。

(E)「山」高不可攀，海天無邊，由未見船隻往返的描述，應知山的另一邊應是一個既遙遠又陌生的地方，「山」在此隱含家園與未知荒遠地域分野的意義。選項引文出自盧觀源〈臺陽山川風物迥異中土因就遊覽所及誌之以詩〉，翻譯如下：東南一脈高山橫臥，山勢高聳險峻入雲無法攀爬。高山之外的海天無邊，從未見過舟船往返啊！

22. (A)橫式信封的書寫，寄信人的住址、姓名需依序寫在左上角。
(B)收信人的住址、姓名依次寫在信封中間位置。
(C)收信人稱謂多為「姓」＋「名」＋先生或小姐等，若有職稱，則為「姓」＋「職稱」＋「名」＋（先生或小姐等），故應改為「陶副理青盈」或「陶副理青盈女士」。
(D)啟封詞「安啟」，是用於直系的家中長輩；給尊長時宜用「鈞啟」。
(E)寄件人姓名應寫在左上角的地址之後（下一行）。

23. 閱讀完全文，整理重點，脈絡如下：
(1)土地是農人最根本的信靠，並據以耕植和養育子女。
(2)作者對農村變遷的觀察：
　①感慨農村的改變、時勢的發展：現代某些人成為了新興士紳和道德裁判者，他們只關心土地能否蓋房子，以金錢為最高目的，誠實、辛勤不再是美德。「表現於外全然的粗鄙：新建的樓房內外貼滿磁磚、壁上掛的全是民意代表贈送的匾額，濫飲聚賭，耽溺於坐享其成」等現象正為明證。
　②也有傳統的農人，肯定並默默地維護著傳統，為自己和下一代努力不懈。
(3)作者總結前文並認為人存在的價值，在他們的心中永遠保有著一個道德地帶。
各選項解析如下：
(A)「有些人只關心土地能否蓋房子……更多的那些默默為自己和下一代努力不懈的人」，因此並不是「現在所有人只關心土地酸鹼程度與會否浸水」。
(B)「新建的樓房內外貼滿磁磚、壁上掛的全是民意代表贈送的匾額，濫飲聚賭，耽溺於坐享其成」，這些現象是「貪婪心無限伸張，表現於外全然的粗鄙」，而不是「由於當前農村經濟繁榮與文化水準的提升」。
(E)文中的新興士紳和道德裁判者，正是「只關心土地能否蓋房子，以金錢為最高目的，誠實、辛勤不再是美德」的人。

第二部分：非選擇題（共三大題，佔54分）

一、文章解讀（佔9分）

思路小提醒

以下答案均為寫作提示，僅點出關鍵，提供同學下筆發揮時的參考。

1. 題幹重點有二：
   (1)先歸納引文中「作者對文化與藝術的觀點」。
   (2)引用「生活中的例子」來印證引文中作者的觀點。
2. 作者對文化與藝術的觀點：
   (1)從「文化、藝術並非特定菁英份子的專利與責任」、「不因富貴貧賤而有高低多寡之別」、「與學歷、族群、性別沒有太大關係」等句歸結：人人都有文化與美感經驗。
   (2)由「有來自先天的主體脈絡，也有包容、吸納外來經驗的空間與環境」等句，歸結文化因素與美感經驗來自於自身天生與外在環境。
3. 生活中的例子：選擇生活中自己熟悉者作為議題，切忌舉例過於空泛。生活中如：居家環境的布置、自身服裝、儀容的打理，或藉由陳冠學的〈田園之秋〉，進而聯想到米勒畫筆下的田園之美、貝多芬第六號交響曲〈田園交響曲〉音樂欣賞的感動等。

二、應用寫作（佔18分）

思路小提醒

以下答案均為寫作提示，僅點出關鍵，提供同學下筆發揮時的參考。

1. 題目重心在「擇一立場」，因此同學需在閱讀完文章後便為自己選定寫作的視角，再行寫作。
2. 既是擇定立場，就要注意報導時說話陳述的口吻與呈現的面向，這是寫作時最易疏忽並丟分的地方。試就三者立場分別表述如下：
   (1)站在齊國記者的立場：敘述我國使臣晏子，如何不卑不亢地面對楚國的羞辱。
   (2)站在楚國記者的立場：敘述我國面對來使晏子，我國外交部做了哪些安排，對方有何種反應。
   (3)站在第三者的立場：敘述國際間一件外交禮儀上的遺憾場面，即齊國使臣晏子到楚國訪問，楚國外交部卻未能以禮相待。
3. 新聞報導的特色，是必須忠於事實，不加過多的個人主觀好惡；切記，同學無論選擇何種立場，皆須保持一定程度的客觀，方為報導文學。
4. 新聞報導的寫作方式在於首段先敘整件事件的梗概，繼之再詳述事件始末，切記不可只是翻譯原文。

三、引導寫作（佔27分）

思路小提醒

以下答案均為寫作提示，僅點出關鍵，提供同學下筆發揮時的參考。

1. 同學在寫作前需先「選擇一個」明確的時空情境，避免下筆之後才行思考而造成文意混亂。
2. 寫作順序參考：先選定一個時空情境→描述那一個時空情境（為你想加入的理由埋下伏筆）→你以何種姿態加入？產生了什麼改變？→因為過去你的加入，對現世產生了什麼樣的影響（呼應了你想加入的理由）。
3. 若希望文章能夠引人注意，素材的選擇、時空情境的描述，兩者至關重要。一般而言，具歷史關鍵意義、影響人類的重大發展往往比較容易發揮；時空情境的描述則最好要有你非加入不可的因素，敘述方具說服性，例如寫亂世下暴政苛刻，人民無奈悲苦地處於水深火熱，而你的重返對此歷史場景產生的一些改變。唯需注意，怪力亂神或過度天馬行空的胡亂想像都不可取。

98年學測（學科能力測驗）

第一部分：選擇題（佔54分）

壹、單選題（佔30分）

1. (A)ㄓㄜˊ／ㄋㄧㄝˋ。(B)ㄔㄨㄤˋ／ㄑㄧㄤˋ。(C)ㄨㄢˋ。(D)ㄐㄧㄝˊ／ㄊˋ。

2. 甲、面面相覷（ㄑㄩˋ）：互相對視而不知所措，亦作「面面相窺」、「面面廝覷」。
   乙、意猶未盡：興致、意趣尚未滿足。
   丙、鎩（ㄕㄚ）羽而歸：鎩羽指鳥傷了翅膀，羽毛脫落。鎩羽而歸比喻失意或受挫折而回。
   丁、大快朵頤：朵，動。頤，下巴。朵頤，指動著腮頰欲食的樣子；大快朵頤一詞指人因飽食而愉快的樣子。

3. (甲)「清光四射，天空皎潔」，表示時間上已是月光普照的入夜時分，因此(B)選項「蒼然暮色，自遠而至」的黃昏天色漸漸昏暗的描寫，在時間點上有誤；其次，引文整段皆是在寫在住家院內，而非登高遠眺，故不可能看見，(D)選項中「風雲開闔，山岳潛形」的壯闊景色。
   (乙)「月升中天，清光從樹間篩灑而下」，這時看見舍前院中地上樹影葉搖，而非(B)選項的「浮光躍金」（江面上閃動的月光），也不會是(C)選項中「芳草鮮美」的翠綠。

4. 盜賊也是人，同樣要戴帽、穿鞋、穿衣；至於他和一般人不同之處，就是不能常保有退讓謙遜的心、端正廉潔操守等這些善性。各選項解析如下：
   (A)「夫盜亦人也，冠履焉，衣服焉」，指出盜匪和一般人一樣，都注重衣服、鞋帽的穿戴。
   (B)一般人和盜匪不一樣，其差異在盜匪的「退遜之心，正廉之節，不常其性耳」。
   (D)文中只提及常人與盜匪的差異點，並未論及「盜匪總是利用人性貪圖物質享受的弱點，引誘一般人迷失善性」。

5. 文章應該本於六經，思想才有根基。古人中只有劉向、曾鞏經常引用經書中的話語，至於韓愈、歐陽脩，則是融合了聖人的想法而創作，不必引用經文，便自然創作出合於經典中聖人論點的作品。最近見到權威人士動不動將經典中的文字填塞於文章中，以此期望表現出經典中的學術思想，其實反離經典學術更遠。
   (A)「近見巨子動將經文填塞」，可見當世文人只知徵引經文，而不能融通聖人之意。
   (B)文中並未提及為文者要與韓、歐等大家齊名。
   (C)引文只說明劉向、曾鞏、韓愈、歐陽脩等人的文章特色（劉向、曾鞏多引經語；韓、歐融聖人之意而出之，不必用經，自然經術之文也），並未「分析優劣」。
   (D)文中具體以「多引經語」、「融聖人之意」等句說明劉向、曾鞏、韓愈、歐陽脩等人化六經於文章，並進一步指出今人對其運用上的誤解，主旨並未擺在說明援經入文的方法。

6. 整理引文脈絡如下：
   當藝術即表現時，所能思考的只有二點：
   (1)表現了什麼：是指表現的內容，常無可避免的涉及藝術美的以外的因素，包括倫理、哲學、社會等種種問題。
   (2)如何表現：是指表現的形式，必然需思及藝術美本身的因素。
   　這二者之間的關係：彼此不能相互脫離、是一個問題的兩面、關係嚴密、彼此完全不能加以割裂。
   　這二者兼顧時可以達成的結果：藝術品的整體的和諧。

各選項解析如下：

(A)從事藝術創作，「吾人所能思考的只有表現了什麼和如何表現」，文中並未說明作者需要「縝密的思維」。

(B)表現了什麼即「內容」，如何表現即「形式」，兩者的和諧方可造就成功的藝術作品。

(C)藝術品必須要同時反映「表現了什麼」（要涉及藝術美的以外的因素，包括倫理、哲學、社會的種種問題）、「如何表現」（要思及藝術美本身的因素），才有價值。

(D)「表現了什麼」與「如何表現」沒有輕重之別，而是「一個問題的兩面」。

7. (甲) 三月三十日這一天，美好的春光要與耽溺於作詩的我告別。今夜我們不要睡覺，只因直到凌晨曉鐘響起之前，都還算是春季。

  (乙) 節氣更迭，萬物相互催趕著更新，只有傻氣癡心的年輕孩子才會想要留住春天。其實對於芳香的春花即將謝去又何必有憾恨呢？夏天的林蔭也十分宜人美好。

各選項解析如下：

(A)只有乙詩寫出由「芳菲歇去」至「夏木陰陰」的景物變化，具體呈現季節的交替、轉換。

(B)兩首詩表現各有不同：乙詩借由「癡心兒女」與「我」，表達了他人與自己態度的差異；甲詩則深化了面對春盡的感傷。

(C)面對春光將逝，「未到曉鐘猶是春」一句，顯示作者惜春到最後一秒的傷感心態。

(D)由「芳菲歇去何須恨？夏木陰陰正可人」一句，可知作者面對四季變化的豁達心境。

8. (A)劃線部分為桃花源居民聽聞漁夫詳盡地說明在外面世界的見聞後，嘆惋洞外世界的征伐戰亂不斷，而非藉嘆惋表達桃花源居民的欣羨。〈桃花源記〉是魏晉時期社會動盪下的虛構故事，作者表此對美好世界的嚮往之情。

  (B)左光斗在嚴寒的大雪日，看完書生的作品，毫不猶豫地解下自己的貂裘為書生蓋上以祛寒，表現出其惜才愛才之意，而非左光斗家境優渥、出手大方。

  (D)桌上一掉下東西，下人搶先一步撿拾，可看出賈府的下人做事勤快、規矩嚴謹，而非平日待下人苛刻吝嗇。

9. 解析

原文：古之善攻者，不盡兵以攻堅城；善守者，不盡兵以守敵衝。

夫盡兵以攻堅城，則鈍兵費糧而緩於成功；盡兵以守敵衝，則兵不分，而彼間行襲我無備。故攻敵所不守，守敵所不攻。

翻譯

古代善於攻城的人，不會竭盡兵力來攻打堅固的城池；善於守城的人，也不會竭盡兵力來鎮守敵人全力攻擊的重點。耗盡兵力攻擊堅固的城池，一定會損鈍兵器、耗費糧食，曠日費時地延緩獲勝的時間；竭盡兵力鎮守敵軍的攻擊重點，則會使得軍隊難以分神他顧，反而讓敵軍能利用間隙，襲擊沒有防備的地方。所以，攻敵要攻打其沒有防守的地方，守敵要防守他們不會攻擊的地方。

說明

將原文排成三組文句，是希望能藉此觀察出排比句的形式。凡是古文考文句排列的類型，多可從句式（對偶、排比等）或句意（因果關係、「故」（因此）字作總結等）為判斷依據。

(1)「善攻者，不盡兵以攻堅城；善守者，不……」是一排偶的句式，故先選 (丁)，並可據此刪去(A)、(B)。

(2)整段文句可區分成「攻」、「守」兩大部分。題目首句以「攻」為先，「守」為後，接下來的文句因對應關係，也會是以「攻」為先，「守」為後，例如結尾兩句即是：故「攻」敵所不守，「守」敵所不攻。而推知 (丙)排在末項，據此可推知正確答案為(D)

10.(A)本詩押韻的字依序有：虹、朧、弓、東、峰、中、風、空、中、楓、篷、風等字，確實明顯押韻。

(B)本詩純寫西湖美景，表現秋天泛舟的閒適悠情，完全沒有傷春悲秋、感時憂世的情懷。

11.(A)本詩純寫景，表現秋天泛舟的閒適悠情，並沒有反應社會現象。

(B)本詩詩意淺白、文字樸素，簡明易解，並非朦朧恍惚、神秘幽晦、頗難理解。

(D)由垂楊、扁舟、斜陽、西風等關鍵詞，可知此詩題材、語言均深受傳統文學，而非西方文學的影響。

> 吾官鎮遠，嘗睹於物，得三戒焉。虎性饞，不擇肉而食，有羊牧崖上，虎攫之，羊負痛墮地死，虎隨之；虎墮地，不死而重傷焉，竟為鄉人所斃。蝎虎亦性饞，蝎虎緣壁行，入燕巢以食其雛，雛負痛墮地，蝎虎隨之；雛在地飛躍，家人為送入巢，蝎虎不能動，雞食之。蟻亦性饞，凡物有大於己者，皆負致以行，務入其穴乃止，有蚓出穴，蟻群嚙之，蚓負痛，宛轉泥沙中，卒莫能制蚓；鴨出欄，并食之。
>
> 夫虎貪食羊，不知羊死而身斃；蝎虎貪食燕雛，不知燕雛得全而己不免；蟻貪食蚓，不知與蚓并為鴨所食。嗟夫！利者，害之所伏也；得者，喪之所倚也。為饞不已者，可以戒矣！（周瑛〈饞戒〉）

蝎虎：又名守宮、壁虎。
蝎亦作「蠍」。

翻譯

我在鎮遠擔任官職時，曾經從動物的行為上，得到三種戒鑑。老虎生性貪饞，什麼肉類都吃，有羊放牧在懸崖上，老虎撲抓，羊疼痛負傷墮地而死，老虎也隨羊跌落懸崖；老虎墮地後雖沒死但也重傷，最後被鄉人擊斃。壁虎也生性貪饞，壁虎沿著牆壁面行走，進到燕子巢中要吃雛燕，雛燕疼痛負傷墮地，壁虎也隨著跌落；雛燕在地上不斷飛撲跳躍，那戶人家（撿拾起）將牠送回巢內，但是壁虎（卻負傷在地）無法行動，最後被雞吃了。螞蟻也生性貪饞，凡是（碰到）身形比牠大的生物，都要背著走，一直扛回到蟻穴才停止。有蚯蚓離開了洞穴，蟻群一起咬嚙，蚯蚓負傷疼痛，扭轉翻滾地鑽進泥沙中，螞蟻最後還是無法制伏蚯蚓；這時鴨子一走出柵欄，就把蚯蚓及螞蟻一併吃掉。

老虎貪食羊隻，不知到最後羊隻死了，自身也隨之斃命；壁虎貪食雛燕，不知到最後雛燕得以保全生命，而自身卻無法倖免於死亡；螞蟻貪食蚯蚓，不知道最後自己和蚯蚓一起被鴨子吃掉。唉！得利之時，往往潛伏著禍害；獲得之時，往往倚存著喪亡。貪饞不已的人，應該以此為鑑戒！

12.(A)文中述及的三戒，是指以虎、蝎虎及螞蟻為戒。

(B)羊並沒有被老虎吃掉，而是「負痛墮地死」。

(C)蝎虎最後是被雞吃掉。

13.(B)本文第一段及第二段前半為敘事（分述三種動物），第二段後半為說理（僅總說而無分論，以饞貪為主旨）。

14. 根據全文，整理脈絡如下：

(甲)1980年代中期發現，胰島素不僅可以通過血腦障壁，大腦本身也能少量分泌。

(丁)科學家藉由觀察老鼠發現記憶力好壞與大腦胰島素分泌多寡有關。

(丙) 神經病理學家借前述觀察聯想到胰島素和阿茲海默症的關聯性，並發現患者一般大腦胰島

素含量偏低。

至於 (乙) 的選項，與題幹敘述「自1980年代中期至神經病理學家蒙特這段期間，關於胰島素的科學研究進程」無關。

15. 全文內容說明了阿茲海默症患者腦中胰島素含量少，在學習以及記憶有關的神經區域中，僅健康者的四分之一，末尾段更強調這種含量偏少的趨勢並非大腦獨有。一般而言，糖尿病即身體不能產生足夠的胰島素或對它有異常反應，而胰島素偏少不但會產生記憶與學習的障礙，更有可能導致罹患阿茲海默症。據上述推斷過程以及阿茲海默症和糖尿病的強烈關聯性，即可判定 (D)選項最有可能出現在劃線處。

二、多選題（佔24分）

16. (A)「葉」，葉片，為名詞，此處作為扁舟、小船的量詞。
(B)「艘」，船隻，為名詞，此處為軍艦的量詞。
(C)「頭」，為名詞，但不是霧水的量詞。既是量詞便是可計量、數出數目，例如：一葉扁舟、二三葉扁舟，或是一艘軍艦、兩艘軍艦等，但沒有一頭霧水、兩頭霧水的數法，由此可為判別。
(D)「盞」，小杯子，為名詞，此處為熱茶的量詞。
(E)「床」，家具，為名詞，此處為棉被的量詞。

17. (A)、(B)兩選項：在應用文中，「弄璋」、「夢熊」都指生男孩；「弄瓦」、「夢虺」則都指生女孩。夢見虺（ㄏㄨㄟˇ、ㄏㄨㄟ，一種毒蛇），在古代認為是生女的預兆，故「夢虺」指生女孩。
(C)選項：「彤管流芳」為女喪輓詞，不適合用在祝賀他人的演出。彤管，一種紅管的筆，古代皇宮內的女史，以此記錄后妃的事蹟。
(D)選項：「餘音繞梁」：餘音環繞屋梁旋轉不去，形容音樂美妙感人，餘味不絕；亦作「繞梁之音」、「繞梁三日」、「餘妙繞梁」、「餘響繞梁」、「餘音嫋嫋」。
(E)選項：「珠聯璧合」：日月如併合的璧玉，星辰如成串的珍珠，比喻人才或美好的事物相匹配或同時薈集，常用作祝賀新婚的頌辭。亦作「璧合珠連」、「璧合珠聯」、「連珠合璧」。
「百年好合」：祝人夫妻感情長久不變。通常作為結婚誌喜的賀詞。

18. (A)白圭之玷：白玉上面的瑕疵。後比喻完美的人、事或物上的小缺失，此成語不適合用於形容鑲在名表上的精美鑽石。
(B)陽春白雪：樂曲名；或相對於通俗音樂而言，指較為深奧難懂的音樂；後亦用以比喻精深高雅的文學藝術作品。此成語不適合用於形容山頭上的皚皚白雪。
(C)白手起家：沒有任何依恃而獨立興起家業，亦作「白手興家」、「白手成家」。此成語不適合用於形容臂力過人的大力士。
(D)白駒過隙：指馬從洞孔前一下子就跑過去。後比喻時間過得很快，可用於形容人一生短暫的光陰。白駒，駿馬；隙，洞孔。亦作「過隙白駒」、「隙駒」。
(E)白雲蒼狗：比喻世事變幻無常，可用於形容人生戲劇化的由百億身家轉至負債累累。

19. (A)兩者皆有「沿、循」之意。引文出自韋應物〈送楊氏女〉，翻譯如下：回到家看著稚幼的女兒，點點淚珠沿著繫帽的帶子滑落而下。／引文出自陶淵明〈桃花源記〉，翻譯如下：沿著溪流向前行，忘了究竟走了多遠。
(B)兩者皆有「坐下」之意。引文出自王維〈輞川別業〉，翻譯如下：步行來到水的源頭處，隨

意坐下看雲朵自山谷翻騰冉飛而起。／引文出自柳宗元〈始得西山宴遊記〉，翻譯如下：到了目的地後就撥開雜草隨意坐下，倒盡壺裡的酒喝個大醉。

(C)兩者皆有「難道」之意。引文出自杜甫〈旅夜書懷〉，翻譯如下：我難道在乎名聲隨著文章受重視而顯揚？本想藉做官為天下蒼生謀福，恐怕現在因為我的年老病衰而中止。／引文出自連橫〈臺灣通史序〉，翻譯如下：那麼臺灣沒有一本記錄正確的史書，難道不是令臺灣人悲痛的事嗎？

(D)往。引文出自王維〈送別〉，翻譯如下：下馬陪伴您喝一杯酒，請問您要往哪裡去？／助詞，無義。引文出自韓愈〈師說〉，翻譯如下：聖人成為聖人的原因，愚人成為愚人的原因。

(E)豈、何。引文出自《古詩十九首‧凜凜歲云暮》，翻譯如下：只恨自己沒有鷘鳥般健飛的雙翼，如何能凌風高飛（追隨著夫婿）？／語尾助詞。引文出自韓愈〈師說〉，翻譯如下：古代聖人，才能比一般人高出很多，尚且跟隨著老師問學。

20.(A)動詞，欺騙。／動詞，欺騙。引文翻譯如下：我欺騙了誰？我欺騙了上天。

(B)動詞，ㄌㄜ、，以……為樂。／名詞，ㄩㄝ、，可調和性情、移風易俗、教化人民的和諧之音。引文翻譯如下：以節制禮樂為樂，以稱讚他人優點為樂，以多結交品德高潔的賢者為樂。

(C)名詞。／名詞。先覺（覺，名詞，覺悟事理的人；先覺，較常人先覺悟的人；或對事物能事先覺察、瞭解的人，故指賢智的人）覺（動詞，啟發、告訴）後覺（覺，名詞，覺悟事理的人；後覺，後覺悟事理的人）。引文翻譯如下：上天生養化育百姓，就是要讓賢智的人去啟發後覺悟事理的人。

(D)表疑問的語尾助詞，嗎、呢。／動詞，給予。引文翻譯如下：老師到了一個國家，一定要請教那個國家的國政治理之道。是老師主動去打聽求知的呢？還是主政者主動告訴老師的呢？

(E)名詞，ㄨㄤ、，君王。／動詞，ㄨㄤ、，稱王。引文翻譯如下：這是心裡不想做，並不是能力上做不到。所以國君你無法稱王於天下，不是挾太山、超北海這一類（能力上做不到）的情況（，而是你心裡並不想做）。

21.(A)電影情節的設計是因「導演贊同且體恤鄉下小民那些充滿漏洞、微有破碎的生活調調，並帶著大家去犯一些不傷大雅的小錯」，而非揭露鄉下小民不平等待遇的辛酸。

(B)「充滿漏洞」的是鄉下小民的生活調調，而不是演員的演出方式。

(C)「微有破碎」指的是鄉下小民的生活調調，而非劇情。

(D)由「導演很贊同且體恤鄉下小民那些充滿漏洞、微有破碎的生活調調，並帶著大家去犯一些不傷大雅的小錯」一句可知，劇中鄉下小民偶有小錯的生活小節，都能得到導演與觀影民眾的包容與諒解。

(E)「若有一件創作，可以帶著大家去犯一些不傷大雅的小錯，那麼這創作的欣賞者或參與者必定很踴躍，並且參加之後猶很感激」，因此觀眾對隨興生活的憧憬，確實可以透過劇中人物「充滿漏洞、微有破碎的生活調調」暫得滿足。

22. 題目以「手風琴彈奏的聲音」描寫聽覺，以「狹長空蕩的巷子」描寫視覺並用「拉成」一詞表現出「感覺（感官的感覺描寫）轉移的手法」。各選項解析如下：

(A)選項引文出自鄭愁予〈老水手〉。聽覺描寫：「靜靜的」，視覺描寫：「兩排榕樹掩映下的小街道」，兩者間沒有使用感覺轉移的手法。

(B)選項引文出自管管〈蟬〉。聽覺描寫：裝進錄音機的「蟬聲」，觸覺描寫：「烤火」，並以「拿出來」一詞表現聽覺轉移到觸覺的感覺轉移手法。

(C)選項引文出自徐志摩〈再別康橋〉。整句寫青荇在水波中晃動的景象，並沒有使用感覺（感

官的感覺描寫）轉移的手法。

(D)選項引文出自王家祥〈春天的聲音〉。「看見」「聲音」，是從聽覺轉移到視覺，使用了感覺（感官的感覺描寫）轉移的手法。

(E)寫「野牡丹」如人般「精神奕奕」，是擬人寫法，並沒有使用感覺（感官的感覺描寫）轉移的手法。

23.(D)〈赤壁賦〉一文藉蘇子與客討論水與月的變與不變，表現蘇軾面對逆境時，超然物外、曠達自得的態度。

第貳部分：非選擇題（共三大題，佔54分）

一、語譯（佔9分）

> 宮中府中，俱為一體，陟罰臧否，不宜異同。若有作姦犯科，及為忠善者，宜付有司，論其刑賞，以昭陛下平明之理，不宜偏私，使內外異法也。（諸葛亮〈出師表〉）

翻譯

皇宮和丞相府，本來都是屬於同一個行政體系，在賞善罰惡的標準上，不應該有不同的標準。如果有作惡犯法或忠於職守、行善的人，都應該交給主管賞罰的官員，由這些官員來判擬適當的處分或獎賞，以表現陛下公正英明的治理，因此不該有偏袒徇私的行為，使宮內和丞相府的法制不同。

二、意見闡述（佔18分）

思路小提醒

以下答案均為寫作提示，僅點出關鍵，提供同學下筆發揮時的參考。

1. 立論時需兼顧兩個事例，才能符合引文「綜合事例」的要求。
2. 這兩則事例的主題均是「堅持」，可以討論的觀點如下：
   (1)主角「堅持」到底的人生態度。
   (2)「堅持」過程中，面對需「放棄」時的抉擇。
   前者事例：強忍受傷之痛，奮戰到底→回國後，數所大學爭取她擔任教職（堅持的精神令人感佩）。
   後者事例：強忍受傷，仍堅持跑完→送醫截肢（可見適時的放手需要勇氣，更需要智慧）。
3. 切記不論提出的看法為何，必須言之成理，且觀點一致，不可反覆、猶豫或論述不清。
4. 因為文長限於250字～300字，故建議觀點僅需擇一論述即可，千萬不可貪多，否則想要面面俱到，反淪為泛泛之論。

三、引導寫作（佔27分）

思路小提醒

以下答案均為寫作提示，僅點出關鍵，提供同學下筆發揮時的參考。

(1)「你曾經遭遇的逆境」一定是從同學的自身經驗出發。在敘述的過程中，痛苦、抑鬱等心情的抒情，挫折、打擊等情節的描述，都宜放大聚焦，使見逆境遭遇之深且大。

(2)在「如何面對克服」的層面，同學需清晰論述思考的過程，不可含混或想當然耳。很多同學喜

歡在作文中描述以一句話讓自己茅塞頓開的快速轉變過程，似乎突然間一切問題便都解決；描述這種簡易的轉變過程雖然可以協助同學快速完成作文，但是卻很難使讀者信服。

雖然引文中沒有提到「克服逆境之後」的情節，但在寫結論時，同學可以提到這種克服逆境的方式所帶給你的影響、啓發或幫助爲何，不但有助說明「如何面對克服」的有效成果，且使情節的敘述更臻完整，惟需注意論述比例不可超過一段，以免本末倒置、模糊焦點。

99年學測（學科能力測驗）

第一部分：選擇題（佔54分）

一、單選題（佔30分）

1. (A)ㄨˇ。(B)ㄅㄨㄚˋ／ㄅㄨ。(C)ㄅㄧˋ／ㄆㄧˇ。(D)ㄨㄛˊ／ㄨㄟ。

2. (A)「相輔相乘」→「相輔相成」。相輔相成：互相輔助、配合，以完成某種事物；亦作「相輔而成」。
   (B)餐風宿露：形容野外生活或行旅的艱苦；亦作「露宿風餐」。
   (C)「兼容並敘」→「兼容並蓄」。兼容並蓄：把各種不同的事物或觀念收羅、包含在內；亦作「兼收並蓄」、「俱收並蓄」。
   (D)「驅之若鶩」→「趨之若鶩」。趨之若鶩：鶩，鴨。指像成群的鴨子般跑過去，形容前往趨附者極多。

3. 判斷的依據如下：
   (甲) 秋天經霜後的楓葉呈現紅色，血亦為紅色，因此楓葉為貼進詩句意涵的選項；選項引文出自余光中〈戲為六絕句‧楓葉〉。
   (乙) 詩句強調「聽」的功能，因此「電話」比「電視」更貼進詩句的意涵；選項引文出自康逸藍〈電話之歌〉。
   (丙) 在夜晚「飛行」，並在半夢半醒間的「耳邊」響起的聲音是蚊子所造成，而非風鈴；選項引文出自陳黎〈浮生六記‧蚊〉。

4. 選項引文出自方孝儒〈指喻〉，翻譯如下：天下萬事都發生自最細微的地方，最後終演變成重大的禍患。各選項解析如下：
   (A)引文藉由「水」的意象，說明世間事物皆由小累積漸大。選項引文出自《後漢書‧桓榮丁鴻列傳》，翻譯如下：破壞高崖巖壁的大水，都源自於涓涓細流的累積。
   (B)引文藉由「水」的意象，說明心中愁苦綿長，難以阻斷、忘懷，與「禍患起於細微」無關。選項出自李白〈宣州謝朓樓餞別校書叔雲〉，引文如下：「……俱懷逸興壯思飛，欲上青天攬明月。抽刀斷水水更流，舉杯銷愁愁更愁。人生在世不稱意，明朝散髮弄扁舟。」翻譯如下：我們都滿懷豪情逸興、神思飛躍，像要騰飛上青天摘取那皎潔的明月。然而人生際遇中的憂愁，就像抽出寶刀想斬斷水流，水流卻更加東流；舉杯喝酒以排遣煩憂，卻反愁上加愁。人生在世竟如此不稱心，不如明早就散髮乘舟在江湖上自在地漂流。
   (C)引文說明人眼界的開拓，在於看過寬廣的事物或學習深廣的學理，與「禍患起於細微」無關。選項引文出自《孟子‧盡心》上，翻譯如下：到過大海，觀覽過無際的壯闊與滔天巨浪，就覺得再也沒有可以勝出的水景風光；曾在聖人門下求學，見過聖人之學深廣，就覺得其他言論都不算是言論了。
   (D)引文說明環境對人的影響，與「禍患起於細微」無關。選項引文出自蘇軾〈日喻〉，翻譯如下：每天生活在水邊，那麼十五歲便能深諳水性；若是從小便從未接觸過水，則雖成人，見到船隻仍會心生畏懼。

5. 「飛魚」對「季」，「天才」對「夢」具有限制和界定作用，其構詞方式為：形容詞＋名詞，各選項解析如下：
   (A)錯＋誤：名詞＋名詞；下＋棋：動詞＋名詞。
   (B)種＋地瓜：動詞＋名詞；談＋友誼：動詞＋名詞。
   (C)問候＋天空：動詞＋名詞；再別＋康橋：動詞＋名詞。

(D)荷塘＋月色：形容詞＋名詞；蕃薯＋地圖：形容詞＋名詞，且「荷塘」對「月色」，「蕃薯」對「地圖」具有限制和界定作用。

6. 千夫所指：被眾人所指責，形容觸犯眾怒；亦作「千人所指」。

眾目睽睽：眾人都睜大眼睛注視著；亦作「萬目睽睽」。

有板有眼：唱戲或唱歌合乎節拍，形容人的言語行事清晰有條理。

眼明手快：眼光銳利，動作敏捷；亦作「眼明手捷」。

大謬不然：大錯、荒謬，與事實完全不符。

人心大快：使人心裡非常痛快；亦作「大快人心」。

各選項解析如下：

第一個空格：「在光天化日、□□□□之下，歹徒竟公然行搶」，前後兩組成語以頓號區隔，其中必有緊密的關係；再者，文意上「眾目睽睽」較「千夫所指」恰當。

第二個空格：「只見刑警□□□□，閃過歹徒的襲擊，將他制伏在地」，是描寫刑警身手，故「眼明手快」較「有板有眼」恰當。

第三個空格：刑警身手令「在場民眾□□□□」，刑警制伏歹徒，故□內一定是正面的用詞，「人心大快」較「大謬不然」恰當。

7. 原文：是故國有賢良之士眾，則國家之治厚，

賢良之士寡，則國家之治薄，

故大人之務，將在於眾賢而已。

將原文排成三組文句，是希望能藉此觀察出排比句的形式。凡是古文考文句排列的類型，多可從句式（對偶、排比等）或句意（因果關係、「故」（因此）字做總結等）為判斷依據。

翻譯如下：國家擁有的賢良的士人如果眾多，治國的力量就雄厚；賢良的士人如果稀少，治理國家的力量就薄弱。所以執政者的任務，就在於聚集眾多賢良的士人而已。

說明如下：

(1)「國有賢良之士眾，則國家之治厚」；「（國有）賢良之士寡，則國家之治薄」前後兩組文句，為句型相同的對偶句，故 (丁) 應為排於最前，可刪去(A)(B)。至於 (乙)、(甲) 則前後相連為的一組，同樣可刪去(A)(B)。

(2)從文意上再作檢視，對偶句的前一組是「士眾」、「治厚」（國家中的賢良人士眾多，則國家治理的績效就豐厚可觀），後一組是「士寡」、「治薄」（國家中的賢良人士寡少，則國家治理的績效就微少而不足以觀），文意相對且應相連接；最末句「將在於眾賢而已」中的「在於」為連接詞，承接上句「故大人之務」，故確認(C)是正確選項。

8. 下對上的稱謂：對家中長輩可使用「膝下」、「膝前」；對老師可使用「函丈」；對一般長輩是「鈞鑒」等。

平輩之間的稱謂：「左右」、「大鑒」。

上對下的稱謂：「知悉」。

(A)蘇軾（子）寫信給蘇洵（父），可使用「膝下」；「左右」、「大鑒」則是用於平輩。

(B)李白（友）寫信給杜甫（友），可使用「大鑒」。

(C)曾鞏（生）寫信給歐陽脩（師），可使用「函丈」；「知悉」表知道之意，應是上對下的書信「提稱語」。

(D)左光斗（師）寫信給史可法（生），可使用「知悉」；「鈞鑒」則是下對上的書信「提稱語」。

9. 閱讀完全文，整理重點，脈絡如下：

《水滸傳》的雛形是《宣和遺事》一書，由許多非同一時間，且零散的水滸故事（行俠仗義、

濟困扶危；上山落草、反抗政府）編進北宋宣和年間。

(A)水滸故事並非只在北宋時發生的故事，而且也不是歷史資料。

(B)《水滸傳》是以《宣和遺事》爲底本綴輯成書。

(D)記錄的是故事，而非史事。

　　自東漢以來，道喪文弊，異端並起，歷唐貞觀、開元之盛，輔以房（玄齡）、杜（如晦）、姚（崇）、宋（璟）而不能救。獨韓文公起布衣，談笑而麾之，<u>天下靡然從公</u>，復歸於正，蓋三百年於此矣。文起八代之衰，道濟天下之溺。忠犯人主之怒，而勇奪三軍之帥。此豈非參天地，關盛衰，浩然而獨存者乎？（蘇軾〈潮州韓文公廟碑〉）

翻譯

從東漢以來，儒道淪喪、文風敗壞，佛老等各種邪說俱興，雖然歷經唐朝貞觀、開元的盛世，有房玄齡、杜如晦、姚崇、宋璟等名臣的輔佐，都不能挽回頹勢。只有韓愈出身於平民，談笑間從容指揮，天下文人望風跟從，使學術文章又再回歸於正道，至今約有三百年了。韓愈提倡古文，振興了八代以來萎靡的衰落文風；以儒道爲正統，拯救陷溺於佛老的學說人心。韓愈忠忱地諫迎佛骨而觸怒皇帝，勇氣能鎮懾三軍將領。這難道不是挺立天地，關係機運盛衰，正氣凜然而人格特立的人嗎？

10. 題幹中「天下靡然從公」的「靡」，是「倒下、順從」之意。各選項說明如下：

(A)「靡」指「華麗」，而非「倒下、順從」之意。選項引文出自蘇軾〈論養士〉：「春秋之末，至於戰國，諸侯卿相皆爭養士。自謀夫說客、談天雕龍、堅白同異之流，下至擊劍、扛鼎、雞鳴、狗盜之徒，莫不賓禮。靡衣玉食以館於上者，何可勝數……」此段文意是指春秋戰國時各種思想、各式人等，皆因養士之風鼎盛，被諸侯卿相禮遇招待，過著穿華衣吃美食、生活豪奢的人，多得數不盡。

(B)「靡」指「奢侈浪費」，而非「倒下、順從」之意。選項引文出自司馬光〈訓儉示康〉，翻譯如下：大家都以奢侈浪費爲榮耀，只有我以簡單樸素爲是。

(C)「靡」指「沒有」，而非「倒下、順從」之意。選項引文出自連橫〈臺灣通史序〉，翻譯如下：這本書記錄的時間是從隋朝開始，一直到甲午戰爭臺灣割讓給日本爲止，其間自古至今、大大小小的史事，沒有一件遺漏。

(D)「靡」指「倒下、順從」之意。選項引文出自《陳書‧皇后傳》，翻譯如下：陳後主的寵妃張（麗華）貴妃、孔貴嬪的勢力，影響遍及各處，國家大臣治理政事時，也都如風吹草倒般，折服於其威勢。

11. (A)韓愈提倡古文，反對佛老，致力建立儒家道統，所以文中的「文」是指古文，「道」是指儒家學說。

(B)韓愈在文學史上有一定的地位，但是在武功軍事上並沒有勳業，故其「忠」、「勇」只是在盡己之心、勇於直言的忠心與勇氣，而非文武雙全的從政勳業。

(C)文中兩用「獨」字，既凸顯布衣韓愈的勇氣，也凸顯韓愈的特立人格。

(D)由「文起八代之衰，道濟天下之溺」一句，可看出韓愈在「道」、「文」上的貢獻，以及其不同於凡人的獨到的識見與勇氣。

12. (A)「如果人面對生活絕境經濟上燃眉之急，一家人沒有溫飽，那是另一種生的桎梏，談不上尊嚴自由」，因此作者強調「有志於道且需溫飽，才是眞自由」。

(B)由「在夏特頓與華茲華斯之間，後者更令人羨慕」一句，可知作者確實認同梭羅、華茲華斯之先得溫飽再從事創作。

(C)荷瑞斯表示「希望的生活是有足夠的書籍與食物以維持自己不陷入精神與物質的貧乏」，這亦是作者「有志於道且需溫飽」的觀點，因此並沒有不以為然。

(D)由「但像文學天才愛倫坡、夏特頓連溫飽都沒有，尤其是少年天才夏特頓不幸在貧病中自殺，如果天假以年，以他……的才華，必能將文學這片園地耕耘成繁花之園，貧病為天才敲起喪鐘，當人們追悼這位早逝的天才，輓歌的聲調中含有無比的惋惜」等句，可見作者對愛倫坡、夏特頓的遭遇甚表惋惜，並不推崇其貧困的際遇。

13.(B)文中敘述梭羅「維持最基本的物質生活，以達成追求精神生活的願望」、「羅馬詩人荷瑞斯表示他最後所希望的生活是有足夠的書籍與食物以維持自己不陷入精神與物質的貧乏」，都在強調安穩的物質生活與富足的精神生活應並重，也是作者為文的主旨。

14.(A)「腓尼基城市才得於亞述人的屢次席捲後倖存」，可見「建國前飽受亞述帝國侵擾」的是腓尼基人的城市。至於迦太基建國後是否征服希臘與羅馬，文中並未述及。

(B)「希臘人在島的東邊不斷擴增殖民城市，他們一旦落腳……也蓋神殿、劇場、競技場等，將希臘文化根植在那裡」，因此以文化收編的是希臘人。

(C)「迦太基人在島的西邊也有幾處地盤，但迦太基人不建設城市……這些城市只是得到財富的據點」，因此「據點的擴張與運用，藉以累積財富」的敘述符合題意。

(D)「但迦太基人不建設城市……這些城市只是得到財富的據點」，可見「發揮強大的商業實力，不斷在地中海沿岸建設城市」的敘述有誤。

15.(A)「希臘人不但認為迦太基人的城市無聊透頂，甚至形容他們是『為了搬運燒洗澡水的木柴而弄得灰頭土臉，卻始終沒去洗澡的驢子』」，可見在希臘人眼中的迦太基人，「賺取財富，卻不懂得享受」。

二、多選題（佔24分）

16.(A)「生命無常、人生易老本是古往今來一個普遍命題」，此議題並不是於魏晉詩篇中首開其端。

(B)「從黃巾起義前後起，整個社會日漸動盪，接著便是戰禍不已，疾疫流行，死亡枕藉」，正是選項所說的是「戰禍不已、疫疾流行的年代」；而從「生命無常、人生易老本是古往今來一個普遍命題，魏晉詩篇中這一永恆命題的詠嘆」，則可看出魏晉詩人確實感受到「生命無常、人生易老」，生命的短暫與脆弱。

(C)由文中敘述：「如何有意義地自覺地充分把握住這短促而多苦難的人生，使之更為豐富滿足，便突出出來了」，可以說明本選項敘述正確。

(D)「既定的傳統、事物、功業、學問、信仰又並不怎麼可信可靠，大都是從外面強加給人們的，那麼個人存在的意義和價值就突出出來了」，可以說明本選項敘述正確。

(E)「它實質上標誌著一種人的覺醒，即在懷疑和否定舊有傳統標準和信仰價值的條件下，人對自己生命、意義、命運的重新發現、思索、把握和追求」，可知魏晉詩人在新的價值中覺醒，並沒有流於荒誕頹廢。

17.(A)為先因後果：「為桃花所戀」是因，「不忍去湖上」是果；選項引文出自袁宏道〈晚遊六橋待月記〉。

(B)為先果後因：「軒凡四遭火，得不焚」是果，「殆有神護」是因；選項引文出自歸有光〈項脊軒志〉。

(C)為先因後果：「詣太守，說如此」是因，「太守即遣人隨其往」是果；選項引文出自陶淵明〈桃花源記〉。

(D)為先果後因：「為相數十年，無纖介之禍」是果，「馮諼之計」是因；選項引文出自《戰國策‧馮諼客孟嘗君》。

(E)本段文句沒有因果關係；選項引文出自歐陽脩〈醉翁亭記〉。

18. 題幹敘述「無疑而問，不需對方回答，而是藉由提問引起對方思考，屬於特殊的疑問句」，正是「反問句」、「激問句」；本題單純地考同學是否閱讀後理解選項中的敘述口吻。

(A)畫底線處為疑問句；選項引文出自《三國演義‧用奇謀孔明借箭》。

(B)畫底線處雖採疑問形式，卻是無疑而問的激問句，答案在問題的反面；選項引文出自簡媜〈夏之絕句〉。「而有什麼比一面散步一面聽蟬更讓人心曠神怡」，意指「沒有什麼比一面散步一面聽蟬更讓人心曠神怡」，也就是一面散步一面聽蟬最讓人心曠神怡。

(C)畫底線處雖採疑問形式，卻是無疑而問的激問句，答案在問題的反面；選項引文出自洪醒夫〈散戲〉，文中「做戲有什麼好笑？」是指出做戲當然不好笑，因為把兒女養大都靠它。

(D)畫底線處雖採疑問形式，卻是無疑而問的激問句，答案在問題的反面；選項引文出自劉鶚〈明湖居聽書〉，文中「誰不學他們的調兒呢」，是指大家都學他們的調兒。

(E)畫底線處為疑問句；選項引文出自琦君〈髻〉。

19. (A)若下屬「來俊臣是凶手」，可知任用來俊臣的君王武則天，就是更大的兇手，才會招致人民的怨恨，因此說「武則天是為民除害的大法官」，正是達到諷刺或嘲謔效果的「倒反」法。

(B)他說她養了個姘頭，這是極大的侮辱，她卻以「承你看得起。連你熊應生都不要我，還有人會要我嗎？」諷刺對方連姘頭都不如，正是達到諷刺或嘲謔效果的「倒反」法；選項引文出自鍾曉陽《停車暫借問》。

(C)金筷、銀筷，都不如我家裡的筷子順手，是實話的陳述；選項引文出自《紅樓夢‧劉姥姥進大觀園》。

(D)胡屠戶誇耀因自己積了德，將好運帶給范進，讓他考上科舉，表現出瞧不起范進的態度，並不是「倒反」法；選項引文出自《儒林外史‧范進中舉》。

(E)洗完臉「盆裡的水可黑了……宋媽走進來換洗臉水，她……說：『這是你的臉？多乾淨呀！』」諷刺對方臉太髒，正是達到諷刺或嘲謔效果的「倒反」法；選項引文出自林海音《城南舊事》。

20. (甲) 這是西施的故事：選項引文出自宋之問〈浣紗篇贈陸上人〉，翻譯如下：越女貌美如花，越王聽說她擅長浣紗。無奈越國戰敗國力衰微，無法將她留在身邊予以寵愛，只能獻給吳王，成為館娃宮中的新歡。

(乙) 這是王昭君的故事：選項引文出自釋皎然〈王昭君〉，翻譯如下：王昭君自恃美貌，希望獲得君王恩寵，誰料到美醜的評價忽然改變。因為不願用黃金賄賂漢宮中的畫師畫出自己的美貌，最後只有落得和番匈奴，死在胡地，孤魂長埋在墓草青青的墳塚中。

(丙) 這是楊貴妃的故事：選項引文出自張祜〈馬嵬坡〉，翻譯如下：大軍不願整隊出發，君王唐玄宗也無可奈何，隨著玄宗南逃避難的人少，在北方投降安祿山的人則較多。曾經塗抹香粉容貌豔麗的楊貴妃，現今墳塚只見塵土飛揚，她生前愛吃的荔枝，在她死後還曾送到馬嵬坡。

各選項解析如下：

(A)西施因吳越之爭，送給吳王夫差；王昭君因和番出塞至匈奴；楊貴妃因安史之亂而命喪馬嵬坡。三詩主角的命運確實皆與政治相關。

(B)西施從越至吳、王昭君從漢至胡、楊貴妃從長安至馬嵬坡，三詩中呈現的空間變動，也代表

了三位主角際遇的轉變。

(C)甲詩從西施浣紗女的出身交代至她被送入吳宮、乙詩從漢宮畫師事件交代至王昭君過世並長埋胡地、丙詩自馬嵬坡前大軍不發交代至楊貴妃死後墳上塵土飛揚，皆以「順時」方式敘述事件。

(D)甲詩「顏如花」、乙詩「嬋娟」，皆直言主角的美貌，丙詩則藉「香粉豔」暗示主角的美貌。

(E)三詩均以「作者」的第三人稱觀點敘述；其中乙詩有「青塚空埋胡地魂」之句，述及死後之事，故知不可能是以第一人稱觀點敘述。

21.(A)文中沒有任何「玫瑰帶刺」的描寫句，振保亦沒有在文中表達對愛情的畏懼。

(E)「娶了紅玫瑰，……；娶了白玫瑰，……」描述的是「得不到的才是最好」的矛盾人性。

22. 本題文字節錄自《商君書·更法》，引文內容討論頒布開墾荒地的法令之事。

(1)秦孝公：現在我打算修改法令來治理國家，變更禮制來教化人民，但是恐怕天下人會批評議論我。

(2)商鞅：「愚笨的人，事情做成後卻還不明白其中道理；明智的人，在事發之前就已經看出徵兆。」因此聖人如果可使國家富強，就不必沿用舊日的法度；假如有利於人民，就不必遵循舊日的禮制。

(3)甘龍：不對。聖人不會違反民俗人性來施行教化，明智的人也不會改變法度來治理國家。

(4)商鞅：夏、商、周三代各有不同禮制，但都能一統天下；五霸各有不同的法度，也都能稱霸一方。所以明智的人制定法度，愚昧的人則被法條制約；賢能的人更改體制，不賢者則被禮制約束。

(5)杜摯：利益不到百倍，就不要（貿然地）改變法度；功效不到十倍，就不要（貿然地）更換器物。學習古法就不會出錯，遵循舊禮則不致偏邪。

(6)商鞅：商湯、周武王沒有遵循古法而能稱王天下，商紂、夏桀並沒有更改禮制卻亡國。不遵循古代禮制法令不一定就是錯，而遵循舊禮也不是都對。

(7)秦孝公：說得好。任命商鞅為左庶長。

錯誤選項解析如下：

(B)秦孝公原有意變法，經朝廷大臣討論後，以「說得好。任命商鞅為左庶長」作結，表示其決定變法。

(C)只有商鞅援引前代興亡史實，以強化論辯依據；甘龍、杜摯並未援引史實。

23.(A)諸葛亮行事態度莊重，對後主謹守君臣分際，選項敘述正確。選項引文出自《論語·公冶長》，翻譯如下：立身行事能謙恭，侍奉長上能敬重。

(B)蘇轍寫〈上樞密韓太尉書〉時，還未做官，故選項敘述錯誤。選項引文出自《論語·子張》，翻譯如下：出仕為官有成且遊刃有餘暇，就努力學習。

(C)韓愈〈師說〉中舉孔子師郯子、萇弘、師襄、老聃等人為例，正說明學無常師之理，故選項敘述正確。選項引文出自《論語·述而》，翻譯如下：三人同行，必定有值得我效法學習的對象。

(D)而蘇軾〈赤壁賦〉：「哀吾生之須臾，羨長江之無窮」的心理，是感慨人生苦短，不同於孔子重視現實人生態度的生死觀，故選項敘述錯誤。選項引文出自《論語·先進》，翻譯如下：人世的事都不知道，有哪能知道死後的身後事呢？

(E)燭之武的「臣之壯也，猶不如人；今老矣，無能為也已」，委婉表達早年未受鄭伯重用的埋怨之意，故選項敘述錯誤。選項引文出自《論語·季氏》，翻譯如下：壯年時，精力旺盛，易於衝動，應該戒慎勿逞強好鬥；老年時，氣衰力微，應該戒慎勿貪得。

第貳部分：非選擇題（共三大題，佔54分）

一、文章解讀（佔9分

> 　　其實季節是萬物心境的轉換；秋日的天空時常沒有欲望，看不見一抹雲彩，秋高氣爽似乎意味著心境的圓滿狀態。春日的新生喜悅，叨叨絮絮到夏日的豐盈旺盛，滿溢狂瀉；風雨之後，秋日是一種平和安寧的靜心，內心既無欲望也就聽不見喧囂的聲音，此時<u>真正的聲音</u>便容易出現了；秋天似乎是為了靜靜等待冬日的死亡肅寂做準備，曠野上行將死亡的植物時常給我們憂鬱的印象，所以誤以為秋天是憂傷的季節。也許秋天的心境讓我們容易看見深層的自己，彷彿這是大地的韻律，存在已久，只是我們習於不再察覺。

解析

㈠作者認為傳統「悲秋」的看法，是因為「秋天似乎是為了靜靜等待冬日的死亡肅寂做準備，曠野上行將死亡的植物時常給我們憂鬱的印象，所以誤以為秋天是憂傷的季節」。事實上作者並不認同傳統的「悲秋」的看法，而是認為「其實季節是萬物心境的轉換；秋高氣爽似乎意味著心境的圓滿狀態，是一種平和安寧的靜心，是內心既無欲望也就聽不見喧囂的聲音」。

㈡作者認為萬物的心境與四季轉換的相應之處是：

季節正是萬物心境的轉換：春日有新生喜悅的叨叨絮絮；夏日有豐盈旺盛，滿溢狂瀉的心緒；秋日是一種平和安寧的靜心，秋高氣爽似乎意味著心境的圓滿狀態；冬日則為死亡肅寂。

㈢「真正的聲音」從何而來？「真正的聲音」在心境的圓滿狀態下、從平和安寧的靜心中，此刻內心是既無欲望也就聽不見喧囂的聲音，這時我們才能聽見那存在已久的大地韻律中真正的聲音、看見深層的自己。

二、文章分析（佔18分）

> 　　《五代史‧馮道傳》論曰：「『禮、義、廉、恥，國之四維；四維不張，國乃滅亡。』善乎！管生之能言也！禮、義，治人之大法；廉、恥，立人之大節。蓋不廉則無所不取，不恥則無所不為。人而如此，則禍敗亂亡，亦無所不至；況為大臣而無所不取，無所不為，則天下其有不亂，國家其有不亡者乎？」
> 　　然而四者之中，恥尤為要，故夫子之論士曰：「行己有恥。」孟子曰：「人不可以無恥。無恥之恥，無恥矣！」又曰：「恥之於人大矣！為機變之巧者，無所用恥焉！」所以然者，人之不廉而至於悖禮犯義，其原皆生於無恥也。故士大夫之無恥，是謂國恥。（顧炎武〈廉恥〉）

解析

閱讀框線內的文字，說明：

㈠歐陽脩如何藉管仲的言論提出自己的觀點？

歐陽脩引用管仲說明「禮義廉恥重要性」的言論，先確定四維並重，再繼之提出自己的看法，將四維分為禮義的治人大法與廉恥的立人大節兩類，以不重後者所造成的嚴重後果，凸顯出廉恥的重要性。

㈡顧炎武「自己」所強調的觀點是什麼？

顧炎武在的論述過程中，特別強調「恥」的重要性。他不但引用孔子、孟子的言論來強調恥的重要，亦指出人若行爲上悖禮、犯義，都是因爲無恥的緣故。事實上顧炎武要鄭重呼籲的是「恥」對「士大夫」階層的意義，因爲握有權力者悖禮犯義的無恥行爲，甚將成爲國恥。故「恥」的影響，小至個人、大到國家，影響甚鉅。

㈢三人（管仲、歐陽脩、顧炎武）言論所構成的文意脈絡，呈現何種論述層次？

管仲認爲「禮義廉恥」並重，歐陽脩特別重視「廉恥」，而顧炎武則提出「恥」字爲四維的核心。這種自禮義廉恥至廉恥，最終至恥的層遞敘述，讓文章脈絡分明，凸顯出作者的個人論點並聚焦出主旨核心。

三、引導寫作（佔27分）

思路小提醒

以下答案均爲寫作提示，僅點出關鍵，提供同學下筆發揮時的參考。

1. 看完引文，先確立自己所接收到的訊息：
   ⑴第一段是對「漂流木」下定義（同時說明了漂流木的生命歷程），第二段要求「我」表達出「遭遇與感想」。
   ⑵「獨白」是個人的內心感受，所以行文必定需以第一人稱觀點，從自己便是漂流木的視角寫我思、我想、我的感覺……
   ⑶旅程的終點，也就是結論處一定要呼應題幹所要求最後的地點：「躺在海邊」。
2. 先想像漂流木的遭遇：
   ⑴有此遭遇的原因：莫拉克颱風引發驚人雨量。
   ⑵此段遭遇的過程：一路和許多樹同行，自山區至塌橋、埋村，最終躺在海邊。
3. 再設計並想像漂流過程中會有的遭遇、感想（此二者可穿插並行）：
   ⑴我看見、我聽到：
   a.許多新的同類（樹木）不斷在我一路翻滾中加入，或驚恐、尖叫，或哭泣、痛苦。
   b.昨日才在林中奔跑的動物、剛餵完襁褓中嬰兒最後一口母奶的媽媽，現在已成冰冷的浮屍，在我身邊載沉載浮。
   c.滅村沒頂時人類驚恐的眼神、大雨中屋頂上孤獨等待救援的身影、來不及道別即從愛人緊拉的手中滑走消失的身影。
   ⑵我感覺：
   a.在滾滾土石洪流中，我幾度衝撞巨石，全身傷痕累累的劇痛。
   b.在沙泥惡水中，我不斷翻滾、吃沙嗆水的狼狽不堪。
   c.颱風暴雨過後，白雲仍在頭頂悠悠，我卻躺在這陌生的海邊，耳邊不是熟悉的啁啾歡唱、家人鄰居的開心相聚，而是未知的惶恐與害怕。
4. 需注意整篇文章要凸顯主題，因此下筆前要先選定並確立主題。例如：若要寫環保，則漂流木的我，所見所思所想，都需凸顯出環保上的種種缺失。

100年學測（學科能力測驗）

第一部分：選擇題（佔54分）

壹、單選題（佔30分）

1. (A)ㄔㄞˇ。(B)ㄑㄧˊ。(C)ㄐㄧㄢ。(D)ㄩㄢˊ／ㄩㄢˊ／ㄏㄨㄢˊ。

2. (A)「遺」，遺留。選項引文出自諸葛亮〈出師表〉，翻譯如下：所以先帝選拔他們以留給陛下您來任用。／「遺」，遺漏。選項引文出自韓愈〈師說〉，翻譯如下：學習標點符號的枝節小處而遺漏了大道理的學習，我沒看見他們的聰明在哪裡。

   (B)「顧」，反而。選項引文出自《漢書‧賈誼傳》，翻譯如下：（本文將天下譬喻為人的身體，而蠻夷像天下的腳，天子則為天下的頭部）腳凌駕在頭的上面，頭反而屈居下風／「顧」，拜訪。選項引文出自諸葛亮〈出師表〉，翻譯如下：先帝三次到我住的草廬中來拜訪我。

   (C)「固」，本來。選項引文出自韓愈〈師說〉，翻譯如下：生於我之前的人（比我先出生的人），他們本來就比我先聽聞事物的道理。／「固」，本來。選項出自《舊唐書‧楊國忠傳》，翻譯如下：（誅殺讓天下分崩離析的楊國忠，這件事我們已經想了很久了，）即使完成事情而犧牲生命，本來也是我們的意願。

   (D)「之」，往。選項引文出自李陵〈與蘇武〉：「攜手上河梁，游子暮何之。徘徊蹊路側，悢悢不得辭。行人難久留，各言長相思。安知非日月，弦望自有時。努力崇明德，皓首以為期」，引文翻譯如下：我們拉著手來到橋上，（像我們這樣）離鄉在外的遊子，在黃昏時候總有不知道往哪裡去的徬徨。／「之」，這、此。選項引文出自《詩經‧周南‧桃夭》，翻譯如下：這個女子要出嫁，她可使家庭和樂。

3. (A)「世兄」可以用來稱呼晚輩，用於稱呼稱晚輩、世交或老師的兒子。

   (B)給師長寫信，信首提稱語要用「函丈」或「壇席」；「硯右」適用於同學。

   (C)書信結尾的問候語「敬請金安」多用於祖父母或父母。

   (D)給師長寫信，為了表示敬意，結尾署名時要稱「生」、「學生」、「受業」等；沒有「愚生」這種署名的用法。

4. (A)班固，字孟堅；「固」、「堅」有「堅固」的意涵。／許慎，字叔重；「慎」、「重」有「慎重」的意思。／王弼，字輔嗣；「弼」、「輔」有「輔弼、輔佐」的意義。／朱熹，字元晦；「熹」表明亮，「晦」表不明，兩字意義相反。

5. 說明

   題幹引文的重心在於選項須符合「視覺—聽覺、聽覺—視覺」的交錯書寫，各選項解析如下：

   (A)翻譯兼解析如下：江岸上北風急吹（風吹：視覺＋觸覺），荻花紛飛（視覺）。商船因浪濤洶湧而停泊岸邊（視覺），在遠處的軍營中傳來吹奏胡笳的樂音（聽覺）。

   (B)翻譯兼解析如下：雨後山間明月升起（視覺），把下山的路照得分外清晰（視覺）。煙霧瀰漫的山谷對岸彷彿有人談話的聲音傳來（聽覺），我因此出聲請問船隻停泊的地方（聽覺）；引文出自王士禎〈惠山下鄒流綺過訪〉。

   (C)翻譯兼解析如下：古寺中傳來稀疏的鐘聲（聽覺），遠方的山嵐飄渺中殘月高懸（視覺）。沙灘上有人敲石取火，以便出航捕魚（聽覺＋視覺），燃燒的火光照亮了漁船（視覺）；引文出自李賀〈南園十三首〉。

   (D)翻譯兼解析如下：在古木參天杳無人跡的小路上（視覺），突然聽到隱隱鐘聲不知是從這片深山中的何處傳來（聽覺）。潺潺泉水穿流過險峻大石間，發出如泣如訴的聲音（聽覺），

日光照在蒼翠的松樹上，四下氛圍更顯得清冷（視覺）；引文出自王維〈過香積寺〉。

6. 解析

各選項正確排序後翻譯如下：

首句：楚文王少時好獵，有一人獻一鷹，翻譯：楚文王年少時喜歡打獵，有人獻上一隻獵鷹給他。

(丁) 文王見之，爪短神爽，殊絕常鷹，翻譯：文王見這鷹爪趾雄健，和一般獵鷹極為不同，

(甲) 故為獵於雲夢，置網雲布，煙燒漲天，翻譯：故帶著牠到雲夢大澤區去打獵，那裡遍布大網，驅趕獵物的煙火燃燒熾烈，煙霧滿天，

(戊) 毛群飛旋，爭噬競搏，翻譯：文王帶去的獵鷹成群盤旋天空，爭相搏鬥、吞噬獵物，

(乙) 此鷹軒頸瞪目，遠視雲際，無搏噬之志，翻譯：只有這隻鷹伸長脖子張大眼睛，望向雲端，毫無搏鬥咬噬的意願，

(丙) 王曰：「吾鷹所獲以百數，汝鷹曾無奮意，將欺余耶？」翻譯：文王說：「我的獵鷹捕獲的獵物數以百計，你的獵鷹竟沒有一點奮發的意願，你是在欺騙我嗎？」

末句：獻者曰：「若效於雉兔，臣豈敢獻？」翻譯：獻鷹的人說：「若只是如一般獵鷹般用來追捕山雞野兔，我哪敢獻來給您？」

說明

從文意上判別可分成三個層次：

㈠獻鷹看鷹：（首句）有人獻鷹 (丁) 文王見之，覺得與一般獵鷹不同。

㈡以打獵測試：(甲) 開始到雲夢大澤區打獵 (戊) 群鷹爭相咬噬競搏 (乙) 此鷹卻無搏噬之意。

㈢質疑被騙的對答：(丙) 王曰：「……你在騙我？」（末句）獻者曰：「若是一般鷹，那敢獻上？」

7. 解析

本段引文分老年、少年兩部分，故可分成此二區塊分別摘要：

	老年人	少年人
1	常思既往，事事皆其所已經者，故惟知照例	常思將來，事事皆其所未經者，故常敢破格
2	常厭事，故常覺一切事無可為者	常喜事，故常覺一切事無不可為者
3	如夕照、瘠牛、僧、字典、秋後之柳	如朝陽、乳虎、俠、戲文、春前之草

說明

(A)「老年人如字典，少年人如戲文」，是說老年人有知識卻無趣，少年人情感活潑熱烈，均與「人生無常」無關。

8. 解析

由〈椅子和我〉：「獨自坐著……時間慢慢走過」、〈蘆葦〉：「沉思……在秋風中……白（了頭）」，以及〈我想到的〉：「熄了燈……寒夜……星星」等句，皆可發現三首詩的共同處都皆是詩句中有「孤獨」之感，但沒有「淒涼」的悲傷情緒。

9. 題目的數行說明文字，重心只有一個：「昔盛今衰，繁華不再」；各選項解析如下：

(A)本詩寫百姓的痛苦、國破家亡的悲痛、對叛軍的憤慨，但是並沒有對「昔盛今衰」進行比較。選項引文出自王維〈聞逆賊凝碧池作樂〉。翻譯如下：百姓因遭逢安史之亂而傷心痛苦，繁華的城鎮也沒落地飄著幾縷荒煙，朝中百官何時才能重返朝廷覲見天子？秋天的槐花落在空蕩無人的宮中院落裡，叛軍卻在凝碧池畔吹奏著管絃，尋歡作樂。

(B)本詩借由當年美好盛況對比如今人士凋零的感慨，有「昔盛今衰，繁華不再」的唏噓。選項

引文出自劉禹錫〈聽舊宮中樂人穆氏唱歌〉。翻譯如下：當年宮中樂人穆氏，入宮為供奉德宗，演唱那如跟隨織女渡過銀河的動聽歌曲（昔日美好榮景）。但如今請穆氏你不要再唱貞元年間供奉的曲調了，因為當時在朝的士人，如今在世的已經不多了（繁華已逝，往事不再）。

(C)詩人因睹物反應出此刻內心的痛苦憾恨，並沒有「昔盛今衰，繁華不再」的慨嘆。選項引文出自李煜〈相見歡〉。翻譯如下：從早到晚的風吹雨打，讓林間的春日紅花紛紛凋零，教人無可奈何啊。這打落花瓣的春雨，就如當年美人和著胭脂流下的眼淚，賞花的我睹物思人，卻不知何時才能再欣賞美麗的春花，人生的憾恨無盡，就像是河水東流永不停歇。

(D)詩人表達出人生有限，當把握今朝、珍惜眼前的人生哲理，沒有「昔盛今衰，繁華不再」的感慨。選項引文出自晏殊〈浣溪沙〉。翻譯如下：在韶光易逝的有限生命中，即使面對平常的離別，也使人黯然難過，所以請不要推辭酒宴歌唱。放眼眺望遼闊山河，懷念起遠方的親友，風雨打落春花更令人傷感，不如好好憐惜眼前的友人吧。

甲、孫必振渡江，值大風雷，舟船蕩搖，同舟大恐。忽見金甲神立雲中，手持金字牌下示；諸人共仰視之，上書「孫必振」三字，甚真。眾謂孫必振：「汝有犯天譴，請自為一舟，勿相累。」孫尚無言，眾不待其肯可，視旁有小舟，共推置其上。孫既登舟，回視，則前舟覆矣。（蒲松齡《聊齋誌異‧孫必振》）

乙、邑人某，佻達無賴，偶游村外，見少婦乘馬來，謂同游者曰：「我能令其一笑。」眾未深信，約賭作筵。某遽奔去，出馬前，連聲譁曰：「我要死！……」因於牆頭抽梁（梁：高粱莖）一本，橫尺許，解帶挂其上，引頸作縊狀。婦果過而哂之，眾亦粲然。婦去既遠，某猶不動，眾益笑之。近視，則舌出目瞑，而氣真絕矣。梁本自經，豈不奇哉！是可以為儇薄之戒。（蒲松齡《聊齋誌異‧戲縊》）

解析

題幹引文分別翻譯如下：

(甲) 孫必振乘船渡江時，遇上狂風、大雷，船隻劇烈地震動搖晃，同船的人十分驚恐害怕。此時忽然看見金甲神站在雲中，手拿一面金字牌向下顯示；大家一起仰頭觀看，上面寫著「孫必振」三個字，十分清楚。大家對孫必振說：「你一定是犯了錯遭受天譴，請自行另乘一艘船，不要連累我們。」孫必振還沒回答，大家不等他答應，看見旁邊有一艘小船，就一起把他推到船上。孫必振登上小船後，回頭一看，原來的那艘船已經翻覆了。

(乙) 有位鄉人，性情輕薄放蕩、蠻橫撒野，有一次在村外遊蕩，看見一位少婦乘馬而來，就告訴一起出遊的同伴說：「我能讓她發笑。」大家都不相信，於是約定以設筵請客作為賭注。這位鄉人突然向前跑去，出現在少婦所騎的馬前，連聲大喊：「我要死了！……」並從旁邊牆頭抽出一根高粱莖，橫凸出於牆面一尺左右，解下衣帶掛上，伸長頸子做出上吊的樣子。少婦經過時果然微笑，大家也大笑起來。等到少婦已經走遠了，這位鄉人仍然沒有動靜，大家更加覺得好笑。就近一看，他已經吐舌閉眼，真的氣絕身亡了。竟吊死（自經：上吊自殺）在一根高粱莖上，這不是很奇怪嗎！這件事可以作為性情輕薄、行為不莊重（儇：ㄒㄩㄢ）的人的鑑戒。

10.(C)這兩段引文的共同特色，都在說一個結局出人意料的故事。至於其中人物、對話和場景，都

只是為了說故事，並非引文的主要重心。

11. (A)甲段主旨在寫人性的自私面，並非彰顯「人性溫暖」。
　　(B)甲段具反諷效果，原來做錯事遭天譴的正是眾人。
　　(C)乙段主旨在強調行為不應輕佻，沒有任何「信守承諾」的意涵。
　　(D)乙段以輕佻的行為帶來悲劇收場，沒有「由悲而喜」、「暗喻人生無常」。

12. 閱讀完全文後整理重點脈絡如下：
　　⑴臺灣長達億年壽命的河流，在短短三十年內將臨終滅亡，這是歷史的災難、生存的孽緣。
　　⑵不久河流將無法到達大海，成為斷河。
　　⑶現代人對待河流的行為：
　　　①以水利工程技術建堤防，阻絕人河關係。
　　　②建水壩、攔河堰（一ㄢˋ），截斷河流入海的路。
　　　③越域引水抽乾河水，以滿足需水欲求。
　　⑷治療和呵護河川只有一條路：河禁。
　　　①禁止人類進入河川、做出任何侵犯河流的行為。
　　　②建造衛生下水道、編組河川警察、建立控制污染的追查網路和人力系統。
　　　③國營砂石採集。
　　　④建溼地湖泊補注地下水、讓河流休養生息。
　　選項解析如下：
　　(A)選項「人們繼續生存，不會有絲毫改變」的敘述，不同於文中「如果沒有了河流，人們仍然能活下去，但卻會變得毫無情意」的說法。
　　(B)河流生命枯萎，起因於現代人「建水壩、攔河堰、越域引水抽乾河水」的行為，而不是「地層的自然變動」。
　　(C)「由臺灣的河流在短短的三十年內，將面臨長達億年壽命的臨終時刻，這是臺灣土地歷史上最大的災難」，可知河流如被破壞，歷史文化光輝確實將面臨終結。
　　(D)「治療和呵護河川……只有一條路……不然，河流終將成為臺灣人的記憶、被遺忘的大地之歌」，而絕不可能繼續「源遠流長」。

13. (A)河流「沙漠化」，是因「建水壩、攔河堰，截斷河流入海的路；越域引水抽乾河水，以滿足需水欲求」等人類的不當行為引起，而非「氣候暖化」。
　　(B)阻絕人河關係的是「以水利工程技術建堤防」，而非「經常氾濫」。
　　(C)河流枯竭成為斷河，是因「河流將無法到達大海」，而非「現代人需水量大」。何況現代人即使「只要水不要河流」，只要「盡心盡力整治復原」仍可避免沙漠化。
　　(D)由「現代人只要水不要河流」一句，可知選項敘述正確。

14. 閱讀完全文，整理重點，脈絡如下：
　　⑴極短篇寫作的瓶頸：易寫難工。
　　⑵一般人對極短篇的理解，是一種典型樣貌：敘述一則故事、製造一個意外結局。
　　⑶真正的極短篇：以最經濟的筆法、講求語言容量，把動作、人物與環境，呈現在單一的敘述過程中。
　　⑷極短篇的最高理想：尺幅千里、須彌芥子、在有限中包含無限、「一筆作百十來筆用」。
　　各選項解析如下：
　　(A)由「一筆作百十來筆用」可知選項敘述正確。
　　(B)真正的極短篇，敘述單一而非「極繁複」。

(C)文中只提到「講求語言容量」、「筆法經濟」，並未提及「語言精鍊」、「刻畫細膩」。

(D)「為故事塑造個意外的結局」是一般人對極短篇的理解，而非「極短篇最重要的特色」。

15. (A)「尺幅千里」指在尺長的畫面上，描繪著千里般寬廣的景物。形容篇幅雖短而內容豐富，氣勢遠大，故應是「以小見大」，而非「以大見小」。

(B)「須彌芥子」是佛教用語。佛教認為一切法空，原不相礙，所以芥子（芥菜的種子，佛教用語，比喻極微小）雖小，也能無礙地容納須彌山；又作「芥子納須彌」，表示「以小見大」。

(C)「一筆作百十來筆用」有「以小見大」、「在有限中包含無限」之意，而沒有「文體多樣」的說法。

(D)「美學」指研究人對藝術品的欣賞與創作能力，以及藝術品本身組織法則與內容，更進一步探討藝術品間關係的一種學問。「圭臬」為古代測定日影時間的器具，後比喻法度、典則。故「美學圭臬」是說文學和藝術的標準。

二、多選題（占24分）

16. (A)眼花瞭亂：形容眼睛昏花，心緒迷亂。亦作「眼花撩亂」、「眼花繚亂」。

(B)故步自封：比喻墨守成規，安於現狀，不求進取。

(C)離鄉背「景」→「井」。離鄉背井：指離開故鄉，在外地生活。

(D)鍥而不捨：鍥，鏤刻。捨，捨棄、停止。指不斷刻下去而不停止；比喻堅持到底，奮勉不懈。

(E)價值觀相「佐」→「左」。價值觀相左：指價值觀互相違背。

17. (A)「三五」是表乘法，故為十五；「四五」亦表乘法，故為二十；選項引文出自《古詩十九首‧孟冬寒氣至》，翻譯如下：十五日月圓，二十日月（「蟾兔」指月亮）缺。

(B)「十一」，即為實數十一；選項引文出自《史記‧樊酈滕灌列傳》，翻譯如下：斬下了十四個首級，捕獲俘虜了十一人。

(C)「百一」指百分之一；選項引文出自《金史‧魏子平傳》，翻譯如下：古時候的賦稅稅率是十分之一，人民仍感覺生活富足；現在的稅率是百分之一，人民卻感覺不夠支應生活。

(D)「十九」，即為實數十九；選項引文出自《荀子‧大略》，翻譯如下：天子、諸侯之子在十九歲時便行冠禮，行冠禮之後便可以治理政事，這是因為受到良好的教育才能達到（比一般士人早一年行冠禮，以早早從事政事的治理）。

(E)「什二三」，指十分之二、三；選項引文出自《史記‧高祖本紀》，翻譯如下：適逢天氣太冷，有十分之二、三的士兵，手指都凍到斷掉了。

18. (A)「心凝形釋」指心神凝聚，形體消逝，達到忘我之境。與「針對目標理想，專注讀書」的意義不同。

(B)「一蹶不振」指跌了一跤就不敢再走路；後比喻遭受挫折或失敗後，無法再振作恢復。

(C)「管窺蠡測」指用管窺天，以蠡測海，比喻所見狹小。與「謹慎細心」的意義不同。

(D)「錙銖必較」指斤斤計較；亦作「銖銖校量」、「錙銖較量」。

(E)「繞梁三日」，亦作「餘音繞梁」，用以形容聲音的美妙，與「難忘精彩球賽」的意義不同。

19. (A)前後項均在說明將心比心的同理心：自己不願者，也勿強要求別人接受。選項引文出自《論語‧顏淵》，翻譯如下：自己不願意接受的事，就不要施加在別人身上。／選項引文出自《中庸》，翻譯如下：不願意施加在自己身上的事，也不要施加在別人身上。

(B)前後項均在說明平日應對人民施以軍事訓練，以免上戰場時白白犧牲生命。選項引文出自《論語‧子路》，翻譯如下：如果將未受訓練的人民，送上戰場作戰，這就是拋棄他們／選項引文出自《孟子‧告子下》，翻譯如下：沒有訓練人民就讓他們與敵人作戰，這簡直是禍害人民。

(C)前後兩選項均在說明：先難、先勞苦，後獲、讓饒樂之事。選項引文出自《論語‧庸也》，翻譯如下：仁者會率先做難做的事，在眾人有所收穫後才獲得。／選項引文出自《荀子‧修身》，翻譯如下：爭先去做勞苦的事，充滿樂趣的事則禮讓給別人先做。

(D)前後項均說明小人不知通權達變，而大人以義為依歸，知變通。選項引文出自《論語‧子路》，翻譯如下：說話一定要求信實，行事一定要求結果，這是見識淺薄、鄙陋頑固的人啊！／選項引文出自《孟子‧離婁下》，翻譯如下：通達事理的人，言談不一定要死守信實，行事不一定非要有結果（，只要合於義理即可）。

(E)前段引文中，孟子引此段孔子言論，是以始作俑者雖尚未殺人仍已不該，因存有殺人之心，而後段引文中君王若實施暴政，無異於率獸殘殺百姓。二者皆為不義之事，故(E)選項時可從寬認定為正確答案。但亦有不同意見者，認為前者在比喻存殺人之心即為惡事，後者在指陳暴政的殘忍可怕，兩者意義並不相近。

選項引文出自《孟子‧梁惠王上》：「仲尼曰：『始作俑者，其無後乎！』」孔子認為用像人的俑陪葬，在意念上實與用真人陪葬無異，所以指責最初發明俑的人，一定會得到報應，絕子絕孫。後世用以比喻首創惡例的人。引文翻譯如下：最初製作人俑來殉葬的人，一定會得到報應，絕子絕孫。／選項引文出自《孟子‧梁惠王上》，翻譯如下：作為人民父母的施政者若施行暴政，就像率領著野獸去吃人，哪有資格作為人民的父母呢。

20.(A)「南方文學」的總集應改為「北方詩歌」的總集。

(B)「秦漢之際的典章制度」應改為「夏商周三代的歷史文獻」。

21.(A)本文凸顯了都市人生活在謊言中，而非「忙亂」。

(B)本文運用諷諭手法，諷諭著：都市人生活在謊言裡、謊言讓都市人身心變形，謊言也讓都市人虛度一生。

(C)全文借由描述都市人在生活中上下穿梭在各種編號的公車（謊言）中，又在公車（謊言）中擠壓晃蕩，描述「都市人生活在謊言裡」的荒誕。

(D)在公車（謊言）中，人們一路擠壓、晃蕩到身心變形的形象，正代表「謊言讓都市人身心變形」。

(E)下車站仍是上車站，人們似乎日日的身心變形，卻仍如未出發般一事無成的形象，正代表「謊言讓都市人虛度一生」。

22.(A)作者提「人和貓狗沒有分別」，是指若人生沒有意義後便只剩生命，並不是「眾生平等的主張」。

(B)文中「把六尺之軀葬送在白晝作夢」一句，表達出作者認為白晝作夢的生命沒有意義。

(C)人生的意義，即在自己怎樣生活，故「自己怎樣生活」是人生有無意義的關鍵。

(D)「生命無窮」並不是指人生有「許多意外的遭遇」，而是指因發憤振作、尋求與創造，而使生命產生意義。

(E)人生的意義要靠自己的作為，故有高尚、卑劣、清貴、汙濁之別；但文末提醒要發憤振作、尋求、創造生命的意義，故「卑劣、污濁」如同「白晝作夢」，是人生的選擇，卻不是生命意義的創造。

23.(A)兩者皆指諸葛亮。前者引文中提及的〈梁父吟〉，是諸葛亮在躬耕南陽時喜吟的詩句。選項引文出自李商隱〈籌筆驛〉，翻譯如下：當年路經成都錦里，經過武侯祠，想到諸葛亮躬耕

南陽時喜吟的〈梁父吟〉，不禁讓人感到無限遺恨。／「出師未捷身先死」是描述諸葛亮病死軍中，未能一償心願恢復漢朝的名句。選項引文出自杜甫〈蜀相〉，翻譯如下：可惜出征尚未傳捷報就病死軍中，使後代英雄豪傑亦惋惜地眼淚沾滿衣襟。

(B)前者指賈誼，後者指蘇武。「夜半虛前席」是漢文帝召賈誼入宮問鬼神之事的典故；選項引文出自李商隱〈賈生〉，翻譯如下：可嘆的是，漢文帝接待賈誼相談至夜半，急切的將坐席前移以便求教，問的卻不是國家、百姓的大事，而是問鬼神之事。／在「胡」地放「羊」者，在歷史上最有名的就是蘇武；選項引文出自溫庭筠〈蘇武廟〉，翻譯如下：大雁斷續飛行在北方胡地的雲端（亦指身在胡地卻斷了與外聯絡的音訊），明月在天，從荒地田埂上牧羊歸來，暮靄中草原上已升起炊煙。

(C)兩者皆指楊貴妃。「回眸一笑百媚生」讓「六宮粉黛無顏色」，正是中國四大美人之一的楊貴妃；選項引文出自白居易〈長恨歌〉，翻譯如下：她回眸一笑，嬌態萬千，後宮嬪妃頓時黯然失色。／「送荔枝」的故事即為楊貴妃的生平趣聞。選項引文出自杜牧〈過華清宮〉，翻譯如下：一匹驛馬急馳捲起滾滾沙塵，等待中的楊貴妃不禁為之一笑，沒有人知道是南方的荔枝即將送到。

(D)前者指周瑜，後者指項羽。與「二喬」有關的人物為周瑜；選項引文出自杜牧〈赤壁〉，翻譯如下：假使當年東風沒有配合周瑜的火燒連環艦，那麼周瑜戰敗，大喬、小喬就要被曹操擄去關在銅雀臺中了。／「無顏見江東父老」指的歷史人物正是項羽；選項引文出自杜牧〈題烏江亭〉，翻譯如下：江東地區仍有很多人才，項羽若能渡過烏江，捲土重來，最後的勝負也就說不定了。

(E)兩者皆指王昭君。和「毛延壽」有關的人物為王昭君；選項引文出自王安石〈明妃曲〉，翻譯如下：情意、神態，向來是畫不出來的，當時漢元帝殺了毛延壽，真是冤枉。／「流落死天涯」、「琵琶」，都和王昭君出塞的故事有關。選項引文出自歐陽脩〈明妃曲和王介甫作〉，翻譯如下：美麗的王昭君流落外邦、客死異鄉，她彈奏的琵琶曲卻能傳回漢朝，在中國流行起來。

第貳部分：非選擇題（共三大題，占54分）

一、文章解讀（占9分）

　　假如你是一位木商，我是一位植物學家，另外一位朋友是畫家，三人同時來看這棵古松。我們三人可以說同時都「知覺」到這一棵樹，可是三人所「知覺」到的卻是三種不同的東西。你脫離不了你木商的心習，於是所知覺到的只是一棵做某事用值幾多錢的木料。我也脫離不了我植物學家的心習，於是所知覺到的只是一棵葉為針狀、果為球狀、四季常青的顯花植物。我們的朋友──畫家──什麼事都不管，只管審美，他所知覺到的只是一棵蒼翠、勁拔的古樹。我們三人的反應態度也不一致。你心裡盤算它是宜於架屋或是製器，思量怎樣去買它，砍它，運它。我把它歸到某類某科裡去，注意它和其它松樹的異點，思量它何以活得這樣老。我們的朋友卻不這樣東想西想，只在聚精會神地觀賞它的蒼翠的顏色，它的盤屈如龍蛇的線紋以及那一股昂然高舉、不受屈撓的氣概。

　　由此可知這棵古松並不是一件固定的東西，它的形象隨觀者的性格和情趣而變化。各人所見到的古松形象都是各人自己性格和情趣的返照。古松的形象一半是天生

的，一半也是人爲的。極平常的知覺都帶有幾分創造性；極客觀的東西之中都有幾分主觀的成分。

　　(一)作者指出木商、植物學家和畫家「知覺」同一棵古松有三種不同的反應態度，這三種態度各有優劣嗎？以你對本段引文的理解，請加以闡述說明。

解析

作者的這三種態度，並沒有優劣之分，只是態度不同。木商眼裡「值幾多錢的木料」、植物學家眼裡「一棵葉爲針狀、果爲球狀、四季常青的顯花植物」、畫家眼裡「它的蒼翠的顏色，它的盤屈如龍蛇的線紋以及那一股昂然高舉、不受屈撓的氣概」，其實皆是古松不同面向的展現，也因此，三人的態度只是反應不同的面向，並沒有優劣之分。

　　(二)閱讀了作者這一段文字後，依據它的意旨，請你重新給它訂個題目，並簡要說明你的理由。

解析

本段文字的意旨，在於描述古松給人的客觀形象與主觀的理解。因此同學需定與此意旨相關的題目，並說明理由。舉例如下：

1. 〈一顆古松的三種觀察方法〉，說明理由：此題目旨在說明同一件事物實際上擁有許多不同的面向，只是看你從何種角度觀察而已。
2. 〈客觀與主觀〉，說明理由：此題目旨在說明客觀與主觀看似兩種截然不同的觀察面向，實際上是一體的兩面，主觀之中有客觀的觀察，客觀中仍有主觀的意識。

二、文章分析（占18分）

(一)客所以有「而今安在哉」的感歎，是因爲曹操的詩句讓客人聯想到曹操叱吒風雲的一生，再放眼今日「僅留其名，不見其人」，景物依舊、人事全非的場景，頓生感嘆。

(二)「蜉蝣」僅有一日的生命，對比於「天地」的無限長久，寫人類生命的短暫；以「滄海」的無邊廣大，對比於「一粟」的細微渺小，道盡人類存在本質的渺小。

(三)客人只能消極的「託遺響於悲風」，讓簫聲抒發面對人生這無法改變事實的悲傷情緒。

三、引導寫作（占27分）

思路小提醒

以下答案均爲寫作提示，僅點出關鍵，提供同學下筆發揮時的參考。

1. 文中畫線部分指名要以你在學校的親身體驗或見聞討論「大法官的解釋」和「李校長的反應」。
2. 先釐清文中兩者的意見：
   (1)「大法官解釋」的結論：學生有訴願和行政訴訟權。
   (2)「李校長的反應」：強調法案可能造成師生關係緊張。
3. 下筆前要先決定自己的立場：
   (1)大法官的解釋正確，學生的權益應維護並加爭取？
   (2)李校長的反應較合理，這項法案可能造成師生關係緊張？

4. 以說理的方式提出自己的看法，並舉例加強說理的強度和合理性。

5. 舉例時注意題目的規範：「你在學校的親身體驗或見聞」。這些事件的詳細過程不必花費太多筆墨，僅需要裁剪出凸顯自己論證的部分，以免使文章失焦變成新聞事件報導。

6. 題目是「學校和學生的關係」，因此主角「學校」和「學生」的種種說明，必須適切分配約各占一半的比例，才不致偏廢。

101 年統測（四技二專）

題型分析

題號類型	字音	字形	字詞義	文法修辭	成詞語	應用文	國學常識	閱讀理解
綜合測驗	4	13	1、2、3、14、15、18	16	20	8（諺語）、9（對聯）、11（歲次）、12（外來語）、17（書信）	10（歷史人物）	7（現代詩，文句排序）5、6、19（文言文）
篇章閱讀測驗								21-23、24-26、30-32（白話文題組）27-29、33-35、36-38（文言題組）

一、選擇題

㈠綜合測驗

（　　）1.下列「　」內的字，何者意義不相同？
　　　　(A)失其所「與」／吾誰「與」歸
　　　　(B)未果，「尋」病終／「尋」蒙國恩
　　　　(C)「微」夫人之力不及此／「微」管仲，吾其被髮左衽矣
　　　　(D)親賢臣，「遠」小人／「遠」罪豐家

（　　）2.鳳飛飛主唱的臺語歌〈心肝寶貝〉：「魚仔船隻，攏是無腳，安怎會□位？」依照文意，□可填入何字？（攏是：「都是」的意思。安怎：「怎麼」的意思。）
　　　　(A)述　　　　　　　　　　(B)徒
　　　　(C)陡　　　　　　　　　　(D)徙

（　　）3.有關賈誼〈過秦論〉的語詞解釋，下列何者錯誤？
　　　　(A)信臣精卒，「陳利兵而誰何」：面對勇猛的敵軍，該靠誰解圍
　　　　(B)「俛首係頸，委命下吏」：低下頭來，將繩子套在頭上，將生命交付獄吏處置
　　　　(C)謫戍之眾，非「抗」於九國之師也：抗衡、匹敵
　　　　(D)行軍用兵之道，非及「曩時」之士也：從前

（　　）4. 下列各組「　」內的字音，何者正確？

(A)夕「舂」未下：ㄔㄨㄣ

(B)夜「縋」而出：ㄓㄨㄟˋ

(C)羽扇「綸」巾：ㄌㄨㄣˊ

(D)鞭「笞」天下：ㄊㄞˊ

（　　）5. 蘇轍〈黃州快哉亭記〉：「今張君不以謫為患，竊會計之餘功，而自放山水之間，此其中宜有以過人者。」文中的曠達自適心境與下列何者不同？

(A)惟江上之清風，與山間之明月，耳得之而為聲，目遇之而成色。取之無禁，用之不竭，是造物者之無盡藏也，而吾與子之所共適（蘇軾〈赤壁賦〉）

(B)采菊東籬下，悠然見南山。山氣日夕佳，飛鳥相與還。此中有真意，欲辨已忘言（陶潛〈飲酒〉）

(C)賦命有厚薄，委心任窮通。通當為大鵬，舉翅摩蒼穹；窮則為鷦鷯，一枝足自容。苟知此道者，身窮心不窮（白居易〈我身〉）

(D)自許封侯在萬里，有誰知，鬢雖殘，心未死（陸游〈夜遊宮〉）

（　　）6. 下列各組的文意，何者與〈禮記·禮運〉：「老有所終，壯有所用，幼有所長，鰥寡孤獨廢疾者皆有所養。」的社會福利理念不同？

(A)尊高年，所以長其長；慈孤弱，所以幼其幼。凡天下疲癃、殘疾、悍獨、鰥寡，皆吾兄弟之顛連而無告者也（張載〈西銘〉）

(B)老吾老，以及人之老；幼吾幼，以及人之幼，天下可運於掌（《孟子·梁惠王》）

(C)甘其食，美其服，安其居，樂其俗。鄰國相望，雞犬之聲相聞，民至老死不相往來（《老子》）

(D)老者安之，朋友信之，少者懷之（《論語·公冶長》）

（　　）7. 閱讀下文，推斷四句錯散的文句排列順序，何者正確？

把你的影子加點鹽

甲、風乾

乙、下酒

丙、醃起來

丁、老的時候（夏宇〈甜蜜的復仇〉）

(A)甲丁丙乙

(B)乙丁甲丙

(C)丙甲丁乙

(D)甲丙乙丁

（　　）8. 某人學測成績不理想，名落孫山時，可用下列哪些諺語鼓勵他？

甲、三百六十行，行行出狀元

乙、三人行，必有我師焉

丙、失之毫釐，差以千里

丁、人有失手，馬有失蹄

戊、失敗爲成功之母

(A)甲乙丙 　　　　　　　　　　　　(B)甲丁戊

(C)乙丙戊 　　　　　　　　　　　　(D)乙丁戊

（　　）9. 下列對聯內容，依序可適用於哪些行業？

甲、明看企業精機杼／和以生財織錦雲

乙、妙技發揮鑲造瓠犀年返少／奇功施展整修編貝齒生春

丙、育種培苗蔥龍萬樹呈詩意／防洪抗旱聳峙層巒蘊水源

(A)紡織業／牙醫業／林業 　　　　　(B)電子業／美容業／農業

(C)銀行業／牙醫業／水利業 　　　　(D)精算業／美容業／園藝業

（　　）10. 有關文人稱號，下列何者正確？

(A)李白：詞中之帝 　　　　　　　　(B)韓愈：靖節先生

(C)連橫：臺灣新文學之父 　　　　　(D)鍾理和：倒在血泊中的筆耕者

（　　）11. 已知弟弟生肖屬虎，生於民國99年，干支歲次爲庚寅年。就讀幼稚園的哥哥，生肖屬狗。試問，哥哥的干支歲次爲何？

(A)甲子 　　　　　　　　　　　　　(B)丙戌

(C)丙寅 　　　　　　　　　　　　　(D)甲戌

（　　）12. 閱讀下文，共有幾個錯別字？

今大道既穩，天下爲家，各親其親，各子其子，貨利爲己。大人世及以爲理，城郭溝池以爲故，禮義以爲紀。（〈大同與小康〉）

(A) 2 個 　　　　　　　　　　　　　(B) 3 個

(C) 4 個 　　　　　　　　　　　　　(D) 5 個

（　　）13. 下列常用的外來語，何者純爲音譯，在字義上沒有關聯？

(A)卡路里 　　　　　　　　　　　　(B)維他命

(C)俱樂部 　　　　　　　　　　　　(D)脫口秀

（　　）14. 下列各句中的「若」字，可以解釋爲「如果」者，共有幾個？

甲、君王爲人不忍。「若」入，前爲壽，壽畢，請以劍舞，因擊沛公於坐（司馬遷〈鴻門宴〉）

乙、你底心如小小的寂寞的城，恰「若」青石的街道向晚（鄭愁予〈錯誤〉）

丙、百年後「若」有人考證，今人沒沒無名，而號碼獨多，一堆數字緊接著一堆數字，漪歟盛哉（吳魯芹〈數字人生〉）

丁、復入深林中，林木蓊翳，大小不可辨名。老藤纏結其上，「若」?龍環繞（郁永河〈北投硫穴記〉）

(A) 1 個 　　　　　　　　　　　　　(B) 2 個

(C) 3 個 　　　　　　　　　　　　　(D) 4 個

（　）15.下列各組文句中，何者前後「　」中使用不同的字詞，但彼此意思卻相同？

甲、安能以身之「察察」，受物之「汶汶」者乎（屈原〈漁父〉）

乙、無「冥冥」之志者，無昭昭之明；無「惛惛」之事者，無赫赫之功（荀子〈勸學〉）

丙、「鋤櫌棘矜」，非銛於「鉤戟長鎩」也（賈誼〈過秦論〉）

丁、殺人如不能「舉」，刑人如恐不「勝」（司馬遷〈鴻門宴〉）

(A)甲丙　　　　　　　　　　　　(B)丙丁

(C)乙丙　　　　　　　　　　　　(D)乙丁

（　）16.下列文句所使用的修辭法，何者標示錯誤？

(A)「盼望著，盼望著，春天的腳步近了。」（朱自清〈春〉）──擬人

(B)「在她的筐子裡，有美麗的零剪綢緞，也有很粗陋的麻頭、布尾。」（許地山〈補破衣的老婦人〉）──對比

(C)「莫道不銷魂，簾捲西風，人比黃花瘦。」（李清照〈醉花陰〉）──借代

(D)妻子對丈夫說：「你經常說夢話，還是去給醫生看看吧！」丈夫回答說：「不用了，要是真治好了，我就一點說話的機會都沒有了。」（曾妮〈青年幽默手冊〉）──飛白

（　）17.下列選項中的書信提稱語（知照敬詞），何者應用錯誤？

(A)某老師寫信給某道士：「某某法師法鑒」

(B)男學生寫信給男老師：「某某夫子函丈」

(C)老師寫信給已畢業的男學生：「某某賢棣英鑒」

(D)祖父寫信給讀大學的孫子：「某某金孫大鑒」

（　）18.下列文句「　」中的語詞，共有幾個不是自謙詞？

甲、凡我多士及我友朋，惟仁惟孝，義勇奉公，以發揚種性，此則「不佞」之幟也（連橫〈臺灣通史序〉）

乙、思厥「先祖父」，暴霜露，斬荊棘，以有尺寸之地。子孫視之不甚惜，舉以予人，如棄草芥（蘇洵〈六國論〉）

丙、秦、晉圍鄭，鄭既知其亡矣。若亡鄭而有益於君，敢以煩「執事」（《左傳‧燭之武退秦師》）

丁、有風颯然至者，王披襟當之，曰：快哉此風！「寡人」所與庶人共者耶（蘇轍〈黃州快哉亭記〉）

(A)1個　　　　　　　　　　　　(B)2個

(C)3個　　　　　　　　　　　　(D)4個

（　　）19.閱讀下文，關於王子猷行事風格的形容，下列何者正確？

王子猷居山陰，夜大雪，眠覺，開室，命酌酒。四望皎然，因起彷徨，詠左思〈招隱〉詩。忽憶戴安道，時戴在剡，即便夜乘小船就之。經宿方至，造門不前而返。人問其故，王曰：「吾本乘興而來，興盡而返，何必見戴？」
（《世說新語·任誕》）

(A)虎頭蛇尾　　　　　　　　　(B)擇善固執

(C)求真務實　　　　　　　　　(D)隨興自得

（　　）20.下列文句「　」內的成語，何者運用正確？

(A)這個案子疑雲重重，真相「歷歷如繪」，讓警方辦案相當吃力

(B)此事事關重大，所有參與的人都「呶呶不休」，深怕走漏風聲

(C)在那「篳路藍縷」的年代，我們的先人留下了無數拓荒的足跡

(D)這家餐館的海鮮因為「魚游鼎沸」的現場烹煮，所以特別鮮美

二、篇章閱讀測驗6篇，共18題

▲閱讀下文，回答第21～23題

　　中國的俠，或者是中國的俠義也是基於在一個共享、共有的背景、價值觀，以及思想傳統而形成的。在春秋戰國養士、用士之風盛行的催化下，成就了刺客這類人物的出現。刺客注重的是感情，強調有恩必報，都有政治意圖，不見得有固守的原則和遵循的理念，卻肯為了伯樂而犧牲自己的生命。例如士為知己者死的豫讓，用心不二；或如聶政割臉皮、挖眼睛，避免連累嚴仲子等，他們沒有獨立的地位，常依附於權貴門下，成為專為恩主行刺之人，也因此，所作所為驚天動地。相對地，游俠則居無定所，不蓄私財，以「行俠仗義」為己任。浪跡天涯，路見不平即拔刀相助，多為鋤強扶弱、劫富濟貧之輩。他們不論是依附權貴或是獨立行走江湖，皆可依照自己的原則和理念行事，雖不免遭人非議，但仍用自己的方式實現理想。

　　俠的人格特質，第一個是言必信，行必果，已諾必誠，不愛其軀，不矜其能，羞伐其德。在最深刻的動機上，俠沒有儒家進取俗世的精神，不論在表現上如何仗義守信、濟弱扶傾，俠的根本信仰和他的身世、行腳一樣，都有一點飄忽、有一點萍蹤不定；是以他不能等同於救苦救難的英雄，不能有神通、不能有法力，他最卓越的神通法力應該是遠離人群、遠離功名、遠離世俗的洞見。

（節錄自張大春《效忠與任俠——七俠五義》）

（　　）21.依據上文，春秋戰國時期刺客人物的出現，主要原因為何？

(A)養士、用士之風盛行　　　　(B)伯樂之死

(C)原則和理念的崩解　　　　　(D)清談風氣

（　）22.下列何者**不是**上文所描述「俠」的特質？

(A)法術高強，神通廣大　　　　(B)不矜其能，羞伐其德

(C)言必信，行必果，重然諾，輕生死　(D)具有遠離人群、功名、世俗的洞見

（　）23.下列解釋，何者正確？

(A)豫讓：態度恭敬而禮讓　　　(B)羞伐其德：以自誇品德為可恥

(C)洞見：目光短淺的愚見　　　(D)伯樂：泛指一般刺客

▲閱讀下文，回答第24～26題

> 　有人說古蹟是文化財，古蹟是人類所共有，沒有國界之分。愛護臺灣古蹟的人，一定也會珍惜埃及金字塔或中國的萬里長城。臺灣的古蹟有許多源自福建或廣東，我們既見樹也要見林，參觀大陸的古蹟有利於更深一層瞭解臺灣古蹟，我常鼓勵朋友有機會到大陸時，不妨多看些唐宋古建築，可與臺灣建築相互對照印證。再有機會到日本或韓國，也不能錯過這一些著名建築，例如韓國慶州古都及日本奈良的佛寺。
>
> 　內行看門道，到底應如何來看古建築，從欣賞到鑑賞的境界，的確需要一些準備的功夫。如果有當地朋友作陪，即是最幸運的。行前要蒐集當地背景資料，先讀過之後，才能在現場抓住重點。將古蹟當成一本無字的書籍來閱讀，走進去體會過去人類的文明成果，是很好的教材，所以可以列入學童的課程。近年我們也提倡鄉土教育，但不能只限於課本，應該讓學童走出去，投入古蹟懷抱之中。
>
> （節錄自李乾朗〈古蹟是一本無字的書〉）

（　）24.依據上文，作者為什麼認為應該多看看大陸的古建築？

(A)都受過相同淵源的文化啟發　(B)都具有相同的宗教信仰

(C)距離臺灣最近，方便參訪　　(D)容易接受彼此的移民交流

（　）25.下列選項，何者符合上文所提出的意旨？

(A)經濟效益是古蹟的首要意義和價值

(B)古蹟是文明的成果，應為世界人類共同珍惜

(C)古蹟無國界，應受聯合國共同保護

(D)應該投入古蹟的懷抱，廢止鄉土教育的課本

（　）26.依據上文，欣賞或鑑賞古蹟時，作者建議最好能準備什麼？

(A)開闊的心胸、鄉土的教材　　(B)充裕的經費、適當的時機

(C)一本無字的書、足夠的文化財　(D)當地朋友作陪、讀過當地背景資料

▲閱讀下文，回答第27～29題

> 　唐大中初，盧攜舉進士，風貌不揚，語亦不正，呼「攜」為「彗」，蓋短舌也。韋氏昆弟皆輕侮之，獨韋岫尚書加欽，謂其昆弟曰：「盧雖人物甚陋，觀其文章有首尾，斯人也，以是卜之，他日必為大用乎！」爾後盧果策名，竟登廊廟，獎拔京兆，

至福建觀察使。向時輕薄諸弟，率不展分。所謂以貌失人者，其韋諸季乎！

（孫光憲《北夢瑣言》卷五）

（　　）27. 文中「呼攜爲掣」的「呼」字，意思爲何？
　　　　　(A)呼吸　　　　　　　　　　　(B)發音
　　　　　(C)命令　　　　　　　　　　　(D)說明

（　　）28. 依據上文，「登廊廟」意思爲何？
　　　　　(A)出使國外　　　　　　　　　(B)追求名利
　　　　　(C)出任高官　　　　　　　　　(D)擔任祭祀主祭

（　　）29. 依據上文，下列成語何者適合形容韋岫本人？
　　　　　(A)玉樹臨風　　　　　　　　　(B)一表堂堂
　　　　　(C)慧眼獨具　　　　　　　　　(D)器宇軒昂

▲閱讀下文，回答第30～32題

　　在玉山圓柏的基因池中，原本具有可以長成數丈高巨木的潛力，卻因位居山巔絕嶺的艱困惡地，復因風暴、霜急、雪重，夥同乾旱、低溫、土壤化育不良等環境壓力，無時無刻地折磨與鞭笞圓柏的身軀，終而雕鑿出盤虬曲張的枝幹，駢體相連且緊臨地表而匍匐綿亙，形成生態術語裡所謂的「矮盤灌叢」。

　　就這樣，由於生長受到強制性扭曲，使得圓柏糾纏絞結的變體軀幹，充滿頑強抗爭的無比氣勢，在絕地裡硬生生地迸發出生命無窮的張力，順沿螺旋的枝椏望去，彷彿悲壯撕裂的吶喊，在天地交戰中響起，震撼山谷，活現了綠色生命的尊嚴。

　　事實上，玉山圓柏除卻自身的成長之外，體形的修飾，端視立地條件繁富變化的環境因子而定，因而外形善變非常。

　　在風強且非恆定性風向地區，隨著各季節風向變動，其枝椏可以螺旋轉向來適應。這一方面，生長環境近似的玉山杜鵑，其行爲表現則截然有別。此或因圓柏的枝椏較軟且韌，杜鵑的枝椏較硬且乏足夠彈性之所致。如果圓柏植株生長於具有風力強勁，如風口、稜線等地域，則體形會有半邊發展的傾向，而非上述的盤旋曲張。

　　目前研究指出，某些地點之風力、土壤厚度及溼度，可以決定圓柏在該地點所能生長的臨界範圍。此外，圓柏個體間的遺傳差異究竟如何，尚待進一步研究。

　　無論如何，體形變異依隨環境梯度起伏的圓柏族群，就造成藝術的角度衡量，在臺灣四千餘種植物之中，無有出其右者；其所建構出的微地景，更是精彩絕倫。

（陳玉峰〈玉山圓柏的故事〉）

（　　）30. 依據上文，下列敘述何者正確？
　　　　　(A)受到「矮盤灌叢」層層糾纏和扭曲，造成玉山圓柏無法順利長高
　　　　　(B)有關圓柏個體間的遺傳差異，目前尚未明朗

(C)玉山圓柏是造景藝術的良材，留在艱困的惡地，實屬可惜

(D)非恆定性風向的強風，是造成玉山杜鵑呈現螺旋枝椏的主要原因

（　）31. 關於半邊發展的玉山圓柏，下列敘述何者錯誤？

(A)不是基因所造成

(B)生長於風力強勁的風口區域

(C)其形成的原因在於比杜鵑的枝椏軟且韌

(D)由於地點特殊，故不因為季節不同，其枝椏就變成螺旋轉向

（　）32. 上文對於玉山圓柏的敘述，下列何者正確？

(A)玉山圓柏盤旋曲張的外貌，是臺灣曾發生種種慘烈戰爭的見證

(B)在臺灣四千餘種植物之中，玉山圓柏最適宜作為住家造景的植材，無出其右

(C)風暴、霜急、雪重、乾旱、低溫、土壤化育不良，無法戰勝玉山圓柏綠色的生命尊嚴

(D)呼籲園藝造景家對於玉山圓柏勿再強制性扭曲，使得它們糾纏絞結、軀幹變體

▲閱讀下文，回答第33～35題

> 林子啜茗於湖濱之肆。叢柳蔽窗，湖水皆黯碧若染，小魚百數，來會其下。戲嚼豆脯唾之，群魚爭喋，然隨喋隨逝，繼而存者，三四魚焉。再唾之，墜綴葑草之上，不食矣。始謂魚之逝者，皆飽也，尋丈之外，水紋攢動，爭喋他物如故。余方悟釣者之將下鉤，必先投食以引之，魚圖食而并吞鉤，久乃知凡下食者，皆將有鉤矣。然則名利之藪，獨無鉤乎？不及其盛下食之時而去之，其能脫鉤而逝者，幾何也？（林紓《畏盧文集·湖之魚》）
>
> ※葑草：水生植物，一名茭白。　　　藪：魚類或獸類聚居之地。

（　）33. 關於上文的意旨，下列何者正確？

(A)羨慕游魚在水中自由自在，無憂無慮

(B)享受在湖邊喝茶賞魚的休閒生活樂趣

(C)感慨世人不知躲避爭名逐利的誘餌

(D)慨嘆群魚優遊自得，卻難逃被捕的命運

（　）34. 「不及其盛下食之時而去之，其能脫鉤而逝者，幾何也？」具有下列何種啟發意義？

(A)放棄名利、甘於歸隱的人，令人不解

(B)追逐名利的人，應要來者不拒，才能壯大

(C)善於逢迎阿諛的人，為數眾多

(D)追逐名利的人，應要懂得急流勇退

（　　）35. 本文寫作的開展順序，下列何者正確？
　　　　(A)先議後敘　　　　　　　　　(B)先敘後議
　　　　(C)全文皆敘　　　　　　　　　(D)全文皆議

▲閱讀下文，回答第36～38題

> 　　有形之類，大必起於小；行久之物，族必起於少。故曰：「天下之難事必作於易，天下之大事必作於細。」是以欲制物者，於其細也。故曰：「圖難於其易也，為大於其細也。」千丈之堤以螻蟻之穴潰，百尺之室以突隙之煙焚。故曰：白圭之行堤也塞其穴，丈人之慎火也塗其隙。是以白圭無水難，丈人無火患。此皆慎易以避難，敬細以遠大者也。（《韓非子·喻老》）
>
> ※白圭：戰國時的水利專家。　　　　　　　行堤：巡視堤防。

（　　）36. 下列何者**不符合**本文意旨？
　　　　(A)牛驥同一皁，雞棲鳳凰食
　　　　(B)蠹眾而木折，隙大而牆壞
　　　　(C)天下之事，常發於至微，而終為大患
　　　　(D)曲突徙薪，防患於未然

（　　）37. 「有形之類，大必起於小；行久之物，族必起於少。」其意思與下列何者相近？
　　　　(A)不計得失　　　　　　　　　(B)集腋成裘
　　　　(C)知難行易　　　　　　　　　(D)三思而行

（　　）38. 下列「　」中的字，何者意義兩兩相同？
　　　　(A)「族」必起於少／抄家滅「族」
　　　　(B)圖難於其「易」／寒暑「易」節
　　　　(C)百尺之室以「突」隙之煙焚／曲「突」徙薪
　　　　(D)敬細以「遠」大／言近旨「遠」

二、寫作測驗

> 　　人們無論針對過去種種、目前當下，或規劃未來，大大小小的行事作為，都可以透過道德良心加以檢驗或省思，所得到的結論，理應是自覺坦蕩，而不是慚愧羞赧。包含對人、對事、對物，甚至是對天地良心，都應該時時自我省思，自我惕勵。如果人人重視這把道德的尺，對自己，對別人，甚至對國家社會，都有可能發揮不小的影響力。
>
> 　　請以「問心無愧」為題，書寫一篇完整的文章，敘述相關體驗、事例，或論說此一道理。

101年統測（四技二專）解答

題號	1	2	3	4	5	6	7	8	9	10	11	12	13	14	15	16	17	18	19	20
答案	A	D	A	B	D	C	C	B	A	D	B	C	A	A	D	D	D	B	D	C

題號	21	22	23	24	25	26	27	28	29	30	31	32	33	34	35	36	37	38
答案	A	A	B	A	B	D	B	C	C	B	C	C	C	D	B	A	B	C

101年統測（四技二專）詳解

一、選擇題

㈠綜合測驗

1. 答案：A
   (A)前段引文中的「與」意即親近、交好，前段引文出自《左傳‧燭之武退秦師》，翻譯如下：失掉友好的同盟國。／後段引文中的「與」意即認同，引文即為「吾歸與誰」，選項出自范仲淹〈岳陽樓記〉，翻譯如下：我要歸向認同誰呢？
   (B)前、後段引文中的「尋」的意義皆為「不久」，前段引文出自陶淵明〈桃花源記〉，翻譯如下：（尋訪桃花源）沒有成功，不久就病死了。／後段引文出自李密〈陳情表〉，翻譯如下：不久之後又蒙受皇上的恩典。
   (C)前、後段引文中「微」的意義皆為「無」。前段引文出自〈左傳‧燭之武退秦師〉，翻譯如下：沒有這個人（秦穆公）的力量（幫忙），我不可能返晉為君王／後段引文選項出自《論語‧憲問》，翻譯如下：如果沒有管仲，我們恐怕是披頭散髮，穿著左邊開襟的衣服（淪為夷狄了）
   (D)前、後段引文中「遠」的意義皆為「遠離」。前段引文出自諸葛亮〈出師表〉，翻譯：親近賢明的大臣，遠離奸邪的小人／後段引文出自司馬光〈訓儉示康〉，翻譯如下：遠離罪罰，富厚家業。

2. 答案：D
   從文意上來看，歌詞質疑「漁船沒腳，怎會移位？」因此空格應填入形容腳走動、移位的字，(D)選項「徙」字音ㄒㄧˇ，有遷移、移轉之意，故為正確選項。

3. 答案：A
   (A)「誰何」是「誰奈之何」的省略。誰能把我怎麼樣呢？「信臣精卒，陳利兵而誰何」，意指（秦始皇）任用忠貞的臣子，精銳的士卒，到處陳列鋒利的武器，有誰能對付得了呢
   (C)「謫戍之眾，非抗於九國之師也」，是指（那些）被流放（由陳涉所領導）的戍卒所組成的兵眾，根本不能和當年九國聯合的軍隊相比
   (D)「行軍用兵之道，非及曩時之士也」，（陳涉等）在指揮軍隊布陣作戰的方法上，也都不如之前六國的賢士（來得有智謀）。

4. 答案：B
   (A)音ㄔㄨㄥ。選項出自袁宏道〈晚遊六橋待月記〉。類似的字尚有：「椿」萱並茂，ㄔㄨㄣ；「蹅」腳，ㄓㄨㄤ
   (B)選項出自《左傳‧燭之武退秦師》。類似的字尚有：跌腳「搥」胸，ㄔㄨㄟˊ；流星「鎚」，ㄔㄨㄟˊ
   (C)音ㄍㄨㄢ。選項出自蘇軾〈念奴嬌‧赤壁懷古〉。類似的字尚有：「掄」拳，ㄌㄨㄣˊ；同是天涯「淪」落人，ㄌㄨㄣˊ
   (D)音ㄔ。選項出自賈誼〈過秦論〉。類似的字尚有：「苔」鮮，ㄊㄞˊ；舌「苔」，ㄊㄞˊ。

5. 答案：D
   題幹翻譯
   現在張（夢得）先生不因貶官而憂傷，反而利用公餘閒暇的時候，把心情寄託在山水之中，這應該是他有超過常人的修養。

(A)表達曠達自適心境。翻譯如下：只有江上的清風，和山中的明月，耳朵聽到了就成為悅耳好聽的聲音，眼睛看見了就成為優美的景色。取用它無人禁止，也用之不盡。這是自然界無盡的寶藏，而我和您所共同享用的啊！

(B)表達曠達自適心境。翻譯如下：在東邊籬笆下採摘菊花，悠然抬頭只見遠處南山聳立。黃昏夕照下山氣氤氳，天際飛鳥結伴還巢。這其中的意境，只能靠心領神會而無法用言語表達。

(C)表達曠達自適心境，說明自處之道應該順應自然。翻譯如下：人的命運有貴賤之別，不如聽憑造化任它困頓或顯達。顯達時像大鵬鳥般，展翅高飛天際；困頓時則像鷦鷯一樣，一截樹枝便可容身度日。如果能夠明白這個道理，就算處境困頓，內心也能感到如海闊天空般不受限制。

(D)抒發愛國的情操。翻譯如下：曾經自我期許日後要建功封侯，誰料到，如今已是兩鬢花白，但是壯志雄心不減。

6. 答案：C

(A)〈禮記・禮運〉中的社會福利理念，是以仁心觀照人民，使所有人都能受到照顧的大同世界。翻譯如下：（在社會中）老年人得以安享天年，壯年人能發揮所長，貢獻己力；幼年人能受教養成長。鰥夫、寡婦、孤兒、沒有子女的老人，以至殘廢疾病的人，都能得到照顧養育。

(A)張載〈西銘〉中的社會福利理念是尊長、慈幼、疲癃殘疾悼獨鰥寡等不幸者，皆如我兄弟般得到照顧。翻譯：尊敬年長者，故禮敬同胞中年長的人；慈愛孤苦弱小者，故慈愛同胞中幼弱的人。天底下無論是衰老龍鍾、身有殘疾、孤苦無依或鰥夫寡婦，都是我困苦而無處訴說的兄弟。

(B)《孟子・梁惠王》是以「敬老、慈幼」為其主要的社會福利理念。翻譯如下：由尊敬自己的長輩，進而推廣到尊敬他人的長輩；由愛護自家的子女，進而推及到愛護別人的子女。（若能做到這樣），治理天下就如同在手掌心轉動物體一樣容易了。

(C)《老子》所提到的社會福利理念，也正是老子政治思想的核心：無為而治。這是政治理想追求民風淳樸，生活安定的「小國寡民」境界。翻譯如下：食物香甜，穿戴漂亮，住宅安適，習俗良善。鄰近的國家互相望得見，雞鳴狗叫的聲音互相聽得見，人民直到老死也不相往來。

(D)《論語・公冶長》所提到的社會福利理念是尊長、慈幼。翻譯：讓長者得到安養照顧，朋友間彼此信任，年輕的孩子能受到關懷。

7. 答案：C

遇到這類型的題目，同學需對題幹先行理解：「你的影子」是主詞，也是「把……加點鹽」此醃漬過程的保存物。選項中的四句可以大略分成兩個部分：「醃起來／風乾」，是醃漬的過程；而「老的時候／下酒」則是醃漬後保存物的用途。因此，按照文意順序是：（現在）加點鹽→醃起來→風乾→（以後）老的時候→下酒。

夏宇這首膾炙人口的詩，主角「你的影子」指的是關於心愛之人的所有記憶，詩的內容主要描述主人翁想要將心愛的人的身影牢牢記住、珍藏到老，老來了再回味過往愛情的記憶。

8. 答案：B

題幹中的成語「名落孫山」比喻考試不中，此成語典故出自范公偁的《過庭錄》：相傳吳人孫山應試幸運考中最後一名，而與其同往的鄉人兒子則不行落選。回鄉後，鄉人問兒子考中沒有，孫山回答：「解名盡處是孫山，賢郎更在孫山外。」各選項解析如下：

(甲) 比喻不論從事何種行業，皆能有所成就。故雖然「成績不理想，名落孫山」這一項失敗，但不妨礙其他方向的發展，適合用來鼓勵他人。「三百六十行」是各種職業的總稱，「行

行出狀元」則指各種行業中皆會有傑出人物。

㈡ 意爲三個人一起，其中必定至少有一人可以當我的老師。此意與題幹「成績不理想，名落孫山」的失敗意涵完全無關。原文出自於《論語・述而》：「三人行，必有我師焉。擇其善者而從之，其不善者而改之。」翻譯如下：三個人同行，其中必定有我的老師。我選擇學習（這個人）美善的一面，而看到他不好的地方，就對照改正自身缺點。

㈢ 指差距雖然極爲細微，但導致的錯誤結果卻非常大，或作「失之毫釐，謬之千里」。此意與題幹「成績不理想，名落孫山」的失敗意涵完全無關。原文出自於《陳書・虞荔傳》。

㈣ 比喻辦事免不了偶爾會有差錯。故「成績不理想，名落孫山」的失敗，是偶爾發生的差錯，適合作爲鼓勵之用。「人有失手，馬有失蹄」或作「人有失手，馬有亂蹄」，爲中國諺語。

㈤ 意指失敗的教訓是成功的基礎。故「成績不理想，名落孫山」的失敗，可視爲下一次成功的基礎，適合作爲鼓勵之用。「失敗爲成功之母」或作「失敗者成功之母」、「失敗乃成功之母」。

9. 答案：A

正確答案爲(A)紡織業／牙醫業／林業。詳細說明如下：

㈠ 在紡織、電子、銀行、精算等行業中作選擇，由「精機杼」、「織錦雲」的關鍵詞，可知應和「紡織業」最具關聯性，故選(A)。機杼：織布機；錦雲：有雲彩圖案的錦緞。

㈡ 由「瓠犀」、「編貝」的關鍵詞，可知此選項應和「牙醫業」最具關聯性，故選(A)(C)。瓠（ㄏㄨˋ）犀：瓠中之子。因其排列整齊，色澤潔白，故用以比喻美人整齊的牙齒。《詩經・衛風・碩人》：「手如柔荑，膚如凝脂，領如蝤蠐，齒如瓠犀。」齒若編貝：形容牙齒如編排的海貝般潔白整齊。亦作「齒如含貝」、「齒如齊貝」。

㈢ 由「育種培苗」、「蔥蘢萬樹」、「防洪抗旱」、「蘊水源」的關鍵詞，可知此選項應與造林蘊水的「林業」最具關聯性。

10. 答案：D

(A)李白：詩仙。李煜（李後主）：詞中之帝

(B)韓愈：世稱韓文公，宋神宗時追封昌黎伯，故又稱韓昌黎。陶淵明：靖節先生

(C)連橫：字雅堂，著《臺灣通史》。賴和：臺灣新文學之父。

11. 答案：B

弟弟生肖屬虎，哥生肖屬狗，所以哥哥大弟弟四歲。弟弟生於民國99年，所以哥生於民國95年。弟弟的干支歲次爲庚寅年，往前推算四年即是哥的干支，歲次爲丙戌。

中國人計算曆法或時間，是用天干配上地支：

天干	甲	乙	丙←	丁←	戊←	己←	庚	辛	壬	癸		
地支	子←	丑←	寅	卯	辰	巳	午	未	申	酉	戌←	亥←
生肖	鼠←	牛←	虎	兔	龍	蛇	馬	羊	猴	雞	狗←	豬←

12. 答案：C

錯別字共計四個：今大道既「穩」→隱；貨「利」→力；大人世及以爲「理」→禮；城郭溝池以爲「故」→固。

題幹引文翻譯如下：如今至公至正的大道既然已經隱沒消失，天下成爲天子的私人產業。每個

人各自親愛自己的親長，各自慈愛自己的子女，財貨的開發及勞力的付出，都是爲了自身利益。在上位者以父死子繼或兄終弟及的制度傳承地位，以建城郭挖溝池等武備力量來鞏固政權，以禮義作爲綱紀。

13. 答案：A
　(A)卡路里：calorie，熱量單位。純爲音譯。
　(B)維他命：vitamin，是維持人體生存，促進新陳代謝的有機物質，可將之聯想成「維持生命」。
　(C)俱樂部：club，是爲達到某些特殊目的，如社交、休閒活動和娛樂等，而組織的社會團體及其使用場所，可將其聯想成「可一起快樂的場所」。
　(D)脫口秀：talk show，是一種展現機智口才的表演，可將其聯想成「不加思索，順口說出的立即表演」。

14. 答案：A
　可以解釋爲「如果」的選項爲 (丙)，各選項解析如下：
　甲、選項中的「若」字解釋爲「你」。翻譯如下：項王爲人不夠狠心。你（項莊）進去上前獻酒祝壽，祝壽完畢後，再請求以舞劍助興，看準機會刺殺劉邦於座席上
　乙、選項中的「若」字解釋爲「好像」。翻譯如下：你內心的情感就好像是黃昏時既小且寂寞的城中，那青石的街道般堅毅地終日守候。
　丙、選項中的「若」字解釋爲「如果」。「漪歟盛哉」意指向水面的漣漪一樣多啊。漪，一，水面的波紋；歟，ㄩˊ，示感嘆的語氣；盛，表是多之意。
　丁、選項中的「若」字解釋爲「好像」。翻譯如下：再走入幽深的樹林中，樹木茂盛蒼翠，或大或小無法分辨其名稱。老藤纏繞盤結在樹上，好像是虯龍盤繞一樣。

15. 答案：D
　各選項解析如下：
　甲、察察：潔白的樣子／汶汶：ㄇㄣˊ，昏暗、汙濁的樣子。翻譯：怎能讓這乾淨的身體，去蒙受到骯髒汙濁呢。
　乙、「冥冥」、「惛惛」兩詞皆指「精誠專一」。翻譯：沒有專默精誠的心志，就沒有明徹通達的智慧；不能專默精誠的集中精神，就沒有顯赫的功業。
　丙、「鋤櫌棘矜」指用鋤頭、荊棘當武器／「鉤戟長鎩」指鉤戟長矛，爲古代兵器。翻譯：（陳涉的軍隊）用鋤頭、荊棘當武器，無法比（九國之師的）鉤戟長矛來得銳利。
　丁、「舉」、「勝」兩字皆指「盡」。翻譯：殺人好像唯恐殺不完，對犯人的施刑好像唯恐不能用盡酷刑。

16. 答案：D
　(A)春天的「腳步」近了：以人的腳步寫春天來了，是擬人
　(B)「美麗」對比「粗陋」；「綢緞」對比「麻頭、布尾」。
　(C)「西風」借代表「秋風」；「黃花」借代表「菊花」。
　(D)倒反：文詞表面意義和作者內心真意相反。可見先生平常說話機會不多，故幽默以說夢話來爭取說話的機會。飛白：爲了存真或逗趣，刻意把語言中的方言、俚語、吃澀、錯別、以至行話、黑話，加以記錄或援用的，這種有點譬喻意味的修辭技巧叫作「飛白」。例如：「我被條子罰了！」「條子」便是「警察」的飛白。

17. 答案：D
　(D)大鑒用於平輩。祖父寫給孫子晚輩，宜用：青鑒、青覽、如晤、如面、收覽、知悉……

18.答案：B

　㈡㈢不是自謙詞。各選項解析如下：

甲、「不佞」：不才，是自謙詞。翻譯：我的同胞以及朋友們，要行仁講孝，忠義勇爲地奉公守法，以發揚我們的民族性，這就是我（寫《臺灣通史》這本書）的志向啊

乙、「先祖父」是對祖先們的敬稱。翻譯：想想六國的開國祖先們，當年身受風霜雨露，披荊斬棘，才能擁有小小的一尺一寸土地。後代子孫卻不知珍惜，拿來送給別人，就像丟棄小草般毫不在意。

丙、「執事」原指在君王左右辦事的人，此指秦穆公，是爲敬詞。翻譯：秦國和晉國聯攻鄭國，鄭國已經知道一定會滅亡。如果滅亡鄭國對您（秦國）有利，那就麻煩您來攻打吧

丁、「寡人」乃君王謙稱自己是寡德之人，爲自謙詞。翻譯：有涼風颯颯地吹來，襄王敞開衣襟迎著風，説：「這涼風真是暢快極了，我和老百姓都能共同享受吧？」

19.答案：D

　解析

⑷「虎頭蛇尾」比喻做事有始無終。「虎頭蛇尾」是負面的評價，「隨興自得」則是對正面生活態度的讚美。同學會誤以爲事情沒做完便是虎頭蛇尾，其實解讀文章時，需考慮全文所指涉的含意，而不能只看造門不入這個動作，便忽略前文中吟詩、訪友此般「隨興自得」的起心動念。

⑸「擇善固執」指選擇好的、正確的事去做，且堅持不變。

⑹「求真務實」與「隨興自得」都是正面生活態度之一。「務實」指致力於具體而實際的工作，形容做事態度認真專一。文中王子猷的行爲與具體實際、認真求真無關。

⑺王徽之，字子猷，王羲之子。本篇以下列三點王子猷的行事，充分刻劃其任性放達的隨性自得風骨：

⑴左思的〈招隱〉詩旨在歌詠隱士的清高生活，表現出不肯與現實社會同流合汙的精神。由王子猷夜半醒來賞雪，吟詠的是左思的〈招隱〉詩，可見同氣相求之意。

⑵戴安道既是擅長音樂、書畫與佛像雕刻，是位博學多能的賢人，他終身不仕爲的便是不想侍奉權貴。王子猷夜半飲酒賞雪，吟詠詩歌，雅興之餘，突然興起了探訪戴安道這樣的高節隱士，再次彰顯同氣相求之意。

三、雪夜訪戴，經宿方至，卻造門不入，一句「何必見戴」的瀟灑，更道盡王子猷行事不求功利的隨性自得。

　翻譯

王子猷住在山陰縣時，有一天晚上下大雪，他從睡夢中醒來，打開房門，命下人備酒。舉目四望，只見月色皎潔明亮，於是閒適逍遙的自在行走，吟誦左思的〈招隱〉詩。忽然想起了戴安道，當時戴安道住在剡縣，於是（王子猷）立刻連夜乘小船前往（去拜訪他）。過了一夜才到達，到了門前卻不進去而又折返。有人問他原因，王子猷説：「我本是趁著興頭前來，現在興頭盡了就回去，爲什麼一定要見到戴安道呢？」

20.答案：C

⑷「歷歷如繪」指描寫、陳述得清楚，就像畫面呈現眼前一般。既然案子疑雲重重，讓警方辦案頗感吃力，以「撲朔迷離」（形容事物錯綜複雜，難以明瞭真相）形容真相，較「歷歷如繪」更切合文意。

⑸「呶呶不休」指嘮嘮叨叨説個不停。既怕走漏風聲，「守口如瓶」當較「呶呶不休」更切合文意。

⑹「篳路藍縷」指駕柴車，穿著衣，以開墾山林；比喻創業艱難，選項出自連橫〈臺灣通史

序〉。

(D)「魚游鼎沸」比喻處境極度危險，選項出自丘遲〈與陳伯之書〉。

二、篇章閱讀測驗6篇

21. 答案：A

由文中「在春秋戰國養士、用士之風盛行的催化下，成就了刺客這類人物的出現」一句，可知春秋戰國時期出現刺客人物是因為養士、用士之風盛行。

22. 答案：A

(A)由「不能等同於救苦救難的英雄，不能有神通、不能有法力」一句，可知「法術高強，神通廣大」並非文中所描述「俠」的特質。

(B)由文中「俠的人格特質……不矜其能，羞伐其德」的敘述，可知選項敘述正確。

(C)由文中「俠的人格特質，第一個是言必信，行必果」的敘述，可知選項敘述正確。

(D)由文中對俠「遠離人群、遠離功名、遠離世俗的洞見」卓越能力的敘述，可知選項敘述正確。至於同學會誤解「他最卓越的神通法力應該是……」一句，實需將前後文句連貫起，以觀整段意涵：俠沒有神通的法力，一定要說有法力，就是與眾不同的透徹觀察判斷力。

23. 答案：B

(A)「士為知己者死的豫讓」是一名行義的刺客，而非「態度恭敬而禮讓」者。豫讓在智伯門下任職，智伯很看重和寵愛他。晉陽之戰，智伯討伐趙襄子失敗而被殺。豫讓在逃走後改姓換名，冒充成要服刑的人，混進趙襄子宮廷裡塗飾廁所，身上帶著匕首，想要借機刺殺趙襄子。後被抓，但趙襄子卻以「智伯亡無後，而其臣欲為報仇，此天下之賢人也」為由，釋放了豫讓。不久，豫讓又在身上塗漆，讓皮膚長滿惡瘡；吞木炭，使聲音變得沙啞，然後在市上行乞。某次，聽說趙襄子出宮，豫讓立即在其必經的橋下埋伏。趙襄子來到橋邊，馬突然大驚，趙襄子說：「此必豫讓也。」眾人將豫讓圍住。豫讓說：「臣聞明主不掩人之美，而忠臣有死名之義。……願請君之衣而擊之，焉以致報仇之意，則雖死不恨。」趙襄子被豫讓的義烈所感動，便命人將自己的衣服給他。豫讓拔劍跳躍三次，一劍劈下，說道：「吾可以下報智伯矣！」說罷便自刎而死。

(C)洞見：透澈、明白地看法。

(D)伯樂，是周代善於相馬的人。

24. 答案：A

由文中「臺灣的古蹟有許多源自福建或廣東，我們既見樹也要見林，參觀大陸的古蹟有利於更深一層瞭解臺灣古蹟」可知，作者認為應多看大陸的古建築的原因是因為臺灣和大陸都受過相同淵源的文化啟發。

25. 答案：B

(A)、(C)由「古蹟是人類所共有，沒有國界之分……可與相互對照印證」之說，可知古蹟的意義與價值，既不在「經濟效益」，也未提及「應受聯合國共同保護」，故兩選項皆有誤。

(B)由文中「有人說古蹟是文化財，古蹟是人類所共有，沒有國界之分」，可知「古蹟是文明的成果，應為世界人類共同珍惜」為全文論述核心。

(D)文中「提倡鄉土教育，但不能只限於課本，應該……走出去，投入古蹟懷抱之中」之句，並未提及「廢止鄉土教育的課本」一事，故選項錯誤。

26. 答案：D

由文中「如果有當地朋友作陪，即是最幸運的。行前要蒐集當地背景資料，先讀過之後，才能

在現場抓住重點」可知，欣賞或鑑賞古蹟時，作者建議最好能有當地朋友作陪，並在行前讀過當地背景資料。

閱讀下文，回答第27-29題：

> 　　唐大中初，盧攜舉進士，風貌不揚，語亦不正，呼「攜」爲「彗」，蓋短舌也。韋氏昆弟皆輕侮之，獨韋岫尚書加欽，謂其昆弟曰：「盧雖人物甚陋，觀其文章有首尾，斯人也，以是卜之，他日必爲大用乎！」爾後盧果策名，竟登廊廟，獎拔京兆，至福建觀察使。向時輕薄諸弟，率不展分。所謂以貌失人者，其韋諸季乎！
> （孫光憲《北夢瑣言》卷五）

翻譯

唐朝大中初年，盧攜考中進士，他的相貌和氣質都不出眾，說話又發音不清，將「攜」讀成「彗」，是因爲舌頭短的緣故。韋家兄弟都輕視他，只有尚書韋岫對他很尊敬，他對兄弟們說：「盧攜雖然人長得醜，但是文章寫得很好。這個人，如果按照他文章的表現來推測，將來必然有大的作爲啊！」後來盧攜果然通過考試，竟然得以進入廟堂擔任重要職務，獎勵提拔韋岫爲福建觀察使。以前輕視盧攜的韋家兄弟們，大都沒什麼出息，所以以外貌取人而錯失人才的人，大概指的就是韋家兄弟們吧！

27. 答案：B

「呼攜爲彗」是指盧攜因爲舌頭短的緣故，將「攜」讀成「彗」，「呼」字意爲「發音」。

28. 答案：C

「廊廟」指朝廷，故「登廊廟」即指出任官職。

29. 答案：C

(A)「玉樹臨風」形容人形容人年少才貌出眾。

(B)「一表堂堂」，指人相貌堂皇，舉止莊重，一表人才。堂堂，儀表大方莊重。

(C)「慧眼獨具」，指具有特殊的眼光或見解，適合用來形容不介意盧攜外表風貌不揚，而能觀察其內在涵養的韋岫。

(D)「器宇軒昂」指形容人的神采奕奕，氣度不凡。

30. 答案：B

(A)「在玉山圓柏的基因池中……因位居山巔絕嶺的艱困惡地，復因……不良等環境壓力……終而雕鑿出盤虬曲張的枝幹，駢體相連且緊臨地表而匍匐綿亙，形成生態術語裡所謂的『矮盤灌叢』」。故「矮盤灌叢」指的是圓柏生長的生態現象，而非長不高的原因。

(B)由「圓柏個體間的遺傳差異究竟如何，尚待進一步研究」可知，目前仍未能知圓柏個體間的遺傳差異。

(C)「體形變異依隨環境梯度起伏的圓柏族群，就造成藝術的角度衡量，在臺灣四千餘種植物之中，無有出其右者」，此處在說明圓柏的特殊藝術景觀，乃是生長環境所造成的，並沒有提到圓柏是造景良材。

(D)圓柏「在風強且非恆定性風向地區，隨著各季節風向變動，其枝椏可以螺旋轉向來適應」，可見非恆定性風向的強風，是造成玉山圓柏呈現螺旋枝椏的主要原因。「這一方面，生長環境近似的玉山杜鵑，其行爲表現則截然有別……或因杜鵑的枝椏較硬且乏足夠彈性之所致」，可見玉山杜鵑因枝椏較硬且乏彈性，故沒有呈現螺旋枝椏的現象。

31. 答案：C

(A)、(C)「如果圓柏植株生長於具有風力強勁，如風口、稜線等地域，則體形會有半邊發展的傾向，而非上述的盤旋曲張。」故玉山圓柏的半邊發展是受環境影響，既不是基因造成的，也不是因為比杜鵑的枝椏軟且韌，故(C)選項描述有誤。

(B)、(D)由「在風強且非恆定性風向地區，隨著各季節風向變動，其枝椏可以螺旋轉向來適應」，可知玉山圓柏的半邊發展是受特殊地點的風力影響，故選項敘述正確。

32. 答案：C

(A)玉山圓柏「的變體軀幹，充滿頑強抗爭的無比氣勢……彷彿悲壯撕裂的吶喊，在天地交戰中響起，震撼山谷，活現了綠色生命的尊嚴」，以上在描寫玉山圓柏成長的艱辛與崢嶸的姿態，而非戰爭的場面，故選項敘述錯誤。

(B)「造成藝術的角度衡量，在臺灣四千餘種植物之中，無有出其右者」，指出玉山圓柏崢嶸姿態的藝術美感，並未論及「適宜作為住家造景的植材」與否，故選項敘述錯誤。

(D)文中完全未見此呼籲。

閱讀下文，回答第33-35題：

> 　　林子啜茗於湖濱之肆。叢柳蔽窗，湖水皆黯碧若染，小魚百數，來會其下。戲嚼豆脯唾之，群魚爭喋，然隨喋隨逝，繼而存者，三四魚焉。再唾之，墜綴莕草之上，不食矣。始謂魚之逝者，皆飽也，尋丈之外，水紋攢動，爭喋他物如故。余方悟釣者之將下鉤，必先投食以引之，魚圖食而并吞鉤，久乃知凡下食者，皆將有鉤矣。然則名利之藪，獨無鉤乎？不及其盛下食之時而去之，其能脫鉤而逝者，幾何也？（林紓《畏盧文集・湖之魚》）

翻譯

林生在湖邊的茶館裡喝茶。四垂的柳條遮蔽著窗口，湖水深蒼碧綠猶如渲染過一般，百餘條小魚正群聚在窗下的水中。林生以取樂的心情試著將豆子、肉乾嚼碎後朝水面唾去，魚兒紛紛爭著搶食，然而一邊爭食一邊又游開了，一直覓食停留不走的，約三四條而已。林生便再嚼食唾下，碎屑沉入水底，粘在水中的雜草上，魚也不再去吃它了。林生起先以為魚的離去，是因為都吃飽了，可是離那一丈之外的地方，水面圈圈漣漪不停晃動著，那些小魚爭食其他東西如先前一樣。林生頓時想到：釣魚的人在垂下魚鉤之際，必定先以魚餌為引誘，魚兒要想吃食便同時吞下釣鉤，時間久了，魚兒便知道凡有餌食的地方多半有釣鉤。然而名利匯聚的地方，難道沒有釣鉤嗎？如果不趁著頻頻下餌的時機吃完後及時離開，能夠脫鉤而遠離的人，又有幾個人呢？

33. 答案：C

文章主旨由林生觀看游魚吃食中頓悟「不及其盛下食之時而去之，其能脫鉤而逝者，幾何也」，感慨世人不知躲避爭名逐利的誘餌。

34. 答案：D

由「不及其盛下食之時而去之，其能脫鉤而逝者，幾何也？」句中的反詰語氣，說明了常人多「不及其盛下食之時脫鉤而逝」，因此林生才會有「追逐名利的人，應要懂得急流勇退」的頓悟與感嘆。

35. 答案：B

文章先敘述林生在觀看游魚吃食中頓悟，提出「不及其盛下食之時而去之，其能脫鉤而逝者，幾何也」的感慨議論，故為先敘述後議論。

閱讀下文，回答第36-38題：

> 有形之類，大必起於小；行久之物，族必起於少。故曰：「天下之難事必作於易，天下之大事必作於細。」是以欲制物者，於其細也。故曰：「圖難於其易也，為大於其細也。」千丈之堤以螻蟻之穴潰，百尺之室以突隙之煙焚。故曰：白圭之行堤也塞其穴，丈人之慎火也塗其隙。是以白圭無水難，丈人無火患。此皆慎易以避難，敬細以遠大者也。（《韓非子·喻老》）

翻譯

凡是有形狀的東西，大的必定是從小的發展而來；久存的事物，多數必定是由少數積聚而成。所以（《老子》）說：「天下間的困難事都起於簡單處，天下間的大事都自細微處發展起。」因此要想控制事物，就必須從起源開始處著手。所以（《老子》）說：「想辦難的事先從簡單的著手，要做大的事先從小處開始。」千丈長堤會因為小螻蟻蝕成的洞穴而崩毀，百尺高屋會因為煙囪縫隙漏火而焚毀。因此，白圭巡視堤防時會填堵螻蟻洞穴，老人為了防火會填補煙囪的縫隙。因此白圭沒有遇到水災，老人也沒有遭受火災。這些都是謹慎地對待容易的小事而避免了大難的發生，鄭重地對待細小的漏洞而遠離了大禍。

36. 答案：A

(A)喻為龍蛇雜處，賢愚不分，選項出自文天祥〈正氣歌〉。

(B)蛀蟲多了，木頭就要折斷；牆縫大了，牆就要倒塌。比喻不及時糾正小錯，就會造成大害，選項出自《商君子·修權》。

(C)天下的事，通常發生在極細微的地方，而最後終形成大禍患，選項出自方孝孺〈指喻〉。

(D)比喻事先採取措施，在禍患沒有發生之前就加以防備。

37. 答案：B

題幹引文翻譯如下：凡是有形狀的東西，大的必定是從小的發展而來；久存的事物，多數必定是由少數積聚而成。各選項解析如下：

(A)「不計得失」指不考慮成敗。

(B)「集腋成裘」指狐狸腋下的皮毛雖不多，但聚集起來就可縫製成一件皮衣，比喻積少成多。

(C)「知難行易」是國父重要學說之一。旨在破除「知之非艱，行之維艱」的舊說，從而祛除坐而言不能起而行之苟且怠惰的積習，勉勵國人篤實力行，奮鬥不懈。認為除了努力求知外，更應從力行中求真知，如此才能解決知難的問題。或稱為「行易知難」。

(D)「三思而行」反覆再三考慮，然後再做。《論語·公冶長》：「季文子三思而後行。子聞之，曰：『再，斯可矣。』」後比喻謹慎行事。

38. 答案：C

(A)多 / 親族。

(B)容易 / 替換。

(C)煙囪。

(D)遠離 / 深遠。

三、寫作測驗

題幹上雖說可以敘述或論說，但是好的篇章多是集記敘、論說、抒情等於一體，同學可參考以下的具體論述步驟：

第一段：先簡單解釋題目，描述常人對「問心無愧」的解讀，並從現代社會事件立論，如果沒有了「問心無愧」這把道德的尺，小至霸占博愛坐，大至沸沸揚揚的迷姦郎李宗瑞事件、電話詐騙集團等令人匪夷所思的社會案件，將會層出不窮。

第二段：可先從自身經驗的事例下筆，敘述在決策過程中，究竟應該以大我為重，或以小我為先？應以公德為首，或以小利為是？可從自我內心的掙扎以及考量的重點，歸結出「無愧於心」這把內心的尺度準則。

第三段：可繼續擴充內容，以歷史上的事件或人物為例證。請同學盡量就國、高中課本上所學為例，深入說明己意。具體舉四則例證如下：

(1) 陶淵明雖然生活上陷入「晨興理荒穢，戴月荷鋤歸」的辛苦，但是他忠於「不為五斗米折腰」的選擇，「無愧於心」並順應自己怡然自得的性情。

(2) 宋朝歐陽脩因「外甥女張氏案」遭到汙衊誣告，後雖查明無此事，仍被貶外放，任滁州知府。但是他因「問心無愧」，因此仍能在這樣的情境中，寫下《醉翁亭記》此篇在悠遊山水、飲酒作樂中，體悟到滁州自然、人情的美好的名作。

(3) 蘇轍〈黃州快哉亭記〉中，以「此其中宜有以過人者」稱讚被貶的張夢得，正是因為「無愧於心」的坦然，而能「竊會計之餘功，自放於山水之間」的無所不快。

(4) 明朝史可法因為「上恐負朝廷，下恐愧吾師」而公忠體國、軍務勞頓，他心中的那把無愧的尺，正是「盡忠職守」。

第四段：可總結前文，深入論述「問心無愧」的抉擇，如何提高或決定生命的層次與高度。從生活的瑣碎小事論到民族的氣節大義，從個人榮辱再深化到孟子「仰不愧於天，俯不怍於人」的「捨生取義」，具體總結「問心無愧」對你的影響與其意義。

101 年學測（學科能力測驗）

題型分析

類型	字音	字形	字義	文法修辭	成詞語	應用文	國學常識	閱讀理解
題號	1	1	20	3（詞性）、16（警喻）、21（寫作手法）	4、5	7	18（文學家）、19	10、12、13、（白話文） 8（文言文，文句排序） 11、14、15、23、（文言文） 9、22（古典詩詞） 6、17（現代詩）

第壹部分：選擇題（占54分）

一、單選題（佔30分）

說明：第1題至第15題，每題有4個選項，其中只有一個是正確或最適當的選項，請畫記在答案卡之「選擇題答案區」。各題答對者，得2分；答錯、未作答或畫記多於一個選項者，該題以零分計算。

（　　）1.下列各組「」內的字，讀音相同的選項是：
(A)「佚」名／瓜「瓞」綿綿
(B)「岈」然／驚「訝」不已
(C)「鵪」鶉／「閹」然媚世
(D)地「氈」／「饘」粥糊口

（　　）2.下列文句中，完全沒有錯別字的選項是：
(A)教育下一代最好的方法就是父母要以身作責
(B)不肖商人利慾薰心，竟將塑化劑摻入果汁中販售
(C)在老師提綱切領的說明之後，所有問題都獲得解答
(D)公司仍在草創階段，人力短缺，經費不足，只好因漏就簡

（　　）3.詞語中有一種結構是「名詞＋名詞」，其中前者用來說明後者的功用，如「垃圾車」。下列具有此種修飾方式的選項是：
(A)牛肉麵　　　　　　　　　(B)水果刀
(C)老爺車　　　　　　　　　(D)鵝蛋臉

（　　）4.下列文句「」內成語的運用，正確的選項是：
(A)下課鐘聲一響，小朋友就如「新鶯出谷」般地衝出教室
(B)縱有「鬼斧神工」的本領，也無法改變人生無常的事實

(C)社區居民來自不同省分，說起話來猶如「郢書燕説」，南腔北調

(D)閱讀古籍如碰到「郭公夏五」的情況，必須多方查考，力求正確

（　）5. 閱讀下文，依序選出最適合填入□□內的選項：

甲、小個子繼續跑，我繼續追；激湍的河面□□著一線白光，很像是球，在另一端與我競速賽跑。（張啓疆〈消失的球〉）

乙、那段日子裡，每當我的思念□□得將要潰堤時，竟是書中許多句子和意象安慰我、幫助我平靜下來。（李黎〈星沉海底〉）

丙、此刻，我獨自一人，□□對望雨洗過的蒼翠山巒與牛奶般柔細的煙嵐，四顧茫茫，樹下哪裡還有花格子衣的人影？（陳義芝〈為了下一次的重逢〉）

(A)浮滾／洶湧／蕭索　　　　　　(B)映照／沖刷／悠然

(C)浮滾／沖刷／蕭索　　　　　　(D)映照／洶湧／悠然

（　）6.

甲、咬牙切齒／就代表我和你的親密關係

乙、我擁有各式大小橫直的數字／電腦計算機總算不清這筆賬／我沒有生命／但／收拾生命

丙、美味是早夭的原罪／肉身卸甲之後／無防備地讓蒜泥調情調味／下酒／並且消化／在人體裡留下膽固醇的伏筆／以在對方無可抵禦的老年／溫柔地報復

上述三首詩所描寫的對象依序是：

(A)拉鍊／電話／扇貝　　　　　　(B)鋸子／日曆／扇貝

(C)拉鍊／日曆／螃蟹　　　　　　(D)鋸子／電話／螃蟹

（　）7. 下列□□中的詞語，依序最適合填入的選項是：

甲、近自海外旅遊歸來，特選購當地名產乙盒，敬希□□

乙、來訪未晤，因有要事相商，明早十時再趨拜，務請□□為幸

丙、茲訂於元月十七日下午六時，敬備□□，恭候光臨

(A)哂納／賜見／菲酌　　　　　　(B)拜收／稍待／嘉禮

(C)笑納／曲留／華筵　　　　　　(D)惠存／恭候／賀儀

（　）8. 下列是一段古文，請依文意選出排列順序最恰當的選項：

《大學》之書，古之大學所以教人之法也。蓋自天降生民，

甲、然其氣質之稟或不能齊

乙、則天必命之以為億兆之君師

丙、則既莫不與之以仁義禮智之性矣

丁、一有聰明睿智能盡其性者出於其間

戊、是以不能皆有以知其性之所有而全之也

使之治而教之，以復其性。（朱熹〈大學章句序〉）

(A)甲戊丙乙丁 　　　　　　　　(B)乙丁丙甲戊

(C)丙甲戊丁乙 　　　　　　　　(D)丁乙甲戊丙

（　）9. 下列文句所描寫的景色，依一年時序的先後，排列正確的選項是：

甲、梅英疏淡，冰澌溶洩，東風暗換年華

乙、菡萏香銷翠葉殘，西風愁起綠波間。還與容光共憔悴，不堪看

丙、玉樓明月長相憶，柳絲裊娜春無力。門外草萋萋，送君聞馬嘶

丁、黃菊枝頭生曉寒，人生莫放酒杯乾。風前橫笛斜吹雨，醉裡簪花倒著冠

(A)甲乙丙丁 　　　　　　　　　(B)甲丙乙丁

(C)丙甲乙丁 　　　　　　　　　(D)丙丁乙甲

（　）10. 閱讀以下金庸《射鵰英雄傳》文字，根據文意、情境，依序選出最適合填入

_____的選項：

黃蓉道：「做這篇文章的范文正公，當年威震西夏，文才武略，可說得上並

世無雙。」郭靖央她將范仲淹的事跡說了一些，聽她說到他幼年家貧、父親

早死、母親改嫁種種苦況，富貴後儉樸異常，處處為百姓著想，不禁油然起

敬，在飯碗中滿滿斟了一碗酒，仰脖子一飲而盡，說道：「_____，大英雄

大豪傑固當如此胸懷！」（第26回）

黃蓉道：「當面撒謊！你有這許多女人陪你，還寂寞甚麼？」歐陽克張開摺

扇，搧了兩搧，雙眼凝視著她，微笑吟道：「_____。」黃蓉向他做個鬼

臉，笑道：「我不用你討好，更加不用你思念。」（第12回）

甲、心曠神怡，寵辱偕忘

乙、先天下之憂而憂，後天下之樂而樂

丙、悠悠我心，豈無他人？唯君之故，沉吟至今

丁、日暮長江裏，相邀歸渡頭。落花如有意，來去逐船流

(A)甲丙 　　　　　　　　　　　(B)甲丁

(C)乙丙 　　　　　　　　　　　(D)乙丁

（　）11. 蜀中有杜處士，好書畫，所寶以百數。有戴嵩〈牛〉一軸，尤所愛，錦囊玉

軸，常以自隨。一日曝書畫，有一牧童見之，拊掌大笑，曰：「此畫鬥牛也。

牛鬥，力在角，尾搐入兩股間。今乃掉尾而鬥，謬矣。」處士笑而然之。古語

有云：「耕當問奴，織當問婢。」不可改也。（蘇軾〈書戴嵩畫牛〉）

下列文句與上文主旨最不相關的選項是：

(A)聞道有先後，術業有專攻

(B)學無常師，有一業勝己者，便從學焉

(C)使言之而是，雖在褐夫芻蕘，猶不可棄也

(D)三人行，必有我師焉。擇其善者而從之，其不善者而改之

12-13為題組

下文是一則記者對林懷民演講內容的報導，閱讀後回答12-13題。

> 林懷民回憶，當初回國到雲門才開始學編舞，一開始就遇到最大的挑戰「如何跳自己的舞。」歐美舞者手一伸、腳一跳，你就能立刻認出背後的文化符號；跳舞和藝術一樣，從來不是中性的，需要歷史和文化長久的涵養。
>
> 「就像巴黎的印象畫，陽光是透明的。南臺灣的陽光卻是炙熱的，把萬物都曬到模糊；我們卻從來只認得義大利的文化復興、法國的印象派、安迪沃荷的瑪麗蓮夢露。」
>
> 林懷民指著畫家廖繼春作品「有香蕉樹的院子」，畫中展現南臺灣獨有的陽光、溫度。「就像侯孝賢的悲情城市，空鏡頭裡都是濕氣，把海島國家才有的面貌呈現。」他說，這是技法在服務畫作和生活，「這才是屬於臺灣的藝術。」
>
> （鄭語謙〈肉身解嚴〉）

(　) 12. 依據上文來看，最切合林懷民創作觀點的選項是：

　　(A)藝術無國界

　　(B)美感素養影響美感體驗

　　(C)藝術創作要與土地結合以呈現特有風貌

　　(D)歷史文化長久的涵養才能孕育藝術創作

(　) 13. 這則報導內容包括四個重點，按其文中呈現的次序，排列最適當的選項是：

　　甲、期許自我創作的獨特

　　乙、反省藝術教育的限制

　　丙、連結其他藝術的創作

　　丁、確立藝術發展的方向

　　(A)甲乙丙丁　　　　　　　　(B)乙甲丁丙

　　(C)丙丁甲乙　　　　　　　　(D)丁丙乙甲

14-15為題組

閱讀方孝孺〈越車〉，回答14-15題。

> 越無車，有遊者得車於晉、楚之郊，輻朽而輪敗，輗折而轅毀，無所可用。然以其鄉之未嘗有也，舟載以歸，而誇諸人。觀者聞其誇而信之，以為車固若是，效而為之者相屬。他日，晉、楚之人見而笑其拙，越人以為紿己，不顧。及寇兵侵其境，越率敝車禦之。車壞，大敗，終不知其車也。

（　）14.依據上文，下列各句「之」字指「越國遊者所說的話」的選項是：

(A)然以其鄉「之」未嘗有也　　　　　(B)觀者聞其誇而信「之」

(C)效而為「之」者相屬　　　　　　　(D)越率敝車禦「之」

（　）15.依據上文，敘述正確的選項是：

(A)越人以為晉、楚之人所言不實，故對其譏笑不予理睬

(B)越國遊者改造的晉、楚戰車不夠精良，因此被敵寇打敗

(C)越人故意用殘破的戰車與寇兵作戰，使其輕敵，終獲勝利

(D)越國遊者將晉、楚大軍的戰車毀壞，成功地阻止晉、楚入侵

二、多選題（占24分）

說明：第16題至第23題，每題有5個選項，其中至少有一個是正確的選項，請將正確選項畫記在答案卡之「選擇題答案區」。各題之選項獨立判定，所有選項均答對者，得3分；答錯1個選項者，得1.8分；答錯2個選項者，得0.6分；答錯多於2個選項或所有選項均未作答者，該題以零分計算。

（　）16.「人怕出名，豬怕肥」是「人怕出名就好像豬怕肥」的意思。有些日常用語，在表達上也具有這樣的比喻意涵。下列屬於相同用法的選項是：

(A)三天打魚，兩天曬網

(B)一朝被蛇咬，十年怕草繩

(C)千里送鵝毛，禮輕情意重

(D)善惡不同途，冰炭不同爐

(E)強求的愛情不美，強摘的果實不甜

（　）17.下列關於白靈詩句的解說，正確的選項是：

(A)「鐘／因謙虛而被敲響」，「謙虛」是形容鐘的中空

(B)「落日——掉在大海的波浪上／彈了兩下」，表現夕陽沉落時的空間動感

(C)「黃昏時，天空焚為一座／燦爛的廢墟／落日自高處倒塌」，描寫日全蝕的荒涼景象

(D)「白蛇似的小溪逐雨聲／一路嬌喘爬來／碰到撐黑傘的松／躲進傘影不見了」，描寫白蛇躲進樹叢的生動情景

(E)「沙灘上浪花來回印刷了半世紀／那條船再不曾踩上來／斷槳一般成了大海的野餐／老婦人坐在門前，眼裏有一張帆／日日糾纏著遠方」，描寫老婦人等待遠方未歸人的執著

（　）18.臺灣近五十年來名作家輩出，其中不少作家吸收古典文學之美，融會貫通後，創造出個人獨特的風格。例如詩人　甲　將文化中國當作母親，表現濃厚的鄉愁，在現代詩、現代散文、文學批評及翻譯上也都有相當成就。而

　　　乙　　將古典詩詞的語彙和意象融入現代詩的情境當中，一首〈錯誤〉有著典雅細膩的浪漫情調，被人廣為傳誦。至於女作家　　丙　、　丁　　均善用古典詞語寫出精緻動人的散文，前者多以懷舊憶往的題材為主，在平凡無奇中涵蘊至理，充滿中國倫理色彩；後者寫作風格以多樣著稱，有時細膩溫柔，有時辛辣諷刺，並曾將古典故事改編為現代戲劇。另外，　戊　　熱愛中國傳統文化，又嫻熟西方現代主義，曾將崑曲〈牡丹亭〉融入小說〈遊園驚夢〉中。

　　上文　　　　中，依序最適合填入的選項是：

(A)甲、楊牧　　　　　　　　　　(B)乙、鄭愁予

(C)丙、琦君　　　　　　　　　　(D)丁、張曉風

(E)戊、白先勇

(　　) 19. 下列有關文化知識的敘述，正確的選項是：

(A)《資治通鑑》為司馬光所撰，以人物傳記為主，屬於「紀傳體」

(B)〈項脊軒志〉的「志」即「記」，該篇重點在記錄書齋建造的原因及過程

(C)〈左忠毅公軼事〉中的「軼事」又稱「逸事」，多屬史傳沒有記載且不為人知之事

(D)《儒林外史》揭露儒林群相的醜態，是一部詳細記載中國科舉制度的重要史書

(E)《臺灣通史》起自隋代，終於割讓，是研究臺灣歷史的重要典籍

(　　) 20. 下列各組文句，「　」內字義相同的選項是：

(A)後「值」傾覆，受任於敗軍之際／復「值」接輿醉，狂歌五柳前

(B)軒凡四遭火，得不焚，「殆」有神護者／學而不思則罔，思而不學則「殆」

(C)況陽春召我以煙景，大塊「假」我以文章／願「假」東壁輝，餘光照貧女

(D)梁使三反，孟嘗君「固」辭不往也／彼眾昏之日，「固」未嘗無獨醒之人也

(E)「庸」奴！此何地也？而汝來前／吾師道也，夫「庸」知其年之先後生於吾乎

(　　) 21. 文學作品中，常採用「由大而小」及「由遠而近」的手法，逐漸聚焦到所要描寫的重點對象。下列同時使用此兩種手法的選項是：

(A)平林漠漠煙如織，寒山一帶傷心碧。暝色入高樓，有人樓上愁

(B)枯藤老樹昏鴉，小橋流水人家，古道西風瘦馬，夕陽西下，斷腸人在天涯

(C)寸寸柔腸，盈盈粉淚，樓高莫近危闌倚。平蕪盡處是春山，行人更在春山外

(D)畫閣魂銷，高樓目斷，斜陽只送平波遠。無窮無盡是離愁，天涯地角尋思遍

(E)青青河畔草，鬱鬱園中柳。盈盈樓上女，皎皎當窗牖，娥娥紅粉妝，纖纖出素手

（　　）22.古典詩中的「月亮」在不同情境之下，有不同的意涵。下列詩句藉「月」來
抒發「思婦懷人」之情的選項是：

(A)戍鼓斷人行，邊秋一雁聲。露從今夜白，月是故鄉明

(B)霜威出塞早，雲色渡河秋。夢繞邊城月，心飛故國樓

(C)鶯啼燕語報新年，馬邑龍堆路幾千。家住秦城鄰漢苑，心隨明月到胡天

(D)可憐樓上月徘徊，應照離人妝鏡臺。玉戶簾中捲不去，搗衣砧上拂還來

(E)白狼河北音書斷，丹鳳城南秋夜長。誰為含愁獨不見，更教明月照流黃

（　　）23.閱讀下文，選出敘述正確的選項：

余昔少年讀書，竊嘗怪顏子以簞食瓢飲，居於陋巷，人不堪其憂，顏子不改
其樂。私以為雖不欲仕，然抱關擊柝尚可自養，而不害於學，何至困辱貧窶
自苦如此？及來筠州，勤勞鹽米之間，無一日之休，雖欲棄塵垢，解羈縶，
自放於道德之場，而事每劫而留之。然後知顏子之所以甘心貧賤，不肯求斗
升之祿以自給者，良以其害於學故也。　　　　　　　　　（蘇轍〈東軒記〉）

(A)作者來到筠州之後，生活和顏回一樣貧窮艱困

(B)俗世塵垢使作者深受羈絆，因而渴望擺脫俗務干擾

(C)作者年少時認為：從事抱關擊柝的工作並不妨礙學習

(D)由於親身經驗，作者終於明瞭顏回之所以不仕，是想全心致力為學

(E)作者從小對顏回「簞食瓢飲，居於陋巷」而「不改其樂」的生活，就頗為
欣賞

第貳部分：非選擇題（共三大題，占54分）

說明：請依各題指示作答，答案務必寫在「答案卷」上，並標明題號一、二、三。

一、文章解讀（占9分）

閱讀框內文章之後，請解讀：為什麼作者認為「心教」才是劍橋教育真正的精華？並
加以評論。文長約150～200字（約7～9行）。

劍橋的教育，最有作用的恐怕不在「言教」。其導修制，是在「言教」之外，還
有「身教」，這一向被視為劍橋的特色。這點是真，但也不可太過誇張，依我想，劍
橋的「心教」也許才是真正的精華。「心教」是每個人對景物的孤寂中的晤對，是每
個人對永恆的剎那間的捕捉。劍橋的偉大之子，不論是大詩人或大科學家，對宇宙人
生都有那種晤對與捕捉。劍橋的教育似乎特別重視一景一物的營造，在他們看來，教
室、實驗室固然是教育的場所，但一石之擺置、一花之鋪展，也都與「悟道」有關。
在根本上，劍橋人相信人的真正成長必須來自自我的心靈的躍越。劍橋的教育，不像

西洋油畫，畫得滿滿的；反倒像中國的文人畫：有有筆之筆，有無筆之筆。真正的趣致，還在那片空白。空白可以詠詩，可以飛墨，可以任想像馳遊，當然也可以是一片無意義的白。劍橋不把三年的課程填得滿滿的，一年三學期，每學期只有九個星期，它是要學生有足夠的時間去想，去涵泳，去自我尋覓。（改寫自金耀基《劍橋語絲》）

二、文章分析（占18分）

　　閱讀框內文章之後，請分析：(一)「漁人甚異之」的「異」和漁人發現桃花源有何關聯？(二)陶潛從哪些方面來描寫桃花源？(三)從中可看出陶潛嚮往什麼樣的理想世界？答案必須標明(一)(二)(三)，分列書寫。(一)(二)(三)合計文長約250～300字（約11～14行）。

　　晉太元中，武陵人，捕魚為業。緣溪行，忘路之遠近。忽逢桃花林，夾岸數百步，中無雜樹，芳草鮮美，落英繽紛。漁人甚異之。復前行，欲窮其林。林盡水源，便得一山，山有小口，彷彿若有光。便捨船，從口入。初極狹，才通人。復行數十步，豁然開朗。土地平曠，屋舍儼然，有良田、美池、桑竹之屬，阡陌交通，雞犬相聞。其中往來種作，男女衣著，悉如外人；黃髮垂髫，並怡然自樂。　　（陶潛〈桃花源記〉）

　　(一)「漁人甚異之」的「異」和漁人發現桃花源有何關聯？

　　(二)陶潛從哪些方面來描寫桃花源？

　　(三)從中可看出陶潛嚮往什麼樣的理想世界？

三、引導寫作（占27分）

　　老子說：「勝人者有力，自勝者強。」所謂「自勝者強」，是指真正的強者，不在於贏過別人；而在於戰勝自己。現代社會中，許多人喜歡跟別人競爭，卻不願好好面對自己，克服自己的弱點。其實，只有改進自我，才能強化自我、成就自我。請根據親身感受或所見所聞，以「自勝者強」為題，寫一篇文章。論說、記敘、抒情皆可，文長不限。

101年學測（學科能力測驗）解答

題號	1	2	3	4	5	6	7	8	9	10	11	12
答案	D	B	B	D	A	C	A	C	B	C	D	C
題號	13	14	15	16	17	18	19	20	21	22	23	
答案	A	B	A	DE	ABE	BCDE	CE	AC	AE	CDE	BCD	

101學測（學科能力測驗）詳解

第壹部分：選擇題（佔54分）

一、單選題（佔30分）

1. 答案：D
   (A)「佚」，一ˋ，指散失。/「瓞」，ㄉㄧㄝˊ，指小瓜。參見《詩經·大雅》：「綿綿瓜瓞，民之初生，自土沮漆。」
   (B)「岈」，ㄒㄧㄚ，指山勢隆起的樣子，參見唐代柳宗元〈始得西山宴遊記〉：「其高下之勢，岈然窪然。」/「訝」，一ㄚˋ，指驚奇、驚異。參見《紅樓夢》：「黛玉聽了這話，更覺驚訝道：『這是什麼話？你真正發了瘋了不成？』」
   (C)「鵪」，ㄢ，指鵪鶉目雉科鶉屬類動物。/「閹」，一ㄢ，指隱蔽、掩藏。參見顧炎武〈廉恥〉：「彼閹然媚於世者，能無愧哉？」
   (D)「氈」，ㄓㄢ，指毯子。/「饘」，ㄓㄢ，指濃稠的粥。稠的稀飯稱為饘，稀的稱為粥。後以饘粥做為稀飯的統稱。「饘粥糊口」一詞指勉強維持現有生活。參見司馬光〈訓儉示康〉：「昔正考父饘粥以糊口，孟僖子知其後必有達人。」

2. 答案：B
   (A)「以身作『責』」應改為「以身作『則』」。「以身作則」指以自身的行為他人的榜樣、準則。
   (B)此選項無錯別字，為正確解答。「利慾薰心」指因貪圖名利私慾而蒙蔽了自我的心智。
   (C)「提綱『切』領」應改為「提綱『挈』領」。「提綱挈領」指撒網時提住主繩，拿衣要提住衣領，比喻把握住事情的重點。
   (D)「因『漏』就簡」應改為「因『陋』就簡」。「因陋就簡」指遷就簡陋的條件而不求完美。

3. 答案：B
   (A)「牛肉」為「麵」中的材質，而非用來說明其功用。
   (B)「水果」為「刀」的對象，也正是這把「刀」的功用所在，故此選項為正確答案。
   (C)「老爺」用以說明「車」的年份，而非用來說明其功用。
   (D)「鵝蛋」用以形容「臉」的形狀，而非用來說明其功用。

4. 答案：D
   (A)「新鶯出谷」指人歌聲婉轉輕脆，如黃鶯在山谷中鳴叫，不適合用來形容小朋友下課時衝出教室的情景。
   (B)「鬼斧神工」形容技藝之精巧非人力所能及，人生無常與否無關。
   (C)「郢書燕說」指郢人在信中誤寫入「舉燭」二字，而燕相則在看信時自行將之解讀為尚明、任賢的意思，比喻穿鑿附會，扭曲原意。典出《韓非子·外儲說》。
   (D)「郭公夏五」指《春秋·莊公二十四年》及《春秋·桓公十四年》兩處經文的字句脫漏，只剩「郭公……」、「夏五……」字樣，比喻文字缺漏。選項語意可據此解讀為「因古籍文字多有缺漏而需多方考證」，語意通順無誤，故選項正確。

5. 答案：A
   甲、同學若僅憑詩句中「一線白光」，很容易誤解認為此空格應填「映照」，然而這「一線白光」在文中「很像是球」，更會與文中的「我」從事「競速賽跑」，因此具動感與球概念

的「浮滾」，較「映照」更加貼切。

乙、「沖刷」指水流沖擊下使土石流失或造成剝蝕，「洶湧」則指水勢眾多且翻騰的樣子。詩句中將思念比喻為水，故形容想念累積甚多，情緒翻騰且將要滿溢而出的「洶湧」，較沖擊土壤的「沖刷」更為貼切。

丙、由「獨自一人」、「四顧茫茫」及「樹下哪裡還有花格子衣的人影」等句，可知作者放眼四處找尋另一人的身影，而非閒適悠然的享受當下；因此，此處形容孤單冷落的「蕭索」一詞，較形容閒適自得的「悠然」更為貼切。

故答案為(A)浮滾／洶湧／蕭索。

6. 答案：C

甲、從「咬牙切齒」和「親密關係」兩句，可知拉上時緊密相依的「拉鍊」形象，比以細刃鋸斷木頭等物的「鋸子」更為貼切。

乙、從「沒有生命」但卻能「收拾生命」來看，可知由時間遞移暗示生命一天天老化的「日曆」形象，較傳達有生命者的聲音，但無時間遞移關係的「電話」更為貼切。

丙、從「早夭」、「肉身卸甲」、「膽固醇」等語而言，可知具甲殼、生命短暫，且體內的卵巢和消化腺(蟹黃)富富膽固醇的「螃蟹」，較雖也具外殼，成長期可花四至七年，且具降低膽固醇功效的「扇貝」更為貼切。

故答案為(C)拉鍊／日曆／螃蟹。

7. 答案：A

由題幹中甲、乙、丙三句的敘述，可知同學需選出包含符合「贈禮者」、「拜訪者」、「請客者」所使用的謙詞，各選項解析如下：

(A)「哂納」音ㄕㄣˇ ㄋㄚˋ，指餽贈禮物時，請他人收下的恭敬謙詞，為贈禮者用語。／「賜見」為請長輩接見的恭敬謙詞，屬拜訪者用語。／「菲酌」是指自己所準備的食物為菲薄酒食，是請客者所使用的謙詞。

(B)「拜收」指受贈者恭敬接受禮物，為收禮者用語。／「稍待」指稍微等待，不屬於拜訪者應使用的語言。／「嘉禮」本來指飲食、冠昏、賓射、饗燕、賀慶等禮節，後來專指婚禮；不適用於謙稱自己所備的禮物、宴席等。

(C)「笑納」指請人接受自己所餽贈的禮物，為贈禮者用語。／「曲留」有委屈留下的意思，可適用於拜訪者。／「華筵」指奢華豐盛的筵席，可用於指他人所準備的宴席，而不適用於謙稱自己所設的宴席。

(D)「惠存」指以物贈人時，希望他人能保留，多用於贈送相片、書籍等可長久保存的紀念品，而不適合贈送他人需食用的名產時使用／「恭候」指恭敬的等候他人，為被拜訪者所使用的敬詞。／「賀儀」指參加喜慶場所所準備的禮物或禮金，是參加宴席者所需準備的物品。

8. 答案：C

各選項翻譯如下：

甲、但是人的天生的稟賦並不全然相同

乙、那麼上天必定任用他擔任億兆黎明百姓的領袖

丙、便無不賦予所有人仁、義、禮、智的良善本性

丁、如果有一個聰明睿智且能保有善良本性的人

戊、因此無法所有人皆能體悟且保全上天賦予的良善本性。

同學在解這類型的題目時，首先應注意選項內的語句是否有和題幹語句「《大學》之書，古之大學所以教人之法也。蓋自天降生民」、「使之治而教之，以復其性」兩句密切相關者，可供作為解題的最佳線索。

第一句結束於「天降生於民」，可見其後應接上一句敘述句，繼續說明；因此以轉折語「然（然而）」開頭的甲選項，以轉折語「一（一但）」開頭的丁選項，以及以「是以（因此）」的因果句開頭的戊選項，必定不會與第一句銜接。去除放置於句尾的乙選項後，同學可從語意上確認：「上天創造了黎民百姓」以後，應銜接「無不賦予所有人仁、義、禮、智的良善本性」的丙選項。

其次，以轉折語「然（然而）」開頭的甲選項及以「是以（因此）」的因果句開頭的戊選項，有明顯的承接關係，而最後一句「使之治而教之，以復其性」中，將主詞以「之」字代替，可知前句應有明確說明可「治而教之」者為何，故可推測為乙選項中的「億兆之君師」，亦可藉此推測再前一句應為說明天為何要命這人為億兆之君師的丁選項「一有聰明睿智能盡其性者出於其間」，故總體順序為「丙甲戊丁乙」。

> 　　《大學》之書，古之大學所以教人之法也。蓋自天降生民，然其氣質之稟或不能齊，則天必命之以為億兆之君師，則既莫不與之以仁義禮智之性矣。一有聰明睿智能盡其性者出於其間，是以不能皆有以知其性之所有而全之也。使之治而教之，以復其性。（朱熹〈大學章句序〉）

翻譯

《大學》這本書，是古人大學用來教育人的準則。自從上天創造了黎民百姓以來，便無不賦予所有人仁、義、禮、智的良善本性。但是人的天生的稟賦並不全然相同，因此無法所有人皆能體悟且保全上天賦予的良善本性。如果有一個聰明睿智且能保有善良本性的人，那麼上天必定任用他擔任億兆黎明百姓的領袖。讓他治理、教育民眾，使他們恢復初始所擁有的善良本性。

9. 答案：B

甲、由「冰澌溶洩」、「梅英疏淡」所代表的冬景，以及「東風（春風）」所暗示的春景，可判斷此詩所描寫為冬末春初的景色。選項引文出自秦觀〈望海潮〉，翻譯如下：梅花凋零稀疏，冰雪融化並緩緩流動，春風偷偷地更迭了氣候。

乙、由「西風（秋風）」可判斷為秋天，而從「菡萏香銷翠葉殘」，夏季的荷花（菡萏）凋謝但綠葉仍殘存，可以進一步推斷此詩所描寫為初秋的景色。選項引文出自李璟〈攤破浣溪沙〉，翻譯如下：荷花香氣消散綠葉凋殘，秋風愁苦的吹拂著水波。（曾經美好的時光）和臉上曾美好的光采一同憔悴、凋零，讓人看著無法忍受啊。

丙、從「柳絲裊娜」可判斷為春天，而可由「春無力」更進一步判斷此詩所描寫為春末的景色。選項出自溫庭筠〈菩薩蠻〉，翻譯如下：樓上明月皎潔、樓內的人陷入深長的思念情緒之中，楊柳在春風無力吹拂下婀娜的擺盪著。（想起別離時的情景）那時門外長滿茂盛的青翠鮮草，我送你離開時只能佇立聽著馬兒的長嘶。

丁、從秋天的花「黃菊」，以及「生曉寒」，可判斷此詩所描寫為秋末冬初的景色。選項引文出自黃庭堅〈鷓鴣天〉，翻譯如下：早上凜冽的寒氣籠罩著菊花的枝葉上，人生不要讓酒杯乾涸（意指應及時行樂）。斜風細雨下吹奏著笛子，喝醉時髮簪插上花兒帽子也倒反了。

據此，依一年時序的先後排列為：甲（冬末春初）→丙（春末）→乙（初秋）→丁（秋末冬初）。

10. 答案：C

第一格空格：

從黃蓉對范仲淹生平事蹟的敘述：「富貴後儉樸異常，處處為百姓著想」，可知本處空格應填范仲淹表現出讀書人強烈使命感的名句：「先天下之憂而憂，後天下之樂而樂」最為恰當。至

於甲句，只是〈岳陽樓記〉中寫晴喜的快樂。

第二格空格：

丙選項「悠悠我心，豈無他人？」一句符合「你有這許多女人陪你，還寂寞什麼」的句義，而「我不用你討好，更加不用你思念」則為黃蓉回應歐陽克張有意追求的「唯君之故，沉吟至今」句。

各選項翻譯如下：

甲、選項引文出自范仲淹〈岳陽樓記〉，翻譯如下：心神開闊而怡悦，無論榮耀恩寵或恥辱全都拋諸腦後。

乙、選項引文出自范仲淹〈岳陽樓記〉，翻譯如下：在天下人感到憂愁前（我）就先感到憂愁，在天下人都感到快樂以後（我）才能感受快樂。

丙、選項引文改寫自曹操〈短歌行〉，翻譯如下：憂思滿懷的心，難道沒有別人可想嗎？只是因為你，讓我思念至今。〈短歌行〉原文如下：「青青子衿，悠悠我心，但為君故，沉吟至今。」

丁、選項引文出自儲光羲〈江南曲〉，翻譯如下：傍晚夕陽餘暉映照在長江的江面上，人們互相招呼著划船回渡口。船邊的落花彷彿有了感情，無論水流來往飄動，都緊跟在船隻的後頭。

11. 答案：D

> 蜀中有杜處士，好書畫，所寶以百數。有戴嵩〈牛〉一軸，尤所愛，錦囊玉軸，常以自隨。一日曝書畫，有一牧童見之，拊掌大笑，曰：「此畫鬥牛也。牛鬥，力在角，尾搐入兩股間。今乃掉尾而鬥，謬矣。」處士笑而然之。古語有云：「耕當問奴，織當問婢。」不可改也。（蘇軾〈書戴嵩畫牛〉）

翻譯

四川有位杜姓的隱居者，喜愛書畫，（他）所珍藏的書畫有幾百件。其中戴嵩所畫的〈牛〉，（他）特別珍愛，用錦布製畫套、用玉做畫軸，經常帶在身邊。有一天他將收藏的書畫（拿到外面）攤開曬太陽，有位牧童看見了（戴嵩所畫的〈牛〉），拍著手大笑，說：「這張圖是畫鬥牛啊。鬥牛時，力氣全用在角上，尾巴（會因筋肉牽動）緊夾在兩腿中。現在這幅畫上的牛卻在鬥牛搖著尾巴，這是錯誤的啊。」杜處士笑著覺得他說得有理。古人曾說：「耕種的事情要請問奴僕，織布的事應該請問婢女。」這是不變的道理。

此段話的主旨為「耕當問奴，織當問婢」，意即術業有專攻，每個人所專精的事物並不相同，因此應該尊重專業。各選項解析如下：

(A)此選項主旨為人各有專才，符合題幹描述。選項引文出自韓愈〈師說〉，翻譯如下：領會學問的時間有先後之別，學術、技藝上也各有專長。

(B)此選項主旨為因人各有專才，故要勇於向他人學習，符合題幹描述。選項引文出自徐幹《中論》，翻譯如下：學習沒有固定的老師，有在某種領域之中勝過自己的人，便要向他學習。

(C)此選項主旨為不可因人廢言，不論發言者貴賤之別，只求內容正確，在四選項中，符合題幹描述。選項引文出自《淮南子·主術》，翻譯如下：假使話語的內容正確，即便出自貧賤者的口中，也不能夠忽視不理。

(D)此選項主旨為每個人皆有不同擅長、缺漏之處，因此我們應勇於向他人學習，其「見賢思齊，見不賢內自省」的意涵和題幹描述最不相關。選項引文出自《論語·述而》，翻譯如下：三個人走在一起，其中一定有可以當我老師的人。選擇(他)好的、擅長方面學習，對於不好、不擅長的地方就要引以為鑑，藉以改正自己的缺點。

12. 答案：C

從「跳舞和藝術一樣，從來不是中性的，需要歷史和文化長久的涵養」、「南臺灣的陽光卻是炎熱的，把萬物都曬到模糊」、「侯孝賢的悲情城市，空鏡頭裡都是濕氣，把海島國家才有的面貌呈現」及「這才是屬於臺灣的藝術」等句，同學不難判讀作者在文章中強調藝術需與土地結合，反應在地文化及風情的企圖，故正確答案為(C)。

13. 答案：A

次序一：由林懷民想要挑戰「如何跳自己的舞」，可知次序一應為選項甲「期許自我創作的獨特」。

次序二：由「我們卻從來只認得義大利的文化復興、法國的印象派、安迪沃荷的瑪麗蓮夢露」一句，可知作者認為臺灣的教育缺乏對自我文化的認知與學習，可見次序二應為選項乙「反省藝術教育的限制」。

次序三：第三段林懷民由畫作「有香蕉樹的院子」談至侯孝賢的電影「悲情城市」，可見次序三應為選項丙「連結其他藝術的創作」。

次序四：最後作者藉林懷民之口明確點出藝術發展的方向應為「把海島國家才有的面貌呈現」才是「屬於臺灣的藝術」，可見次序四應為選項丁「確立藝術發展的方向」。

14-15為題組：

> 越無車，有遊者得車於晉、楚之郊，輻朽而輪敗，輗折而轅毀，無所可用。然以其鄉之未嘗有也，舟載以歸，而誇諸人。觀者聞其誇而信之，以為車固若是，效而為之者相屬。他日，晉、楚之人見而笑其拙，越人以為給己，不顧。及寇兵侵其境，越率敝車禦之。車壞，大敗，終不知其車也。

翻譯

越國沒有車，有個越國人在晉、楚兩國交界的區域得到一輛車，那輛車輪輻朽爛，車轅和橫木所連接處的插銷也斷裂，已經沒有什麼用處。然而因為越國人的家鄉沒有車子，所以他就用船裝載這輛車子回鄉，並且向眾人誇耀。旁觀的人聽信他的誇大言詞而相信車子本來便該是這樣，（因此）很多人便以這部車為雛型，模仿製作新車。有一天，晉國、楚國的人看見了越國人所製作的車，便譏笑他們的車愚笨拙劣，越國人以為晉國、楚國人在欺騙自己，（因此）並未理會（他們的話）。等到有敵人入侵越國領土，越人駕著殘破的車去抵禦敵軍。車子毀壞，越軍大敗，但他們始終不明白（這場敗仗）是因為車子的原因。

14. 答案：B

(A)選項中的「之」為語助詞，無義。

(B)選項中的「之」指越國遊者所說的話。

(C)選項中的「之」指遊者從晉、楚之郊所帶回壞掉的車。

(D)選項中的「之」指寇兵。

15. 答案：A

(A)由「越人以為給己，不顧」一句，可知越國人以為晉、楚之人所言不實而不予採信。

(B)遊人並沒有改造車子，後來所製造的車子皆依「輻朽而輪敗，輗折而轅毀」的原型所製作。

(C)由「終不知其車也」一句，可知越國並非故意使用殘破的戰車；且最後被敵軍打敗，並未獲勝。

(D)越國遊者並未將晉、楚大軍的戰車毀壞，文中也未說明入侵越國的敵軍為晉、楚大軍，再者越國並未能成功阻止敵軍入侵。

二、多選題

16. 答案：DE

本題主要測驗同學是否了解修辭法的運用，「人怕出名」是喻體，中間省略的「就好像」是喻詞，而「豬怕肥」則爲喻依。此題破解的小技巧在於只要同學依題幹所述，將句子中的逗號部分以喻詞「就好像」替代，從全句語義是否流暢即可判斷此句在表達上是否具有比喻意涵；各選項解析如下：

(A)「三天打魚，兩天曬網」比喻人對學習或工作沒有恆心，時常間斷。如使用破解小技巧，將句子中的逗號部分以喻詞「就好像」替代，則「三天打魚（就好像）兩天曬網」一句語意不通，因爲此句是完整的敘述句而非比喻句。

(B)「一朝被蛇咬，十年怕草繩」比喻人因曾遭受挫折，後遇類似狀況時便變得膽小如鼠。如使用破解小技巧，將句子中的逗號部分以喻詞「就好像」替代，「一朝被蛇咬（就好像）十年怕草繩」一句語意不通，因爲此句是因果句，「一朝被蛇咬」爲因，「十年怕草繩」則是果，兩者需結合才句完整意義。

(C)「千里送鵝毛」指遠有禮物雖輕而情意深重，亦可用作贈人禮物的謙辭。如使用破解小技巧，將句子中的逗號部分以喻詞「就好像」替代，則「千里送鵝毛（就好像）禮輕情意重」一句語意不通；因後一句「禮輕情意重」是用來說明前句「千里送鵝毛」的意義，而非比喻句的「喻依」。

(D)如使用破解小技巧，將句子中的逗號部分以喻詞「就好像」替代，則「善惡不同途（就好像）冰炭不同爐」一句語意通順，可知「善惡不同途」爲喻體，而「冰炭不同爐」則爲具體形容前句情形的「喻依」，此句爲比喻句。

(E)如使用破解小技巧，將句子中的逗號部分以喻詞「就好像」替代，則「強求的愛情不美（就好像）強摘的果實不甜」一句語意通順，可知「強求的愛情不美」爲喻體，而「強摘的果實不甜」則爲具體形容前句情形的「喻依」，此句爲比喻句。

17. 答案：ABE

(A)實際上，鐘會被敲響是因爲它中空，此處「謙虛」二字的意象深化了「中空」的涵義；選項詩句出自白靈〈山寺〉。

(B)「落日」點明時間爲夕陽沉落時，而「大海的波浪」、「彈」則展現了空間的動感；選項詩句出自白靈〈爭執〉。

(C)由「黃昏時」一句可知詩句描寫的是黃昏時的景象，而非日全蝕的景象；選項詩句出自白靈〈光的窟窿〉。

(D)由「白蛇似的小溪」一句，可知詩句主要的描寫對象是「小溪」，而非「白蛇」；選項詩句出自白靈〈登高山遇雨〉。

(E)由「老婦人坐在門前，眼裏有一張帆／日日糾纏著遠方」一句，可知詩句主要描寫老婦人等待的執著；選項詩句出自白靈〈老婦〉。

18. 答案：BCDE

(A)由「將文化中國當作母親，表現濃厚的鄉愁」及「在現代詩、現代散文、文學批評及翻譯上也都有相當成就」等關鍵句，可知甲選項應爲「余光中」而非「楊牧」。作家特色介紹如下：

余光中：曾形容「大陸是母親」，以濃厚鄉愁爲其文學的重要表現特徵；精通英語和多種外文，在文學批評及翻譯上亦成就卓越。

楊牧：早年筆名葉珊時，以追求典雅浪漫爲其文學基調，深受浪漫主義詩人影響；後詩文特色轉爲兼具人文關懷，融合中西文學技巧。

(B)〈錯誤〉的作者鄭愁予，且「典雅細膩的浪漫情調」為其作品的主要特徵，故選項正確。作家特色介紹如下：

鄭愁予：為鄭成功十一代裔孫，風格典雅細膩，作品以〈錯誤〉一詩最具知名度。

(C)從「以懷舊憶往的題材為主」、「充滿中國倫理色彩」等關鍵句，可知此女性作家應為琦君。作家特色介紹如下：

琦君：作品以散文為主，以懷舊憶往題材為主的作品最具特色。

(D)從「有時細膩溫柔，有時辛辣諷刺」的風格，及「曾將古典故事改編為現代戲劇」等關鍵句，可判斷此位女作家應為張曉風。作家特色介紹如下：

張曉風：被余光中譽為「亦秀亦豪的健筆」，除細膩溫柔之作外，亦以筆名「可叵」辛辣諷刺的抒寫家國情懷及社會世態；許多劇作改編自中國古典故事，強化其中人道關懷的層面。

(E)從「將崑曲〈牡丹亭〉融入小說〈遊園驚夢〉中」可知戊選項應為白先勇。

白先勇：出生於名門世家，受西方現代派影響，融會中國傳統文化中，重視地方戲曲，並嘗試將之融入小說作品〈遊園驚夢〉中；作品《台北人》、《孽子》等皆廣受注目。

19. 答案：CE

(A)《資治通鑑》屬於以編年繫事為主的「編年體」，而非「紀傳體」。

(B)〈項脊軒志〉的重點在於以項脊軒的興廢為主線，表達作者對物在人亡的感慨及對親人的思念，而非以記錄書齋建造的原因及過程為重點。

(D)《儒林外史》是一部描寫科舉制度弊害，揭露士人熱中功名醜態的章回小說，而非以記載中國科舉制度為主的史書。

20. 答案：AC

(A)前後兩個「值」字義相同，皆表「遇到」之意。前段引文出自諸葛亮〈出師表〉，翻譯為：後來遇到國家面臨覆滅的危機，在戰事失利的時候，(我)接受命令被(先帝)任用。／後段引文出自王維《輞川閒居贈裴秀才迪》，翻譯為：正好遇到你帶著醉意，在我的門前狂放不拘地高聲唱歌。

(B)前段引文中「殆」意指「大概」，出自歸有光〈項脊軒志〉，翻譯如下：項脊軒曾遭遇過四次火災，（皆）沒有被焚毀，大概是因為有神靈保護的原因吧。／後段引文中「殆」意指「危殆」，出自孔子《論語》，翻譯如下：只知埋頭念書學習而不思考所學的道理，則等於白費；只憑空想卻不學習，則危殆而無所得。

(C)前後兩個「假」字義相同，皆表「借、提供」之意。前段引文出自李白〈春夜宴從弟桃花園序〉，翻譯如下：況且和煦溫暖的春天用溫潤如煙般的美景召喚我，大自然提供我錦繡萬象的美景。／後段引文出自《列女傳》，翻譯如下：希望提供原應照在東邊牆壁上的光，讓光線能照亮貧窮的婦女。

(D)前段引文中「固」意指「堅持」，引文出自〈馮諼客孟嘗君〉，翻譯如下：梁國使者三次前來拜訪（希望請孟嘗君至梁國為相），孟嘗君皆堅持推辭不願前往梁國。／後段引文中「固」意指「本來」，引文出自顧炎武〈廉恥〉，翻譯如下：眾人都昏沉的時候，本來就不會沒有獨自清醒的人啊。

(E)前段引文中「庸」意指「愚笨的」，出自方苞〈左忠毅公軼事〉，翻譯如下：愚笨的奴才！這裡是什麼地方？你竟然前來。／。後段引文中「庸」意指表反結語氣的「何必」，出自韓愈〈師說〉，翻譯如下：我所要學習的是道，何必知道老師的年紀是大或小於我呢？

21. 答案：AE

同學在作答此題時，需格外注意選項中引文是否兼顧「大→小」、「遠→近」兩種手法，缺一不可。各選項解析如下：

(A)由遠處的「平林漠漠」到近可見人的「高樓」，符合「由遠而近」；而「寒山一帶傷心碧」一整片宏大的景色，到高樓上的「人」，符合「由大到小」。選項兼顧兩者，爲正確答案。選項引文出自李白〈菩薩蠻〉，翻譯如下：平地上煙靄瀰漫，交錯於林間如織品，寒冷的山林一整片令人心傷的碧綠。當暮色漸漸掩上高樓時，有人正在樓上（因思念而）愁苦。

(B)由近處的「枯藤老樹昏鴉」到遠處的「斷腸人在天涯」，不符合「由遠而近」的題幹要求。選項引文出自馬致遠〈天淨沙〉，翻譯如下：枯萎的藤蔓、蒼老的樹木、黃昏歸巢的烏鴉，小小的拱橋，潺潺溪水，水邊的房舍。荒僻的古老道路上，秋天的風和一匹清瘦的馬兒。夕陽西下，思家心切的漂泊遊子還在遙遠的異鄉。

(C)由近處的「樓高莫近危闌倚」到遠處的「行人更在遠春山外」，不符合「由大而小」及「由遠而近」的題幹要求。選項引文出自歐陽脩〈踏莎行〉，翻譯如下：因思念遠方的人而柔腸寸斷，滿臉淚水。別靠近高樓倚靠在欄杆旁邊（會使人看向遠方更爲傷感），長滿雜草的平原盡頭處是透露出春天氣息的群山，而漂泊的旅人卻在離山頭更遠的地方。

(D)由近處的「畫閣」到遠處的「斜陽只送平波遠」，不符合「由遠而近」的題幹要求。選項引文出自晏殊〈踏莎行〉，翻譯如下：登上雕飾精美的閣樓，高樓上遠望皆看不到心上人，斜陽餘暉遠接天際。無窮無盡的離別愁緒，思緒（遠飛）到遙遠的地方去遍尋（我所思念的人）。

(E)由遠處「河畔草」，聚焦至近處的「樓上女」，符合「由遠而近」；由大的「河畔草」、「園中柳」，到小處的「紅粉妝」及「素手」，符合「由大而小」。選項引文出自〈古詩十九首〉，翻譯如下：河邊青綠的草地，庭園中生長茂密的柳樹。高樓上儀態美好的女子，倚窗當軒，容光照人如輕雲中的明月，（她）妝容美好，伸出白皙纖細的手。

22. 答案：CDE

在破解此題時，同學須格外注意選項詩句是否以「思婦」作爲其敘述視角。古代婦女一般不像男性可以隨意外出，故「思婦」視角的詩作，常描寫在家中思念遠方遊人的情景，可以此爲重要的判斷依據。各選項解析如下：

(A)由「戍鼓」及「邊秋」等邊境軍戍生活的關鍵字，可以推測此詩內容應爲以男性角度抒發思鄉的情感，而非「思婦」。選項引文出自杜甫〈月夜憶舍弟〉，翻譯如下：戍樓上敲響大鼓（傳達宵禁時間已至），路上便杳無人影，在邊疆地區的秋夜裡靜的只聽到孤雁的叫聲。白露時節的今夜天寒露重，（由於思鄉，不免感覺）月光還是故鄉的比較明亮。

(B)由「出塞」、「邊城」及「故國」等邊境軍戍生活的關鍵字，可以推測此詩內容應爲以男性將士角度抒發思鄉的心情，而非「思婦」。選項引文出自李白〈太原早秋〉，翻譯如下：塞外較早感受到霜氣的嚴寒，黃河上飄過雲彩已呈現秋色。(我們)在邊城戍守的睡夢中，心已飛至家鄉的樓臺。

(C)由「家住秦城鄰漢苑，心隨明月到胡天」一句，可以推測應爲以「思婦」視角，從家中思念在邊塞胡地遠征者的心情，選項符合題幹描述。引文出自皇甫冉〈春思〉，翻譯如下：鶯燕的啼叫聲提醒大家新年已到來，西域的馬邑、龍堆在距離此處幾千里以外的疆邊地區。家雖然住在中原地區鄰近漢室宮苑，但思念良人的心卻已隨著明月光飛至邊陲外的西域。

(D)由「妝鏡臺」、「簾」、「搗衣砧」等婦女專用的關鍵字，可以推測此詩應爲以「思婦」視角從家中思念遠方離人的心情，選項符合題幹描述。引文出自出自張若虛〈春江花月夜〉，翻譯如下：可嘆小樓上流連的月光，應該照耀著遠方的離人卻只照亮了梳妝用的鏡臺（因離人在外，女性無須爲悅己者容）。門簾收放捲不走月光，映在搗衣的砧石上趕也趕不走（象徵女性思念的愁苦無法消散）。

(E)由「音書斷」、「秋夜長」及「照流黃」等關鍵詞，可以推測此詩應爲以「思婦」視角從家中思念遠方離人的心情，選項符合題幹描述。引文出自沈佺期〈獨不見〉，翻譯如下：白狼

河的北方至今（因戰爭的關係）音訊全斷；在京師城南思念離人，（因離人不在身邊陪伴）更感覺秋夜漫長。誰說滿懷愁緒只因見不到離人呢，明月將黃色羅帷照得太亮也讓人憂愁啊（因無法入睡，只能繼續思念離人）。

23. 答案：BCD

> 余昔少年讀書，竊嘗怪顏子以簞食瓢飲，居於陋巷，人不堪其憂，顏子不改其樂。私以為雖不欲仕，然抱關擊柝尚可自養，而不害於學，何至困辱貧窶自苦如此？及來筠州，勤勞鹽米之間，無一日之休，雖欲棄塵垢，解羈縶，自放於道德之場，而事每劫而留之。然後知顏子之所以甘心貧賤，不肯求斗升之祿以自給者，良以其害於學故也。（蘇轍〈東軒記〉）

翻譯

「我在年少時念書的時候，心中曾經對顏回選擇飲食粗劣，居住簡陋在小巷裡，承受別人所無法承受的憂苦，顏回卻不感覺不快樂的生活方式感到不解。我自己認為雖然不願意擔任官職，但是做守門或巡夜這類的工作可以養活自己，而不妨害學習，為什麼要使自己貧困受辱到這種地步？等我到了筠州（因被貶官），為了維持生活辛苦工作，沒有一天可以休息，雖然想拋開世間種種俗事，解脫綑綁，讓自己自在悠遊於道德學問間，但是俗事卻每每脅迫自己而讓我留在原地。這之後我才知道顏回之所以能心甘情願的過貧賤生活，而不願意任職小官、追求微薄的奉祿以求養活自己，實在是因為那樣會妨害學習的原因啊。」

各選項解析如下：

(A)文中只說明作者到筠州後「勤勞鹽米之間」，為張羅生計而辛勞，並未言作者像顏回一樣貧困。

(B)由作者「勤勞鹽米之間，無一日之休」生活現況及「良以其害於學故也」的結論，可知作者深受俗務干擾；而從「雖欲棄塵垢，解羈縶，自放於道德之場，而事每劫而留之」，可知作者亟欲擺脫俗務的干擾，故選項敘述正確。

(C)由「然抱關擊柝尚可自養，而不害於學，何至困辱貧窶自苦如此？」可知作者年少時認為從事抱關擊柝的工作並不妨礙學習，選項敘述正確。

(D)由作者年輕時不解的態度，到被貶至筠州後，「勤勞鹽米之間，無一日之休」的忙碌生活讓他「然後知顏子之所以甘心貧賤，不肯求斗升之祿以自給者，良以其害於學故也」，終於明白顏回之所以不仕，是因為工作會妨礙他讀書，選項敘述正確。

(E)由「竊嘗怪顏子以簞食瓢飲……何至困辱貧窶自苦如此？」可知作者對顏回所選擇的生活態度頗感不解。

第貳部分：非選擇題（共三大題，佔54分）

一、文章解讀（佔9分）

思路小提醒

同學在破解閱讀類型的題目時，須注意不可以自己的意見取代作者的想法，必須依循文章中的線索，試圖理解作者的想法→並有條理的加以分析→再行評論：

文章中作者認為「心教」才是劍橋教育真正的精華的原因是：「劍橋的偉大之子，不論是大詩人或大科學家，對宇宙人生都有那種晤對與捕捉。」而且「在根本上，劍橋人相信人的真正成長必須來自自我的心靈的躍越」。作者認為「言教」無法使人心靈躍越，只有「心教」才能使

學生學會如何晤對與捕捉人生及宇宙變化，並學會自我成長。

　　大學教育原本便不應只是教授知識，更重要的是涵養年輕學子的氣質、培養他們勇於自我思考，進而才能產生突破性的卓越創意。既定的知識可自我學習，但抽象的氣質、思維則需環境、時間的涵養。劍橋認為，他們所提供的教育的精華不是知識，而藉由心靈晤對所產生的自我成長，這也正是劍橋與眾不同之處。

二、文章分析（佔18分）

> 思路小提醒

㈠「漁人甚異之」的「異」和漁人發現桃花源有何關聯？

　　正是因為漁人對「夾岸數百步，中無雜樹，芳草鮮美，落英繽紛」的景象感到驚異，所以他才會選擇「復前行，欲窮其林」，最終才會發現桃花源；因此漁人的「異」正是他發現桃花源的動機。

㈡陶潛從哪些方面來描寫桃花源？

1. 環境：由「土地平曠，屋舍儼然，有良田、美池、桑竹之屬」，可知桃花源的開發井然有序，物資可自給自足；且由「阡陌交通」一句可知基礎建設完備。
2. 人情：在桃花源中，「黃髮垂髫，並怡然自樂」，社會中較弱勢的族群皆能安詳生活、受良好照顧，可見人們相處平和，生活物資充沛。
3. 文化：衣服是一地文化發展的最佳表徵，由「男女衣著，悉如外人」可知桃花源和外界，在物資、文化上並無太大差異。

㈢從中可看出陶潛嚮往什麼樣的理想世界？

1. 由「有良田、美池、桑竹之屬」及「往來種作」的男女，可知陶潛嚮往的理想世界以農業為主要生活方式。
2. 由「阡陌交通，雞犬相聞」一句，可知陶潛嚮往如《老子》中所述「小國寡民」的理想社會。
3. 由「其中往來種作」一句，可知陶潛認為理想世界中的人們應勤奮的工作。
4. 由「黃髮垂髫，並怡然自樂」一句，可知陶潛嚮往較為弱勢的老人、小孩皆能得到良好的照顧且生活安樂。

三、引導寫作（佔27分）

> 思路小提醒

　　此題題幹說明極為清楚，因此同學應不至於誤讀題目。然題目要求「根據親身感受或所見所聞」行文，因此同學可以以抒情、記敘的方式抒寫自我感受，或是以論說文的形式論述社會事件。務必加入清楚明確的例證，說明為何戰勝自己比戰勝他人更為重要。亦可在此論述之上，進一步說明什麼才是真正的「強者」？

例證舉例如下：

1. 社會上層出不窮的自殺事件，有許多皆為極優秀份子，究竟他們是和他人的競賽中落得下風？或是輸給了自己內心所承受的壓力？
2. 運動競賽中，選手的表現好壞常決定於自己是否能控制內心的恐懼和壓力，盡力做到自己所能做得最好表現。你在生活中是否也有此種經驗？

Note

國家圖書館出版品預行編目資料

94～101年國文統測‧學測歷屆試題詳解應考
破題技巧大公開／謝純靜、張貽婷著. －－二
版. －－臺北市：文字復興, 2013.01
　面；　公分
ISBN 978-957-11-6935-4（平裝）
1.國文科 2.問題集 3.中等教育 4.技職教育
524.31　　　　　　　　　　101015721

WX08　　升大學07

94～101年國文統測‧學測
歷屆試題詳解
應考破題技巧大公開

作　　者 ― 謝純靜　張貽婷（396.6）

發 行 人 ― 楊榮川

總 編 輯 ― 王翠華

主　　編 ― 黃惠娟

責任編輯 ― 盧羿珊

封面設計 ― 黃聖文

出 版 者 ― 文字復興有限公司

地　　址：106台北市大安區和平東路二段339號4樓

電　　話：(02)2705-5066　　傳　　真：(02)2706-6100

網　　址：http://www.wunan.com.tw

電子郵件：wunan@wunan.com.tw

劃撥帳號：01068953

戶　　名：文字復興有限公司

台中市駐區辦公室/台中市中區中山路6號

電　　話：(04)2223-0891　　傳　　真：(04)2223-3549

高雄市駐區辦公室/高雄市新興區中山一路290號

電　　話：(07)2358-702　　傳　　真：(07)2350-236

法律顧問　元貞聯合法律事務所　張澤平律師

出版日期　2013年 1 月二版一刷

定　　價　新臺幣300元